GOLDMANN
ESOTERIK

Bruno Nardini

Das Handbuch der Mysterien und Geheimlehren

Aus dem italienischen übertragen
von Alexandra Tormay-Marsano

GOLDMANN VERLAG

Die Originalausgabe erschien unter dem Titel
Misteri e dottrine segrete
bei Nardini Editore, Florenz

Der Goldmann Verlag
ist ein Unternehmen der Verlagsgruppe Bertelsmann

Vollständige Taschenbuchausgabe Juli 1994
© der Originalausgabe 1976 Nardini Editore, Florenz
© der überarbeiteten und erweiterten deutschen Ausgabe 1990
Aurum Verlag, Braunschweig
Titel der deutschen Hardcover-Ausgabe: *Mysterien und Geheimlehren*
Überarbeitung und Erweiterung der deutschen Ausgabe
Angelika Theile-Becker
Umschlaggestaltung: Design Team München
Umschlagfoto: Holitzka, Aachen
Druck: Presse-Druck Augsburg
Verlagsnummer: 12231
Ba · Herstellung: Sebastian Strohmaier
Made in Germany
ISBN 3-442-12231-7

3 5 7 9 10 8 6 4 2

INHALT

schaftsmacht. Ordensprovinzen und Ordensstruktur. Die Begegnung mit den Assassinen. Esoterik der Templer. Im Schußfeld zwischen Papst und französischem König. Das Konzil von Vienne. Die Hinrichtung J. de Molay's.

Die Geheimsprache der «Getreuen Amors» oder «der Liebe». Dantes Beatrice und Petrarcas Laura. Die Frau als Symbol der *Sophîa,* der himmlischen Weisheit.

Herkunft und Lehre der Zigeuner. Geheimer Zugang zum «Buche Thots»: die Tarotkarten. Farb- und Zahlensymbolik des Tarot. Die 22 Großen Arkana nach Carton, Kremmerz, Papus und Wirth.

Christian Rosenkreutz: *Fama Fraternitatis* und *Confessio Fraternitatis Rosae Crucis.* Die Rosenkreuzer in der «Nachfolge Christi». Gustav Naudés und Hargrave Jennings Zeugnisse über die Rosenkreuzer. Der «Geist» kommt wieder zu seinem Recht: Die Lehre von der dreifachen Wesensgliederung des Menschen. Die Botschaft der Rosenkreuzer ist nicht mehr geheim. Pflichtenheft und Grundsätze. Die *Chymische Hochzeit.* Die Rolle der Royal Society. Kabbalistisch-alchemistische Literatur rosenkreuzerischer Prägung. Die Legende von den «unsichtbaren Brüdern».

Nikolaus Flamel. Helvetius und der «Stein der Weisen». Zosimos von Panopolis – Ahnherr der europäischen Alchemie. Die *«Smaragdtafel»* des Hermes Trismegistos. Esoterische

Symbolik der Alchemie. Wissenschaftliche Entdeckungen der alchemistischen Chemiker.

Erschaffung des Primum Mobile. Robert Fludd (1574–1637), aus *Philosophia sacra et vere Christiana Seu Meteorologia Cosmica.* Frankfurt, Officina Byana, 1626, p. 160. Ausschnitt.
Der englische Universalgelehrte und Esoteriker hat dieses Diagramm (und die meisten anderen) vermutlich nach eigenen Visionen geschaffen, zumindest im Entwurf. Hier ergießt sich das «vor-kosmische» Licht in die dunkle «Gebär-mutter» des Alls, als «Erste Bewegung».

Vorwort

Die ursprüngliche Ausgabe von *Mysterien und Geheimlehren* war für italienische Leserkreise gedacht, die sich mit Esoterik noch nicht näher auseinandergesetzt haben und eine allererste Orientierung suchen. Sie erschien in den fünfziger Jahren und darf eigentlich als eine Art Pioniertat betrachtet werden.

Der Zugang zur Esoterik muß in Italien ein anderer sein als in Deutschland; Temperament und Volkscharakter sind verschieden, die Vorstellungen und Erwartungen, mit denen ein Leser an ein solches Buch herangeht, variieren. Das ist nicht schlechter, nicht besser – einfach anders.

Dem Publikum, an das sich diese deutsche Ausgabe richtet, möchten wir aber nicht bloß einen allerersten Überblick über die Thematik geben; diesen Überblick hat es oft schon. Am ehesten verstehen wir uns als eine Art «Museumsführer» durch die Trümmer der Weisheit alter Mysterien und historisch faßbarer Geheimgesellschaften. Nicht im Sinne einer lückenlosen Bestandsaufnahme allerdings, eher an Hand von Beispielen, die historische Entwicklungen aufzeigen sollen. Daß dabei auch sehr persönliche Meinungen zur Sprache kommen, tut dieser Intention keinen Abbruch. Es hieße Nardini verleugnen, wollte man diese temperamentvollen Facetten des südländischen Dichters (der er als Autor mehrerer Gedichtbände auch ist) nicht zu Wort kommen lassen.

Das vorliegende Werk ist also sowohl eine anregende, relativ leichte Einführung in die Materie als auch ein Sachbuch, das dem Leser, der sich wirklich vertiefen möchte, weitergehende Informationen vermittelt. Vollständigkeit wurde dabei nicht angestrebt. Das ist aufgrund der unerhörten thematischen Fülle kaum möglich.

Wenn wir es wagen, dieses Buch als eine Art «Museumsführer» zu bezeichnen, so deshalb, weil die Mysterien und Geheimlehren, von denen berichtet wird, tatsächlich etwas Museales an sich haben: Sie sind aus ihrem Zusammenhang gerissen, das Weltbild, in das sie einst eingebettet waren, ist für uns – besonders im Fall der weit zurückliegenden Epochen – gefühlsmäßig nicht mehr nachvollziehbar. Das Wesentliche, der eigentliche Kern der Mysterien ist nicht überliefert, das Leben, das die erhaltenen Bruchstücke einstmals erfüllte, entzieht sich unserem forschenden Blick. Deshalb kann man nur dringend davor warnen, *das, was war, so, wie es ist, ins Heute zu nehmen.* Damit würden wir es verfälschen, da wir es ja nicht wirklich kennen oder verstehen. Zwischen den Ruinen herumirren, kann gefährlich sein, auch wenn sie noch so faszinierend sind.

Über den «Hintergrund unserer Geschichte» etwas zu erfahren, ist jedoch andererseits nicht nur interessant, zuweilen fesselnd, sondern schärft auch den Blick für unsere eigene Zeit und hilft zugleich, Zukunft bewußter zu gestalten.

Kapitel 1

DIE URZEIT

Was hinter der grauen Vorzeit liegt, sind nicht bloß weiße Flecken auf der kulturhistorischen Landkarte. Grau ist alle Theorie. Und unbeweisbar. Die Grauzonen, die sich dann bilden, werden zum Tummelplatz buntester Menschheitsträume. In unserer nüchternen, linear denkenden Zeit, die zu allem Religiösen ein eher gebrochenes Verhältnis hat, ist das weiter kein Wunder. Es wird Ersatz gesucht. Die Verlängerung der Menschheitsgeschichte «nach hinten», ins Dunkel der Zeiten hinein, ist eine der Möglichkeiten. Sie wird nicht nur heute, sie wurde immer und überall praktiziert; zum Beispiel wenn Menschen ihre Herkunft von Göttern und Kulturbringern ableiten. Wo sichere Daten fehlen, springt die Phantasie ein. Oder, wenn man es anders ausdrücken will: Ein bildhaftes Erahnen von Möglich- und Wirklichkeiten, das unser Leben und Wirken auf Erden in einen größeren Sinnzusammenhang stellt. Eine *Zwie*-Sprache mit anderen Bewußtseinsschichten.

Solche Versuche waren und sind immer *zwie*spältig, allein schon deshalb, weil der Mensch sich selbst zwischen Tod und Leben gestellt sieht, als schmale Brücke, die diese Gegensätze verbindet. Das ist höchst dramatisch und war es schon immer. Viel von der dadurch entstehenden Spannung wurde früher vom religiösen Kult, von Ritualen und Zeremonien abgefangen, die irrationale Kräfte kanalisieren halfen. Heute sind die alten «Seelenkanäle» vielfach verstopft durch eine Fülle von äußeren Eindrücken und neuen Bildern. Aber die Urangst, das Urvertrauen, diese gemischten Gefühle aus Furcht und Hoffnung gegenüber Leben und Tod, weil wir in Wahrheit nichts wissen (und just *das* nicht wissen wollen), sind immer noch da. Auf einen kurzen Nenner gebracht, bedeutet das heute: Wir wollen glauben dürfen und verlangen Beweise. Das benötigen wir, um uns sicher zu fühlen. Sind wir jedoch einmal überzeugt, fühlen wir uns sehr verunsichert, wenn andere Beweise (oder unter Umständen gar dieselben, nur aus verändertem Blickwinkel) uns vom Gegenteil überzeugen können, beziehungsweise von etwas völlig Fremdem, Unerwartetem, das in eine andere Dimension hineinführt.

Der «sachliche» Mensch, der persönliche Gefühle für nicht weniger kompromittierend hält als den Schweißgeruch, und der beides verdrängt – das eine mit der Lauheit des Herzens, das andere mit dem BAC-Stift –, fühlt sich trotzdem nicht wohl. Er ist auf der Suche nach den *Wurzeln*, ob er zugeben mag oder nicht, daß er keine mehr hat.

Das kann sich durchaus als Suche nach der verlorenen Urzeit äußern. Indizien, die in keine der gängigen Wissenschaftstheorien passen, genügen. Und für die gängigen Wissenschaftstheorien einer bestimmten Epoche, ja sogar für die Gesamtsumme aller in ihr vorhandenen *wissenschaftlichen Erkenntnisse* gilt immer noch: Der Stand des gegenwärtigen Wissens ist der Stand der gegenwärtigen Irrtümer.

Machen wir uns also frei von Klischeevorstellungen, graben wir nach der Stimme der Vergangenheit, der Stimme des Herzens, diesem leisen Pochen unter den Trümmern alter Weisheit und neuer Torheit. Denn Weisheit und Torheit (die sehr nah beieinander liegen) gehorchen den gleichen Gesetzen. Sie haben System. Daraus läßt sich lernen.

Lernen wir also: Aus den Legenden und aus der Wahrheit, soweit sich Legende von Wahrheit unterscheiden läßt; von den Sehern und von den Narren; von den Mahnern und von den Märtyrern ihrer Überzeugung; von den Gegen-den-Strom-Schwimmern, die als Vertreter verdrängter, aber nicht weniger realer Menschheitskräfte und Fähigkeiten, als die jeweils in einer Zeit zum Zuge gekommenen, eine wichtige Ausgleichsfunktion spielen. Sie sind die verborgenen Impulsgeber, aus dieser unterschwelligen Strömung kommen jeweils die lebensrettenden Signale, die als Eisbrecher wirken und das starr gewordene System einer Zeit wieder so weit öffnen, daß es sich umwandeln kann, den in ihm enthaltenen Teilen neue Werte beimißt, einen neuen Sinn unterlegt.

Bogenschütze, auf einem Felsbild in der Valltorta-Schlucht, Capsien. Die übersteigerte Bewegungsdynamik ist typisch für den ostspanischen Stil.

Eiszeitkunst. Ruhender Bison in verschiedenen Ockertönen, Wandmalerei aus Altamira. Magdalénien-Periode (20 000–10 000 v. Chr., benannt nach La Madeleine in der Dordogne). In der Darstellung mischen sich sinnliche Wahrnehmung und Traumerleben des Tieres als Repräsentant der Gattung.

Die Schicht unsres Tagesbewußtseins und damit die Schicht des logischen, auf positive Beweise gegründeten wissenschaftlichen Denkens ist ein dünner Firnis, die Aufspaltung der alten Weisheit in viele Wissensgebiete eine vergleichbar sehr junge Entwicklung. Unser neues Bewußtsein steckt erst in den Kinderschuhen. Daß «logisches Denken» und «Analogiedenken» zwei gleichberechtigte Denkphasen unseres eigentlichen *Denkens als Ganzheit* sind, daß wir im «Mittelalter» eine pervertierende magische Denkphase durchgemacht haben, ausufernd im kollektiven Hexenwahn und den Hexenverbrennungen; und daß uns die an sich gesunde historische Korrektur in die entgegengesetzte Richtung einer inzwischen ebenfalls pervertierenden «logischen Phase» gedrängt hat, in der die Logik ad absurdum geführt wird, ist inzwischen nicht unbekannt. Auch wenn es die Öffentlichkeit nicht weiter beschäftigt. Es sollte uns aber beschäftigen. Denn jetzt ist die Synthese gefordert.

Immer noch gibt es Leute, die schwarze Magie betreiben, neben solchen, die ausschließlich «nach den Gesetzen der Logik» zu handeln vorgeben. Diese scheinbar so gegensätzlichen Vertreter des Menschengeschlechts haben eines gemeinsam; sie verwechseln «Methodik» mit «Wahrheit», das «Mittel» mit einem «Ziel».

Die Vermengung von «Inhalt» und «Form», von «Sinn» und «Sinnträger», von «Ursache» und «Wirkung» kann verheerende Folgen haben, bei der Anwendung von Logik nicht weniger (das ist der «Wahnsinn mit Methode», zum Beispiel, wenn sich «logische Gründe» für die Ausrottung eines Volkes finden), als bei der praktizierten Magie, sobald jemand sich einbildet, die genagelte Puppe könne den «Behexten» wirklich töten. An sich *tut* sie nichts. Als nach außen wirkendes Symbol eines bösen Wollens kann sie aber demjenigen Verderben bringen, der selber in diesem falschen Denkmodell befangen bleibt und daran glaubt; oder, sagen wir es besser. Sie kann ganz gewiß dem nichts antun, der selber auf einer höheren Stufe steht. Nämlich jener, dem die Synthese beider Denkphasen, der schöpferischen, *analogischen* und der prüfenden, *logischen* in der richtigen Weise gelungen ist. Das wird die Aufgabe der anbrechenden neuen Zeit sein, die für diese Bemühungen sogar eine neue Sprache finden muß, weil sich die verschiedenen Wissenschaftssprachen derart auseinanderentwickelt haben, daß ein gemeinsamer Nenner auf Anhieb nicht möglich ist.

Was mit einer solchen Synthese gemeint sein kann (diesmal aus nichtwissenschaftlicher Perspektive) zeigt sich an Eliphas Lévy's Wort von *Christus als der höchsten Magie*. Was dieser Ex-Priester und christliche Kabbalist des französischen 19. Jahrhunderts (eigentlich Benjamin Louis Constant) damit ausdrücken will, ließe sich ebenso gut von der «anderen Seite» her formulieren: *Christus als höchste Wissenschaft*. Das ist in beiden Fällen die Suche nach einem nicht-linearen Denken, in dem alles mit allem verbunden und der göttliche Rückbezug nicht verlorengegangen, bzw. wiedergefunden worden ist. Der Mensch als Ganzheit im Wechseldialog mit Natur und Kosmos, denen er – als Teil, als Organ – angehört; als Versöhnung der Gegensätze.

Eine rasante technische Entwicklung, eine überbordende Wissenschaft, deren revolutionäre Erkenntnisse der einzelne nicht mehr nachvollziehen und in sein Weltbild einordnen kann, da die zahlreichen Einzeldisziplinen, in die sich das Wissen gespalten hat, nicht mehr übersehbar sind; dies alles hat, zusammen mit der offensichtlichen Unmöglichkeit, die Probleme der industrialisierten Welt in den Griff zu bekommen (Abfallbeseitigung, Luftverschmutzung, weltweite Klimaveränderungen durch unsere Zivilisation), in den Menschen ein großes Unbehagen geschaffen.

Das hat auf der einen Seite zu einer emotionalen und intellektuellen Verunsicherung geführt, und damit auch zum «Kippen» der vorhandenen Wertskalen. Auf der anderen hat sich teils dadurch, teils aus anderen Gründen (u. a. Kompensationsmechanismen um Angst und Unbehagen zu betäuben) *eine systematische Unterdrückung des Naturhaften im Menschen* ergeben. Unser Nerven- und Drüsensystem, unsere angeborenen Instinkte, die ganze Leiblichkeit des Menschen ist seit der Steinzeit gleich geblieben (Wir meinen den Crô-Magnon Menschen, so benannt nach dem Fundort Crô-

Magnon bei Les Eyzies in der Dordogne. Er dürfte vor rund 60 000 Jahren aus dem Nordosten in diese Gegend eingewandert sein, auf der Flucht vor der Kältewelle. Dieser *homo sapiens diluvialis* gilt als der direkte Vorfahre der heute in Europa lebenden Menschen und ist uns im Typus schon sehr ähnlich). D. h. daß eigentlich jeder von uns noch mitten im jetzigen Atomzeitalter *in der Haut des Urmenschen* steckt – auch wenn wir drüber feine Kleider tragen und diese archaische Seite zudecken, so gut das geht.

Unser physischer Körper hat Anteil am Mineralreich, unsere vegetativen Funktionen sind «pflanzenhaft», unsere Instinkte «tierhaft». Statt sie zu verfeinern und ihnen mit Liebe zu begegnen, unterjochen wir *die drei «Naturreiche» in uns* nicht weniger, als außerhalb von uns, in der Mitwelt. Das Tagesbewußtsein verdrängt die unbewußten Reaktionen, schnürt sich ab davon, berauscht sich an den Drogen der Künstlichkeit (sie reichen vom Genußmittel bis zum Freizeitvergnügen, vom Heroin bis zum Spitzensport, vom schnellen Sex zum schnellen Auto bis zu den schnellen Rhythmen).

Seit dem 18. Jahrhundert drängt eine zunehmende Rationalisierung und Intellektualisierung die irrationalen Kräfte sehr stark zurück und verliert dabei immer mehr den Überblick, wie man sie positiv beeinflussen kann, weil das Zutrauen zu den im Sakralbereich angesiedelten, klassischen Kanalisierungsmöglichkeiten durch Zeremonien und Rituale im Schwinden begriffen ist.

Da die irrationale Seite des Menschen wesentlich stärker ist als die rationale (und entwicklungsgeschichtlich viel älter, viel erprobter), ist diese Tendenz außerordentlich gefährlich. Es kommt zu einem Rückstau, und später zu alarmierenden Entladungen in Form von Gewalt (gegen andere oder gegen sich selbst). Verkaufsstrategen ist es gelungen, die Ausdrucksmöglichkeiten sakraler und künstlerischer Symbolik für ihre egoistischen Zwecke zu mißbrauchen. So kann das Auto zum Symbol der Freiheit werden und die Leere des fehlenden Göttlichen füllen. Statussymbole treten an die Stelle religiöser Symbole.

All dies verhindert jedoch nicht, daß es weiterhin Menschen

gibt (und es werden immer mehr), die bereit sind, mit sich selber ins Reine zu kommen, Licht und Dunkel in sich kennen zu lernen, die Natur, die wir in uns tragen, nicht mehr zu verleugnen, sondern zu erheben.

Die Esoterik kann ein möglicher Weg sein. Die eingehende Auseinandersetzung mit der Menschheitsgeschichte ein anderer. Doch läßt sich auch beides kombinieren. Was sich als besonders wichtig erweist, wenn gewisse Indizien, die sich aus neueren Forschungsergebnissen und Entdeckungen ableiten, zu anderen Schlüssen führen, als sie dem heute gängigen Wissenschaftsverständnis entsprechen. Der heutigen Menschheit scheint es schwer zu fallen, sich vorzustellen, daß es frühere Menschheiten auf wesentlich höherer Kulturstufe als der unseren gegeben haben soll, die es geschafft haben, sich selber so vollständig und gründlich zu vernichten, daß keine Spur mehr bleibt. So etwas kratzt am Selbstwertgefühl und macht gleichzeitig Angst. Es gibt aber derartige Überlieferungen mit verblüffenden Übereinstimmungen in vielen Religionen dieser Erde.

Und es gibt eine Reihe von Funden, die geeignet sind, solche Annahmen zu stützen.

Es ist noch nicht so viele Jahre her, daß in Obervolta das Skelett eines riesenwüchsigen Menschen entdeckt wurde. Die Fachleute schätzen sein Alter auf eine Million Jahre.

In Irland sind noch Reste kleiner, runder Festungsbauten mit Verglasungserscheinungen an den Mauern zu sehen. Bekanntlich verglast der Granit erst bei Temperaturen von mindestens tausend Grad.

1959 fand eine chinesisch-russische Expedition von Wissenschaftlern in der Wüste Gobi einen Stein mit Schuhabdruck, der seit Jahrmillionen unter dem Sand gelegen hatte.[1]

Solche Entdeckungen zwingen die Wissenschaft immer wieder, ihre Hypothesen zu revidieren, womit sich das Forschungsgebiet erweitert. Mit anderen Worten, der Raum-Zeit-Faktor wächst um ein Vielfaches.

Welche Katastrophe könnte sich in jenen fernen Zeiten ereignet haben, die noch weiter zurückliegen, als die von uns etwas willkürlich datierte, sogenannte Vorgeschichte? Was für ein ungeheuerliches Ereignis mag die weltweite Sintflut ausgelöst und dabei selbst die bescheidensten Spuren einer einstmals vorhandenen kulturellen Hochblüte gelöscht haben?

In der neuesten Ausgabe der italienischen *Enzyklopädie der Wissenschaften und Technik*[2] finden wir unter *Atlantis:* »...ein legendärer Kontinent, von dem einige behaupten, er habe an der Stelle des heutigen Atlantischen Ozeans existiert«. Das ist alles.

Sowjetische Sondierschiffe, die in den letzten Jahren auf der Höhe der Elfenbeinküste Versuchsbohrungen in großer Tiefe vorgenommen haben, stießen auf Metallobjekte aus einer bisher unbekannten Legierung. Deren Eigenschaften waren so ungewöhnlich, daß man sich veranlaßt fühlte, der Moskauer Akademie der Wissenschaften Bericht zu geben. Vermutet wurde ein Zusammenhang zwischen dem Fund und der möglichen Existenz eines auf unerklärliche Weise versunkenen Kontinents oder Eilands: Atlantis. In der Eremitage befindet sich auch ein ägyptischer Papyrus aus der XII. Dynastie, der den Untergang der sogenannten «Schlangeninsel» beschreibt. Es könnte sich dabei um Atlantis gehandelt haben. Schuld an der Zerstörung trug demnach ein riesenhafter Meteor, der alles in Rauch und Flammen aufgehen ließ.

Andere wissenschaftliche Hypothesen betrachten den überdimensionalen Meteoriten, der ins Meer gestürzt sein soll, als wahren *deus ex machina.* Die von ihm ausgelöste Flutwelle war angeblich so gewaltig, daß es ihr nicht nur gelang, ganz Atlantis unter den Wassermassen zu begraben. Selbst auf den höchsten Andengipfeln regnete es damals Salzwasser und Meeresfische, wenn man den alten Berichten trauen darf!

Eindeutige Beweise sind bisher zwar keine gefunden worden, es bleibt bei der Hypothese. Das wird sich in Zukunft wohl auch nicht mehr ändern. Daß aber vor rund zehntausend Jahren wirklich eine Katastrophe unvorstellbaren Ausmaßes stattgefunden hat, dürfte ziemlich klar sein, denn bei praktisch allen Kulturvölkern der Erde finden sich verblüffend ähnliche Beschreibungen eines Naturschauspiels, vor dessen verheerenden Auswirkungen nur wenige Menschen ihr Leben in Sicherheit bringen konnten.

Der *Rig-Veda*[3] spricht von einer Sonne mit der Kraft von hundert Sonnen, die am Himmel erschienen sei. Utnapischtim im *Gilgamesch-Epos*[4] bringt den Göttern am Berg ein Dankopfer für seine Rettung und äußert sich über die entsetzliche, alles Erdenleben vernichtende Flutwelle, der er entkommen ist. Im *Popol Vuh*[5] (dem heiligen Buch der Maya, dessen Mythen einige Jahrtausende alt sein mögen) ist die Rede von den ersten Menschen, die in der Sintflut untergingen. «Flüssiges Harz troff vom Himmel.» Zur Strafe, da sie «weder ihres Vaters noch ihrer Mutter gedacht hatten, [...] verdunkelte sich das Antlitz der Erde, und es begann ein schwarzer Regen, Tagregen, Nachtregen.» «[...] im sechshundertsten Lebensjahr Noahs – heißt es später in der *Bibel*[6] – brachen alle Quellen der gewaltigen Urflut auf und die Schleusen des Himmels öffneten sich. [...] Da verendeten alle Wesen aus Fleisch, die sich auf der Erde geregt hatten, Vögel, Vieh und sonstige Tiere, alles wovon die Erde gewimmelt hatte, auch die Menschen. [...] Gott vertilgte also alle Wesen auf dem Erdboden, Mensch, Vieh, Kriechtiere und die Vögel des Himmels. Übrig blieb nur Noah, und was mit ihm in der Arche war.»

Die Sintflut war ein reales Geschehen, die Folge eines anderen, noch völlig im dunkeln liegenden Ereignisses, das einige Wissenschaftler, darunter der Engländer Soddy, Nobelpreisträger für Physik, ohne zu zögern auf Kräfte, bzw. Energiequellen zurückgeführt haben, die bisher nicht wiederentdeckt worden sind.

Um das eigene Forschungsgebiet abzugrenzen, nennt der Historiker einfach alles «Vorgeschichte», wofür ihm einwandfreie schriftliche Quellendokumente fehlen. Ältere Kulturen muß der Prähistoriker aus archäologischen Funden und Bodendenkmälern rekonstruieren. Doch wie kann man mit Sicherheit Geschehnisse erschließen (beziehungsweise ausschließen), die erdgeschichtlich in so fernen Zeiträumen liegen, daß in der Zwischenzeit ganze Erdteile aufgetaucht und wieder verschwunden sind, wie der hyperboreische oder der lemurische Kontinent, und später das sagenhafte Atlantis? Auch das ist «Vor»- oder «Urgeschichte», obschon nicht mehr faßbar. Wir sind von ihr in ähnlicher Weise abgeschnitten, wie das Tagesbewußtsein vom Unbewußten. Es gibt sogar weitere Gemeinsamkeiten: Beides läßt sich verleugnen. Denn der Weg der hinführt geht über Träume und Mythen. Über die Intuition.

Der Katastrophentheoretiker Immanuel Velikovsky (1895–1979), Schüler Freuds, Mediziner, Biologe und angesehener Psychiater schon bevor er 1939 in die USA ging, hat in den fünfziger Jahren die amerikanische Öffentlichkeit mit Büchern wie *Welten im Zusammenstoß*, oder *Erde im Aufruhr* und *Zeitalter im Chaos* aufgerüttelt. Für ihn ist die gesamte Erdgeschichte eine Abfolge von Sintfluten, interstellaren Zusammenstößen und planetarischen Verwüstungen.

Da es seiner Ansicht nach so etwas wie ein angeborenes, aber verdrängtes kollektives Erinnerungsvermögen gibt, und die versunkenen Bilder uralter Katastrophen, die unterdrückten Urängste aber bei der Menschheit als Ganzes nicht weniger verderblich wirken, als beim einzelnen die Verdrängungen bei einer Individualneurose, entsteht eine Art kollektiver Gedächtnisschwund. Davon betroffen sind sowohl die Ereignisse selber als auch die ungeheuren Schuldgefühle, die sie beim Menschen ausgelöst haben. Und diese unbewältigte Vergangenheit kann zu einem ebenso unbewußten Wiederholungszwang führen, wie wir ihn bei neurotischen Individuen antreffen, die unzählige Male im Leben immer wieder in die gleiche «Schicksalsfalle» tappen und sich für «vom Unglück verfolgt» halten, solange ihnen die Triebfeder ihres Verhaltens verborgen bleibt. Mit Vorliebe verdrängt werden bekanntlich besonders traumatische Inhalte.

So erklärt sich das Unvermögen der Menschen, das überwältigende Beweismaterial für weltweite Katastrophen, das eindeutig vorliegt und sich allenthalben anbietet, zur Kenntnis zu nehmen, es richtig zu interpretieren. «Die Erinnerung an die Katastrophen wurde völlig ausgelöscht – nicht mangels schriftlicher Überlieferungen, sondern infolge eines höchst kennzeichnenden Vorgangs, der später ganze Völker, die Gebildeten unter ihnen nicht ausgenommen, in diesen Überlieferungen lediglich Gleichnisse und Sinnbilder sehen ließ, wo in Wirklichkeit ganz deutlich kosmische Ereignisse geschildert wurden.» So heißt es in *Welten im Zusammenstoß.*

In das kollektive Gedächtnis aber graben sich diese Menschheitstraumen unbewußt ein und werden weitervererbt. Auf dieser unbewußten Ebene können sie – infolge des geschilderten Wiederholungszwanges – ungeahnte Auswirkungen haben. «Möglicherweise kommt das große Verderben nicht von einem weiteren planetaren Zusammenstoß, sondern von dem Werken und Wirken des Menschen selbst, der, ein Opfer des Gedächtnisschwundes, im Besitz thermonuklearer Waffen ist», meint Velikovsky in *Das kollektive Vergessen (Mankind in amnesia).* Dort zeichnet er sie nach in der Literatur- und Geistesgeschichte, in religiösen Visionen und kollektiven Ängsten, insbesondere in der gegenwärtigen Zivilisationskrise.

«[...] aufgrund dieses Kollektivgedächtnisses können wir uns als Anwesende bei irgendwelchen entsetzlichen Naturkatastrophen der Vergangenheit betrachten, entfesselten Elementen und ungeheuren Verheerungen ausgesetzt, von der keine Kreatur der Welt, ob auf dem Lande oder dem Wasser, verschont geblieben sein kann. Die angesammelten Erfahrungsmerkmale vererben sich auf jeden heute lebenden Vertreter der Spezies durch jede einzelne genealogische Linie».

Immer noch im Prolog dieses Buches, setzt Velikovsky bei einer Freudschen Erkenntnis an: «Erfaßt man die Menschheit als Ganzes und setzt sie an die Stelle des einzelnen menschlichen Individuums, so findet man, daß auch sie Wahnbildungen entwickelt hat, die der logischen Kritik unzugänglich sind und der Wirklichkeit widersprechen. Wenn sie trotzdem eine außerordentliche Gewalt über die Menschen äußern können, so führt die Untersuchung zum gleichen Schluß wie beim einzelnen Individuum. Sie danken ihre Macht dem Gehalt an *historischer Wahrheit,* die sie aus der Verdrängung vergessener Urzeiten heraufgeholt haben» *(Gesammelte Werke,* Lingam Press, Bd.XVI, S.56). Zum Unterschied von Freud aber ist für Velikovsky die verdrängte Ursache nicht der Vatermord, sondern das kollektive Katastrophenerlebnis, dessen Schock den Überlebenden einen unauslöschlichen, vererbbaren Eindruck hinterlassen hat.

Wenn man die platonischen Atlantis-Berichte in *Timaios*[7] und *Kritias*[8] zitiert, vergißt man häufig, daß außer dem Untergang der Insel (und dem gleichzeitigen Sintflutereignis) in Platos Texten auch außerordentliche *astronomische Ereignisse* kommentiert werden. Im *Timaios* wird in Solons Erzählung von einem ägyptischen Priester auf die historische Wahrheit hingewiesen, die sich hinter dem Phaeton-Mythos verbirgt. Der Sohn des Sonnengottes, der den Wagen des Vaters mit den Pferden nicht auf der festgelegten Bahn halten konnte, dadurch alles auf der Erdoberfläche verbrannte und selbst dabei umkam, steht für «eine Abweichung der Körper, die am Himmel um die Erde kreisen, und eine in großen Abständen wiederkehrende Zerstörung aller irdischen Dinge durch eine gewaltige Feuersbrunst». Ebenfalls im *Timaios* sind laut Velikovsky «die Auswirkungen eines Zusammenstoßes der Erde, die von einem Windsturm überholt wird» mit «fremdem Feuer von außerhalb, und mit einem massiven Klumpen aus Erde» verzeichnet. Oder, wie er Plato weiterzitiert, «der ungeheuren Flut, die herbeischäumte und wegströmte». Plato beschreibt an dieser Stelle deutlich, daß durch den Zusammenprall mit einem außerirdischen Körper die Erde aus dem Gleichgewicht geriet und sich die Achsenstellung dabei verschob. Ob es sich damals um einen auf die Erde gestürzten großen Meteoriten gehandelt hat, oder einen Kometen, der sehr knapp an der Erde vorbeiflog und sie streifte mit seinem Schweif, mag dahingestellt bleiben. Beide Möglichkeiten haben ihre Befürworter gefunden. Doch der Altertumsforscher Zecharia Sitchin ist der Ansicht, daß es der zwölfte Planet unseres Sonnensystems gewesen sein muß, der nach den Sumerern um die Sonne eine große Ellipse beschreibt und die übrigen Planetenbahnen kreuzt.

Gestützt auf ein umfangreiches Dokumentationsmaterial sumerischer, akkadischer und babylonischer Texte und Rollsiegel kann *Der zwölfte Planet* deutlich machen, daß den Sumerern unsere äußeren Planeten bereits ein Begriff waren und sie ein heliozentrisches Weltbild hatten. Sie wußten ja auch, daß die Erde rund ist und kannten sogar das Phänomen der Rückläufigkeit. Selbst den Himmelsäquator vermochten sie zu bestimmen. Da sie den Mond als Planeten betrachteten und auch den uns unbekannten «Wanderer» in unserem Sonnensystem ansiedeln, den sich periodisch nähernden, selbstleuchtenden Anu (Marduk bei den Akkadern), kommen wir auf die Zahl «zwölf». Nach Sitchins Hypothese war dieser Planet besiedelt. Bei den mesopotamischen Hochkulturen galt er als «Himmelswohnung der Götter» (die zwischen ihm und der Erde hin und herflogen).

Diese mythischen Erzählungen deutete Sitchin um in reale Ereignisse: Außerirdische auf sehr hoher Kulturstufe hätten die Erde in ihren Raumschiffen besucht, sobald ihr Planet in Erdnähe gekommen sei. Den Erdenmenschen galten sie als Götter, ihre wassernden Raumschiffe hießen «Himmelsboote». In der assyrischen Atra-Hasis-Geschichte (die Gestalt entspricht Noah-Utnapischtim) ist den «Göttern» die bevorstehende Sintflut bekannt, sie sollen die Erde in ihren «rukub ilani» oder Götterwagen verlassen, ohne die Menschen vorher zu warnen (Atra-Hasis ist die Ausnahme). Sowohl in diesem Text, wie im *Gilgamesch-Epos* kauern die Götter weinend in ihren Himmelsschiffen und sehen von oben die entsetzlichen Zerstörungen auf der Erde mit an, werden Zeugen, wie ihre irdischen Kolonien und fast alle ihre menschlichen Schützlinge und Arbeitssklaven zugrunde gehen.

Man sollte den historischen Wahrheitsgehalt solcher «Mythen» nicht übersehen, ihn in Zusammenhang bringen mit anderen Indizien, wie zum Beispiel den sturzhelmartigen Kopfbedeckungen auf Steinreliefs, Tonfiguren und Rollsiegeln aus Mesopotamien und dem Vorderen Orient.

Aber auch im mexikanischen Palenque wurde ein jahrtausendealter Stein gefunden, auf dem ein Mensch mit Sturzhelm abgebildet ist, der eine «Stahlschlange» (oder Rakete?) steuert (siehe folgende Abbildung).

Im *Popol Vuh* bringt «Gott Federschlange»[9] den Quiché Geschenke vom Himmel. Ob es sich dabei um einen der «außerirdischen» Atlanter gehandelt hat? Am Ort seiner Ankunft jedenfalls dürfte er zahlreichen indianischen Gottheiten Pate gestanden haben, wie schon vorher seine Landsleute bei anderen Völkern.

Steinrelief aus Palenque

Daß viele Wissenschaftler von solchen Argumenten einfach nichts wissen wollen, obwohl die Last der Beweise eigentlich eine deutliche Sprache spricht, mag auf der einen Seite tatsächlich mit dem von Velikovsky beschriebenen Verdrängungsmechanismus zu tun haben. Auf der anderen aber – wir wollen es nicht leugnen – sicherlich auch mit dem Ärgernis, den die Flut von nur zu Geschäftszwecken auf den Markt geworfenen, miserablen Machwerken zu diesem Thema bedeutet, in denen die Geschichte munter verfälscht und nach Belieben abgewandelt wird. Wäre es so abwegig, die herrlichen Felsmalereien von Lascaux und Altamira als allerletzte Überreste einer ungleich höheren und feineren Kultur zu betrachten, als es die rohen Steinklingenfunde, die primitiven Höhlen- und Pfahlbausiedlungen vermuten lassen, die derselben Epoche entstammen? Könnten nicht Überlebende der vernichteten Hochkulturen in den Gebirgshöhlen Schutz gefunden haben?

Die Katastrophen ungeheuren Ausmaßes, die von verschiedenen Seiten vermutet werden, und für die es unzählige Beweise gibt, wie zum Beispiel an zahlreichen Fundstellen des amerikanischen Doppelkontinents «Tausende von Tieren mit zerfetzten Gliedern, über Dutzende von Kilometern verstreut, vermischt mit zersplitterten Bäumen» (Ende des Pleistozäns) könnten auch alles Metall zum Schmelzen gebracht haben, das einer hochentwickelten Kultur zur Verfügung stand. Es erwähnen selbst andere Autoren als Velikovsky (die Biologen G.E. Pilgrim und Eiseley), daß etwa zur gleichen Zeit in Asien und Afrika ähnliche Massensterben von Säugetieren stattfanden: Ganze Faunen erloschen ... Solche Perspektiven zeigen auf, wie klein und verletzlich der Mensch ist, trotz aller Kultur und aller Technik. Aber genau das wollen wir nicht unbedingt wissen. «Gewisse Themen werden aus dem Bereich wissenschaftlicher Forschung verbannt und sehen sich des Anspruchs beraubt, bekannt zu werden. Es kommt vor, daß wichtige Tatsachen völlig ignoriert werden. Unser Gehirn hat eine natürliche Neigung, die Dinge von sich zu weisen, die nicht in den Rahmen der wissenschaftlichen und philosophischen Glaubenssätze unserer Zeit passen.» Das hat schon der Biologe Alexis Carrel gesagt, als er sich in *Man, the Unknown* über den Menschen, das unbekannte Wesen, ausließ. (Bei näherem Hinsehen ist auch der Buchtitel ein Volltreffer: Wer darf von sich denn behaupten, daß er sich kennt? Der Mensch – und im weiteren Sinne die ganze Menschheit – ist und bleibt für sich selbst ein Mysterium. Wie erklären wir den Zwiespalt, wissen zu wollen und doch nicht wissen zu wollen?)

Kapitel 2

ESOTERIK UND EXOTERIK

Nehmen wir an, in einer Ortschaft von lauter Blinden zu leben. Nehmen wir weiter an, die Blindheit sei dort erblich geworden. Dann wäre für uns der Gesichtssinn nicht einmal mehr als Möglichkeit vorstellbar. Die Sehkraft als physische Fähigkeit hätte jede Bedeutung verloren. Stellen wir uns weiter vor, ein Sehender käme zu Besuch. Er würde vom Himmel, vom Meer, von den Pflanzen erzählen; von den Farben, den Formen, der Bewegung. Er würde sogar sagen, ihr tragt verschiedenfarbene Kleider. Aber «Farbe» wäre für uns ein leeres Wort.

Und er würde hinzufügen: ihr gleicht einander, trotz aller Verschiedenheiten.

Doch würde man ihn kaum so richtig zu Wort kommen lassen. Schnell genug würde man ihm den Mund stopfen, damit dieses hirnverbrannte Gerede von den Gesichtern das Dorf nicht aus dem Alltagstrott schreckt.

Jetzt wird sich der Sehende aber nicht eingeschüchtert fühlen, sondern weiterhin fortfahren, den anderen das Gesehene mitzuteilen, ja sogar auf eine Reihe von Gefahren hinweisen, die Gemeinschaft möglicherweise vor einer Katastrophe bewahren. So würde sich allmählich Vertrauen, Sympathie und Hochachtung ihm gegenüber einstellen, er würde zum «magischen» Auge des Dorfes, zum «guten Führer», zum Numen.

So und nicht anders mag es sich in der fernsten Vergangenheit abgespielt haben mit den Sehern: Immer schon leiteten sich die Macht und das Wissen der Priester von jenem «Etwas» ab, das sie den anderen voraus hatten. Die Volksführer waren mit einem höheren Bewußtsein ausgestattete Menschen; wo andere nur verschwommene Wahrnehmungen hatten, besaßen sie die Gabe der Hellsicht. Deutlich drang an ihr Ohr, was andere mit keinem Laut mehr vernehmen konnten. Es waren weiter entwickelte Menschen, deren stärkere psychische Kraft ihnen erlaubte, kosmische Energien nicht als undifferenzierte Strahlung «aufzufangen», sondern darin eine von ewigen Gesetzen regierte Wirklichkeit zu erkennen. Das ist MAG, immer ein «Noch-mehr», immer in Entwicklung begriffen, ob nun der Mensch gemeint ist, oder das Universum[10].

Wir wollen weder der Geschichte, noch den Religionen der Antike eine Kränkung antun mit unserer Behauptung, jene alten «Seher» und «Magier» hätten die übersinnliche Wirklichkeit, der sie dank ihrer Einweihung sich nähern konnten, hinter einem undurchdringlichen Schleier verhüllt, um sie vor der Kurzsichtigkeit oder Blindheit der Menge zu verbergen.

Zwei Welten, zwei Wirklichkeiten stehen einander gegenüber: Jenseits und diesseits des «heiligen Schleiers». Eine unerbittliche Grenze war dieses dünne Gewebe. Denn es gab keinen Grund, der erlaubt hätte, sie zu überschreiten, ebensowenig wie es ging mit Gewalt. Hinter einem Hauch von Stoff wartete der Tod auf den Profanierenden.

Vor seiner Erhebung zum magischen Zeichen war dieser Schleier vielleicht nur ein Pflanzenvorhang gewesen, der den «Priester-Seher» allen neugierigen Blicken seines Stammes entzogen hatte.

Sicher ist der Tempel hervorgegangen aus einem «heiligen Hain» oder Bezirk, ursprünglich wohl einem Wäldchen mit einer Lichtung in der Mitte, einem Ort der Einkehr und Meditation, zu dem nur die «Auserwählten» Zugang hatten, berufen zur Volksführung in ihrer Zeit[11].

Dem praktischen Wissen der Gemeinschaft stand das «okkulte» Wissen, dem öffentlichen Platz der Tempel gegenüber, der in den ältesten Zeiten von einer Waldlichtung repräsentiert wurde, später ein Bauwerk und in den frühen Hochkulturen häufig ein Monumentalbau war.

Der Vorbereitungsweg bis zur Erkenntnis der Mysterien, die jenseits des «Schleiers» gehütet wurden, war lang und mühsam. Man unterlag einem erbarmungslosen Auslesever-

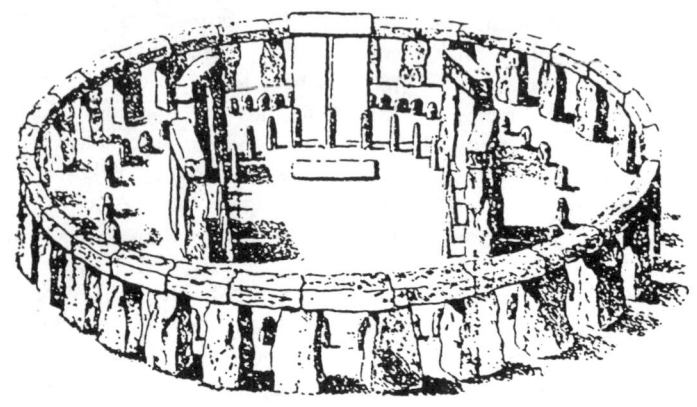

Stonehenge, wie es in der dritten und letzten Phase der dritten Bauperiode um rund 1300 v. Chr. ausgesehen haben mag. Mondtempel, Kultstätte und Sternwarte zugleich, sind dort verschiedene Steinkreise und Löcher derart plaziert, daß Sonnenwenden, Mondstände und sogar Mondfinsternisse abgelesen und berechnet werden konnten. Die Anlage ist eine Art astronomischer Kalender. Der Mondphasenzyklus, der 18 Jahre, sechs Monate und einen Tag dauert, ist im Innern des Hufeisens durch neunzehn blaue Steine fixiert.

fahren. Klein war die Zahl der Berufenen, noch kleiner die der Auserwählten. Jeder Neophyt mußte das Potential nie geahnter Kräfte in sich entwickeln, es beherrschen lernen, um sie zur richtigen Zeit auch richtig anzuwenden. Die Einweihung war ein dornenreicher Pfad[12].

Diesen Mysterienkult-Praktiken hat später das Wort «Esoterik» seine Existenz zu verdanken (abgeleitet vom griechischen εις ωθέω, was lateinisch *in-pello* – «ich stoße hinein» – bedeutet. Gemeint ist das Öffnen einer Tür, um die Außenstehenden «in den Tempel» einzuführen). Symbolisch wurden damit Suche und Erkenntnis einer verborgenen Wahrheit, die Deutung eines sonst nicht mehr verständlichen Inhalts zum Ausdruck gebracht.

Ein solcher Gesichtspunkt zeigt, daß die Esoterik älter ist als jeglicher Kult; sie erweist sich als deckungsgleich mit dem ersten Aufschimmern eines persönlichen Bewußtseins.

Bei den schriftlosen Völkern – und sicherlich auch bei den Menschen der Urzeit – ging jede Verkündung des MAG, jede

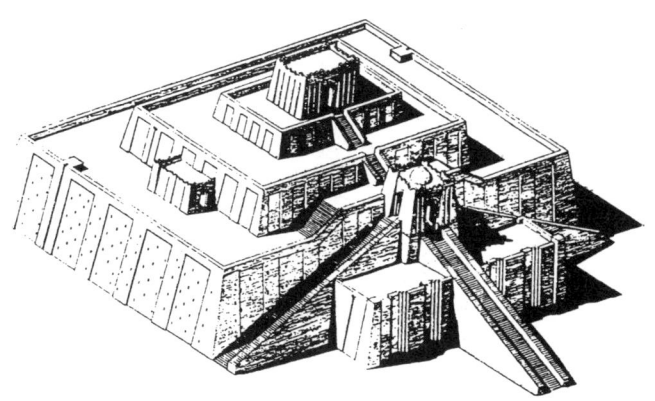

Die Zikkurat des Urnammu in Ur, Rekonstruktion. Bisher kennt man 34 Hochtempel dieser Art, aus 27 Städten. Die babylonische Zikkurat war 90 Meter hoch, hatte sieben Stufen und wurde von einem kleinen Tempel bekrönt. Sie hieß «Etemenanki» (Haus, das Fundament von Himmel und Erde ist).

magische Offenbarung im Verborgenen vor sich, weit weg von der unwissenden Neugier des Fußvolks. Im heiligen Hain, auf einer abgelegenen Anhöhe, in der Nähe eines seltsam geformten «Himmelssteins» oder Meteoreisensteins, der eines Tages plötzlich in der Landschaft stand, niemand wußte woher, wie von Geisterhand hingetragen.

Sogar heute noch ist die Kenntnis der Kräfte und Mittel, die außergewöhnliche Fähigkeiten verleihen, an Tabus gebunden. Man denke nur an jene wissenschaftlichen Entdeckungen und Instrumente, die unter Militärgeheimnis stehen, denen aber außer ihrer Zerstörungskraft nichts Militärisches anhaftet.

Das Einweihungswissen der Antike bestand in der Kenntnis von Gesetzen und Kräften, die von der Naturwissenschaft zum Teil erst Jahrtausende später entdeckt wurden, und teilweise noch entdeckt werden müssen.

Auch den Maya-Priestern war der Begriff bekannt, den wir mit «Platonisches Jahr» bezeichnen: Der Zeitraum von rund 25 000 Jahren, den die Sonne auf ihrem Weg durch die zwölf

Zeichen des ganzen Tierkreises braucht. Sie hatten einen komplizierten Kalender und erstaunliche mathematische und astronomische Kenntnisse, die ihnen erlaubten, das alles genau zu berechnen.

Regierungsform und Magie standen für sie in engem Zusammenhang. Das soziale Gefüge galt als Widerspiegelung höherer kosmischer Ordnungen, der Mikrokosmos der Gemeinschaft wurde zum Garanten eines als ebenso unveränderlich betrachteten Makrokosmos.

Die Staatsgeheimnisse, d. h. magisch-politische Machtmittel und Ritualhandlungen, mit denen der Mensch die Himmelsphänomene seinem Willen unterwerfen konnte, blieben nur «Eingeweihten» vorbehalten: Jenen, die sich strengen Prüfungen unterzogen und sie mit Bravour bestanden hatten. Ihnen vertraute man das «Große Arkanum» an, sie bewahrten es und gaben es ihrerseits an die Würdigsten weiter.

Dieses «esoterische Geheimnis» hätte ungeahnte Auswirkungen auf das Alltagsleben haben können. Denn der Himmelsgott mit der gefährlichen Waffe, ob Zeus bei den Griechen, Thor bei den Germanen, Jupiter bei den Römern, oder ob er als Xolótl in Mittelamerika vom Himmel steigt, mit Blitz und Donner gewappnet, dunkler Zwilling des Quetzalcoatl, ist nur mythischer Ausdruck einer real wirksamen «magischen Kraft», die echte elektromagnetische Entladungen zwischen Himmel und Erde bewirkt: Ein Symbolbild, mit dem sich die Wirklichkeit verkleidet repräsentieren läßt, dessen Symbolcharakter die Priester, zum Unterschied vom einfachen Volk, sehr wohl kennen.

Schon in der assyrisch-babylonischen Zeit waren die Tempel, der Wohnsitz der Götter, wie prachtvolle Königspaläste gestaltet. Den Griechen galt der Tempelraum als heilig. Üblicherweise war er groß und rechteckig, durch Säulenreihen gegliedert und mit einem Dach versehen.

In seiner Doppelfunktion als sakraler Ort und Versammlungsraum begegnet uns der Tempel zum ersten Mal in Ägypten; und später in Jerusalem, wo der Salomonische Tempel zum Musterbeispiel für den Tempel schlechthin wird.

Dem Jahwe geweiht, bestand er aus drei Baueinheiten: Der Vorhalle, dem Hauptraum und dem Allerheiligsten, wo die «Bundeslade» aufbewahrt wurde, jene Truhe oder «Black Box» die das «Heilige Wort» enthielt.

Religiöse Zeremonien hatten demnach zwei verschiedene Aspekte, waren gleichzeitig Festakt für die Masse und Sakralfeier für die Priester.

Zu beiden Seiten säumte das Volk die Straße, wenn in langen Reihen die Adepten zur heiligen Handlung pilgerten; eine nicht enden wollende Prozession, deren Teilnehmer nach Rang und Würde gekleidet einherschritten. Von den bunten Gewändern der niedrigsten Würdenträger bis zur festlichen Pracht einfarbiger Tuniken und Überwürfe, die den Eingeweihten der höchsten Grade vorbehalten waren, traf hier alles zusammen.

Die Prozession setzte ein äußeres Zeichen, um die Schaulust der Menge, die Neugier des kleinen Mannes mit einer Prunkentfaltung zu befriedigen, die einer außerordentlichen Machtdemonstration gleichkam. Diese exoterische *Form* des Kultes stand in einem klaren Gegensatz zum esoterischen Gehalt, zur geheimen Bedeutung des Zeremoniells.

Als «Mysterien» wurden die ersten Riten und Sakralfeiern dann bezeichnet, wenn ihr Charakter hierarchische Stufungen bei den Mitwirkenden erforderlich machte, und man von jeweils verschiedenen «Einweihungsgraden» sprechen konnte.

In der Antike war es nicht einfacher als heute, Wahrheiten zu verstehen und begreiflich zu machen. Der Mensch hat die natürliche Neigung, mit Vorliebe das zu begreifen, womit er sein eigenes Verhalten *rechtfertigen kann*, unabhängig davon, wie «gut» oder «schlecht» das für ihn und die anderen ist. Deshalb ist die Esoterik auch gefährlich, sehr gefährlich sogar, heute wie damals. Denn sie beschäftigt sich mit den «letzten Dingen». Ihr Denken kreist um Leben und Tod, aus einer völlig anderen Sicht, die sich mit den landläufigen Moralvorstellungen ebensowenig verträgt, wie mit dem neckischen de-facto-Atheismus des Durchschnittsverbrauchers. «Esoterik» kann im 20. Jahrhundert (schon durch Mißverstehen) ebenso mißbraucht werden, wie in der Antike.

Das Volk also wohnte den feierlichen Prozessionen bei, sah zu, wie eine Person nach der anderen in den Vorraum des Tempels gelangte, schloß hinten an, um die Gebete der Priester zu hören und in den Gesang der Zelebranten miteinzustimmen.

Vom Vorhof in den Mittelraum oder eigentlichen Tempel ging eine wesentlich kleinere Gruppe. Hier war der Sitz der Priester. Der Ritus, der nun zelebriert wurde, stand vom Symbolgehalt her auf einer höheren Stufe.

Auf wenige Auserwählte zusammengeschmolzen war das Grüppchen, das dann Einlaß begehrte in «das Herz des Tempels». Diesen Eingeweihten folgte der Hohepriester, um schließlich hinter den «Schleier» zu treten, dorthin, wo das «Mysterium», das «Große Arkanum» der «Göttlichen Wesenheit», gehütet wurde.

Dieses «Hineinstoßen» in das «Geheimnis», das einem Durchschreiten der Finsternis gleichkommt, immer mit dem Licht als Ziel vor Augen, hat zu allen Zeiten seinen Niederschlag gefunden in den großartigsten Symbolen.

Esoterik und Symbolik sind untrennbar miteinander verbunden. Die esoterische Realität verbirgt sich im Symbol, wird darin «okkult». (Symbole sind Zeichen oder Zeichenfolgen, die für etwas anderes stehen, wobei eine gewisse Verwandtschafts- oder Ähnlichkeitsbeziehung zwischen Zeichen und Bezeichnetem angenommen wird. In den meisten Fällen aber drückt sich der innere Gehalt magisch-religiöser Handlungen in einem Zeichen aus, das nur der Eingeweihte vollständig entziffern und begreifen kann).

Die esoterische Botschaft der Evangelien steckt in den Gleichnissen. Ein «Ent-Hüllen» durch Wieder-Verhüllung ist die Offenbarung Jesu. Die Beispiele, mit denen die Jünger belehrt werden, sind Analogien einer prinzipiell nie direkt ausgesprochenen Grundwahrheit, die damit nur verschleiert vor uns hintritt und von jedem einzelnen nach seiner persönlichen Eigenart wahrgenommen werden muß.

Das Gleichnis vom «Guten Hirten» wirkt sowohl auf den, der es wörtlich versteht, als auf den anderen, der es in seiner geheimen Bedeutung erfaßt hat. Der allertiefste Sinn, die ewige, unwandelbare Wahrheit, die sich darin ausdrückt, kann nie vollständig mit dem Verstand begriffen werden, nur der Intuition eröffnet sie sich. Was man «vollständig» weiß, avanciert allenfalls zur Binsenweisheit.

Dem antiken Menschen erschien Gott allgegenwärtig, aber unerreichbar. Geoffenbart wurde er durch seine Priester. Doch wirkte zwischen ihm und den Mitgliedern der menschlichen Gemeinschaft eine Reihe von unsichtbaren Entitäten als Vermittler: Halbgötter, Götter und Schutzgeister; himmlische Mächte also, die in jedem Aspekt der Realität verborgen waren.

Der Eingeweihte lernte nach und nach, welchen Platz diese Kraftwesen im Bauplan des Universums einnehmen, was für Aufgaben sie erfüllen, denn diese Wesenheiten gehörten einer im Vergleich zum Menschen wesentlich höheren geistigen Stufe an.

Dem gesamten antiken Ritualverhalten in Religion und Politik haftet ein Doppelsinn an. Jede Funktion, jede Geste, jedes Wort muß gleichzeitig esoterisch und exoterisch interpretiert werden. Welche Deutung dabei auf den Ausübenden zutrifft, hängt davon ab, wo er innerlich steht, ob er nur eine kennt, nur eine, oder beide, eine jede auf ihrer Ebene, gelten läßt.

Das Tempelmysterium entspricht dem «Geheimnis vom unsichtbaren Reich», das über den drei Naturreichen steht und ihnen überlegen ist durch seine Macht und Wahrheit «in alle Ewigkeit».

Die Initiation diente der Einführung des Neophyten in den Tempel. So wurde er mit dem Mysterium vertraut gemacht, bis es in ihm zur inneren Gewißheit heranreifte, verdichtet zum «wahren Wissen».

Unsere heutige, von der antiken Denkart so stark abweichende Mentalität erlaubt es uns nicht mehr, nachzuvollziehen, was sich im Adepten abgespielt hat, daß sich mit einem Schlag sein Leben von Grund auf ändern konnte. Damals wurde nicht unterschieden zwischen Erkennen und Verhalten. Die Offenbarung einer übersinnlichen Welt mußte zwangsläufig zu einer totalen Änderung der Lebensweise führen[13].

«Lehren» wurden damals nicht analysiert und eingeordnet, wie wir das heute tun. Statt dessen hat man sie innerlich assimiliert und nach ihnen gelebt. Die esoterischen Inhalte einer Offenbarung waren für den Adepten eine unmittelbar wirksame, lebendige, überaus dynamische Realität. Der Mensch erlebte seine eigene innere Entwicklung mit, nahm mit seinem ganzen Wesen am sakralen Charakter der Initiation teil. Er verließ diese Welt in einem «normalen» Bewußtseinszustand, um in einem «erleuchteten» wiedergeboren zu werden.

Das erklärt uns auch, warum wir so wenig über die okkulten Rituale wissen: Man schwor, das Geheimnis zu bewahren, und dieser Schwur ist bis zur äußersten Konsequenz eingehalten worden. Der letzte Eingeweihte in die antiken Mysterien hat die von Mund zu Mund empfangene Lehre, die der Meister nur unter dem Siegel der Verschwiegenheit an den Schüler weitergeben durfte, bestimmt mit ins Grab genommen, bevor er sie einem Würdigen mitteilen konnte.

Daher wissen wir so gut wie nichts über die antiken Mysterien. Aber auch das Geheimnis der therapeutischen Bruderschaft der Rosenkreuzer ist nicht wirklich bekannt: Wer alles gehörte tatsächlich zu diesem «Orden»? Noch weniger weiß man über das «Geheimwissen» der Tempelritter, denn was den Gefolterten an «Geständnissen» abgepreßt worden ist, führt uns keinen Schritt weiter. Aber während hier immerhin reichlich Dokumentationsmaterial vorhanden ist (über seine Brauchbarkeit wollen wir jetzt nicht reden), bleibt uns von den eleusinischen, orphischen, ägyptischen, sumerischen Mysterien – bis hin zu den sagenhaften atlantischen – eigentlich kaum mehr als der Name. Die lange Zeitspanne, die uns von ihnen trennt, hat viele Spuren verwischt.

Aber gerade die esoterische Seite einer Lehre trägt am meisten zur Wahrung der Geheimnisse bei. Erschwert man den Zugang zum inneren Kern, so verhindert man ihre Trivialisierung. Man gräbt damit den Verfallserscheinungen ein wenig das Wasser ab, womit eine gewisse Vorsorge getroffen wird, damit sie nicht schnell verkommt zur bloßen Äußerlichkeit, zur reinen Exoterik.

Der legendäre Hermes Trismegistos, dessen Name «Dreimal-Weiser» bedeutet, von «tris» (dreimal) und «MAG» (großer Weiser) abgeleitet, begrüßte einmal den vor ihm gehenden eingeweihten Schüler mit folgenden Worten:

«Erinnere dich dieser Prinzipien, denn sie beschließen alles in sich, was ich dich je gelehrt habe. Vermeide jedoch auf jeden Fall, in deiner Umgebung davon zu sprechen. Nicht, daß ich der Masse verbieten wollte, sie zu kennen, aber ich will dich nicht der Lächerlichkeit preisgeben. Gleich und gleich gesellt sich gern; doch unter Ungleichen kann es nicht Einverständnis noch Freundschaft geben. Die verborgenen Wahrheiten dürfen nur eine beschränkte Zahl von Mitwissern haben, oder vielmehr gar keine. Denn mit ihnen hat es folgende Bewandtnis: Sie regen die Bösen zum Bösen an. Deshalb muß man sich vor der Menge hüten, der die innere Kraft dieser Gedanken noch unbegreiflich ist.» «Was willst du damit sagen, Meister?» «Merk es dir gut, mein Sohn. Das Menschengeschlecht neigt dem Bösen zu; das Böse liegt in seiner Natur und gefällt ihm. Bringst du dem Menschen bei, daß die Welt das Ergebnis einer höheren Schöpfung ist, daß sämtliche Dinge nach einer übergeordneten Notwendigkeit ablaufen und diese Notwendigkeit ein alles beherrschendes Prinzip ist, dann wird der Mensch die Gesamtheit aller Dinge als geschaffen und damit feststehend verachten; seine Laster wird er dem Schicksal zur Last legen und nicht mehr vor bösen Taten zurückschrecken. Immer noch muß man sich vor der Menge hüten. Nur die Unwissenheit, die ihr Mißtrauen gegenüber allem Fremden schürt, legt ihrer Bosheit Zügel an.»[14]

In diesen weise vorausblickenden Worten des Hermes kommt ein Geheimnis zum Ausdruck, das alle Initiationsschulen von der fernsten Vergangenheit bis zum heutigen Tag sehr genau gekannt haben. Wenn das Unwissen und nicht die Weisheit unsere schlechten Triebe hemmt, ist es eher das Unbehagen, das wir vor dem sich entziehenden Mysterium empfinden, als dessen Offenbarung, was uns den Grund liefert für unser moralisches Verhalten.

Kapitel 3

DER WEG DER ERKENNTNIS

In der Antike beanspruchte der Glauben wesentlich mehr Zeit vom Leben des einzelnen, als heute: Die Tage waren durch Kulthandlungen geregelt, alles hatte seinen festen, unabänderlichen Platz im Jahreslauf. Nur wußte weder damals noch heute auch nur irgendeine Religion eine verbindliche Antwort auf die sogenannten «letzten Fragen», was sich kaum je ändern wird.

Denn Wahrheit als etwas «Okkultes» blieb unerreichbar.

Wem die offizielle Religion nicht genügte, der suchte auf anderen Wegen in die spirituelle Welt einzudringen und erfuhr vielleicht relativ bald von der Existenz vereinzelter geistiger Zentren; von kleinen Gemeinschaften, die in mönchischer Abgeschiedenheit der Meditation pflegten. Dort konnte er um Aufnahme bitten, in der Hoffnung, auf den Weg der Erkenntnis geführt zu werden.

Wer einer Aufgabe würdig erachtet wurde, mußte sich von der Welt abwenden. Ging er dann wieder unter die Menschen, schien er wie ausgewechselt: Der ganze Mensch hatte sich von Grund auf gewandelt und war nicht mehr derselbe.

Was war geschehen? Er war in die Mysterien eingeweiht worden und hatte dabei die Schwelle des Todes überwunden; nicht symbolisch, nein, auf konkrete, reale Weise, um mit einem neuen, durch und durch veränderten Bewußtsein wieder ins Leben zurückzukehren.

Welche außergewöhnliche «höhere Botschaft» mag diese spektakuläre Wirkung auf ihn erzielt haben? Es ist ihm der Schlüssel zum okkulten Wissen zuteil geworden, die geheime Offenbarung jener Wahrheit hinter den Worten, Gesten und Symbolen eines religiösen Kultes, der ihm von allem Anfang an schal und unbefriedigend erscheinen mußte.

Wir dürfen nicht vergessen, daß die Mysterien für den antiken Menschen nicht etwa Sicherheit und Seelenheil bedeuteten, sondern eine tödliche Gefahr. Der Weg, der die Geheimnisse des Lebens lehrte, führte über vermintes Gelände. Wer sich als unwürdig erwies, wer das Geheimnis preisgab, wurde mit dem Tod und der Beschlagnahmung aller Güter bestraft.

Davon wußte Äschylos ein Lied zu singen, der angeklagt worden war, in einer seiner Tragödien Einzelheiten der orphischen Mysterien verraten zu haben. Vor der Todesstrafe vermochte er sich nur deshalb zu retten, weil er rechtzeitig in ein Dionysos-Heiligtum flüchten konnte und es ihm später gelang, den Richter davon zu überzeugen, daß er niemals in diese Mysterien eingeweiht worden war.

Plutarch berichtet, wie groß die Angst der Neophyten vor der letzten Offenbarung war und vergleicht sie mit den Gefühlen der zum Tode Verurteilten. In den altägyptischen Tempeln, später in Kleinasien und Griechenland, wurden die Schüler, nach einer jahrelangen, strengen Vorbereitungszeit, vom Meister tatsächlich in einen scheintodähnlichen Zustand versetzt, der bis zu drei Tagen dauerte.

Während dieser katatonischen Phase trennte sich die mit dem Ätherleib verbundene Seele vom materiellen Körper. Nun übertrug der Meister sein gesamtes Wissen in Form von Bildern auf das Bewußtsein des Neophyten, um dadurch in ihm die unmittelbare Jenseitserfahrung zu erwecken, die normalerweise dem Menschen erst nach seinem Tode zugänglich wird.

Danach holte der Meister den Adepten mit lauter Stimme zurück aus dem Todesschlaf. Nach dem Erwachen war er nicht mehr derselbe. Er fühlte sich wie ein anderer Mensch, innerlich gestärkt und gekräftigt; als ein Wiedergeborener.

Deshalb bedeutet selbst heute jede Einweihung Tod und Wiedergeburt. Es stirbt in jedem von uns, was sterben muß; die gröbsten Aspekte unseres Schattens, unserer Materie, um dem neuen Menschen, den ein jeder als verborgene Wirklichkeit in sich trägt, Leben einzuhauchen.

Plutarch, der furchtlos zugab, in die Mysterien eingeweiht worden zu sein, übermittelt uns in folgender Textstelle ein wertvolles Zeugnis über das «Sein und Werden» des Neophyten, vom Augenblick seiner ersten, grundlegenden Einweihung an.

«Wenn wir uns dem Heiligtum nähern, empfängt uns Gott mit der Aufforderung: – Erkenne dich selbst! – Und wir sagen zu Gott: – EI – (was bedeutet: DU BIST!), um zu bestätigen, daß die wahre, die einzige, ihm gebührende Anrede in den Worten liegt: ER IST.»[15]

Für den Menschen ist das Leben wirklich etwas Vergängliches, ein Wegstück zwischen Geburt und Tod. «Man kann nicht zweimal im Wasser desselben Flusses baden», sagt Heraklit. Und bei Plutarch lesen wir folgerichtig: «Unweigerlich macht der reife Mensch dem Greise Platz, so wie vorher der Jüngling dem reifen Mann. Und der Mensch von gestern ist heute genau so tot, wie der Mensch von heute es morgen sein wird. Aber wenn sich das Individuum nie gleich bleibt, könnte es auch sein, daß es überhaupt nicht existiert, ist es doch ständigen Veränderungen unterworfen, gleitet fortwährend von einem Zustand in den anderen. Für den Irrtum verantwortlich sind unsere Sinne, die uns, weil wir so gar nichts wissen über das wahre Sein, eine Wirklichkeit vorgaukeln, wo bloßer Schein ist[16].

Das Bewußtwerden dieses beständigen Sterbens, dieses Nicht-Seins der Körperlichkeit paart sich beim Neophyten mit einem langsamen, aber sicheren Hineingeborenwerden in die keinen Schwankungen unterworfene Welt des Geistes: So werden Geburt und Tod des grobstofflichen Menschenleibs in Beziehung gebracht zu physikalischen Prozessen, zum Aufbau und Zerfall von Atomen und Molekülen.

Für den Geist aber gibt es weder Geburt noch Tod, weder Anfang noch Ende. Auch dem Geist gegenüber kann der Neophyt nur das Wort aussprechen: «EI», DU BIST); so wird der neue Mensch Teil und Substanz des Höchsten, unendlichen Wesens, und sein Innenleben ewige Annäherung an das Ziel.

Nun entwickelt der Neophyt seine inneren Kräfte in Übereinstimmung mit den kosmischen; gerade darauf beruht ja seine immerwährende Wandlung. Das ist die sogenannte «metànoia» vom «Ich» zum «Alles» und vom «Alles» zum «Ich», in einem Wandlungs- und Kräftesteigerungsprozeß, der den Etappen innerer Entwicklung sein Siegel aufprägt und in den «magisch-religiösen Prozeß» des «Werdens nach Gottes Ebenbild» einmündet.

Dieses Weiterschreiten innerhalb des MAG kennt keine Grenzen, nur ein letztes, unaussprechliches Ziel. Jeder Eingeweihte weiß mit völliger Sicherheit, bis wohin er gehen darf und muß in seinem Wissensdrang. Ein wenig «zu viel» wäre nicht nur überflüssig, sondern schädlich. Und wenn er die Stufe erreicht hat, die ihn befähigt, die eigenen Schüler einzuweihen, hat er auch seine Aufgabe erfüllt, den Schlüssel zum großen Geheimnis anderen weiterzugeben durch den Lauf der Zeiten.

J H V H war das Geheimzeichen jüdischen Einweihungswissens: Das heilige Tetragramm. Es besagte, daß der Name Gottes unaussprechlich war und nicht in Worte übersetzt werden konnte (Ich bin der Ich bin). Gleichzeitig versteckte sich aber in diesen vier Buchstaben die Idee von der Allmacht Gottes, wobei jeder von ihnen eine bestimmte, symbolische Bedeutung hatte:

JOD = das aktive Prinzip in allen Dingen, die befruchtende Kraft.

HE = das passive oder empfangende Prinzip

VAU = die Befruchtung als aktive Folge

HE = die Frucht als passives Ergebnis

Jahwe war also der Name, hinter dem sich ein absolutes Prinzip verbarg, das als solches alle Lebensprinzipien in sich selber enthielt: Seine vier Buchstaben waren der Ausdruck eines ewigen Gesetzes.[17]

Endgültiges Ziel jeder Einweihung war die Begegnung mit Gott, die mit der Kenntnis des Großen Arkanum zusammenfiel: *Ein über allem stehendes, unwandelbares Gesetz regiert das Universum; es ist ein Gesetz der Liebe, das sich in seiner Strenge und Unbedingtheit mit dem Gesetzgeber selbst identifiziert. Es offenbart sich durch die Schöpfung, was nicht heißt, aus dem Nichts würde etwas erschaffen; es besagt nur, jedes Ding nach dem Göttlichen Gesetz zu ordnen; der trägen Materie Form und Leben einzuhauchen, die Finsternis zu erhellen; mit dem Pneuma – dem Göttlichen Atem – den «Schlammpfuhl» des Chaos wieder zu beleben.*

Der Entwicklungsgang der menschlichen Kulturstufen steht für die allmähliche Eroberung dieses Gesetzes durch Menschenhand. Nach und nach wurden die Prinzipien entdeckt, die den Lauf von Makrokosmos und Mikrokosmos bestimmen. Es ist wie ein Emportauchen aus dem Schatten ins Licht, aber dann auch wieder ein Sich-fallen-lassen, ein Hinabstürzen in die Dunkelheit. Die historischen Zeitalter sind Etappen auf dem Weg des Menschen zu Gott, gleichzeitig aber auch Stufen auf dem Weg zur menschlichen Selbst-Entdeckung und Selbst-Erkenntnis, wie es vor mehr als 2500 Jahren das Orakel zu Delphi deutlich verkündet hat.

Von der Entdeckung des Feuers in der Vorzeit bis zur Entdeckung der Kernenergie hat der Mensch immer wieder den Schleier des Großen Arkanum zu lüften verstanden, um eines der ewigen Gesetze in seine Macht zu bringen. So wird er sich, von Stufe zu Stufe, von Ära zu Ära, noch weitere verborgene Gesetze aneignen, wird Licht in die Finsternis bringen und sich gleichzeitig nicht nur körperlich, sondern auch seelisch verwandeln, in seinem Denken, Fühlen und Wollen.

Es ist nicht ausgeschlossen, daß der Mensch von heute den künftigen Erdenbewohnern als ein den Banden seiner «niederen Natur» verfallenes Geschöpf erscheinen wird.

Die höchsten Priester, die großen Magier, Hierophanten und Seher aller Zeiten und Länder wußten und wissen das alles. Ich sage «wissen», denn jede Epoche hat ihre «okkulten Führer», ihre «unbekannten Meister», die «Bodhisattvas». Auch unsere.

Kapitel 4

DIE BODHISATTVAS

Kein größerer oder kleinerer Tempel im Fernen Osten, der nicht eine Statue seines eigenen Bodhisattva beherbergte. Immer handelt es sich um einen Mann unbestimmbaren Alters, das Gesicht glatt und faltenlos, der mit übereinander gekreuzten Beinen in einer geöffneten Lotosblüte sitzt, die Hände sanft in den Schoß gelegt, Daumen und Ringfinger zum Zeichen der Einweihung miteinander vebunden.

Der Bodhisattva ist mehr als ein Meister, er ist ein MAG, ein «Führer», der bereits den Gipfel erreicht hat, Frucht langer Zeiten irdischer Askese. Er bewahrt die «Erinnerung» an alle seine Inkarnationen und vermag auch die der anderen zu «sehen» mit dem «inneren Auge» aufgrund seiner Hellsichtigkeit, fast so wie der Sehende unter den Blinden des Gebirgsdorfes, den wir zuvor als hypothetisches Beispiel gebracht haben.

Das berühmte «dritte Auge» ist nichts anderes als eine subtile Fähigkeit, die geistige Welt wahrzunehmen, eine Art immaterielles Organ, das in die fernste Vergangenheit oder Zukunft schauen kann.

Der heutige Wissenschaftler wird sich angesichts dieser Behauptungen eines ironischen Lächelns nicht enthalten können. Wo bleiben die Beweise? wird er fragen. Damit haben wir gerechnet. Es spielt keine Rolle. Einer inneren Notwendigkeit folgend, kann die gegenwärtige Wissenschaft aus ihrer grob materialistischen Haut nur heraus, wenn sie von sich aus eine andere, wesentlich komplexere «Wahrheit» entdeckt, die sich unseren intellektuellen Fähigkeiten bisher stets entzogen hat: die außer- und überrationale Wirklichkeit, die im menschlichen Unbewußten verankert ist und das dazugehörige phänomenologische System, aus dem sie sich ablesen läßt.

Alles was sich bisher auf diese «andere» Realität bezieht, gilt immer noch als «Äußerung des Unbewußten» und wird nicht von der Psychologie, sondern von der Parapsychologie behandelt; einem Zwitterding zwischen Aberglauben und Wissenschaft.

Natürlich behauptet kein Meister von sich selber, er sei ein «Bodhisattva». Meistens sind es die Jünger, die ihm nach seinem Tode ein solches Zeugnis ausstellen.

In der Skala der geistigen Entwicklung verkörpert der «Bodhisattva» ein Wesen von ausgeprägter Spiritualität, er ist der Pionier, der neue Wege erschließt und den bestehenden Straßen das richtige Profil gibt, ein «Führer» eben, der durch sein Wort und sein Beispiel andere belehrt und erleuchtet.

Jedes Jahrhundert hat seine Bodhisattvas, ob man sie jetzt kennt, oder nicht. Meistens sind es einfache Menschen, keine Gebildeten oder Gelehrten, sie stehen im Berufsleben, sind vielleicht schlichte Arbeiter oder Handwerker, anerkannt und geliebt von einem kleinen Freundeskreis. Aber hinter der Hülle ihres physischen Körpers wohnt ein Geist von außerordentlicher Kraft; Bodhisattvas benötigen keine Einweihung, das Wissen vom Großen Arkanum finden sie in sich selber, dank der natürlichen Entwicklung ihrer psychophysischen Kräfte. Weder müssen sie sich von der Welt zurückziehen, noch brauchen sie auf Anhänger zu warten, denn die Welt mit ihren Herausforderungen berührt sie nicht; und die Schüler stellen sich von selber ein, als folgten sie einem geheimen Ruf.

Bodhisattvas haben die Macht, Adepten einzuweihen und sie über die Schwelle des Todes hinaus zu führen. Das ist kein Privileg des Ostens, es gilt für alle Kontinente; und auch nicht nur für die Antike. Selbst in unserem mißtrauischen, mythenzerstörenden Zeitalter sind Bodhisattvas aktuell.

Vielleicht waren alle großen Führer der Menschheit Bodhisattvas. Doch möchten wir sie lieber mit einem weniger heiklen Namen bedenken und «große Meister» oder «große Eingeweihte» nennen. Ihre Worte, die uns in den erlesensten Werken der Weltliteratur und in der großen, mündlichen Überlieferung aller Völker erhalten geblieben sind, haben die Macht, Licht in das Dunkel zu bringen und jenem, der sie ver-

Avalokiteshvara (der gütige Herabschauende) ist der Bodhisattava der Barmherzigkeit. Er wird im Mahayana- und im Vajrayana-Buddhismus gern angerufen, um Unheil abzuwenden, Krankheiten zu heilen und den Menschen in schwierigen Lebenssituationen beizustehen. Indonesien, 7.–8. Jahrhundert.

nimmt – auch nach Ablauf von Jahrhunderten, oder gar Jahrtausenden – zur Selbstfindung und Selbsterkenntnis zu verhelfen.

Was der Apostel Paulus über die Barmherzigkeit sagt, ist heute wie damals ein unumstößliches Axiom: zum Unterschied von der lateinischen *pietas* (dem Mitleid) ist diese *caritas* eine absolute Wahrheit von immerwährender Gültigkeit, die es dem Menschen ermöglicht, große Fortschritte auf dem Lebensweg seiner inneren Entwicklung zu machen, wenn es ihm gelingt, sie in die Tat umzusetzen: tätige Barmherzigkeit zu üben.

Die großen Meister der Menschheit – wie Moses oder Salomon, Hermes oder Zarathustra, Krishna oder Laotse, die Osiris- oder die Apollo-Priester, Pythagoras oder Plotin, Paulus von Tarsus oder Origines, der Apostel Johannes oder Apollonius von Tyana, Mani oder Augustinus, Albertus Magnus oder Christian Rosenkreutz, Trithemius oder Cagliostro, Paracelsus oder Rudolf Steiner, Swedenborg oder Giuliano Kremmerz – haben Dinge gesagt, die «heil-sam und heilig» sind, «recht und richtig», und uns das «Schöne», das «Wahre» geoffenbart. Die Mosaischen Tafeln sind «heilig» und verkörpern das «Recht», die Hermetische «Smaragdtafel» ist «schön und wahr». So sprechen die Zeugnisse der Eingeweihten je nach der Zeit, in der sie geoffenbart werden, verschiedene Bewußtseinsebenen im Menschen an. Auch heute sollten wir ihnen mit dem gebührenden inneren Ernst begegnen. Da auf der einen Seite niemand von uns an der Größe von Sokrates oder Descartes zweifelt, hat es auf der anderen auch keinen Sinn, wenn wir es a priori ablehnen, uns mit dem Inhalt ihrer Lehren auseinanderzusetzen, weil sie historisch anderswo stehen, als wir heute. Sonst sind wir wie die Blinden, die den geringschätzen, der sehen kann; schlimmer noch, wir versuchen sogar, unsere Blindheit und Gefühllosigkeit zum philosophischen System zu erheben, dem sogenannten Agnostizismus.

Bringen die Logik und die Dialektik nicht genügend Intuition und Inspiration auf, dann kommt es zu einer verfälschenden Verkürzung der Distanzen: Der Weitblick weicht einer kurzsichtigen Betrachtung, so daß man zuletzt den Wald vor lauter Bäumen nicht mehr sieht, die Pflanze nur mehr als eine Summe von Blättern betrachtet und sich am Ende überhaupt schon damit begnügt, ein einziges Blatt, oder gar nur einen Teil des Blattes zu untersuchen, was zu einer immer stärkeren Zersplitterung der Wissensbereiche führt. Das Spezialistentum, das sich in der Wissenschaft und der Technik breit macht, die große Anzahl eigener Forschungszweige, die sich innerhalb eines ursprünglich einheitlichen Gebietes herausdifferenzieren, beweisen das zur Genüge.

Platons Größe liegt gerade darin, daß er der Seele nicht nur Ratschläge gibt, sondern mit seiner ganzen Autorität auch einen Weg weist. Wenn sich seine Worte Herz und Verstand mit der Intensität eines Brandmals einprägen, dann ist dies ein Zeichen dafür, daß sie wahr und notwendig sind und noch zur rechten Zeit gesprochen wurden, um eine Wende in der

Menschheitsentwicklung zu bewirken. Das gleiche gilt für Rudolf Steiner, der 1925; oder für Giuliano Kremmerz, der 1930 gestorben ist.

Solche «Mittler» eben müssen wir bitten, uns Nachrichten aus der geistigen Welt zu geben; sie haben «geschaut» und können darum auch «bezeugen».

Geisteswissenschaft ist nicht nur deduktiv. Immer eröffnet sich die Wahrheit in einem Aufleuchten der Intuition; jede Idee ist ein Licht, das plötzlich in unserem Verstande aufgeht und Gewißheit schafft.

Nicht selten gelingt es dem Untersuchungsrichter, den Schuldigen eindeutig zu ermitteln, ohne ihn aber unter Anklage stellen zu können, da es an ausreichendem Beweismaterial fehlt. Im Reich des Geistigen bedeuten Beweise nicht viel, denn das Erkennen einer Wahrheit wird erlebt und erfahren im innersten Selbst. Materielle oder «wissenschaftliche» Beweise wird es möglicherweise erst nach Jahrzehnten oder Jahrhunderten geben. Nur ausbleiben werden sie mit Sicherheit nicht.

Bei einem Vortrag, den Rudolf Steiner 1924 vor Arbeitern im Goetheanum hielt, wies er darauf hin, daß sich die Erde dem Blick des Hellsehers nicht als abgeflachtes Geoid darbietet, eine an den Polkappen abgeplattete Kugel gewissermaßen, wie in den Schulbüchern zu lesen ist, sondern eher wie eine «Winterbirne», rund und voller Auswüchse: Aufnahmen von Raumsonden und Astronauten haben nun tatsächlich den Beweis erbringen können, daß die Erde ein unregelmäßig geformter, runder Körper ist.

Wir sollten die Meister annehmen und ihren Worten Vertrauen schenken. Wenn die Bodhisattvas es verstehen, mit einem einzigen Blick auf wunderbare Weise die geheimsten Winkel unserer inneren Persönlichkeit auszuloten, sollten wir auch zulassen, daß sie für uns den Schleier lüften und hinter die Dinge sehen, wir sollten auf sie hören, wenn sie uns etwas aus der anderen Welt zu berichten haben; und dabei gelassen den späteren Wahrheitsbeweis abwarten können.

Kapitel 5

ATLANTIS

Von Atlantis kennt man nur ungefähr die Todesstunde; die Geburt des Kontinents, die Entwicklung seiner legendären Kultur sind hingegen nicht Teil unserer Geschichte, sie gehören jener grauen Vorzeit an, in die bloß das «dritte Auge» – d. h. die Hellsichtigkeit, das geistige Sehen – einen flüchtigen Blick zu werfen vermag.

Der Mathematiker Luigi Fantappiè hat vertreten, daß sich alle Töne und Bilder, die sich im Äther ausbreiten und verlieren, in den «Hyperräumen» oder Räumen der n-ten Dimension lokalisieren und festhalten lassen. Theoretisch wäre die Wissenschaft also in der Lage, einer Rede Caesars vor dem Senat oder dem Schlachtenlärm von Waterloo hinterherzulaufen und sie einzufangen. Der Tag, an dem ein neuer Marconi es verstehen wird, nach der Fantappiè-Formel ein Instrument zu bauen, das imstande ist, auf der Erde die fernsten Schwingungen der Hyperräume hörbar und sichtbar zu machen, wird uns ermöglichen, die ganze Menschheitsgeschichte von ihrem fernsten Ursprung bis heute auf dem Bildschirm nachzuerleben.

Anstatt aber den versunkenen Bildern durch die Galaxien nachzujagen, versteht es der Hellseher, sich jeden Augenblick der Geschichte ins Gedächtnis zu rufen, als wäre das alles in einer Gedächtniszentrale gespeichert, ähnlich den modernen Datenspeicheranlagen. Jede Handlung, jedes Wort, jeder Gedanke hat eine bestimmte Projektion in der geistigen Welt, wo sie getreulich aufbewahrt werden in einem unveränderlichen Jetzt. Die magische Kraft des großen Eingeweihten – des Bodhisattva – kann in jene zeitlose Gegenwart hineinblicken und sich direkte Kenntnis darüber verschaffen.

Im Orient heißt dieses kosmische Gedächtnis «Akasha».

Abdruck eines hethitischen Siegelfragments, mit dem Zeichen für «Himmels-gott» an einem raketenähnlichen Gegenstand. Darüber die geflügelte Sonne, die uns auch auf sumerischen, assyrischen, chaldäischen, ägyptischen und alt-persischen Darstellungen begegnet. Raketenähnliche Gegenstände, zum Teil im Flug, finden sich häufig bei allen alten Kulturen im Mittelmeerraum. Zei-chen für die «Seelenreise»? Oder kannte man «Flugzeuge» und «Raketen», wie verschiedentlich gemutmaßt wird? Beides zugleich wäre ebenfalls mög-lich.

El, Schöpfer aller Dinge, der oberste Gott der Kanaaniter. Über ihm ein geflü-gelter Stern. Ein jüngerer Gott serviert ihm Getränke. Der hörnerge-schmückte, konische Kopfputz ist das Zeichen der «Götter» in den frühen Hochkulturen. Abbildung auf einer palästinensischen Stele.

Man könnte es als eine Art Bildarchiv betrachten, in dem die Menschheitsgeschichte wie in einer Chronik verzeichnet ist. Wie in Spiegelbildern. Das Studium der «Akasha» gehört zu den ungeliebten Kindern der offiziellen Wissenschaft: Zur «okkulten Forschung». Nach materialistischer Auffassung kann die Zerstörung von Atlantis nur materielle Ursachen haben. Kürzlich hat der Sowjetwissenschaftler Vietzinkin eine Hypothese in dieser Richtung aufgestellt. Seiner Ansicht nach soll ein riesiger Meteor, ins Meer gestürzt, katastrophale Flut-wellen und Unwetter ausgelöst haben.[18] Platon aber, der wahrscheinlich eine Einweihung in die Osiris-Mysterien erfahren hatte, spricht von einer «Schuld», einem weitgehen-den moralischen Verfall, der vielfach den «egoistischen Strö-mungen» unserer heutigen Zeit gleicht.

Im *Timaios*[19] und im *Kritias*[20] verweist Platon auf einen Bericht des weisen Solon, der um 560 v. Chr. in Ägypten gewesen sein und dort Einzelheiten über Atlantis und dessen Zerstörung erfahren haben soll. Tatsächlich hatte Solon dem Großvater des Kritias (der ebenfalls Kritias hieß) anvertraut, die Neith-Priester hätten ihm eröffnet, in den Tempelarchiven befänden sich jahrtausendealte Dokumente, die auf den atlantischen Kontinent und dessen plötzlichen Untergang im Ozean um etwa 9560 v. Chr. Bezug nähmen. (Die Göttin Neith war die Schutzpatronin der Wissenschaften).

Platon verwechselt Atlantis nicht mit Amerika. Er spricht ausdrücklich von einem weiteren, westlich von Atlantis gelegenen Erdteil, verlegt ihn in einen Ozean jenseits der Herkulessäulen (hinter der Meerenge von Gibraltar also) und vergleicht das Mittelmeer «eher einer Hafenbucht mit schmaler Einfahrt».[21]

Nach dem zitierten Bericht lag im Herzen von Atlantis eine rings von Bergen umschlossene, von den Nordwinden geschützte, etwa 6 Millionen Stadien große, langgestreckte Ebene (das sind umgerechnet etwa 191 381 km²). Das subtropische Klima ermöglichte zwei Ernten im Jahr.

Der Kontinent war reich an Mineralstoffen und Edelmetallen, kalte und warme Gewässer gab es im Überfluß, die Landwirtschaft blühte. Wirtschaft, Handwerk und Wissenschaft waren sehr hoch entwickelt. Breite Kanäle durchzogen das Land, um die Städte legten sich schützende Mauern mit großen Toren, umkleidet von einer glänzenden Metallegierung aus Kupfer, Zink und Zinn, die farblich so ähnlich wirkte wie der warme Ton einer Kupfer-Gold-Legierung. Die seetüchtigen Schiffe der Atlanter befuhren den Ozean. Aus rotem, weißem und schwarzem Stein errichtete man öffentliche Gebäude und Privathäuser. Der Poseidontempel war über und über mit Gold geschmückt, seine Wände silberverkleidet. Der Sage nach soll Atlantis dem Poseidon zugefallen sein, als die Götter einstmals die Erde untereinander aufteilten. In diesem Tempel hielten die zehn atlantischen Könige regelmäßig ihre Ratssitzungen ab.

Solon zufolge bestanden Bodenheer und Marine aus 1 200 000 Mann, was zur Annahme berechtigt, daß die Bevölkerung viele Millionen Menschen gezählt haben muß.

Direkte Nachkommen Poseidons, versammelten sich die zehn Könige alle fünf oder sechs Jahre, diskutierten bei diesen Zusammenkünften ihre gemeinsamen Anliegen, befanden über Gesetzesverletzungen und bestraften die Zuwiderhandelnden. Die gefällten Urteile wurden von ihnen auf eine goldene Tafel geschrieben, die sie den Göttern zusammen mit den Ratsgewändern weihten, zum Gedenken an diesen Tag. «Auch sonst gab es manche besondere Gesetze über die Ehrenrechte der einzelnen Könige; die wichtigsten Bestimmungen waren, daß sie niemals die Waffen gegeneinander erheben durften und daß sie alle zu Hilfe kommen sollten, wenn je einer von ihnen in einer Stadt den Versuch machte, das königliche Geschlecht zu vertreiben.»[22]

Nach den Mitteilungen der Neith-Priester an Solon blieben die zehn Herrscher «während vieler Menschenalter, solange nämlich die göttliche Natur in ihnen wirksam war, den Gesetzen gehorsam und den Göttlichen, das ihnen verwandt war, freundlich gesinnt. Denn ihr Denken war aufrichtig und in allen Dingen großzügig, indem sie gegenüber allem, was ihnen das Schicksal brachte, und auch in ihren gegenseitigen Beziehungen eine mit Klugheit verbundene Milde walten ließen [...] neben der menschlichen Tüchtigkeit achteten sie alles andere gering [...] mit Gleichmut nahmen sie die Masse ihres Goldes und der übrigen Kostbarkeiten hin, als wären sie eher eine Last [...]. Als aber der Anteil am göttlichen Wesen dahinschwand, weil er immer wieder mit vielem Irdischen vermischt wurde und so die menschlichen Züge die Oberhand bekamen, da vermochten sie ihren vorhandenen Reichtum nicht mehr zu ertragen und entarteten.»[23]

Platon beschreibt diese Entwicklung in eindringlichen Worten als moralischen Verfall, der den Menschen vom Herrn zum Sklaven seiner Reichtümer macht. Er geht auch ein auf die Schwierigkeiten, das Schlechte als schlecht zu erkennen, das sich immer einstellt bei einer mißbräuchlichen Verwendung des zum Machtmittel degradierten Reichtums.

Nur die Hellseher – die Bodhisattvas – hatten die tragischen Folgen dieses Verfalls vorausgewußt und sich in aller Stille darauf vorbereitet, das dem Tode geweihte Land zu verlassen.

Zeus überwindet Typhon. Nach einer kretischen Tonplatte. Der Sieg der neuen Götter über eine Schlangengottheit findet sich in verschiedenen Religionen als Mythos. Der hethitische Teschub besiegt den Schlangengott Janka. Bei den Sumerern gibt es ständig Zwist zwischen dem Schlangengott Ea und seinem Bruder Enlil. Im Christentum findet sich etwa die Version von Erzengel Michaels Kampf mit dem Drachen.

Konischer Helm mit ellipsenförmigen Visier, typisch für Göttertonfiguren des Vorderen Orients aus dem 4. Jahrtausend v. Chr. Auch hier gibt es die reale Deutungsmöglichkeit (von Däniken, Sitchin; als Raumfahrerhelm) und die magische (als Zeichen göttlicher Würde). Und sie müssen sich nicht gegenseitig ausschließen.

Platons «In den Augen dessen, der einen klaren Blick hat» ist eine sehr deutliche Anspielung auf das Hellsehen. Dort heißt es dann weiter: «[...] erschienen sie schändlich, weil sie das schönste unter ihren kostbaren Gütern verdorben; den andern aber, die nicht zu sehen vermögen, was wahrhaft zu einem glücklichen Leben beiträgt, kamen sie jetzt erst recht herrlich und glückselig vor, in ihrem Überfluß an ungerechtem Reichtum und an Macht.»[24]

Die Lage ist heute gar nicht so viel anders. Die Entwicklung läßt sich Zeit, sie ist wie ein altes Tier, das mit zermürbender Langsamkeit vorwärtshinkt. Immer noch hat der Mensch jene Tugenden, durch die sich einstmals die göttliche Natur der Atlanter auszeichnete, nicht wieder erwerben können. Nach wie vor steckt er in seiner «sterblichen Natur» wie in einer Hülle aus Stolz und Eitelkeit. «Zeus aber, der Gott der Götter, der nach Gesetzen regiert und solches durchschauen kann, sah ein, daß ein tüchtiges Geschlecht in eine üble Verfassung geraten war. Er beschloß, sie zu bestrafen, damit sie zur Besinnung kämen und sich besserten. Deshalb rief er alle Götter zu ihrem ehrenvollsten Wohnsitz zusammen, der sich in der Mitte der ganzen Welt erhebt und alles überschaut, was je am Werden teilhatte. Und als sie versammelt waren, sprach er...»[25]

Hier bricht die Erzählung ab und bleibt Fragment; nicht zufällig, sondern weil jemand – wohl das von Zeus personifizierte Gesetz – der Hand des Philosophen rechtzeitig Einhalt gebot.

Die Wahrheit wird immer nur allmählich entdeckt, Schritt für Schritt. Platon hatte nicht das Recht, einem unvorbereiteten Publikum – seinen Zeitgenossen – die okkulten Gründe mitzuteilen, warum der «Gott der Götter» einen ganzen Kontinent und eine ganze Menschenrasse dem Untergang und der Selbstzerstörung weihte.

Im Lauf von mehr als zweitausend Jahren ist die Tragik um Atlantis immer ferner gerückt und zur bloßen Legende geworden. Von Platon an bis zum heutigen Tag haben die Wissenschaftler dieses Ereignis immer mehr vernachlässigt und zuletzt als Aberglauben und Einbildung abgetan. Um die Jahrhundertwende erachtete man selbst das Wort «Atlantis» jeder ernsthaften Betrachtung für unwürdig.

Erst im 20. Jahrhundert setzt eine Rehabilitierung dieser fernen Vorzeit ein. Konfrontiert mit bedeutenden Fundstükken, hat sich sogar die Wissenschaft gezwungen gesehen, sich damit auseinanderzusetzen.

Radaruntersuchungen des atlantischen Meeresbodens zeigen einen Gebirgskamm, der sich in der Mitte des Meeres von Norden nach Süden zieht. Vielleicht sind die Azoren Gipfel jener versunkenen Berge, von denen Solon in seiner Erzählung berichtet, sie hätten die atlantische Tiefebene vor den kalten Nordwinden beschützt. Und das Baumaterial der atlantischen Häuser: weißer, roter und schwarzer Stein, findet sich auch, wie kürzlich entdeckt wurde, in einem bestimmten Gebiet der Azoren, in dem man auf weiße Kalkschichten neben roten und schwarzen Vulkanfelsen gestoßen ist. Ein Mitglied der Russischen Akademie der Wissenschaften, Vladimir A. Obrutchev, hat bestätigt, daß Tiefseeuntersuchungen im Nordatlantik darauf schließen lassen, der Schlamm könne einmal Bauruinen und andere Reste einer antiken Kultur freigeben».[26]

1955 schrieb eine weitere sowjetische Wissenschaftlerin, Katharina Hagemeister, die auf der Golfstromlinie gelegene Insel Atlantis hätte diesem den Weg zum Nordpol abgeschnitten, wodurch die sogenannte Eiszeit ausgelöst worden sei. Ungefähr um 10 000 vor Christi soll wiederum der Untergang von Atlantis zur großen Enteisung geführt haben. Das Verschwinden der Insel gab angeblich der warmen Meeresströmung die Bahn frei.[27]

Nun ist Grönland tatsächlich von einer ca. 1600 Meter dicken Schicht ewigen Eises bedeckt, während Norwegen, das am selben geographischen Breitengrad liegt, im Sommer eine üppige Vegetation kennt.

Die geologische Geschichte der Erde ist voller Überraschungen: Städte, die nach und nach ins Meer gespült werden – man denke nur an das etruskische Spina und seine in den Fluten der Adria versunkene Kultur –; oder Inseln, die bei Erdbeben und Vulkanausbrüchen plötzlich auftauchen bzw. untergehen.

Undenkbar wäre es nicht, daß früher oder später ein Teil der Insel Atlantis wieder aus dem Meer wächst; käme es eines Tages wirklich dazu, so könnten archäologische Beweise nun ihrerseits all den Visionären recht geben, die über Jahrtausende hinweg von dieser verschwundenen Welt gewußt und sie vor ihrem inneren Auge gesehen haben.

Rudolf Steiner beschreibt in seiner *Akasha Chronik*[28] den langen, außerordentlichen Entwicklungsweg des atlantischen Volkes nach dem Untergang eines anderen, des lemurischen Kontinents. Drei verschiedene Perioden können dabei unterschieden werden: Die Entstehung des Gedächtnisses; die Entwicklung des Gedächtnisses; der Verlust des Gedächtnisses, der mit der Geburtsstunde des Denkens zusammenfällt, von dem unsere nachatlantische Kultur geprägt wird.

Nach Steiner war der damalige Mensch außerstande, Urteile an Hand von logischen Gedankengängen zu fällen. Er war mit einem so hervorragenden Gedächtnis begabt, daß er sich nicht nur an seine Erfahrungen, sondern auch an all die seiner Vorfahren erinnerte. Jedes Individuum suchte, wenn es sich mit einer bestimmten Alltagssituation konfrontiert fand, in seiner Erinnerung nach Mitteln und Wegen, mit denen eine analoge Situation bereits einmal von ihm selbst, oder von einem seiner Ahnen gelöst worden war.

Der Unterricht – falls wir die Unterweisung der Kinder durch die Erwachsenen in diesem Fall überhaupt so nennen wollen – beschränkte sich auf die Anwendung von Lösungsmöglichkeiten für jeden nur denkbaren Fall. Mit vollem Recht war die Weisheit hier jenen vorbehalten, die viel und lange gelebt, und damit auch die größtmögliche Anzahl von Situationen durchgemacht und gelöst hatten.

Von den im Dunkel der Zeiten sich verlierenden Anfängen der Atlantis-Epoche, als der grobstoffliche Leib des Menschen sich von unserem noch beträchtlich unterschied, bis zum tragischen Ausklang, der den Untergang einer Rasse besiegelte, durchläuft diese Kultur einen langen Weg in schnell aufeinander folgenden Entwicklungsschritten: Kenntnis und Verwendung von Metallen, Steinen, und den Vital- oder Ätherkräften, die jeder Pflanze innewohnen.

Höher entwickelte Wesenheiten, die geistigen Hierarchien angehörten, für die ein grobstofflicher Körper nicht mehr erforderlich war, halfen dem atlantischen Menschen in seiner Entwicklung, indem sie seinem Gedächtnis einprägten, wie die Werkzeuge beschaffen sein mußten, die er für seine Evolution benötigte.

So lernte der Mensch von den geistigen Wesen, wie er die im Pflanzenreich gespeicherte Energie für sich brauchen konnte, ähnlich, wie wir heute durch Verbrennung jene Kräfte nutzen, die in den Mineralien gespeichert sind.

Jeder Same enthält die erforderliche Lebenskraft, um keimen und sich zur fertigen Pflanze entfalten zu können. Wir fragen uns nie, auf welche geheimnisvolle Weise es dem Getreidekorn gelingt, seinen zarten Sproß durch die frostharte

Scholle zu treiben. Von der Spitze des Triebes aber geht eine unbekannte Energie aus – man könnte sie mit der Atomstrahlung vergleichen –. Sie bahnt ihm den Weg ins Licht.

Dem Menschen von Atlantis war jene Kraft, die wir heute nur intuitiv erfassen können, sehr wohl vertraut. Er nützte sie zum Fliegen. Den Bodhisattvas zufolge, diente ihm die Vitalkraft der Pflanzen als Motor. Mit ihrer Hilfe gelang es ihm, sein Fahrzeug in die Luft zu erheben und anzutreiben. Wahrscheinlich hatte es die Form einer Rakete. Er konnte damit über Land und über Wasser fliegen, bis an das ferne, andere Ufer des Ozeans, vom Reich der Olmeken; oder bis ans Mittelmeer, hinein ins Baskenland und weiter nach Etrurien oder Ägypten.

Vor allem die Pyramiden der Maya und der Ägypter scheinen dies zu bezeugen. Sie könnten entstanden sein unter dem Einfluß jener großen Kultur, die sich, von Atlantis ausstrahlend, in alle vier Himmelsrichtungen verbreitet hat.

Unsere Kultur dagegen hat das Mineralreich ein für allemal erobert. Es gibt praktisch keinen Prozeß, den man nicht unter Laborbedingungen wiederholen könnte. Von unseren Wissenschaftlern kann heute der Großteil der Mineralien und Edelsteine künstlich hergestellt werden. Sogar dem Atom hat man das Geheimnis seines Aufbaus abzutrotzen vermocht, trotz der unvorstellbaren Winzigkeit der Strukturen.

Den Gesetzen des Pflanzenreichs steht unsere Technik aber noch machtlos gegenüber. Wir können das Korn nicht wachsen und die Trauben nicht reifen lassen zu Zeiten, die von der Natur dafür nicht vorgesehen sind. Für uns ist auch kaum zu begreifen, daß ein aus einem römischen Grab stammendes Getreidekorn heute noch keimfähig ist, wenn man es in die Erde legt. Dem Menschen von Atlantis war das alles nicht fremd, besaß er doch einen «Schlüssel» zur «grünen Welt». Er «nährte» sein Raumschiff mit Gerste oder Mais, so wie wir heute unsere Lokomotiven mit Kohle, unsere Flugzeuge mit Kerosin, unsere Raumschiffe mit festem Treibstoff «füttern».

Das Pflanzenreich war den Atlantern daher wichtiger als das Mineralreich. Die vielen Bodenschätze – wie Gold und Silber – standen in Atlantis nicht höher im Kurs als ein Schößling, dem der damalige Wissenschaftler genug Kraft zu entnehmen verstand, um einen Menschen in die Luft zu heben.

Damals also verlief alles bestens – um auf Platon zurückzukommen –. Der Mensch war bemüht, sich in der Tugend zu üben, er ertrug den Wohlstand als Folge des allgemeinen Reichtums wie ein notwendiges Übel. Es war ihm bewußt, daß er kein Recht auf Glück hatte, solange es auf Erden noch Unglückliche gab, selbst wenn er diese nicht kannte. Gerade darin offenbarte sich die göttliche Natur, die den Löwenanteil seiner Eigenpersönlichkeit ausmachte.

Als er aber begann, goldgierig zu werden und nur mehr sein eigenes Wohl zu suchen, anstelle des «Wir» das «Ich» zu setzen, da fing auch jener Degenerationsprozeß an, den Platon einer Verunreinigung der göttlichen Natur durch die sterbliche zuschreibt.

Es kam zu Kriegen, zunächst außerhalb von Atlantis, später auf der Insel selbst. Die Neith-Priester erzählten Solon von einem Krieg gegen Athen, der mit der Niederlage der atlantischen Invasoren endete. Der Schritt vom Krieg außerhalb der eigenen Landesgrenzen bis zum Bürgerkrieg innerhalb ist nicht sehr groß; diese Erfahrung hat beinahe jedes Land der Welt einmal gemacht. Sind lebensvernichtende Waffen in Reichweite, deren Einsatz nur vom Gewissen der Regierenden abhängt, so ist es nicht schwer, auf einen Knopf zu drücken und die Katastrophe auszulösen, sobald die Herrschenden «das wertvollste aller Güter», die Tugend verloren haben.

Das ist vor etwa zwölftausend Jahren geschehen und wird sich früher oder später auch innerhalb unserer postatlantischen Kultur ereignen, sollte eine unverantwortliche Hand auf den Knopf drücken, der die Atomkatastrophe auslöst.

Wiederum werden die wenigen Überlebenden ganz von vorne beginnen müssen; auf vage Gefühle angewiesen wie jenes kleine Häuflein, das dem Feuerregen und der Wasserflut zu entkommen vermochte, als Atlantis im Meer versank.

Utnapischtim, einer der Überlebenden, soll zu drei Vierteln eine göttliche, zu einem Viertel eine sterbliche Natur besessen haben. Noah, der sich mit allen Tieren in die Arche retten konnte, war ein «gerechter Mann», der die Tugend allem voranstellte. Andere Menschen guten Willens, die von der göttlichen Natur noch ausreichend durchdrungen waren, konnten sich in verschiedene Länder retten. Aus dem tragischen Ereignis zog jeder von ihnen seine persönliche Lehre, die er auf Treu und Glauben weitergab an seine Nachfahren.

So nahm eine neue Zeit ihren Anfang. Selbst die Erinnerung an diese glückliche Vergangenheit sollte gelöscht werden. Dafür steht Noahs Rausch als symbolisches Zeichen. Wir sollen das «Goldene Zeitalter» vergessen, als die Menschen noch in Frieden miteinander lebten. Nicht einmal die Sehnsucht danach ist uns erlaubt. Wir dürfen nicht in die Vergangenheit zurückblicken. In die Zukunft sollen wir schauen; in eine Zukunft, die es noch nicht gibt. Eine neue Beziehung zu Gott suchen, die Gottähnlichkeit in uns als neue Natur aufbauen . . .: Das ist unsere jetzige Aufgabe.

Kapitel 6

DAS GEHEIMNIS DER MYSTERIEN

Immer hat der Mensch nach großen Katastrophen sein Heil in der Religion gesucht, ob das jetzt Kriege waren, oder Naturkatastrophen.

Könnte das der Grund sein, warum unsere «Vorgeschichte», die nachatlantische Geschichte also, von den Texten der verschiedensten Völker in so seltener Einmütigkeit geschildert wird?

Mit dem Abnehmen der Erinnerungsfähigkeit entwickelte sich beim Menschen der postatlantischen Ära zunehmend das Denken. Bevor er jedoch «mit dem Kopf» zu denken begann, wie wir das tun, lernte er, «mit dem Herzen» zu denken, die Wirklichkeit in sich zu «fühlen», eine außerordentlich wirksame, innere Erfahrung, wodurch sich die intuitiven Fähigkeiten entwickelten und in einer geeigneten Sprache zum Ausdruck kamen, die sich der Bilder, nicht der Begriffe bediente. Im Morgen- wie im Abendland sind alle Texte aus der Frühzeit unserer Kultur poetisch gefärbt. Es handelt sich dabei um Werke mit zwei Bedeutungskomponenten, einer esoterischen und einer exoterischen. Sie werden zu den Bewahrern einer langen, jahrtausendealten mündlichen Überlieferung, die, in Stein oder Metall graviert, oder auf Pflanzenfasern übertragen, auf diese Weise nicht nur dem Vergessen entrissen wurde, sondern dem Menschen des vierten oder dritten Jahrtausends vor Christi auch als Warnung oder Botschaft dienen konnte, war er doch imstande, diese in sich aufzunehmen.

Veda[29] heißt auf Sanskrit «Weisheit», «Wissen» (damit verwandt ist das deutsche Wort «Wissen»); doch geht es dabei um eine in Bilder gekleidete, rhythmisch skandierte Weisheit, die von umherziehenden Barden, den *Rishis,* vor dem Volk rezitiert wurde, um es an die legendäre Vorzeit zu erinnern.

Indra war der Spender aller Gaben, *Agni*[30] – das Feuer – hatte goldenes Haar und *Ushas*, «die Leuchtende», verkörperte die Morgenröte, Symbol des inneren Lichts und der Wahrheit.

Und die Rishis sangen, welchem Gott sie wohl sonst ihre Opfer darbringen sollten, wenn nicht jenem einzigen, ureinen, dem Schöpfer aller Wesen in den Uranfängen? Zu Anbeginn habe er das Wasser und seine unermeßliche Weite erschaffen, und alle Lebenskeime darin, er selber sei wiedergeboren worden aus diesen Wassern, als «Goldkeim» (Hiranyagarbha); zur selben Zeit, in der er das Opfer brachte, um der einzige Gott der Götter zu werden, und selbst noch ihr Lebensgeist.[31]

Der einzige, ureine Gott war eine magische Kraft, eine geheimnisvolle Macht, das *Brahman*, das durch Gebet und rituelle Opfer zur Wirkung gebracht wurde und dem sogar die Götter gehorchten. *Brahmanen* nannte man jene, die über das (nur ihnen zur Verfügung stehende) Wissen geboten, die Kräfte des *Brahman* zu beschwören.

Auch am Sumerer Utnapischtim nagte die Sehnsucht nach der Sonne, der Schmerz ob der verlorenen Göttlichkeit. Im *Gilgamesch-Epos* heißt es, daß er das Licht anbetete, als er endlich aus der Arche trat, und schließlich die Götter über Opfergaben bewog, den Menschen wieder ihre Gunst zu zeigen. Der gute Geruch soll sie angezogen haben wie Fliegen, die um das Opfer schwirren.[32]

Später gab der *Avesta*[33] diesem einzigen, ureinen Gott einen anderen Namen: *Ahura Mazda* oder *Ormuzd*, Schöpfer von Gut und Böse, von «spenta-mainyu», dem guten Gedanken, und «angra-mainyu», dem schlechten Gedanken, oder Ahriman.[34] Brahman und Ormuzd, Aton-Re und Jehova, sie alle erinnern die jungen, nachatlantischen Völker an das ewige, unveränderliche Gesetz, das Ehrfurcht und Gehorsam verlangt. Es ist das Gottesgesetz, von dem sich alle Menschengesetze ableiten. Sogar die Gesellschaftsordnung geht auf dieselbe Macht zurück, von der die heiligen Rituale gesteuert werden.

Solche Texte beginnen meistens mit einer «kosmogonischen» Botschaft. Sie beschreiben die «Geburt des Alls». Zunächst wird das Universum erschaffen, danach folgen die

Erde, die Pflanzen, die Tiere; und zuletzt die Menschen.

Anschließend finden wir die Beschreibung einer zeitlosen Ära, der glücklichen Epoche des «Ewigen Frühlings» oder «Goldenen Zeitalters», eines irdischen Paradieses, in dem der Mensch seine göttliche Natur offenbart, Gottes Freund ist und dank seiner guten, natürlichen Instinkte den göttlichen Gesetzen gehorcht. Sobald aber die «sterbliche» oder «menschliche» Natur über die göttliche den Sieg davon trägt, wird sich der Mensch seiner selbst bewußt. Er trennt sich vom Universum, das ihn beherbergt und dessen unbewußter Teil er ist. Freiwillig entfernt er sich aus dem Paradies, um einem Ruf zu folgen – etwa dem der Sexualität, die nicht mehr vom reinen Instinkt gespeist und beherrscht, sondern bloß noch vom Willen und vom Verlangen geprägt wird? Oder ist es ein anderer dunkler Drang, dem er nachgibt, der ihn schließlich zur Entdeckung des eigenen Selbst und des Universums führen wird, des menschlichen Mikrokosmos neben dem Makrokosmos; um am Ende der Zeiten zusammenzufallen mit der Gottes-Erkenntnis, ja der Gottes-Identifikation des Menschen?

Auf diese Weise schreibt die Menschheit ihre eigene Geschichte in die Dimensionen von Zeit und Raum, aus Suchen und Hoffen gewoben, aus Irrtum und Sturz.

Doch liegt den heiligen Texten noch eine andere Überzeugung zugrunde: Auf der langen Reise des Tiermenschen zum Gottmenschen ist jeder Tod eine Wiedergeburt, der Gruppengeist des Menschen entwickelt sich zur Individualseele, die zunächst nur zu fühlen, dann zu denken erlernt, und zuletzt ihrer selbst bewußt wird.

Am Ende setzt die Bewußtseinsseele ihre Entwicklung in den höheren Sphären des Seins fort: Das Ich beginnt zu erstarken dank eines gesteigerten Selbstbewußtseins, einer Triebüberwindung, einer Kontrollfunktion über die Lebensenergie und die Stoffe, aus denen sich der physische Leib zusammensetzt. So und nicht anders sieht die «Geheime Offenbarung» aus, die sich hinter den heiligen Symbolen der Antike versteckt, die okkulte Botschaft der großen Mysterien, die nur wenigen Eingeweihten vorbehalten war.

Der Mensch besitzt einen grobstofflichen «mineralischen» Körper, der sich aus natürlichen chemischen Verbindungen in fester, flüssiger und gasartiger Form zusammensetzt. Nicht anders als die Tiere und Pflanzen, verdankt auch er dem Mineralreich, der Erdensubstanz, seinen physischen Leib.

Bei Todeseintritt kehren alle Stoffe, die diesen Körper gebildet haben, wieder zurück in die Welt, der sie angehören: Der Stickstoff zum Stickstoff, das Calcium zum Calcium, das Eisen zum Eisen. Die Tatsache, daß Atome und Moleküle der verschiedenartigsten Verbindungen innerhalb der organischen Zellen in räumlich begrenzten, sehr genau definierten Strukturen zusammenleben, bedeutet eigentlich eine Vergewaltigung der Naturgesetze, die für jedes einzelne der chemischen Elemente zuständig sind. Aufgehoben werden sie durch die Kraft einer im Körper wirkenden Energie, die den «körpereigenen» Mineralstoffen Leben und Form gibt. Man nennt sie «Ätherleib» oder «Lebenleib», die Terminologie variiert, je nach der Richtung, der man anhängt.

Auch Tiere und Pflanzen haben einen Ätherleib wie der Mensch. Letztere setzen sich ebenfalls aus heterogenen Substanzen zusammen und bilden charakteristische Formen aus, die von den Ätherkräften erarbeitet worden sind.

Zum Unterschied von den Pflanzen, reagieren Mensch und Tier aber nicht nur auf die äußeren Reize, sie können auch Sympathie und Antipathie zum Ausdruck bringen, fühlen sich angezogen oder abgestoßen, was sich darin äußert, daß ihr Verhalten sich nach Impulsen richtet, die weder vom grobstofflichen Körper, noch vom Ätherleib ausgehen, sondern von anderen, latent vorhandenen Kräften, die jedes Individuum in sich trägt. Diese dritte Komponente wird als «Seelenleib», «Astralkörper» oder einfach «Anima» bezeichnet.[35] Alle Tiere haben eine «Anima», deshalb heißt das «Tier» im Lateinischen ja auch «animal». Denn die «Anima» wirkt be-«seelend», gibt jedem Lebewesen seine Bewegungsfähigkeit und läßt es nach den eigenen Bedürfnissen handeln.

Diese Anima ist kollektiv. Sie stellt eine Gruppenseele dar, die sich in den einzelnen Exemplaren einer Gattung auf Instinktebene äußert; die Klugheit der Bienen z. B., die eine eigene Sprache haben und sich «über den Schwänzeltanz Nachrichten übermitteln, die weit entfernte Standorte blühender Pflanzen betreffen; oder der Orientierungssinn der Zugvögel, der flußabwärts wandernden Lachse auf ihrem unbeirrbaren Weg zu den Laichgründen, das Verhalten der Schwarmfische; auch der sprichwörtliche Fleiß der Biber gehört hierher.

Selbst der hyperboreische Mensch, von dem Steiner spricht, hatte nur eine Gruppenseele. Dasselbe gilt für den Menschen der frühen lemurischen Zeit. Mit dem Heraufdämmern der Sprache aber erhielt er die Fähigkeit, sich von der Umwelt abzugrenzen, indem der die Dinge *benannte*.

Allmählich lernte der Mensch, über die Gruppenseele hinaus, die seine Urtriebe steuerte, «Ich» zu sagen, ein Ichbewußtsein zu entwickeln und sich selber als Individualität zu begreifen. Diese Bewußtwerdung trennt und unterscheidet ihn vom Tier; sie ist ein «Hauch» von Licht im trüben Schlamm, das die Nacht seiner Tierhaftigkeit durchdringt. «Pneuma» bedeutet «Hauch», ist der «Atem» der Kraft, die dem Chaos Ordnung einflößte und sich im Menschen als Inspiration, als überbewußtes Streben offenbarte, das gewisse Analogien zu den Instinkten hat.

Dies lernte, wer in das Geheimnis des Tempels eingeweiht worden, wer hinter den Schleier der absichtlich dunkel gehaltenen Orakelworte hatte blicken dürfen. In der Symbolik der heiligen Handlungen durchlebten die Initiierten noch einmal die einzelnen Schritte der Entwicklung, wobei sie den Göttern die wichtigste Rolle überließen: Die des Menschen.

Kapitel 7

DER GOTTMENSCH OSIRIS

646 n. Chr. wurde die großartige Bibliothek von Alexandrien auf Befehl des Kalifen Omar in Brand gesteckt und vollständig vernichtet. Da Mohammed der Prophet der Menschheit den *Koran* geschenkt hatte, das «Buch der Bücher», hielt der exaltierte Herrscher jedes andere Buch für schädlich.

Von Ptolemäus I. begründet, war die größte Bibliothek der Welt, die zu ihren besten Zeiten mehr als 700 000 Werke zählte, schon zweimal zuvor böse gebrandschatzt worden; im Jahr 47 v. Chr. durch Caesar, wobei 400 000 Schriftrollen verbrannten; und später noch einmal durch Diokletian. Beim dritten Mal wurde sie endgültig zerstört. Unersetzliche Schätze fielen den Flammen zum Opfer, literarische und philosophische Kostbarkeiten des klassischen Altertums neben den Texten antiker Priesterweisheit, darunter die Gesammelten Werke Manethons, eines ägyptischen Priesters und Historikers, der, Zeitgenosse des Ptolemäus, in vierzig Schriftrollen das gesamte Ritual des Alten Ägypten zusammengetragen hatte. Auch sämtliche Beschreibungen sumerischer, chaldäischer und babylonischer Kulte, sowie die astrologischen, alchymischen und magischen Traktate gingen der Menschheit verloren.

Die altägyptische Religion steckt wohl deshalb noch immer voller Geheimnisse. An ihrem Mysterium klebt eine Art dunkler Fluch, der nicht selten Forscher und Gelehrte trifft, die auf der Suche nach dem *Buch Toth*[36] alte Gräber entweihen.

Manethon und andere Historiker, wie Herodot oder Plutarch, bestätigen, daß der sechstausend Jahre lang eifersüchtig von den Osiris-Priestern gehütete Schlüssel zur Einweihung in das «Große Arkanum» in diesem Buch enthalten war.

Osiris auf dem Thron mit Isis und Nephtis.

Unzählige Funde geben Aufschluß über die Religion der Pharaonenzeit: in Stein gemeißelte oder auf Papyrus geschriebene Ritualtexte, heilige Tanzgesänge, Liebes- und Totenklagen; doch diesen Quellentexten fehlt das Wesentliche: eben der Schlüssel zu ihrer okkulten Deutung.

Manethon bestätigt den göttlichen Ursprung Ägyptens: Fragmente seiner griechisch geschriebenen *Geschichte Ägyptens*[37], die sich bis heute erhalten haben, sprechen von den großen «Formern» oder «Schöpfern», die, auf drei göttliche Dynastien verteilt, den menschlichen vorausgegangen seien.

Aton-Re ist der Former, der universelle Schöpfer. Er befand sich im NW *(Nun)*, eingetaucht in das *Nun*, die von Finsternis umgebenen Urwasser, in denen alle Wesen des Universums in einem reglosen, potentiellen Zustand enthalten waren. Das

Nun war das *Chaos,* der amorphe Aspekt des Nicht-Seins.

Aton-Re fühlte in seinem Herzen den Wunsch, sich zu manifestieren. Er erhob sich aus dem *Nun* kraft seines Willens, getragen von schöpferischem Widerspruch: So wurde Re, das Licht, die Schöpfersonne, als Gegenkraft zur Finsternis. Sogleich war seine Stimme zu hören, die jedes Ding bei seinem Namen nannte, damit entriß er sie alle dem Dunkel und ließ sie leben im Licht.

In einem der Leidener Papyri[38] können wir nachlesen, daß der Gott sich auf dem Thron zeigte, wann immer sein Herz es verlangte, um dann Worte hineinzusprechen in die große Stille. Fing er an zu rufen, so verstummte die Erde vor Staunen. Überall hin drang sein lautes Rufen, ohne daß eine andere Gottheit sich gezeigt hätte. In die große Stille hinein schuf er so alle Wesen durch das Wort und brachte sie zum Leben.

Im *Ägyptischen Totenbuch*[39] wird der Schöpfungsakt durch das Wort bestätigt. Hier heißt es, weder vor noch neben ihm sei ein anderer gewesen, der die Schöpfungsworte ausgesprochen hätte. Weder eine Mutter, die ihm einen Namen gegeben, noch ein Vater, der ihn gezeugt hätte, seien da gewesen.

Eine ergänzende Stelle findet sich auch in einem *Papyrus der memphitischen Theologie*[40]. «Alle Formen habe ich geschaffen mit dem, was aus meinem Mund kam, als es weder Himmel noch Erde gab.»

Völlig zu Unrecht hat man jahrhundertelang der ägyptischen Religion Polytheismus und Tieranbetung vorgeworfen, während sie doch den christlichen Logos um einige Jahrtausende vorweg nimmt.

In Wahrheit sind alle Götter nur wie die Glieder eines einzigen Körpers: Sie sind Teile von Re, dem aktiven Prinzip des Universums. Die Zahl der Götter ist unendlich groß, aber alle zusammen ergeben den Ureinen, jede einzelne «Gottheit» ist bloß ein Stück des Ganzen. Der Ureine aber, jener einsame Demiurg, befruchtet sich selbst und erschafft aus sich selbst. Männlich und weiblich zugleich, gilt er auch als der «Große Androgyne».

Aus ihm geht das erste Paar hervor: *Shu,* die Luft, und *Tefnet,* das Wasser, dessen Gattin; ihnen entspringt das zweite

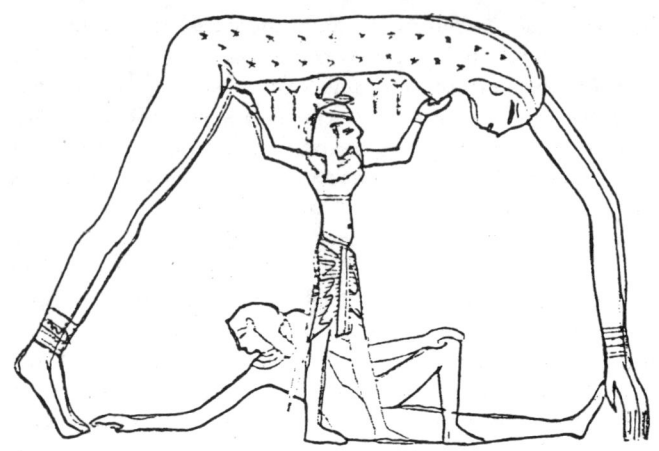

Das ägyptische Weltbild: Nut, die Göttin des Himmelsgewölbes und Geb der Erdgott, ihr Gemahl, bilden einen Halbkreis, während Schu der Luftgott, ihr Vater, das Firmament stützt, den Kopf an der Stelle von Nuts Sonnengeflecht, die erhobenen Arme an Pubis und Brust.

Paar, *Geb,* die Erde, und *Nut,* der Himmel, dessen Gemahlin.

Dieses Paar zeugt zwei weitere : *Osiris* den Nil und *Isis,* die vom Nil überschwemmte Erde, denen sich *Seth,* der Osiris-Bruder, und *Nephtys,* die Isis-Schwester, hinzugesellen.

Bis zu diesem Punkt würde sich die ägyptische Theogonie von der anderer postatlantischer Völker praktisch nicht unterscheiden, hätten nicht plötzlich die kreuzweise vermählten Geschwisterpaare eine von allem Bisherigen abweichende Eigeninitiative entfaltet und damit ein Götter- und Menschendrama eingeleitet, das in unzähligen Mysterien und Initiationsweihen von der Antike bis heute wiederholt und nachgelebt worden ist.

Osiris, wie alle anderen Götter der Schöpferkraft des Demiurgen entsprungen, ist zum Unterschied von den übrigen auch das Symbol des Gottmenschen. Er herrscht über die Lebenden, nimmt ihre Kultopfer entgegen, verkörpert ihren Mythos und das Mysterium ihrer Erschaffung. Deshalb ist Osiris der Heilige und das Heilige schlechthin. Man wagt es nicht, seinen Namen auszusprechen. Personifiziert wird seine Macht durch die Sonne, die über der Erde leuchtet und sie erwärmt, während der Mond für Isis, die Schwestergattin des Osiris, steht. Und nun beginnt das Drama. Neidisch auf seinen Bruder, fühlt sich Seth von einer blindwütigen Eifersucht hin und her gerissen. Schließlich gelingt es ihm, die immer wachsame Isis abzulenken und Osiris zu ermorden, dessen Leiche er in den Nil wirft.

Als Isis begreift, was geschehen ist, geht sie sofort auf die Suche nach dem Toten. Die Liebe führt ihre Schritte, bis sie ihn findet und gemeinsam mit ihrer Schwester beweint. Die Trauerklagen, die sie anstimmt, werden später zu den Hymnen der Isis-Mysterien. In Gestalt eines Sperbers trägt sie den Leichnam der Sonne entgegen und erweckt ihn zu neuem Leben. Jetzt wird Osiris, zuvor der König der Lebenden, zum König der Toten. Horus, sein Sohn, fordert Seth zum Kampfe heraus, um den Vater zu rächen, und tötet den Gegner.

Nach einer späteren Fassung raubt Seth der Isis den Leichnam des Bruders und Mannes, teilt ihn in vierzehn Stücke und verstreut sie über die ganze Welt. Isis sucht sie, nach endlosen Wanderungen und unaufhörlichen Klagen gelingt es ihr, Osiris wieder zusammenzusetzen. Nur der Phallus ist verloren gegangen, den haben die Fische verschlungen.

Osiris ist demnach die zentrale Gestalt des Gottmensch-Mysteriums. Er herrscht über das Leben, wird nach Tod und Auferstehung zum König des Totenreiches und überläßt seinem Sohne Horus den Auftrag, das Herrscherhaus der großen göttlichen Former fortzusetzen, bis zu Mènes, Begründer der ersten Dynastie, dem ersten Priester-Herrscher aus menschlichem Geblüt (etwa 3200 v. Chr.).

Während seiner irdischen Herrschaft steht ihm Isis, Herrin der magischen Kräfte und Mitregentin über das Niltal, hilfreich zur Seite: Anubis und Upuaut sind die Heeresführer, Toth der Oberpriester.

Isis, Mittelpunkt der Heiligen Mysterien, sucht und erweckt den Leichnam des Osiris. Daher schrieb man ihr die Kraft zu, Unsterblichkeit zu verleihen:

Isis fand das Mittel, das unsterblich macht, schrieb der Historiker Diodor[41]. Mit dem Mysterium der Mumifizierung wurde es auch den ägyptischen Toten zuteil. Außerdem wandte man es an den spärlichen Lebenden an, die «Osiris» werden wollten; das heißt, an den Eingeweihten, die bereit waren, die furchtbaren Prüfungen des symbolischen Todes auf sich zu nehmen, um als Unsterbliche wiedergeboren zu werden.

Man soll den Tod im Zustand der Bewußtheit erleben, wenn man in ein höheres Bewußtsein hineingeboren werden will. Osiris stirbt als Mythos und Gott des Vergänglichen, des vom erbarmungslosen Gesetz der Zeit und des Todes bestimmten menschlichen Lebens, um wiedergeboren zu werden als Herr des unveränderlichen Schattenreiches der unsterblichen Seelen, die einmal gelebt haben.

Das in den Tempeln aufgeführte Osiris-Drama war ein «heiliges Volksschauspiel». Wer die okkulte Bedeutung des Ineinanderwirkens von Tod und Wiedergeburt nicht begreifen konnte, genoß die Darbietung als Spektakel. Wer sie aber spürte, wer darauf eingestimmt war, dem erlaubte dieser Prozeß in vor – *bild*-licher Weise, den eigenen Entwicklungsweg fortzusetzen. Zur besseren Tarnung und Geheimhaltung des esoterischen Sinns gaben die Priester jeder religiösen Zeremonie ein außergewöhnlich festliches und feierliches Gepräge.

Der Tempel war der Sitz der Gottheit. Jede Stadt besaß ihr eigenes Heiligtum, ihren Gott, ihren Kult. Die Priesterschaft Ägyptens war in komplexe Hierarchien gegliedert; jede Rangstufe und jedes Amt hatte seine besonderen Farben und Symbole. Es gab Bildträger; Vasenträger, von denen die Trankopfer transportiert wurden (Spondophoroi); Korbträger, die den Transport der Opferspeisen besorgten (Canephoroi) und den Träger der mystischen «Cisté» (Cistophoros), des Schreins.

Wie schon im Salomonischen Tempel, waren auch hier die auffälligsten Überwürfe für die Adepten mit den niedrigsten Weihen bestimmt, die in hellen Scharen als Vertreter der untersten Rangstufe einer endlos langen, im Oberpriester und im Pharao gipfelnden Hierarchie auftraten.

Allmählich gelangte die Prozession bis in den Mittelteil des Tempels, einer großen, rechteckigen, von zwei riesigen Pfeilern begrenzten Fläche, die von einer doppelten Säulenreihe umgeben war. Dem Eingangstor gegenüber lag eine Pforte, die nur den Reinen Zutritt gewährte. «Laien» durften diesen Eingang nicht benutzen.

Auf dem Steinrahmen der Tür waren folgende Worte eingraviert: «Rein ist, wer diese Schwelle überschreitet.» So betrat man das Tempelinnere. Es war den Priestern, den höheren Beamten und Würdenträgern vorbehalten, die von der priesterlichen oder politischen Autorität fallweise eines solchen Privilegs für würdig erachtet wurden.

Daran schloß nun das «Heiligtum der Barke» an, das außer dem Obersten Priester und dem Pharao niemand betreten durfte und deshalb den Blicken aller anderen entzogen blieb. Die Barke bestand aus einer Art überdachtem Gestell, das man hochheben konnte. Dahinter lag, im letzten Abschnitt des Tempels, der Altar oder «Allerheiligstes», bestehend aus einem rechteckigen, in einer Pyramide gipfelnden Granitblock, in den eine Öffnung gehauen war. Darin befand sich der hinter einem dichten Schleier verborgene Gott.

Was verbarg sich in der Nische? Eine Statue? Ein Symbol? Die Hand des Obersten Priesters? Der von den Fischen verschlungene Phallus des Osiris?

Nur der Eingeweihte wurde nach schweren Prüfungen vor den heiligen Stein geführt und aufgefordert, die Hand durch den Schleier zu strecken, um dem «einzigen, wahren Gott» zu begegnen.

Die Rollen Nanethons, die dem Brand in der Bibliothek von Alexandrien zum Opfer gefallen waren, enthielten die Offenbarung des großen Geheimnisses von Toth, dem Priester-Gott und direkten Nachkommen Aton-Res. Und so blieb das vom Granitblock behütete «Große Arkanum» auch weiterhin ein Mysterium.

Kapitel 8

TOD UND AUFERSTEHUNG

Das *Totenbuch*[42] hat uns einen Ritus überliefert, der nicht bloß ein Bestattungsritus ist.

Der Tote erscheint vor dem düsteren Osiris und spricht: «Ich komme dir entgegen, in meinem Herzen ist Wahrheit, in meinem Herzen ist kein Falsch, erlaube mir, zu den Lebenden zählen zu dürfen, dir den Lauf des Flusses hinauf- und hinunterzufolgen [. . .]».

Nachdem Osiris ihm zugehört hat, gibt er zur Antwort: «Ich bin der große Gott, von selbst erschaffen [. . .] Ich bin das Gestern und kenne das Morgen [. . .] Ich bin die Quelle des Lebens und der Lebewesen [. . .] Du hingegen bist Himmel, Erde, Wasser, Luft und das, was darinnen wohnt.»

Danach bestätigt Osiris das große Wunder: Der Mensch sei aus göttlichem Stoff, wie die Götter selbst, denn auch er sei eine Emanation des Re. Doch müsse er sich zu erkennen geben und seine Identität feststellen lassen, gäbe es doch viele Hindernisse, ernsthafte Schwierigkeiten und unerbittliche Feinde, wie die Tiere des Seth, begierig, die «Magie» des Menschen zu verschlingen, um ihn zu entwaffnen. Auch die «Genien», die «Dämonen», die «verderbten und feindseligen Geister des Jenseits» gäbe es; die Toten hätten ihr Reich zu durchqueren und sie zu bekämpfen. Das sei eine notwendige, unvermeidliche Prüfung, ein wahrhaftiges Gottesurteil, vor dem nur die Würdigsten bestehen könnten.

Toth fällt die Aufgabe zu, den Toten auszustatten mit der «magischen Stimme im richtigen Tonfall, die wahr spricht». Stimmfall und richtiger Ton waren tatsächlich wesentliche Voraussetzungen für den Hierophanten. In der magischen Tradition ist das selbst heute noch so. Die Beschwörungsformel muß rhythmisch vorgetragen und in genau festgelegter

Tonhöhe moduliert werden. Ohne die Stimme, die sie auszusprechen weiß, bleibt jede Formel toter Buchstabe.

Der Kampf gegen die Dämonen ist schrecklich: Der Tote muß eine heilige Lanze schwingen und erklären, daß jeder Teil seines Körpers ein lebendiger Gott sei, den bei Strafe niemand berühren dürfe. Schließlich reicht Nut, die Göttin des Himmels und der Toten, dem Sieger Brot und Wasser[43]. Der «Tote» hat die Schwelle des Irdischen überschritten. Unter einem Baum erwartet Osiris, Erlöser und Richter, den «Sohn, der von der Erde kommt». Vor ihm steht eine große Waage. Daneben hält sich die Göttin Ma'at bereit, das Herz des Verstorbenen zu wägen. Nicht weit davon lauert ein scheußliches Untier, die «Verschlingerin», halb Krokodil, halb Nilpferd. Gegen Osiris gekehrt, hält sie den Rachen weit offen, als wollte sie um Erlaubnis bitten, den Neuankömmling zu verschlucken.

Die zweiundvierzig Götter der zweiundvierzig ägyptischen Provinzen bilden einen Kreis in dem Saal. Nach orientalischer Sitte sitzen sie auf ihren eigenen Fersen und tragen die Herrschaftsinsignien des Osiris. Sie bilden das Höchste Gericht, das den Toten jetzt richten wird.

Vor seinen Richtern zählt der Verstorbene alle Sünden auf, die er nicht begangen hat, d. h., er legt eine «negative Beichte» ab, die durch Wägen des Herzens bestätigt wird. (Später haben die Griechen von einer *psychostasia*, einem «Wägen der Seele» gesprochen). Nach ägyptischem Glauben ist das «Herz» oder «Gewissen» unser bitterster Ankläger: Wer lügt oder Falsches schwört, wird in die Flammen geworfen.

Ist das Urteil gesprochen, so nähert sich der Verstorbene einem von vier hundsköpfigen Göttern bewachten, feurigen Dreifuß. Diese Gottheiten sind die getreuen Wächter des reinigenden Feuers, das die letzten Unreinheiten entfernt.

Schließlich wird der Tote, der aus der Katharsis des Feuers erneuert hervorgeht, den Göttern gleich: Sobald der Befehl erteilt ist, daß auch er seine Verwandlungen erfahren kann, durchschreitet er die Tore des Himmels, der Erde und der Unterwelt, wie die Seele des Re. Nun ist er frei, die Sonnenbarke zu besteigen, und auch eine Inkarnation von Re zu werden, denn das «Doppel des Gottes» hat sich «mit ihm, den er (der Gott) liebt», vereint.

Er lernt die wahren Namen der Götter und der Dinge kennen, weil er in die himmlische Familie aufgenommen worden ist. Die Götter feiern und prüfen ihn. Er gehört jetzt zu ihnen.

Auf eine solche Jenseitsreise begeben sich sowohl die Seele des Toten als auch der lebende Mensch, der eine Initiation anstrebt. Während die Seele des Verstorbenen Verdammnis oder Erlösung findet, legt der Myste dagegen nach zahlreichen schweren Prüfungen seinen Einweihungsweg zurück und vollzieht in sich «den Prozeß der Osiriswerdung», d. h., der Tiermensch in ihm erstirbt, um dem Gottmenschen Platz zu machen.

Die Priester des Osiris- und des Isiskultes hatten solche göttlichen Kräfte. Die Protagonisten des kosmischen Dramas, das jahrtausendelang die Nilvölker bewegt hatte, verkörperten den Impuls zu einer tiefen inneren Wandlung, indem sie ihren Adepten halfen, in sich das göttliche Licht wiederzufinden, das in der Finsternis des Seins verborgen ist und «dem Re ähnlich» macht.

Im Lauf der Jahrhunderte ging allmählich der Glaube verloren wie ein Glanz, der erlischt. Der Ritus artete in spektakuläre Zeremonien aus, der Mysterienweg wurde durch das Eingreifen allzu wohlwollender Götter viel zu leicht gemacht, und der Priester-Magier verlor seine göttlichen Kräfte.

Der strenge Osiriskult wich dem lässigeren Isiskult. Als dann eine junge, fanatische, von glühendem Glauben beseelte Religion nach Ägypten drang, ging auch noch der letzte esoterische Rest der Mysterien verloren, während der exoterische Überbau der antiken Religion seine ganze Schwäche enthüllte.

Das aufstrebende Christentum erreichte zwar nicht die philosophische Höhe der Isiskulte, doch drang es mit dem Impuls einer neuen Spiritualität und einer Ethik mit veränderten Vorzeichen in den Geist des einfachen Volks ein. Das Evangelium, das die Liebe und die Verschwisterung aller «Kinder eines einzigen Vaters» verkündete, öffnete jedem die inneren Tore des Tempels, ohne sozialen Unterschied. Und diese waren bisher dem Laien verschlossen gewesen.

Mithras überwindet den Stier. Darstellung des Sonnengottes in einer Tier-kreismandorla. Nach einem Steinrelief. Ausschnitt. Das Original steht heute im British Museum. Sehr ähnliche Stieropfer-Kompositionen befinden sich an der Vorderseite des Rückinger Altarsteins und in Bologna.

Hätte eine tödliche Krankheit das Christentum in seinem Wachstum aufgehalten, so wäre die Welt mithrasgläubig geworden. Fast jede Arbeit über den Mithraskult bringt dieses Zitat von E. Renan[44], der beeindruckt war von der Popularität der Mithras-Mysterien im dritten und vierten nachchristlichen Jahrhundert, die sich in alle Provinzen des Römischen Reiches ausgebreitet hatten. Es scheint aber, daß der Kult weder in Griechenland, noch in Kleinasien Fuß fassen konnte.

Der Mithrasdienst war ausschließlich den Männern vorbehalten, hatte besonders viele Anhänger unter den römischen Soldaten und wurde weitergetragen mit den Bewegungen der Legionen. Der mit der Kriegerkaste verbundene, indoirani-sche Gott und seine männlichen Ideale hatten es dem Militär angetan. Was man von der Einweihung weiß, erinnert eher an die Initiationen indoeuropäischer Männerbünde als an die der ägyptischen und phrygischen Mysterien. Denn Mithras ist der einzige Mysteriengott, der selber nicht durch den Tod geht.

Auf der anderen Seite finden sich auch im Mithraskult die

für jede Mysterien-Einweihung typischen Elemente: Einwei-
hungstod, Mutproben; die Seelenreise als ein Durchqueren der
sieben Planeten-Sphären; Wiedergeburt auf einer anderen
Ebene. Verblüffende Ähnlichkeiten zwischen den Ritualen der
verschiedenen Mysterienkulte, wobei letztere nachweisliche
Spuren in der christlichen Liturgie hinterlassen haben, sind in
vergleichenden Studien noch zu wenig untersucht worden, um
ein endgültiges Urteil darüber zu fällen, wo welcher Einfluß
dominiert hat.

Christentum und Mithrazismus weisen aber so tiefgehende
Parallelen auf, daß frühe christliche Autoren es den «bösen
Dämonen» zuschreiben, wenn Brot und Wasser bei den
Mithrazisten sakramentale Verwendung finden[45]. Christen
und Mithrasgläubige kennen eine Wassertaufe, die den Eintritt
in die Gemeinschaft besiegelt; ein rituelles Mahl und sieben
Weihestufen. Die Namen der mithräischen Grade sind über-
liefert: Jeder von ihnen wurde in Beziehung gesetzt zu einem
Planeten, und was die vier unteren Weihen betrifft, auch zu
einem der vier Elemente: Rabe – Mond – Erde; Okkulter –
Venus – Wasser; Streiter – Mars – Luft; Löwe – Jupiter –
Feuer; Perser – Merkur; Sonnenläufer – Sonne; Pater – Saturn.
Aus anthroposophischer Sicht entspricht der erste Grad dem
physischen Leib, der zweite dem ätherischen, der dritte dem
astralen, der vierte dem Ich, während die letzten drei der
Reihe nach mit Geistselbst, Lebensgeist und Geistesmensch
korrespondieren.

Eine wichtige Stellung nimmt der Löwe ein, die Stufe, auf
der die Ichkräfte des Menschen sich entfalten sollen. Beim
Aufstieg zum vierten Grad erhielt der Myste einen Schlag mit
dem Schwert. Reminiszenzen finden sich noch im mittelalterlichen «Ritterschlag», oder im «Backenstreich», den der Lehrling früher bei seiner Beförderung zum Gesellen bekam.

Sogar der Gedanke der Trinität taucht im Mithrazismus auf,
wenn auch erst in der Spätzeit des Kultes, als Folge einer
Reihe von synkretistischen Prozessen. Die Fackelträger Cau-
tes und Cautopates, die meist links und rechts von Mithras
dargestellt werden, bilden mit ihm zusammen eine göttliche
Dreiheit. Denn Mithras ist der «dreifache Gott». Die Urchri-

sten fühlten sich den Mysterienkulten noch so nah, daß sie selber die Sakramente als eine Art Mysterium empfanden. In der Spätantike waren die Mysterienreligionen ein Schmelztiegel für die verschiedenartigen geistigen Strömungen aus Ost und West, aus Nord und Süd. Dort ist der Synkretismus zwar augenscheinlicher als im Christentum, wo jüdische Exoterik und hellenistische Esoterik teils zur Synthese gebracht worden, teils konflikthaft aneinander geraten sind. Im Mithraskult finden wir z. B. um den Gott aus dem jüngeren *Avesta* das ganze griechische Pantheon geschart. Wie der im *Mihr Yasht* gepriesene Mittler zwischen Oben und Unten in einen stark hellenistisch geprägten Mysterienkult kommt, der von Rom ausstrahlt, ist nicht näher geklärt. Nach Plutarch *(Pomp.* 24,5) brachten kilikische Seeräuber den Kult in den Westen. Vielleicht hat er sich im Umkreis der *magoi* Mesopotamiens und Kleinasiens entwickelt, und dort weitere Einflüsse aufgenommen, bis er in das gierig alle fremden Kulte und Religionen absorbierende Rom gekommen ist, das gern fremde Götter und Geheimlehren an sich zog, weil es keine «eigengewachsene Mythologie gehabt hat, kein National-Epos wie andere Völker, und auch keine Mysterien sein eigen nennen konnte-»[46]. Der Import fremder Gottheiten, denen man Tempel baute, um sie durch gesetzliche Vorschriften in den Staatsorganismus zu integrieren und damit die Lehre politisch zu entschärfen, war z. T. ein wohlüberlegter Schachzug der Caesaren.

So haben verschiedene Kaiser Jesus von Nazareth unter die Götter Roms aufnehmen wollen. Der erste, der das vorhatte, war Tiberius, doch ist es weder ihm noch einem seiner Nachfolger gelungen, weil der römische Senat es zu verhindern gewußt hat. Eine solche Ehrung Jesu würde dem Christentum aber nicht allgemeine Anerkennung verschafft, sondern eine Minderung der spirituellen Eigenkräfte bedeutet haben.

In Rom ist der Mithraskult zum ersten Mal um 80 n. Chr. nachgewiesen. Für diese Zeit bezeugt der Dichter Statius mithräische Bildwerke in der Stadt.

Erst im dritten Jahrhundert wird der Mithrazismus zur Weltreligion. Neben dem Militär sorgten Sklaven, syrische Händler und Unterbeamte für die Verbreitung des neuen

Glaubens. Der Mißbrauch der Mithrasreligion durch die Cae-saren, die aus purem Eigennutz religiöse Ideen in den Dienst der Politik zu stellen pflegten, führte zum Aufblühen des Kai-serkultes. Schon im ersten Jahrhundert ließen sich die römi-schen Kaiser «deus noster» d. h. «unser Gott» nennen. Der Mithrasglaube erleichterte die Apotheose des Kaisers, denn bei den Persern war Mithras-Helios der Gott, der die Herr-scher mit einer Aureole umgab. Sie galt als das äußere Zeichen göttlicher Begnadung. Mithras trug den Beinamen «Sol invic-tus», unbesiegbare Sonne. Bald kam der Zeitpunkt, zu dem sich die Caesaren persönlich mit dem *Sol invictus* identifizier-ten. Nero, der wie andere Kaiser eine Einweihung erzwungen hat, trug selber eine Strahlenkrone und nannte sich Bruder des Helios. Die Kaiser wurden als Günstlinge der Planetengott-heiten bezeichnet. Der Siegeszug des Christentums, das schließlich von Konstantin dem Großen zur Staatsreligion gemacht wurde, führte dann zum Erlöschen des Mithraskultes.

In der Anthroposophie gilt der Mithrasdienst als Advents-mysterium, das vorbereiten sollte auf das Kommen Christi. Mythos und Kult des Mithras-Mysteriums waren prophetisch auf den Erlöser ausgerichtet. «Man kann staunend feststellen, welch unermeßliches Wissen von der sonnenhaften Präexi-stenz und der kosmischen Größe des dann als Christus erschienenen Gottessohnes in diesen Mysterien vorlag. Man sagt sich dann vielleicht, wie blind die Christenheit gewesen sein muß», daß sie bloß die Weissagungen des Alten Testa-ments anerkannte, ohne auch nur zu ahnen, welche Fülle von Christus-Offenbarungen bei den meisten verachteten «heidni-schen» Völkern vorlag, liest man bei Schütze (1960, 170). Das Bild des felsgeborenen Fackelträgers Mithras nimmt nach anthroposophischer Ansicht die Erdengeburt Christi vorweg.

«Das Herzstück der mythräischen Legende, die Stiertötung und die geheimnisvolle Verwandlung des Rückenmarks in Weizen, aus dem das Brot, und des Bluts in den Rebstock, aus dem der Wein entsteht», läßt «prophetisch das heilige Gesche-hen von Golgatha als Urbild der Transsubstantiation» anklin-gen (ebenda).

Taurobolien, d. h. Stieropfer, finden sich auch in den anderen Mysterien. Sie wurden von den Angehörigen verschiedener Kulte oft gemeinsam begangen, auch wenn sie sonst nichts weiter miteinander verband. Innerhalb des Mithrasdienstes sind sie ein Teil der kultischen Ausgestaltung und Verwirklichung dessen, was der Mithrazist in der Mythologie bildhaft als Opfer des Stiers durch Mithras vor sich sah.

Die Legende vom Himmelsstier, der die Erde verwüstet und von Mithras getötet wird, worauf aus dem vergossenen Blut die Heilkräuter und Nutzpflanzen der Erde aufwachsen, kann als ein innerseelischer Prozeß gedeutet werden. Der Stier ist ein Bild für die Tierseite des Menschen, die überwunden und umgewandelt werden muß. Dieser Prozeß eben wurde nicht abstrakt ausgedeutet, sondern bildhaft und intensiv erlebt in den äußeren Zeichen (auf den Mysten in einer Grube tropft das Blut des geopferten Stiers durch einen Holzrost).

Im Mithraskult hat der Stier bereits einen ganz anderen Stellenwert als in den ägyptischen Mysterien, wo er für die reinen, kosmisch-göttlichen Kräfte steht, die auf den Menschen einstrahlen.

Rätselhaft und zwiespältig ist am Mithrasdienst die Tatsache, daß er «erst nach dem Mysterium von Golgatha in der abendländischen Welt auftaucht und einen großen Teil der Menschheit für sich gewinnt, ohne von der Tatsache des Christusereignisses Notiz zu nehmen». Eine erfüllte Prophezeiung, die sich nicht als solche erkennt, wird eben zum Anachronismus.

Der Kult rivalisierte sogar mit dem Christentum und wurde dadurch zu einem «Werkzeug des Antichrist» (ibid.), das dem Christentum zahlreiche Seelen vorenthält, die eigentlich reif dafür gewesen wären.

«Durch diese Gegensätze wird das Christentum seinen ureigensten Mysterieninhalten entfremdet. Das ist nicht zuletzt eine der Ursachen dafür, daß es zu einer bloßen Moralreligion und zu einer Lehre wurde, wobei man in Christus nur noch den vorbildlichen Menschen und Prediger zu sehen anfing.»[47]

Auf der anderen Seite enthielt der Mithraskult zweifelsohne die großen esoterischen Offenbarungen über den kosmischen Christus als Prophetie. Er hätte die Seele für ein tieferes Verständnis des Golgatha-Mysteriums vorbereiten können. Deshalb sind größere Anstrengungen von eingeweihter Seite gemacht worden, den Kult rechtzeitig im Römischen Reich einzubürgern. Der Mithrasdienst sollte einen Bundesgenossen des werdenden Christentums abgeben. Leider unterblieb aber diese welthistorische Korrektur, als das Christentum ins Imperium eindrang und um seine spirituellen Inhalte kämpfen mußte.

Die unglückliche Ehe, die es mit dem machtorientierten römischen Staatsapparat einging, prägte ihm eine weitgehend exoterische, dogmatische Orientierung auf. Es drohte, seine esoterische Tiefe einzubüßen. Unterschwellige Einwirkungen des Mithraskultes auf das Christentum sind aber doch nicht unterblieben. Die esoterischen Impulse der Mysterienkulte konnten – wenigstens im Verborgenen – weiterwirken.

Kapitel 9

DAS POPOL VUH

«Das ist die Kunde: Da war das ruhende All. Kein Hauch. Kein Laut. Reglos und schweigend die Welt. Und des Himmels Raum war leer.

Dies ist die erste Kunde, das erste Wort. Noch war kein Mensch da, kein Tier. Vögel, Fische, Schalentiere, Bäume, Steine, Höhlen, Schluchten gab es nicht. Kein Gras. Kein Wald. Nur der Himmel war da.

Noch war der Erde Antlitz nicht enthüllt. Nur das sanfte Meer war da und des Himmels weiter Raum.

Noch war nichts verbunden. Nichts gab Laut, nichts bewegte, nichts erschütterte, nichts brach des Himmels Schweigen. Noch gab es nichts Aufrechtes. Nur die ruhenden Wasser, das sanfte Meer, einsam und still. Nichts anderes.

Unbeweglich und stumm war die Nacht, die Finsternis. Aber im Wasser, umflossen von Licht, waren diese: Tzakól, der Schöpfer; Bitól, der Former; der Sieger Tepëu und die Grünfederschlange Gucumátz; Alóm auch und Caholóm, die Erzeuger. Unter grünen und blauen Federn waren sie verborgen, darum sagt man Grünfederschlange. Große Weisheit und große Kunde ist ihr Wesen. Darum gab es den Himmel und des Himmels Herz, dessen Name ist Cabavil, Der-Im-Dunkeln-sieht. So wird berichtet.»[48]

Immer innerhalb ihres eigenen Bezugsystems, weist die Maya-Kosmogonie eine Reihe von objektiven Ähnlichkeiten mit der des Alten Ägypten auf, denen kulturintern jeweils sogar ein verwandter Stellenwert zukommt.

Im *Popol Vuh*, dem «Heiligen Buch» der Quiché, wird vor allem die Herkunft aus dem Osten, von jenseits des Meeres bestätigt[49].

Und vielleicht war die «Grüne Federschlange» Cucumátz

Der Sonnenadler holt sich Kraft von der Federschlange. Altmexikanisch. Man war der Ansicht, die Sonne benötige Blutopfer, um wieder kräftig zu werden und scheinen zu können. Die Schlange übergibt dem Adler einen Hasen, den sie im Maul trägt. Der Hase (Tochtli) ist das achte Tageszeichen.

(oder Quetzalcoatl, wie sie bei den Tolteken heißt) wirklich einmal als «Gott» vom Himmel gestiegen; oder vielmehr aus einem atlantischen Flugzeug, mit Tieren und Pflanzen als Geschenk, darunter dem «heiligen Mais». *Popol Vuh* und *Chilám Balam*[50] beschreiben die Schöpfungsgeschichte in ungewöhnlichen, starken Bildern, die uns den langen, verborgenen Entwicklungsweg enthüllen.

«In Dunkelheit und Nacht kamen Tepëu und Cucumatz zusammen und sprachen miteinander. Also sprechend berieten sie und überlegten: Sie kamen überein und ihre Worte und Gedanken glichen sie aus. Und sie erkannten, während sie überlegten, daß mit dem Licht der Mensch erscheinen müsse. So beschlossen sie die Schöpfung und den Wuchs der Bäume und Schlingpflanzen, den Beginn des Lebens und die Erschaffung des Menschen. So wurde entschieden in Nacht und Finsternis vom Herzen des Himmels, Huracán genannt [. . .]

Es trafen sich also Tepëu und Cucumátz und sprachen von Leben und Licht; von Helle und Dämmerung; und wer Nahrung schaffen würde und Unterhalt.

Es geschehe! Es fülle sich die Leere! Weichet zurück, ihr Wasser, und gebet Raum, daß die Erde aufsteige und sich festige! So sprachen sie.

Es werde Licht! Daß Himmel und Erde sich erhellen! Nicht Ruhm noch Größe wird sein, bis der Mensch erscheint, bis der Mensch geschaffen. So sprachen sie.

Darauf schufen sie die Erde. Die Wahrheit ist, daß sie die Erde schufen. Erde! sagten sie, und im Augenblick war sie geschaffen [. . .][51] Zuerst bildete sich die Erde mit Gebirgen und Tälern. Es teilten sich die Wasser. Die Bäche liefen frei zwischen den Hügeln, und die Wasser teilten sich, als die hohen Gebirge erschienen.

So geschah die Schöpfung der Erde, als sie geformt wurde vom Herzen des Himmels, vom Herzen der Erde. [...]

Darauf schufen sie die Tiere des Waldes, die Wächter der Wälder und Berge: Rehe, Löwen, Jaguare, Vögel; und als Wächter der Lianen schufen sie Schlangen, Nattern und Vipern [...][52]

Und nachdem die Schöpfung der Vierfüßler und der Vögel beendet war, sprachen Tzakól und Bitól, sprachen die Erzeuger also: Redet, schreit, trillert, ruft! Redet alle, ein jeglicher nach seiner Art [...] Redet doch zu uns, in unsern Namen, zu eurem Vater, zu eurer Mutter. Lobet uns! Rufet an [...] das Herz des Himmels, das Herz der Erde, den Schöpfer, den Former, den Erzeuger [...]

Aber jene konnten nicht wie Menschen sprechen. Sie zischten, schrien und gackerten. Sie konnten kein Wort formen, und ein jegliches schrie nach seiner Art. [...]

Und die Erzeuger sagten zueinander: ‹Das ist nicht gut›[53]. Zu den Tieren sagten sie: ‹Wir werden euch ersetzen, da ihr nicht sprechen könnt. [...] Ihr wart nicht fähig, uns anzubeten und anzurufen. Darum werden wir andere schaffen, die uns willig sind. Das ist fortan euer Schicksal: Euer Fleisch soll vertilgt werden.› [...][54]

Aus Erde, aus Lehm machten sie des Menschen Fleisch. Aber sie sahen, daß es nicht gut war. Denn [...] es war zu weich, es war ohne Bewegung und Kraft, es fiel um] ...][55].

So beschlossen sie nach neuer Beratung unter sich: [...] ‹Versucht es noch einmal: Versucht die Schöpfung!› Und sie wählten als Grundstoff Holz. Die Menschen aus Holz lebten und bevölkerten die Erde, vergaßen aber ihren Schöpfer und wurden zur Strafe durch Flut und Feuer vernichtet.

[...]Es sprachen Urahnen und Urahne, der Schöpfer und der Former, jene auch, die sich Tepëu und Cucumátz nannten: ‹Schon will es Morgen werden. Laßt uns das Werk der Schöpfung schön vollenden. Erscheinen sollen, die uns erhalten und ernähren, die leuchtenden Söhne des Lichts. Es erscheine der Mensch! Belebt sei der Erde Antlitz.› [...]

Die Erleuchtung kam ihnen, woraus der Menschen Fleisch zu schaffen. Die Tiere aber, die ihnen den Lebensstoff brachten, waren: die Wildkatzen, der Coyote, der Papagei und der Rabe. Ihrer vier waren die Tiere, die den gelben, den weißen Mais brachten [...] Aus dem schufen sie, formten sie des Menschen Fleisch. Wasser war das Blut, in Menschenblut verwandelte es sich [...]»[56].

Die Kraft und Stärke des Menschen entsteht aufgrund der neun Getränke, die aus den zerriebenen gelben und weißen Maiskolben gewonnen werden. Maisbrei bildet die Arme und Beine. «Einzig Maismasse trat in das Fleisch unserer Ahnen, die geschaffen wurden»[57].

Einer lakandonischen Quelle zufolge wurde nach den Holzmenschen ein anderes Geschlecht aus grünem Stein, Mais und Schlangenblut geschaffen, doch war es böse, erhob sich gegen die Götter und mußte durch Feuer und Wasser vernichtet werden. Erst als das Schlangenblut dieser Mischung ersetzt wurde durch Pelikanblut und die Liebe des Sonnengottes hinzukam, gelang der Mensch. Er wurde gut und betete zu den Göttern. Diese aber neideten ihm seine Weisheit und beraubten ihn wieder der Fähigkeit, in Vergangenheit und Zukunft zu blicken.

Auch in der Cordan-Fassung findet sich dieses Grundmotiv: Dort heißt es: «Es warf das Herz des Himmels einen Schleier über die Augen, und sie trübten sich, wie wenn ein Hauch über den Spiegel geht. [...] So wurden zerstört die Weisheit und alle Kenntnis der vier Menschen des Ursprungs und Anfangs. [...]»[58]

Zu den direkten Maya-Nachfahren gehören die Lakandonen im tropischen Urwald von Yucatán. Heute zählt dieser Stamm nur mehr dreihundert Köpfe und ist damit direkt vom Aussterben bedroht. Der Standort der gigantischen, zum Teil noch vom Regenwald überwucherten Tempel ist diesen Indianern bekannt, doch wissen sie nichts von der okkulten Bedeutung der Legende, die sie von Generation zu Generation so treu überliefert haben. Bald wird das Volk dieser Sonnenanbeter von der Erde verschwunden sein.

Die Esoterik der Maya ist der ägyptischen ähnlich. Der

Kapitel 10

DIE ZWEI MYSTERIENWEGE

In Griechenland stand die Gymnastik in hohen Ehren und machte einen wesentlichen Teil der Erziehung aus. Das römische Sprichwort *Mens sana in corpore sano* geht zurück auf diese Liebe zum Sport, die sich in Sparta völlig anders geäußert hatte als in Athen.

Bei den jungen Spartanern mußte die Haut, die den ganzen Leib schützend von außen umschließt, hart und widerstandsfähig werden wie ein Panzer. Das tägliche Training fand bei jeder Witterung statt und verlangte den Einsatz aller Kräfte. Einreibungen mit Öl und Sand verstopften die Poren und schürften die Körperoberfläche auf, was zu einer allmählichen Verdickung der Lederhaut führte, bis sie zuletzt wirklich einem Panzer glich. Auf diese Weise kapselte sich der junge Spartaner ab von der Umwelt, nahm die kosmischen Energien nicht mehr auf, gewöhnte sich daran, in sich selber hineinzulauschen, um all das aus dem eigenen Innern zu schöpfen, was er brauchte.

Selbst die Sprache wurde auf das Wesentliche reduziert; sie war präzis und lakonisch.

Das Training der jungen Athener hingegen richtete sich ganz nach der Wetterlage. Ihren Lehrern war sehr daran gelegen, daß die Körper der Schüler während der Übungen in einem vernünftigen Maß mit Luft, Licht und Sonne in Berührung kamen. Als idealer Filter sollte die Haut einen Kräfteaustausch zwischen Organismus und Kosmos ermöglichen. Hier wurde sie nicht geölt und mit Sand abgerieben wie in Sparta, sondern förmlich in Lichtbäder getaucht, während die Erzieher ihren Schützlingen beibrachten, sich in gewählten Worten auszudrücken.

Bis in die heutige Zeit läßt sich überall in der Welt ein deut-

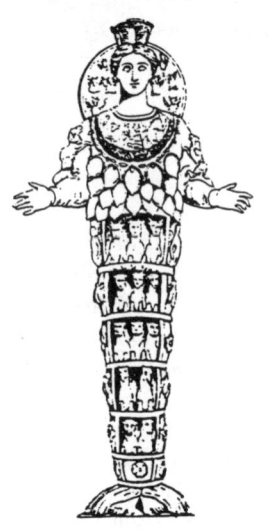

Naturgottheit: Vielbrüstige Diana von Ephesos und
kosmische Gottheit: Löwenköpfiger Mithras mit Schlange (oft gleichgesetzt
mit Apoll).

licher Unterschied feststellen zwischen den Bewohnern kalter,
feuchter und heißer, trockener Klimazonen. Wortkarg und
eher introvertiert, verwenden die ersteren einen sparsamen,
auf's Praktische ausgerichteten Wortschatz, während letztere,
als Kinder des Südens von Natur aus gesprächiger, eine blu-
menreiche Sprache pflegen und mit den Adjektiven ver-
schwenderisch umgehen, wodurch ihre Sätze kraftvoll und
farbig geraten.

Die Dionysos-Mysterien und die Apollo-Mysterien nehmen diese Erziehungsgrundsätze der beiden griechischen
Stadt-Staaten vorweg. Wir finden sie hier schon ausgedrückt,
wenn der Dionysoskult in das eigene Innere hinabsteigt, der
Apollokult die sonnenbezogene Extraversion in den Mittelpunkt stellt.

In gewisser Weise könnte man die spartanische Erziehung
als Folgeerscheinung der ursprünglichen Demeter- und Dionysos-Mysterien betrachten. Bei den eleusinischen Mysterien

erfuhr man die innere Stille, erlernte eine Form des Denkens, die imstande war, auf rationale und logische Verknüpfungen zu verzichten. Heute würden wir sagen: wie ein Sender zu wirken, der in den Makrokosmos hinausfunkt, was im Mikrokosmos des Individuums erarbeitet worden ist.

Die Einweihung in die eleusinischen Mysterien vollzog sich in erster Linie durch die Darstellung eines Mimodramas, dessen Protagonisten – die Aspiranten selber – das Arkanum in symbolischen Gesten zum Ausdruck bringen mußten. Mit dem Intellekt war dieses Spiel nicht zu erfassen. Wer die Bedeutung der Gesten nicht kannte, dem blieb es unverständlich. Nach der Darbietung der Schüler führten die Meister für sie die Legende von den Mysteriengottheiten auf. Dank Clemens von Alexandrien, der in die Mysterien eingeweiht war und sich später zum Christentum bekehrte, ist sie uns in einem Bericht überliefert.

Nach diesen poetisch-symbolischen Szenengestaltungen wurden die Neophyten auf die «große Offenbarung» vorbereitet. Lange Fastenperioden, völlige geschlechtliche Enthaltsamkeit und strenge Schweigepflicht kennzeichnen diese Vorbereitungszeit, die sich unter den Pythagoreern in einem fünfjährigen Redeverbot niederschlägt.

Bei Clemens Alexandrinus[59] lautet die Geheimformel, die der Myste aufsagen mußte: «Ich habe gefastet; ich habe den *Kykeom* getrunken; ich nahm aus der Kiste . . . legte zurück in den Korb und aus dem Korb in die Kiste.» Der geheimnisvolle, heilige Gegenstand soll der *kteis* gewesen sein, eine stilisierte Darstellung der Vulva als Symbol des Mysteriums der Fruchtbarkeit und universellen Zeugung.

Während dieser Exerzitien wurde der Aspirant, der sich im Schweigen übte, mit magischen Formeln konfrontiert, die er nachsprechen und dabei mit einem feierlichen Eid beschwören mußte, daß er sie unter gar keinen Umständen verraten würde.

Letzte Symbolhandlung war die Vereinigung von Demeter und Zeus – Hochzeit von Himmel und Erde – die in einem dunklen Winkel des Tempels stattfand. Hier vollzogen Hierophant und Demeter-Priesterin den physischen Akt als heiliges Zeichen.

Nach einem Text[60] aus jener Zeit waren Hierophanten, die sich nicht selber entmannt hatten um Attis zu gleichen, sondern impotent geworden waren durch die Einnahme eines Schierlingsgetränks, um damit jeder körperlichen Vereinigung zu entsagen, gleichwohl fähig, in Eleusis, während der «göttlichen Nacht der großen Mysterien» wie durch ein Wunder den physischen Akt zu vollbringen. Sie hatten dann auszurufen: «Die Starke hat von mir, dem Starken, empfangen!»

Hinter der Gestalt des Priesters, der die Impotenz wählt, damit er ganz und gar ein Instrument des Himmels – also des Zeus – werden kann, um Demeter – die Erde – zu befruchten, darf man sicherlich ein Mysterium vermuten.

Diese allegorischen Szenen, die großen, lebenden Bildern gleichen, lehren den Mysten, zu begreifen, daß Menschen, die die heiligen Zeremonien nicht kennen, nach dem Tode ein anderes Schicksal im Reich der Schatten zu gewärtigen haben als jene, die an derartigen Ritualen teilgenommen haben. So jedenfalls heißt es bei Homer[61]. Und Pindar äußert in einem ähnlichen Zusammenhang, wer diese Dinge habe mitansehen dürfen, sei selig zu preisen, denn er habe den Anfang und das Ende des Lebens kennengelernt, bevor ihn die Erde decke.

Bei der letzten, abschließenden Prüfung wurde der Hierophant vom obersten Priester in einen scheintodähnlichen Zustand versetzt und in ein Grab gelegt. Durch den Einsatz theurgischer Mittel (so nennt man die höchste Magie) trat die Seele aus dem Körper aus und folgte dem Meister in das Reich der Toten. Entsetzenerregende Larven traten dem Adepten entgegen; furchteinflößende Mutproben erschwerten ihm den Weg. Ihn lähmte der Urteilsspruch der höllischen Mächte, solange es ihm nicht gelang, die sonnendurchfluteten Täler des Himmels zu betreten, wo er, in strahlende Gewänder gehüllt, sich einordnen durfte in die Reihen jener, die von den Göttern als ihresgleichen anerkannt wurden.

Danach rief der Meister seinen Jünger mit lauter Stimme ins Leben zurück; die Anima trat wieder ein in den physischen Leib; er erwachte. Aber damit wurde diese Vision nicht ausgelöscht wie ein nächtlicher Traum. Sie blieb auf immer in seinem Gedächtnis haften, als schmerzliche und zugleich beglükkende Realität. Der Myste war «gestorben», um als «Einge-weihter» wiedergeboren zu werden, als einer, der «gesehen hat und weiß».

Anders gestalteten sich die Vorbereitungen zu den ephesini-schen Artemis-Mysterien. Der Schüler mußte den eigenen Atem bewußt erleben als ein Ausströmen und Einströmen, einen Austausch zwischen innerem Medium des Körpers und Außenwelt. Vor allem mußte er lernen, die Worte nicht nur phonetisch richtig zu artikulieren, sondern sie mit innerer Resonanz, d. h. mit einer «Bruststimme», zu sprechen; und damit die Verwandlung des Klangkörpers in Strahlung und Wärme ebenfalls auszudrücken.

Ließ der Adept das Wort «er-klingen», so konnte er beob-achten, wie die auf seine Stimmbänder einwirkende Luft sich in das nächsthöhere der symbolischen Elemente verwandelte; in «Feuer». Er spürte die Wärme der zum Scheitel aufsteigen-den Bewegung des Wortes, das dabei war, Gedanke zu wer-den. Gleichzeitig erlebte er den «Abstieg» desselben als ein Hinunterfließen, eine Art Destillationsprozeß, bis es sich, zum wäßrigen Element geworden, auf der Höhe des Sonnen-geflechts als Gefühl niederließ.

Die Aufmerksamkeit des Schülers mußte sich auf den «ununterbrochenen Fluß von Feuer und Wasser» konzentrie-ren, der dem Mund angeblich während der Rede entspringt, wobei das Feuer dem «Aufsteigen des Wortes zum Gedan-ken», das Wasser aber dem «Absteigen des Wortes» zum Gefühl entspricht.

Auch im athenischen Sport wirkt das Ideengut antiker Mysterien nach, selbst wenn hier nichts mehr von Esoterik spürbar ist. Der dem Lichtbad ausgesetzte Leib, dessen Haut eine Art osmotischen Austausch zwischen makrokosmischen und mikrokosmischen Kräften ermöglicht, gemahnt uns ent-fernt an die Erfahrung des Mysten, dem man beim Durch-schreiten des ephesinischen Tempeltores zurief: «Sprich oh Mensch, und aus dir spricht das Werden der Welt.»[62]

Der Adept antiker Sonnenmysterien mußte allmählich ler-nen, seinen eigenen Körper zu erfahren als Hülle, die das Geheimnis der Welt in sich birgt; mit jedem Wort ent-hüllte sich ihm die Schöpferkraft des Logos, Gestalt geworden im Denken und Fühlen. So wurde ihm möglich, zu erleben, daß in der eigenen menschlichen *Ganzheit* auch das Universum *ganz* enthalten war.

Das «Erkenne dich selbst!» des delphischen Orakels erlangte somit sakrale Bedeutung, denn dieses Gebot konnte bedeutungsmäßig voll und ganz aus dem «Feuer des Denkens» und dem «Wasser des Fühlens» erschlossen werden.

Auch in den Tempeln von Ephesus endete die Einweihung in die orphischen und die artemisischen Mysterien mit dem «Todesschlaf» oder Seelenreise ins Jenseits und einer Reihe außerordentlich harter Prüfungen, die in der «anderen Welt» zu bestehen waren, bis die Götter den Eingeweihten erkannt und angenommen hatten. Persephone trat ihm entgegen mit dem Ausruf: «Ein Gott, du bist ein Gott geworden!» Dann folgte das Wiedererwachen, eine bewußte Wiedergeburt, die den Initiierten für immer von allen Zweifeln befreite.

Kapitel 11

PYTHAGORAS UND DIE PYTHAGOREER

Für die Völker des letzten vorchristlichen Jahrtausends führte der Mysterienweg zu Gott. Der Mensch lernte begreifen, daß sein Lebensziel in der Identifikation mit dem schöpferischen Prinzip des Universums lag.

Im 6. Jahrhundert[63] verkündeten zwei große Meister ihren Mitmenschen, daß der Weg zurück zum Ursprung für die Seele nur über das steinige Pflaster mehrerer Leben erreicht werden konnte. Einer lehrte im Osten, der andere im Westen. Buddha und Pythagoras wirkten fast gleichzeitig in der Öffentlichkeit, für sie war die Reinkarnation ein Sühneprozeß und ein Reinigungsweg, um zu Gott zu gelangen.

Auf fruchtbaren Boden fiel diese Lehre im Osten dank der natürlichen Aufnahmebereitschaft der Volksseele, die sie als Geschenk des Himmels betrachtete und sich auf dieser Grundlage eine Religion schuf. Im Westen dagegen wurde sie feindlich aufgenommen, sowohl vom dekadenten Symbolismus des ägyptischen Kultes als auch vom aufblühenden Rationalismus des griechischen Geistes, weshalb sie sich verbergen mußte hinter dem Mysteriengewand einer Bruderschaft als zu früh gekommenes, nur einem Grüppchen von Auserwählten vorbehaltenes Geheimwissen.

Wie uns das oft begegnet bei großen Meistern, blieben von Pythagoras keine schriftlichen Aufzeichnungen erhalten. Was wir wissen, wissen wir von seinen Schülern. Und auf diesem indirekten Weg – über Schriften der Schüler – sind uns seine Worte überliefert worden. Bereits im 4. Jahrhundert v. Chr. war Pythagoras eine legendäre Figur. Seine Bewunderer verehrten ihn als Halbgott, als Numen, ja als den hyperboreischen Apoll mit der goldenen Hüfte.

Der Platoniker Herakleides von Pontos[64] berichtet, Abaris, ein Magier aus dem Norden, habe eines Tages in Sizilien Pythagoras als den Gott des unsichtbaren Tempels zwischen den Wolken wiedererkannt, dem er einstmals als Priester gedient hatte. In Gegenwart der ahnungslosen Jünger sei er vor Pythagoras in die Knie gesunken. Die Gottheit habe ihm nun, mit einem wohlwollenden Lächeln, die goldene Lende gezeigt und sich durch dieses Geheimzeichen zu erkennen gegeben.

Der Mensch Pythagoras war zum Mythos geworden. Zweifelsohne besaß er außergewöhnliche Gaben, nicht nur als vielleicht größter Mathematiker aller Zeiten, auch als Magier, als Bodhisattva.

Die historischen Daten, die wir kennen, sind spärlich und ungenau. Nur daß Pythagoras irgendwann zwischen 592 und 572 v. Chr. auf der Insel Samos geboren worden ist, als junger Mann an der XLVIII. Olympiade teilgenommen und im Boxen die Goldene Palme errungen hat, scheint gesichert. Aus den Pythagoras-Viten von Jamblichos und Diogenes Laertios geht hervor, daß er sich längere Zeit in Ägypten aufgehalten haben und in die Isis-, Osiris- und Horus-Mysterien eingeweiht worden sein soll. Angeblich in die Gefangenschaft von Kambyses geraten, soll er nach Babylonien deportiert worden und mit 56 Jahren nach Samos zurückgekehrt sein, um dort eine erfolgreiche Schule zu gründen. So jedenfalls steht es in den Viten. Vom Tyrannen Polykrates vertrieben, schiffte er sich 529 mit einer Gruppe von Anhängern nach Italien ein, wo sich in Kroton rund um ihn eine Gemeinschaft bildete, die seinen Namen trug.

Diese Gemeinschaft war gleichzeitig religiöse Bruderschaft, Philosophenschule und politische Partei. Dem äußeren Kreis der Pythagoreer gehörten die Exoteriker oder Akusmatiker an, dem inneren die Esoteriker oder Mathematiker. Es sind noch andere Einteilungen überliefert, doch scheinen die hier erwähnten, die sich beide bei Jamblichos und Porphyrios finden, die ursprünglichsten zu sein. Die Akusmatiker richteten ihr Leben nach den «Akusmata», den gehörten Sprüchen, während die Mathematiker sich philosophisch und mystisch mit der Zahl als Symbol für alles Geschaffene beschäftigten:

Sie pflegten die «Mathemata», d. h. Arithmetik, Geometrie, Harmonik und Astronomie. Beide Gruppen hatten also ihr eigenes Programm für den Vorbereitungsweg und die Weihen.

Gesellschaftlich und politisch lag die Leitung der Bruderschaft in Händen von Philosophen des inneren Kreises, die ihre Fähigkeiten auch praktisch einsetzten.

Der Zulassung zum niedrigsten Weihegrad ging eine Vorbereitung oder Noviziat von drei Jahren voraus. Diese erste Initiationsstufe erstreckte sich auf einen Zeitabschnitt von fünf Jahren. Erst nach erfolgreichem Abschluß des Noviziats wurde der Hospitant in den Stand eines wahren Jüngers erhoben und für würdig befunden, mit dem Meister persönlich zu verkehren.

Darauf folgten die fünf Jahre eisernen Schweigens, eine Zeit, in der man zuhören lernte; mit dem äußeren und dem inneren Ohr. Auf jede Frage, jede Schwierigkeit, jeden Zweifel gab es immer nur eine Antwort: «Aútos épha». Er selbst hat es gesagt. Er: der Meister, der Göttliche, der Unsterbliche.

Diese Schule und Bruderschaft hatte von allem Anfang an großen Erfolg. An Anwärtern fehlte es nicht, aus allen Richtungen strömten sie herbei. Den Feindseligkeiten der Einwohner trotzend, eroberten die Pythagoreer erst Kroton selber und die daran angrenzenden Gebiete mit den Waffen, später aber noch weitere Städte, wie Sybaris und Metapontum. Nach kurzer Zeit beherrschten sie fast ganz Großgriechenland. Mit der politischen Führung jeder einzelnen Stadt betrauten sie treue, zum inneren Kreis gehörige Jünger. Diese Form des «esoterischen Absolutismus» konnte sich nach Pythagoras' Tod noch bis zum Ende des vierten Jahrhunderts halten.

Im Jahr 450 zerbrach der Städtebund infolge einer Reihe von Volksaufständen gegen das allzu aristokratische Regime. Die Zerstörung Krotons und der anschließende Brand Metapontums bedeuteten das tragische Ende der Schule und fast aller Mitglieder. Nur wenige Adepten konnten sich vor dem Feuer und der Wut des Pöbels retten. Zu den Überlebenden zählten Philolaos von Kroton, Archippos, Lysis und Archytas von Tarent. Philolaos flüchtete nach Syrakus, wo er angeblich die pythagoreischen Geheimnisse an den Tyrannen Dionysios

I. verraten haben soll. Fest steht jedenfalls, daß er als erster die pythagoreische Lehre systematisch zu Buch gebracht hat und seine Werke später einen erheblichen Einfluß auf Platon ausüben konnten.

Lysis begab sich zu Epaminondas nach Theben, der sein Schüler wurde. Von Archippos wissen wir nur durch einen Brief des Lysis, der erhalten geblieben ist. Darin wird dem in Sizilien lebenden Ordensbruder vorgeworfen, die pythagoreische Geheimlehre öffentlich zu lehren, was einer Verletzung des gelobten Schweigens gleichkäme. Der große Mathematiker Archytas wiederum gründete in Tarent einen neuen, pythagoreischen Staat, dessen Herrscher er wurde.

Philolaos also hat die pythagoreischen Lehrmeinungen als erster niedergeschrieben (wobei auch hier schon gewisse Abweichungen von Pythagoras' eigenen Anschauungen auftreten, eine Verwässerung der Seelenlehre z. B.); wirkliche Verbreitung fand die pythagoreische Philosophie aber erst dank Platon, was man als glückliche Fügung ansehen muß. Seine Zeitgenossen waren alle der Ansicht, die *Dialoge* als Ganzes seien durch und durch pythagoreisch geprägt.

Begriffe wie «Makrokosmos» und «Mikrokosmos», «Welt der Ideen» und «Scheinwelt der Wirklichkeit», «Metempsychose» (was Seelenwanderung durch Tierleiber und Menschenkörper bedeutet) und anderes mehr entstammen eindeutig dem Gedankengut der Pythagoreer, ebenso wie die als real betrachtete Möglichkeit, Raum und Zeit durch Zahlen auszudrücken und damit ihre Wirklichkeit zu erfassen. Ursprünglich handelte es sich dabei um okkulte Erkenntnisse aus der Initiationsschule von Kroton.

Nach Platon ist zwar nicht der Körper, wohl aber die Seele unsterblich, die im Jenseits nach ihren Verdiensten beurteilt wird. «Gut» und «Böse» gehen direkt die Seele an, ob sie jetzt inkarniert ist, oder nicht.

Pythagoras hielt die Entdeckung der Vierzahl oder «Tetraktys» für wichtig genug, um «immer im Gedächtnis behalten zu werden». Die Eingeweihten legten ihre Gelübde ab unter Berufung auf die Tetraktys. Auch der «Goldene Schnitt» und das Pentagramm galten als heilig.

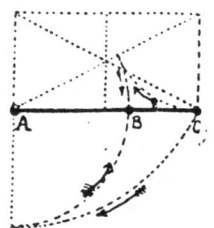

Pentagramm und Goldener Schnitt

Nach Pythagoras selber entspricht die *Eins* dem Schöpfergeist und dem Feuer, die *Zwei* steht für die feinstoffliche Materie oder Luft, während mit der *Drei* das Wasser als Vereinigung von Geist und Materie angesprochen wird. Die *Vier* dagegen verkörpert die Erde als erschaffene Form.

Von der Tetraktys als Gesamtsumme der vier ersten Zahlen leiten sich zahlreiche weitere Proportionen ab, die in richtiger Kombination zu den Tonleitern und Akkorden führen.

Die Entdeckung der harmonikalen Gesetze hat man für eine göttliche Offenbarung gehalten. Außerdem wurde die Tetraktys mit der Sphärenharmonie gleichgesetzt, deren irdisches Echo laut Platon der herrliche Sirenengesang ist.

Als «Goldenen Schnitt» bezeichnet man die Teilung einer Strecke in der Art, daß sich die Länge der ganzen Strecke AB zu der größeren Strecke AC so verhält, wie diese zur restlichen Strecke BC. Der Fünfstern aber galt als Symbol des Menschen und diente den Pythagoreern untereinander als Erkennungszeichen. Er läßt sich in ein gleichseitiges Fünfeck oder Pentagramm einzeichnen und enthält seinerseits in seiner Mitte ein ebensolches, kleines Fünfeck (im Inkreis des Sterns, während das große im dazu konzentrischen Umkreis liegt).

Ist das nun Geometrie oder Philosophie? (Sogar das Wort «Philosophie» soll auf Pythagoras zurückgehen, ebenso wie die Auffassung des Kosmos als «Ordnung»).

Durch den Schöpfungsprozeß entsteht aus dem Chaos die «Ordnung». Pythagoras ist es, der zum ersten Mal den Ausdruck «Kosmos» verwendet im Sinn von «Universum als

Inbegriff aller Harmonie».

In Platons *Georgias* heißt es, daß nach Ansicht der Weisen Freundschaft, Ordnung, Vernunft und Gerechtigkeit den Himmel und die Erde, die Götter und die Menschen zusammenhalten.[65] Darum würde alles zusammen «Kosmos» oder «Ordnung» genannt.

Die von Pythagoras als «heilig» definierte Tetraktys oder Vierzahl besteht aus der Zahlenreihe, die aus unseren ersten vier Zahlen mit ihren Teilmengen und deren Gesamtmenge gebildet wird. Die Summe 1+2+3+4=10 entspricht einer Dekade, dem Symbol des Demiurgen. Deshalb trug die Tetraktys neben ihrer «Entfaltung in Dreiecksform» auch die transzendierenden Eigenschaften der Dekade in sich.

Nach Pythagoras selber entspricht die *Eins* dem Schöpfergeist und dem Feuer, die *Zwei* steht für die feinstoffliche Materie oder Luft, während mit der *Drei* das Wasser als Vereinigung von Geist und Materie angesprochen wird. Die *Vier* dagegen verkörpert die Erde als erschaffene Form.

Von der Tetraktys als Gesamtsumme der vier ersten Zahlen leiten sich zahlreiche weitere Proportionen ab. Wenn diese in der richtigen Weise kombiniert werden, ergeben sich Tonleitern und Akkorde.

Die Entdeckung der harmonikalen Gesetze hat man für eine göttliche Offenbarung gehalten. Außerdem wurde die Tetraktys mit der Sphärenharmonie gleichgesetzt, deren irdisches Echo man laut Platon im herrlichen Sirenengesang vernehmen kann. Denn Harmonie war die «Einheit in der Vielfalt» und die «Eintracht in der Zwietracht». Selbst wenn überall Opposition zwischen den Elementen herrscht, d. h. die vom «Paar» so verschiedene Dramatik der «Zwei», ist letzten Endes auch hier Harmonie gegeben, denn alles läßt sich auf die *Zahl* zurückführen, und jede *Zahl*, ob gerade oder ungerade, *ist in sich* harmonisch.

In der *Pythagoras-Vita*[66] von Jamblichos, die praktisch den ganzen Bericht über das Leben der Pythagoreer von Aristoxenos übernimmt, einem Musiktheoretiker aus der aristotelischen Schule, findet sich folgende Anekdote: Ein Pythagoreer erkrankte auf der Reise und starb in einer Herberge. Wegen der langen Bettlägrigkeit des Gastes hatte der Wirt erhebliche Auslagen und noch beträchtlichere Umtriebe gehabt. Kurz vor dem Tod malte der Pythagoreer ein Zeichen auf eine Tafel und bat den Wirt, sie nach seinem Hinscheiden vor die Haustür zu hängen. Gesagt, getan. Nach langer Zeit kam wieder einmal ein Pythagoreer vorbei, erblickte das Zeichen, betrat die Herberge und fragte den Wirt nach dem Namen des Schreibers. Daraufhin beglich er fürstlich sämtliche Spesen.

Die Tafel zeigte ein Pentagramm, das unverkennbare, geheimnisvolle Zeichen der Fünfheit im Menschen.

War einmal der Einweihungsgrad der Reinheit erreicht, so durften die Pythagoreer in der Nähe des Meisters verweilen und dessen Lehren lauschen, gipfelnd in einer Reihe von Aussagen über die «letzte Wirklichkeit» der Dinge, die zusammenfällt mit ihrer ersten Ursache. Sie beinhalteten die schrittweise Enthüllung der körperlichen und seelischen Beschaffenheit des Menschen, der gleichzeitig ein Kind der Erde und des Himmels ist. Ebenfalls auf eine pythagoreische Allegorie geht das bekannte platonische Höhlengleichnis zurück, mit der Scheinwirklichkeit sich bewegender Schatten auf der Grottenhinterwand, verursacht vom Lichteinfall hinter dem Rücken des Betrachters. Das Gleichnis gehörte zu den esoterischen Unterweisungen des Meisters.

Alle Jünger beugten sich einer strengen Regel, basierend auf einer niemals erlahmenden, körperlichen und moralischen Ertüchtigung, auf Reinigungsübungen, rituellen Waschungen und einem komplexen Zeremoniell von hauptsächlich psychischer Wirkung, das sich niederschlug in Musik, Tanz und Räucherungen, denen eine wichtige, kathartische Funktion zur Harmonisierung und Befreiung der Gefühle zukam.

Die gründliche Körper- und Seelenhygiene hatte sowohl therapeutische als auch symbolische Bedeutung. Ob in den von ihnen bewohnten Räumen des Gemeinschaftshauses, ob bei größeren Versammlungen untereinander, immer trugen die Pythagoreer eine lange, weiße Leinentunika, ähnlich der von Isispriestern verwendeten. «Was tust du heute?» fragte sich der zielstrebige Jünger beim Erwachen. Am Abend hingegen unterließ er es nie, sich über die Handlungen, Fehler und Versäumnisse des Tages Rechenschaft abzulegen. So jedenfalls berichtet uns Jamblichos.

Auch eine Gedächtnisschulung gehörte zum Einweihungsweg. Zu diesem Zweck wurden «Euphonien» aus sakralen und poetischen Texten laut vorgetragen und von der dazugehörigen Mimik begleitet.

Mit Trankopfern aus Pflanzensäften begann das gemeinsame Abendmahl, während das Hauptgericht sich zusammensetzte aus Brot, Käse und Gemüse. Im Gegensatz zu den Orphikern waren die Pythagoreer keine strengen Vegetarier. Fleisch war aber nur erlaubt, wenn es von Opfertieren stammte. Laut Diogenes Laertius waren die Pythagoreer überzeugt von der Gleichheit der niederen Natur bei Mensch und Tier, denen beiden das Recht auf Leben zustünde. Deshalb nahmen sie kein Fleisch zu sich.

Nach Plutarch bewirkten bestimmte Leierakkorde und der Wohlgeruch besonderer Spezereien, des sogenannten *Kyphi,* dessen Rezept er uns sogar überliefert[67], daß sich die empfänglichen, irrationalen Seelenbereiche wie durch Zauber entspannten und die Nerven beruhigten; ohne künstliche Eingriffe, ohne Berauschung lösten sie sich, so wie man Knoten löst. Auf diese Weise reinigten sie die der Phantasie zugeneigten Regionen der Seele, putzten sie blank wie einen schönen Spiegel, machten sie bereit für die Aufnahme der Träume.

Nun lernte der Jünger, die Symbole zu verstehen, das heißt, er erlangte seherische Einsichten. Das machte ihn reif für das letzte, große Abenteuer, den Abstieg in die Unterwelt, die Reise ins Totenreich mit ihren furchtbaren Prüfungen, bis zuletzt das Wiedererwachen erfolgte, der Schritt vom Grabesdunkel ins Sonnenlicht, die Himmelswanderung bis zur Milchstraße, die Begegnung mit sich selbst in der visuellen Erinnerung aller früheren Inkarnationen, sodann die Begegnung mit den *«daimones»,* die ihm Unsterblichkeit, die ihm seine eigene, geheime, göttliche Wirklichkeit verkündeten. Aufgrund dieser «wunderbaren Offenbarungen» wurde laut Plinius dem Älteren Pythagoras im Rom des dritten Jahrhunderts v. Chr. eine Statue am Forum errichtet, denn er galt als «Weisester aller Griechen». Cato *censor,* der scharfzüngige

Kritiker, gleichzeitig ein unerbittlicher Gegner Karthagos, war ebenfalls ein Pythagoreer, und damit eingeweiht in die Mysterien der höchsten Harmonie.

Die ganze, ursprüngliche Kraft der pythagoreischen Lehre, die den Menschen die Angst vor dem Tod nehmen konnte, spricht noch jetzt aus einem apokryphen Werk der pythagoreischen Schule, dessen heutige Fassung wahrscheinlich aus dem ersten Jahrhundert n. Chr. stammt, als der Pythagoreismus in der griechisch-römischen Welt überall wieder aufflammte. Es soll auf Pythagoras selbst zurückgehen und wurde in Gedichtform niedergeschrieben. Wir meinen die sogenannten *Goldenen Verse,* in denen die täglichen Unterweisungen des Meisters an seine Schüler wiedergegeben sind.

Im wesentlichen spiegelt der poetische Text die Lehre der Schule von Kroton. Versucht wird, den Adepten zur Achtung gegenüber den Mitmenschen und zur Strenge gegen sich selbst zu erziehen, damit ihm zuletzt das Große Arkanum, die eigene Unsterblichkeit enthüllt werden kann. In den Versen 1–48 werden Lebensregeln aufgestellt. Dieser erste Teil endet mit der pythagoreischen Eidesformel. Im zweiten Teil (Verse 48–71) wird die göttliche, unsterbliche Seite des Menschen angesprochen, die er in sich wiederfinden und ganz machen kann: Eine Erlösungsmöglichkeit für die Seele auf dem Weg zwischen Diesseits und Jenseits.

Die kursiv gesetzten Verse sind der verbürgtermaßen älteste Textteil und gehen möglicherweise auf altpythagoreische Zeiten zurück. Die übrigen Verse sind mit Sicherheit später hinzugekommen[68].

DIE GOLDENEN VERSE

Ehre vor allem die unsterblichen Götter,
wie das Gesetz es bestimmt, und achte den Eid;
ehre auch die edlen Heroen und die Götter der Unterwelt
mit den vorgeschriebenen Opfern.
Ehre deine Eltern und deine nächsten Verwandten.

Von den anderen mache dir den zum Freund,
welcher der vortrefflichste ist.
Laß dich erweichen von (seinen) milden Worten
und nützlichen Taten.
Entzweie dich nicht mit deinem Freund
wegen eines kleinen Vergehens, solange du kannst;
denn das Können wohnt nahe bei der Notwendigkeit.

Dies nun wisse, und gewöhne dich,
darüber Herr zu werden:
vor allem über den Bauch, über Schlaf, Geilheit und Zorn. –
Tue niemals etwas Schändliches, weder mit anderen
noch allein; am meisten schäme dich vor dir selbst.

Als nächstes: sei gerecht in Wort und Tat,
und gewöhne dir an, dich nie unüberlegt zu verhalten,
sondern erkenne, daß es allen bestimmt ist zu sterben
und daß Besitztum bald gewonnen, bald verloren wird.

Es gibt aber Schmerzen, die durch göttliches Geschick
über die Sterblichen kommen; darum:
Wenn das Schicksal dich trifft,
ertrage es und sei nicht unwillig.
Heile davon, soviel du kannst, und denke:
Nicht sehr viel davon gibt das Schicksal dem Guten.

Viele Reden kommen zu den Menschen, gute und schlechte.

Laß dich dadurch nicht erschrecken
und nicht abbringen vom Vorsatz.
Wird etwas Unwahres gesagt, so gib milde nach.
Doch was ich dir sage, soll in allem erfüllt werden.
Keiner soll dich je verleiten, weder mit Worten noch mit Taten,
etwas zu tun oder zu sagen, was nicht das bessere ist.

Überlege vor der Tat, damit sie sich nicht als töricht erweist:
Unüberlegtes Handeln und Reden sind Sache eines
unwürdigen Mannes.
Was dir aber hinterher keinen Schmerz bringt,
das führe durch bis zum Ende.

Tue nichts, wovon du nichts verstehst,
doch lasse dich belehren, soviel als nötig;
so wirst du das angenehmste Leben verbringen.

Auch die Gesundheit des Körpers
darfst du nicht vernachlässigen:
Halte Maß im Trinken, Essen und Sport.
Maß nenne ich, was später keinen Schmerz bringt.

Gewöhne dich an eine reine Lebensweise ohne Überfluß
und hüte dich, etwas zu tun, was Neid erregt:
Treibe keinen Aufwand zur unrechten Zeit wie einer,
der nicht weiß, was sich ziehmt.
Doch sei auch nicht kleinlich:
Maß ist in allem das beste.

Tue, was keinen Nachteil bringt,
und überlege vor der Tat.
Laß den Schlaf nicht zu deinen sanften Augen kommen,
ehe du jedes der Werke des Tages dreimal durchdacht hast:

«Worin habe ich gefehlt? Was habe ich getan?
Was habe ich versäumt?»
Beginne beim ersten, gehe alles durch und dann:
Hast du Schlechtes getan, so erschrecke,
doch hast du Gutes getan, so freue dich.

Darin mühe dich, darin übe dich, dies mußt du lieben:
Dies wird dich auf die Spuren der göttlichen Tugend bringen.
Wahrlich, bei dem, der unserer Seele die Vierheit gegeben,
Quelle der ewigen Natur.

Nun schreite zur Tat
und bete zu den Göttern, sie zu vollenden.

Wenn du diese Lehren beherrschst, erkennst du die Beziehung
zwischen den unsterblichen Göttern und den sterblichen Menschen:
wie ein jedes vergeht und Bestand hat.

Du wirst erkennen, soweit es dir zusteht,
daß die Natur in allem gleich ist;
so daß du nichts erhoffst, was man nicht hoffen kann,
und nichts dir verborgen bleibt.

Du wirst erkennen, daß die Menschen
selbstgewählte Leiden haben,
die armen, die das Gute, das nahe ist, nicht sehen
und nicht hören;
nur wenige wissen eine Befreiung aus diesen Übeln.

Dieses Schicksal schwächt ihren Sinn.
Wie rollende Steine werden sie hierhin
und dorthin gestoßen, erleiden endloses Leid.
Denn ein verderblicher Begleiter, der Streit,

schadet ihnen unbemerkt und ist mit ihnen verwachsen.
Diesen darf man nicht antreiben:
man muß ihm weichen und entfliehen.

Vater Zeus, wahrhaftig! Alle würdest du
von vielen Übeln erlösen,
wenn du allen zeigst, mit welchem Dämon sie leben!

Du aber sei guten Mutes, denn göttlich
ist das Geschlecht der Sterblichen,
und die Natur, die das Heilige offenbart, zeigt ihnen alles.

Wenn dir davon etwas zuteil wird,
wirst du das beherrschen, was ich dir verordne.
Du wirst deine Seele heilen und aus diesen Übeln retten.

Aber halte dich fern von der Nahrung,
die wir in den «Reinigungen» und in der «Erlösung der Seele»
genannt haben.

Bedenke dies alles, wenn du wählst,
und stelle die beste Einsicht oben als Wagenlenkerin hin.

Wenn du den Körper verläßt
und in den freien Äther gelangst,
wirst du unsterblich sein:
ein unsterblicher Gott, nicht mehr sterblich.

Kapitel 12

ESSENER UND THERAPEUTEN

Zur Erinnerung an die geheimnisvolle, antike Bruderschaft der Essener heißt das Jerusalemer Osttor, das nach Jericho und zum Toten Meer hinüberblickt, heute noch *Bab-Essaiun.*

Nach Plinius d. Ä. waren sie «ein Volk, das sich von allen anderen auf Erden dadurch auszeichnet, daß es keine Frauen hatte, keine Laster, kein Geld»[69], dafür aber eine große Vorliebe für die Natur. In Palästina zwischen dem dritten und dem ersten vorchristlichen Jahrhundert beheimatet, berief es sich auf den abrahamischen Kult.

Nicht weit von den Ufern des Toten Meeres lag der Ort *El-Khalil,* was soviel wie «Freund» bedeutet. Das war der Beiname Abrahams des «Gottesfreundes», der hier mit Jakob und Isaak zusammen ein Grabmal haben soll, wie die Tradition es wissen will. Die Ausrichtung des Stadttors ist also kein Zufall.

Nach Philo von Alexandrien[70] und Josephus Flavius[71] zählte die Bruderschaft der Essener mehr als 4000 Adepten, Männer und Frauen, die sich auf kleine und mittelgroße Siedlungen über ganz Palästina verteilten. Philo betont ihre Vorliebe für kleinere Siedlungen, in denen noch unverdorbene Sitten herrschten. Große sollen sie wegen der Korruptheit der Städter gemieden haben.

Auch richtige Essenerklöster soll es gegeben haben, in denen jeder eine Einzelzelle hatte, während das Essen gemeinsam in Speisesälen eingenommen wurde, und es auch Räumlichkeiten für die Versammlungen gab, die von der Bruderschaft abgehalten wurden.

Jeder *Bruder* – so sprach man sich gegenseitig an – erhielt zu Beginn seines Noviziats ein weißes Gewand zum Zeichen seines Eintritts in die Gemeinschaft. Es mußte während der Exerzitien getragen werden. Auch ein Schurz und eine Hacke wurden ihm ausgefolgt. Letztere mußte am Gürtel befestigt werden. Beides galt als Werkzeug und Symbol der Reinheit. Wenn der Jünger seine Körperausscheidungen mit der Hacke in der Erde vergrub, erfüllte er immer wieder die Pflicht, der Erde zurückzugeben, was beim Menschen, der ja aus Geist und Materie besteht, erneut zu Erde geworden war. Vom Tag der Initiation an verpflichtete er sich unter Eid, Gott zu ehren, dem Nächsten gegenüber Gerechtigkeit walten zu lassen und keine Vorurteile zu hegen.

Innerhalb des Ordens gab es keinen Privatbesitz, nur eine Art Gütergemeinschaft. Alle Einnahmen aus persönlicher oder kollektiver Arbeit, aber auch Spenden und Almosen, kamen in eine Gemeinschaftskasse, und der Meister sorgte für die Bedürfnisse aller[72].

Philo erwähnt, daß ein Essener auf Durchreise in jedem Kloster, das auf seinem Weg lag, freundschaftliche Aufnahme fand[73].

Der Tag der Essener begann mit dem anbrechenden Morgen durch ein Gebet. Der Essener begrüßte dabei das aufgehende Tagesgestirn und erbat sich, von der Sonne des Geistes erleuchtet zu werden. Nach Josephus Flavius[74] kamen vor Sonnenaufgang nur heilige Worte über ihre Lippen, uralte Gebete richteten sie an die Sonne, als wollten sie damit ihr Auftauchen über dem Horizont beschleunigen. Erschien die Sonne endlich, so beteten sie um einen guten Tag, damit das himmlische Licht ihre Gedanken erleuchte.

Dann begann das Tagwerk, im wahrsten Sinne des Wortes *Hand*werk oder *Hand*arbeit. Denn die Essener fühlten sich weder zur Landwirtschaft noch zum Handel hingezogen. Auch die Waffenherstellung war bei ihnen verboten.

Mittags und abends versammelten sich die Brüder zu rituellen Waschungen, mit denen täglich an die Taufe erinnert werden sollte, die sie bei der Aufnahme in die Gemeinschaft empfangen hatten. Deshalb legten sie das weiße Gewand[75] an, wenn sie ins Refektorium gingen, wo jeder seinen festen Platz hatte. Die Sitzordnung richtete sich nach dem Alter.

Nach Philo entwickelten sich dank einer strengen Beachtung dieser Lebensregeln bei den Essenern persönliche Tugenden und soziale Verhaltensweisen, die ihnen höchste Verehrung und Bewunderung einbrachten. Es handelte sich wirklich um ein außerordentliches Phänomen. Die Essener kleideten sich in einfache Tuniken, waren wortkarg, geduldig und bescheiden, erfüllt von innerem Frieden. Hier dominierte der Geist den Körper, es gab keine niederen Leidenschaften, keinen Streit.

Neben den eigentlichen Ordensregeln fand sich eine Reihe von Vorschriften, die für die Gemeinschaft bedeutungsvoll waren. So durften die Essener weder Sklaven sein noch Sklaven halten, denn alle Menschen waren ihrer Meinung nach frei[76].

Nur ein einziges Mal in seinem Leben leistete der Essener einen Eid; nämlich bei seiner Einweihung. Denn das Wort eines Esseners sollte mehr gelten als der Schwur eines Laien. Das höchste Ziel war die Verwirklichung des Guten[77].

Übertriebene Körperpflege wurde verachtet, man wusch sich mit kaltem Wasser und vermied die öligen Salben, die den Körper von den kosmischen Einflüssen isolieren. Nach dem Verrichten der Notdurft war eine Reinigung vorgeschrieben.

Ehen wurden nicht geschlossen, jedes Paar verpflichtete sich in seiner Liebe direkt vor Gott[78]. Die Essener mieden den öffentlichen Tempel, da sie dort keine Blutopfer verrichten mochten[79].

Josephus Flavius beschreibt eine essenische Mahlzeit, bei der auf ein Zeichen alle Brüder in den Speisesaal kommen und sich schweigend niederlassen, während der Bruder Bäcker jedem das Brot vorlegt, der Bruder Koch den Teller mit dem Essen. Nach der Segnung der Speisen durch den Meister darf erst mit der Mahlzeit begonnen werden, an deren Anfang und Ende jeweils ein Gebet steht.

Die Essener waren weder Vegetarier noch abstinent. Sie hingen einer Geheimlehre an, in der sich pythagoreische, griechische, chaldäische und orientalische Einflüsse zu einer esoterischen Heilsbotschaft verbinden. Sie erwarteten einen Messias.

Nach ihrem Glauben trug jeder Mensch Böses in sich, das sich vor langer Zeit in seine Seele eingeschlichen hatte. Und dieses Böse verhinderte oder trübte die Wesensschau dessen, der das Samenkorn der Erlösung in Abraham eingepflanzt hatte.

Ziel der Essener war es, durch geistige Übungen die Seele von störenden Einflüssen frei zu machen, die Erbteil vorangegangener Generationen waren. Sie kannten ein geheimes Gesetz, demzufolge die Vererbung und ihre Einflüsse erst dann wirklich aufhören, wenn man 42 Stufen in der Ahnenkette hinaufsteigt. Man erbt von Vater und Mutter, Großmüttern und Großvätern, «immer weniger aber hat man von dem in sich, was durch Vererbung an Verunreinigungen des inneren Wesens entstanden ist, je weiter man in der Ahnenreihe zurückgeht, und nichts mehr hat man dann, wenn man durch 42 Generationen hindurch aufsteigt.»[80] (Nach der modernen Biologie wird das Erbe nur bestimmt vom genetischen Code, der im Chromosomensatz verankert ist).

Strenge Askese und harte Exerzitien warteten auf jeden Essener, der stufenweise bis zur Katharsis gelangen wollte, die erst mit der vollständigen Reinigung des Blutes endgültig vollzogen war. Jeder Eingeweihte in dieses Geheimnis durfte sich sagen: Erklimme ich den geistigen Weg dieser 42 Stufen, so stoße ich auf einen Impuls, den ich nicht kenne, aber kennenlernen möchte, denn nach dem Bund, den Gott mit Abraham geschlossen hat, ist eine göttliche Kraft dabei, «Fleisch zu werden». Die Reinheit, die ihren Abstieg in die menschliche Unreinheit begonnen hat, bis zu mir herunter.

Die Essener wußten noch etwas anderes: Der Mensch muß zwar die 42 Stufen erklimmen, die den 42 Generationen entsprechen, um zu dieser göttlichen Wesenheit zu kommen. Aber diese muß auch 42 Stufen hinabsteigen, damit sie in das menschliche Blut eingehen, ganz und gar Fleisch werden kann.

Hat der Mensch 42 Stufen aufwärts zu gehen bis zu seiner Vergottung, so ist andererseits die Gottheit verhalten, 42 Stufen abwärts zu steigen, um sich vermenschlichen zu können.

Was die Essener ebenfalls wußten und niemandem weitererzählten, war die unmittelbar bevorstehende Inkarnation einer göttlichen Wesenheit auf Erden, die dabei war, die lange Leiter der Generationen herabzukommen, bereit, menschliche Gestalt anzunehmen und sich dem Menschen als Mensch zu offenbaren. Schon die Propheten hatten ihn verkündet: Den Messias, Emmanuel.

Etwa hundert Jahre vor der Geburt in Nazareth wurde den Essenern diese Botschaft durch einen jungen Eingeweihten zuteil. Er hieß Jeschu ben Pandira. Aber seine Lehren waren den konservativen Gläubigen ein Ärgernis, er wurde wegen Gotteslästerung und Ketzerei gesteinigt.

Rund achtzig Jahre nach der Kreuzigung Christi zählt der Evangelist Matthäus bei der Verkündigung von Jesu Geburt die mit Abraham beginnende Ahnenreihe der 42 Vorfahren auf. Er beschreibt damit die lange, esoterische Leiter, die vom Himmel zur Erde, von Gott zum Menschen führt.

Essener und Therapeuten wußten um diese verborgenen Dinge. Auf den ersten Blick mag man sich wundern, wieso zwischen Essenern und Therapeuten überhaupt unterschieden wird, da sie doch gemeinsam lebten. Als gesichert darf gelten, daß beide, innerhalb der Gemeinschaft, zwei verschiedene Einweihungsgrade repräsentierten. In der ägyptischen Essenergemeinde hat sich der innere Kreis der Therapeuten herausgebildet, die auf einer höheren Initiationsstufe standen als die übrigen. Sie praktizierten und lehrten eine Art Alternativmedizin, die den Menschen nicht nur von physischen Erkrankungen, sondern auch von seelischen Leiden und Leidenschaften befreite.

Um dies begreiflich zu machen, müssen wir näher eingehen auf die Mysterieninhalte, soweit sie Bezug nehmen auf die Beschaffenheit von Leib und Seele.

Wie bereits früher festgestellt, rechnen die Mysterien mit den vier menschlichen Wesensgliedern Erdenleib, Ätherleib, Astralleib und Ich. Während des Schlafes wandern Ich und Astralleib zurück in den Kosmos, um sich wieder mit Energie «aufzuladen», während der Ätherleib an den grobstofflichen Körper gebunden bleibt.

Nach essenischer Überzeugung inkarniert der Impuls des göttlichen Ursprungs erst nach 42 Generationen wirklich vollständig in einem Individuum. Andererseits gelingt dem Ein-

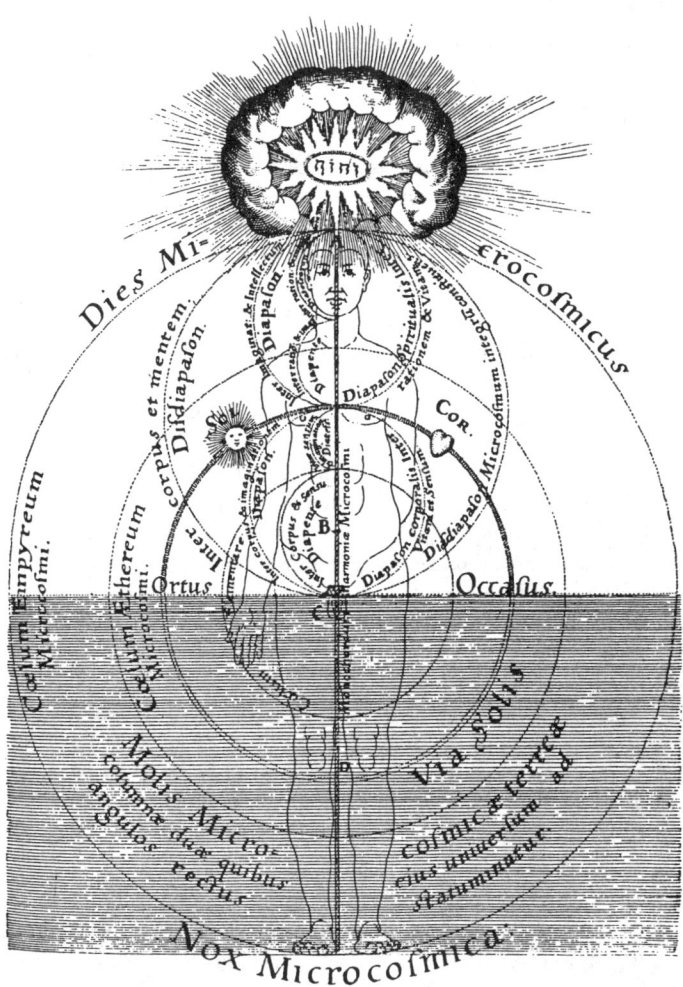

Der Mensch als Mikrokosmos. Der physische Leib wird belebt durch die Seele, die einer anderen Existenzordnung angehört. Der Spiritus Mundi, der reine Geist, dargestellt durch die «Schnur» in der Mitte (eine Art «Leiter»), vereinigt die beiden Prinzipien. Die drei Welten («Gotteshimmel», «Ätherhimmel» und «elementarischer Himmel» des Mikrokosmos) sind durch drei Kreise angedeutet und entsprechen beim Menschen körperlich «Kopf», «Brust», «Unterleib», mental «Verstand», «Phantasie» und «Vernunft», energetisch dem Ätherleib, Astralleib und dem physischen Leib. Nach R. Fludd.

zelmenschen die Rückverbindung zu diesem göttlichen Impuls nur, wenn er, nach strengen Exerzitien, die 42 Generationen zurückerleben lernt.

Aufgrund einer noch härteren, täglichen Disziplin gelang es den Therapeuten, Astral- und Ätherleib mit Hilfe des Ich völlig unter ihre Herrschaft zu bringen, was ihnen ermöglichte, die hellseherische Stufe des «bewußten Träumens» zu erreichen.

Von Philo wissen wir, daß sie, nach einer kargen Mahlzeit, die nur aus Brot, Wasser und Salz bestand, einsam und zurückgezogen die Mysterien ihres heiligmäßigen Lebens auf sich nahmen. So stark war die immerwährende Präsenz des göttlichen Gedankens in ihnen, daß sie selbst schlafend und träumend nichts anderes gewahrten als die göttliche Tugend und alle Mächte der höchsten himmlischen Hierarchien. Viele sprachen im Schlaf, denn in diesem Zustand empfingen sie ihre Offenbarungen[81].

Mit anderen Worten, sie gelangten auf jene Höhe geistiger Macht, die Jamblichos *Theurgie* genannt hat. Der Theurg versinkt nicht im Vergessen während des Schlafes, er taucht nur, befreit von allem psychischen und physischen Ballast, hellsichtig in den Kosmos, durchschreitet die Tore der sieben Planeten und weitet sein Bewußtsein aus auf die zwölf Bilder des Tierkreises.

«Die gesamte Theurgie erscheint in zweifacher Gestalt, und zwar einmal als menschlich, wobei sie an unserer Rangstellung im Weltganzen so festhält, wie diese von Natur aus beschaffen ist; das andere Mal aber, als gestärkt durch die göttlichen Symbole und durch sie emporgehoben, vereinigt sie sich mit den höheren Klassen und bewegt sich harmonisch in der Rangstellung dieser. In diesem Fall darf die Theurgie mit Recht das Gewand der Götter anlegen. Mit Rücksicht auf diese Unterscheidung also ruft man, soweit man als Mensch ruft, die (dämonischen) Energien aus dem Weltall als überlegene Wesen herbei; man kann ihnen aber auch wieder mit Recht Befehle erteilen, wenn man mit Hilfe der geheimen Symbole das heilige Gewand der (jenen dämonischen Energien überlegenen) Götter anlegt.»[82]

Die Therapeuten waren sich dieser Macht bewußt und wendeten sie auch an, um auf andere aus der Ferne einzuwirken, als Spender körperlicher Gesundheit und seelischen Friedens.

Was die modernen Psychologen heute oft kaum mehr fertig bringen, vor allem dann nicht, wenn sie nur von einer abstrakten Wissenschaft ausgehen, die auf Seele und Geist keine Rücksicht nimmt und besonders letzterem schlicht die Existenz abspricht, das erreichten die Therapeuten Tag für Tag aufs neue; mit keinem anderen Mittel als dem der Liebe heilten sie die «Unheilbaren», linderten körperliche und seelische Not. Obwohl sie in verschiedenen, weit voneinander abliegenden Gemeinschaften lebten, waren sie doch miteinander verbunden durch die «Kette der Brüderlichkeit». Jeder einzelne stand dadurch immer mit allen anderen in Kontakt. Auf diesem inmateriellen Weg richteten sie aneinander Botschaften und Aufrufe[83].

Bei Philo von Alexandrien heißt es, die Therapeuten hätten sich vor wichtigen Besprechungen für sechs Tage in ihre Zellen zurückgezogen und in die Philosophie vertieft, ohne ihre Einsiedelei zu verlassen, oder auch nur einen Blick hinauszuwerfen. Erst am siebenten Tag versammelte sich die Gemeinschaft unter dem Vorsitz des Ältesten, jeder an dem ihm zugewiesenen Platz, in konzentrierter Haltung, die Handflächen dem Körper zugekehrt, wobei die Rechte zwischen Bart und Brust am Hals ruhte, die linke an der Seite. Wenn gesprochen wurde, sagte man nur Wesentliches und verzichtete auf jegliche Rhetorik. Man hörte schweigend dem Vorsitzenden zu, bekundete seine Zustimmung durch eine leichte Neigung des Kopfes, ein Senken des Blicks.

Essener und Therapeuten erwarteten die Herabkunft einer kosmischen Wesenheit, deren Inkarnation nicht der Linie des Blutes über die 42 Generationen, sondern dem Weg über das Ich der bewußten Seele folgen würde, so wie sie es selber Nacht für Nacht im Schlaf erlebten, wenn sie sich geistig in die Mitte des Tierkreises versetzten und das Erlebte im Gedächtnis behielten.

Ein Jahrhundert nach dem Tode Jesu von Nazareths verfolgte Lukas, ein anderer der vier Evangelisten, Jesu Stammbaum zurück durch 77 Ahnengenerationen (was den sieben Planeten in Relation zu elf der zwölf Tierkreisbilder entspricht). Zwölf mal sieben Spiralwindungen durch die zwölf Tierkreisbilder hat der Mensch zu vollziehen, und zwölf mal sieben Punkte zu durchwandern, bis er in die Geistigkeit eingeht.

An die Grenzen der makrokosmischen Geheimnisse stößt er aber bereits nach dem Passieren von siebenmal elf Punkten. Nach dem Durchschreiten des zwölften würde die bewußte Seele sofort in die Geistigkeit eingegangen sein, in ein ewiges Heute, ohne die Möglichkeit, im Erdenleib wieder zu erwachen[84]. Dieses zweite essenische Zahlengeheimnis also ist im Lukas-Evangelium angedeutet. Führten die «42 Stufen» der Essener zur Erkenntnis des Göttlichen, das vererbungsbedingt im physischen Leib lebt, so brachte das Ersteigen der 77 Stufen ein Wahrnehmen der geistigen Geheimnisse, die im Kosmos walten. Aber auch diese «göttliche Wesenheit» steigt ihrerseits 77 Stufen hinunter, um den Menschen zu erreichen.

Daß die Essener keine Sklaven hielten, haben wir bereits erwähnt. Ihrer Meinung nach widersprach die Sklaverei dem Naturrecht. Selbst das Küchenpersonal bestand aus Freien. Für gewöhnlich wurde die Küchenarbeit von den jüngsten der Gemeinschaft verrichtet. Zu den Mahlzeiten, die gemeinsam im Refektorium eingenommen wurden, trugen die Brüder allesamt weiße Tuniken ohne Gürtel. Während des Essens galten alle gleich viel, darum wurde auf jegliches Rangabzeichen verzichtet.

Gegen Ende seines Berichtes macht Philo von Alexandrien die Bemerkung, es dürfte wohl Leute geben, die lachen, wenn sie das lesen. Aber lachen würde nur der, der sich «zum Weinen schlecht» benähme. Seiner Ansicht nach gibt es nicht mehr zu sagen über die Therapeuten, die ihr ganzes Leben der Kontemplation gewidmet haben und darum Bürger zweier Welten gewesen sind: Söhne des Himmels und der Erde, dem Schöpfergott und Vater ans Herz gewachsen. Ihre ständige Entscheidung für das Gute half ihnen bis zum «Gipfel der Glückseligkeit» hinauf.

In der messianischen Bruderschaft der Essener finden sich

zahlreiche Parallelen zum Christentum, besonders auf der rituellen Ebene. Gnostische Züge und neupythagoreisches Gedankengut lassen sich nachweisen, ebenso gewisse Analogien zu Mysterienkulten. Nimmt es da noch wunder, daß man die Esoterik der Essener auf die unterschiedlichste Weise zu interpretieren versucht hat?

Man hat die Therapeuten mit so verschiedenen Etiketten versehen wie: Christliche Mönche, jüdische Sektierer, Pythagoreer, hebräische Platoniker, ägyptische Priester; ja sogar als eingeweihte Chaldäer, persische Magier oder buddhistische Priester hat man sie ansprechen wollen.

In Wirklichkeit hatten sie von all dem ein wenig an sich. Die Essener waren eine Bruderschaft und Magiergemeinschaft, in deren Mitte eine Brüderkette von Eingeweihten höheren Ranges wirkte: Die Therapeuten, deren Name soviel wie «Sucher des Guten» und «Heiler vom Bösen» bedeutet. Ihre Geheimlehre, die sie feierlich geschworen hatten, nie preiszugeben, wurde später zum verborgenen Sauerteig der Evangelien.

Von der fernen Zeit des legendären Atlantis bis zu den späten griechisch-römischen Mysterien hatte der Mensch noch nie eine so hohe innere Entwicklung erfahren. Im Lauf des zweiten nachchristlichen Jahrhunderts starb die Klostergemeinschaft aus, die von den Therapeuten an den Ufern des Mariutsees nahe der Nilmündung gegründet worden war. Doch ist weder ihr Geheimwissen, noch die Kraft ihrer «Liebeskette» verloren gegangen. Von einigen wenigen Anachoreten gehütet, blieb diese reine Energie im Lande selbst, den andern verborgen, um später, wenn die Zeit dazu gekommen ist, wieder erweckt zu werden.

Kapitel 13

JÜDISCHER MONOTHEISMUS UND KABBALA

Immer wenn eine gewisse Entwicklungsstufe erreicht ist, findet in der Geschichte einer Religion so etwas wie ein Umsturz statt; sie wird durch eine neue ersetzt bzw. völlig umstrukturiert. Natürlich ist diese Revolution ein geistiger Prozeß, wobei sich jede neue Religion als Erneuerung und Überwindung älterer Kulte und Riten präsentiert.

Das Judentum – oder vielmehr die Religion des israelischen Volkes – ist ganz und gar als eine solche Revolution im Geistigen zu betrachten. Von einem Impuls getragen, der die früheren Auffassungen nicht etwa bloß oberflächlich der neuen Zeit anpaßt, sondern von Grund auf umwandelt oder ausscheidet, rüttelt es wie ein bilderstürmender Wind an den Festen des Alten.

Neu und anders ist hier einfach die Vorstellung vom «Einzigen Gott», das dringende Verlangen nach dem Alleinigen, Ureinen. Kein Mythos verschleiert, keine Legende verdunkelt diese Wahrheit. Sie wird hier zur absoluten Idee, zum moralischen Imperativ: Gott ist der eine, neben dem es keinen Platz für einen anderen gibt. Es existieren keine himmlischen Götterhierarchien. Dafür hat der «Einzige» eine unendliche Anzahl von Attributen.

Nach der Einheit Gottes strebt der Mensch heraus aus seiner Wesensvielfalt von Denken, Fühlen, Wollen, Wort und Tat; ja, er muß nach ihr streben.

Dem Menschen ist eine Aufgabe gestellt, die Erfüllung einer einzigen Pflicht wird von ihm erwartet: Gott mit seinem ganzen Selbst zu dienen und zu lieben; und niemals zu vergessen, daß *Er* der Ureine, daß *Sein* Name unaussprechlich ist.

Ein solcher ethischer Monotheismus stellt Gott in den Mittelpunkt des Lebens, weshalb die jüdische Gesellschaft theozentrisch geordnet ist. Damit wird der Priester zum Sprachrohr des einzigen Gottes und erläßt dessen Moralgesetze, die bei den mosaischen Steintafeln mit den zehn Geboten beginnen. Bis zu Salomon, von dem der göttlichen Weisheit ein Tempel erbaut wird, reicht diese Form.

Mit ihrem strengen Monotheismus steht die jüdische Religion im Gegensatz zu jeglicher Mythologie. Sie ist weder exoterisch noch esoterisch. Sie legt ein Gesetz vor, das absoluten Gehorsam verlangt. Das von einem schöpferischen Prinzip abgeleitete «Werden der Götter» (ein schöpferisches Prinzip, wie es Aton-Re oder das «Herz des Himmels» symbolisieren) wird zum «Werden der Welt». Und damit verwandelt sich die Theorie in eine Kosmogonie.

Es sind keine Götter, es sind nur Aspekte des kosmischen Lebens, die Schritt für Schritt aus dem ursprünglichen Chaos herauswachsen. Als Götter sind sie nicht wirklich, denn es gibt nur *einen* Gott «der Himmel und Erde gemacht hat» und durch den Mund seiner Propheten spricht.

In seinen Augen gelten die Völker «soviel wie ein Stäubchen auf der Waage» und die Erdteile «wiegen nicht mehr als ein Sandkorn»[85]. «Denn tausend Jahre sind wie der Tag, der gestern vergangen ist, wie eine Wache in der Nacht»[86].

Alles dehnt sich aus, nimmt kosmische Proportionen an, um sich dem Ewigen zu nähern. «Denn der Herr sprach, er wolle im Dunkel wohnen»[87], wie Salomon sagt.

Mit dem Leben erhält der Mensch von Gott auch die Gebote, die Gesetzesregel. Von Vorschrift zu Vorschrift führt ihn die Bibel auf dem «Weg des Herrn»; die Könige gehen ihm beispielhaft voran durch ihren Gottgehorsam, die Propheten wiederholen ständig, was der Herr von ihm verlangt. Des eigenen Volkes Leidensgeschichte ist ihm Warnung genug vor jedem moralischen Fehltritt.

«Du sollst neben mir keine anderen Götter haben»[88]. Einen Tag in der Woche sollst du mir weihen und zu mir beten. Ich werde dich dann erhören.

Judentum: Das bedeutet die Religion des «auserwählten Volkes», die jeden Bürger auch zum Priester macht. Hinter dem Vorhang, der das Allerheiligste oder *Sancta Sanctorum* vor profanen Blicken schützt, wird die *Thora* – das heißt, das Gesetz – in der Bundeslade gehütet.

Der Sprung vom Polytheismus zum Monotheismus, der sich deutlich in der Entwicklung der religiösen Ideen mit dem hebräischen Prinzip des EINEN anzeigt, nimmt jetzt immer markantere Züge an. Es ist eine Art Bund zwischen Gott und Mensch, ein Mysterium oder Teil des Großen Arkanum, das der Herr dem auserwählten Geschlecht Abrahams geoffenbart hat.

Die mittelalterliche Kabbala, die man für gewöhnlich (etwa um 1200) mit Isaak dem Blinden, Autor des *Buches Bahir*, beginnen läßt, und die z. T. aus älteren Quellen gespeist worden ist, entsteht nicht aus heiterem Himmel[89]. Sie steht in enger Beziehung zu den zeitlich ihr vorangehenden Strömungen jüdischer Esoterik, in denen sich gnostisches Gedankengut, theosophische und apokalyptische Elemente aus den vorchristlichen jüdischen Sekten mit der Thronwagen-Mystik und der Ausdeutung des Schöpfungsberichtes im *Buche Genesis* verbinden, wie sie von den *Mischna*-Lehrern schon in sehr früher Zeit gepflegt wurden.

Die erste Welle jüdischer Esoterik überflutet Palästina im zweiten vorchristlichen Jahrhundert, als Essener und Therapeuten in einer Blütezeit ihres Wirkens standen. Die zweite Welle nimmt um das zweite nachchristliche Jahrhundert ebenfalls ihren Ausgang von Palästina und wirkt hinein in die jüdische Diaspora. Die wichtigsten Träger mystischer und theosophischer Spekulationen stammen aus dem Schülerkreis Jochanan ben Sakkais um die Wende des ersten Jahrhunderts nach Christus. Spätere Autoren berufen sich immer wieder auf ihn, auf Elieser ben Hyrkanos, Akiba ben Joseph und Ismael den «Hohepriester», indem sie diese zu den Sprechern ihrer Werke, den Helden der mystischen Handlung machen. Ähnlich geschieht es im *Sohar*, der den Rabbi Schimon ben Jochai aus dem zweiten Jahrhundert n. Chr. zum Protagonisten vieler Kapitel erkoren hat.

In gewisser Weise kann man die *Thronwagen-Mystik (Ma'asse Merkaba)* und die mystische Interpretation des

Schöpfungsberichtes *(Ma'asse Bereschith)*, die zu den frühesten Ausprägungen der jüdischen Esoterik gehören, als zwei der Strömungen ansehen, die direkt die Kabbala fortsetzen.

Die *Mischna*-Lehrer waren die Ausdeuter von ursprünglich nur mündlich gegebenen Vorschriften, die Ende des zweiten Jahrhunderts nach Vorarbeiten Rabbi Akibas und seines Schülers in einer Sammlung niedergelegt wurden – eben der *Mischna*[90]. Von den *Mischna*-Auslegern wird aber auch die *Merkaba-Mystik* hochgehalten, die das Geheimnis der Thronwagenvision Ezechiels[91] zum Gegenstand hat. In der ebenfalls von ihnen gepflegten *Ma'asse Bereschith* werden die ersten biblischen Schöpfungstage in Beziehung gesetzt zu den Zyklen kosmischer und irdischer Evolution.

Etymologisch gesehen, bedeutet *Kabbala* soviel wie «Tradition», doch spricht der Begriff viel eher die unmittelbare «göttliche Offenbarung» an; nicht eine, die den Menschen bereits vor Zeiten vermittelt worden wäre, wie die *Thora*[92], d. h., die fünf sogenannten Moses-Bücher als «Gesetzessammlung». Die *Kabbala* nimmt Bezug auf eine nur den Eingeweihten zugängliche «mündliche Überlieferung»[93]. Sie ist eine komplexe, nach Stufen und Einweihungsgraden gegliederte Lehre, die sich thematisch scheinbar in Bibelkommentaren niederschlägt. Andererseits heißt «Kabbala» aber auch «Verrat» . . .

Gegen Ende des 13. Jahrhunderts n. Chr. erfolgte die Niederschrift eines Werks, das angeblich jahrhundertelang nur in der mündlichen Überlieferung weitergegeben worden war. Der *Sohar*, d. h. das *«Buch des Glanzes»*, scheinbar ein Kommentar zum Pentateuch, stellt eine Sammlung okkulter Wahrheiten und Einsichten dar, die eben häufig dem Rabbi Schimon ben Jochai in den Mund gelegt werden. Der *Sohar* soll die tiefsten Geheimnisse der *Kabbala* enthalten.

Lange Zeit hat man geglaubt, Schimon ben Jochai könne tatsächlich der Autor gewesen sein[94], oder zumindest angenommen, seine Schüler hätten die persönlichen Lehren des Rabbi von Generation zu Generation weitergegeben, bis sie, ganz im Geiste des großen Meisters, schriftlich aufgezeichnet worden seien. Jedenfalls enthält der *Sohar* – neben durchaus neuen, der Welt des 13. Jahrhunderts entstammenden Elementen – auch sehr alte Vorstellungskomplexe.

So wie sich die *Kabbala* am Anfang des 13. Jahrhunderts entwickelt hat, ist sie aus dem «Zusammentreffen alter, durch das *Buch Bahir* vermittelter Reste wesentlich gnostischer Traditionen mit der Gedankenwelt des jüdischen Neuplatonismus hervorgegangen»[95].

Die große Zeit der Kabbalisten ist inzwischen zu Ende[96]. Selbst das Wort Kabbala hat man längst profaniert. Im heutigen Volksmund versteht man darunter schlicht oberflächliche Traumdeutungen, die zu nicht weniger oberflächlichen Zahlenspielereien führen. Von der heiligen Kabbala bis zu diesem lächerlichen Zerrbild ist es ein weiter, bedrückender Weg, der irgendwann aus den himmlischen Höhen herunterführt in die Jauchegrube. Eine derart mißverstandene Esoterik verkommt zum reinsten Aberglauben, ihre Priester rutschen in die Hexerei, die Seher mausern sich zu Schwindlern und Wahrsagern, die heiligen Zahlen der Arkane zu Lotterienummern.

Obwohl es auch neben und nach dem *Sohar* bedeutende kabbalistische Werke und Strömungen gegeben hat[97], können wir in unserer knappen Einführung nicht darauf eingehen. Doch ist alles, was die *Kabbala* im wesentlichen auszeichnet, ganz oder teilweise schon im *Sohar* enthalten, oder zumindest angedeutet. Seit 1982 ist dem Leser eine auszugsweise deutsche Fassung dieses Werks wieder zugänglich.

Selbst das für den Außenstehenden scheinbar so monolithische Judentum hat also seine Geheimlehren und geheimen Suchenden, die, getrieben von einer unwiderstehlichen Sehnsucht nach der letzten Wahrheit, vom «System abweichen». Wie Essener und Therapeuten, forschen die Kabbalisten nach einem «Gesetz im Gesetz», einem Impuls der Liebe in der Schöpferkraft des Universums.

Und es heißt, die «Geheime Offenbarung» sei ein Geschenk des Himmels, das die Engel Adam gebracht hätten, um ihm den Weg der Rückkehr zu zeigen.

Für den *Sohar* ist das Gesetz nur Hülle eines anderen

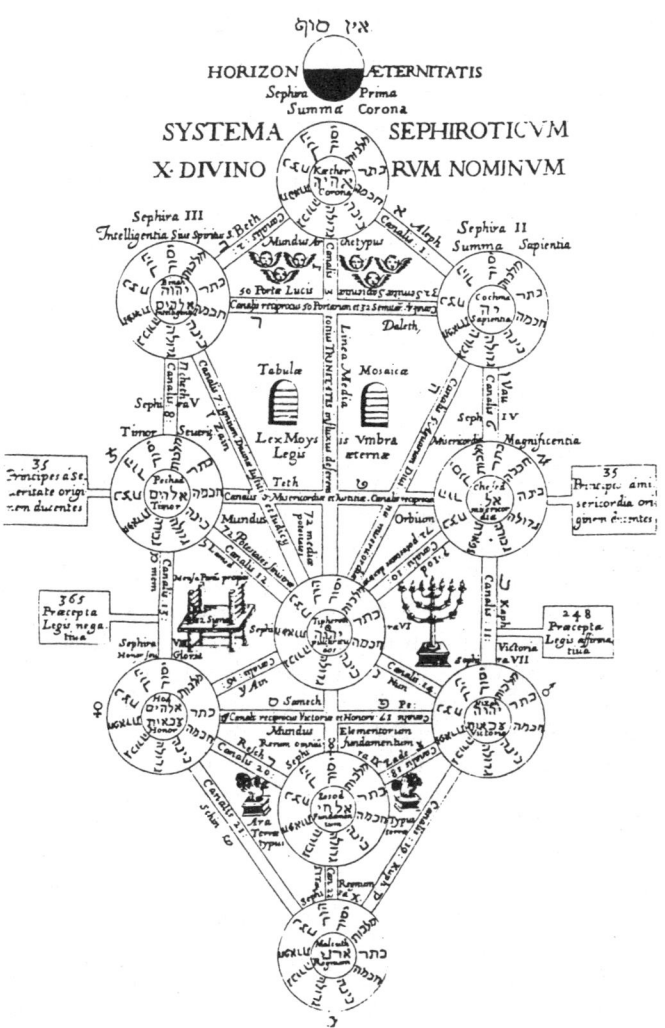

Der Sefirothbaum, Athanasius Kircher, *Oedipus Aegyptiacus II.* Der Baum ist das Symbol Gottes in zehn Aspekten und unendlich vielen Stufungen. Die zehn Sefiroth stehen für die 22 Buchstaben des jüdischen Alphabets, jede Sephira ein Mikrokosmos, der in sich den Makrokosmos des ganzen Baumes beschließt, «innerlich» und «äußerlich» mit jeder verbunden.

123

Gesetzes, so wie das Wort die Umkleidung einer verborgenen, unveränderlichen Wahrheit darstellt.

«So ist denn die Erzählung der Thora ihr Gewand. Wer da glaubte, daß dieses Gewand die eigentliche Thora sei und nicht etwas anderes, Fluch über ihn, der hat keinen Anteil an der künftigen Welt. Darum sagte David: «Eröffne mein Auge, daß ich Wunder aus Deiner Thora erblicke» *(Psalm 119,18):* was unter der Thora ist. Denn siehe: Es gibt Umhüllungen, die allen sichtbar sind, und jene Toren, wenn sie einen Menschen in einer Umhüllung sehen, die ihnen gefällt, dann schauen sie nicht weiter. *Aber die Wichtigkeit des Gewandes liegt im Körper und die Wichtigkeit des Körpers in der Seele.*

So hat auch die Thora einen Körper, das sind die Gesetze, welche der Leib der Thora genannt werden. Dieser Leib der Thora umkleidet sich mit den Hüllen, welche die Erzählungen aus dieser Welt bilden. Toren, welche nur dieses Gewand betrachten, das von der Erzählung der Thora gebildet wird, wissen nicht weiter und betrachten nicht, was unter dieser Hülle wohnt! Diejenigen aber, welche mehr wissen, betrachten nicht die Hülle, sondern den *Leib* unter ihr. Die Weisen, die Diener des oberen Königs, jene, welche auf dem Berg Sinai gestanden haben, betrachten die Seele, die der Kern von allem ist, die ureigentliche Thora. Und in der Zukunft werden sie an der Thora die *Seele der Seele* schauen».[98]

Der fünfbändige *Sohar* besteht aus einem titellosen Hauptteil mit Kommentaren zur *Thora;* dem *Sifra di Zeniutha* (Buch der Verborgenheit), das die ersten sechs Kapitel der *Genesis* kommentiert; in der *Idra Rabba* (Große Versammlung) werden durch die Gespräche Schimon ben Jochais mit seinen Getreuen verborgene Geheimnisse enthüllt, an der mystischen Ekstase sterben drei seiner Schüler; in der *Idra Sutta* (Kleine Versammlung) begegnen wir einer letzten Rede des Rabbi, und dann der Schilderung seines Tods. Es finden sich auch ein Vortrag über den *Thora*-Abschnitt mit dem Stiftszelt *(Idra di-be-Maschkana);* eine Beschreibung der sieben «Paläste» aus Licht, die nach dem Tod, oder vom Mystiker im Gebet visionär durchwandert werden *(Hechaloth);* Texte über Physiognomik und Chiromantik *(Rasa de-Rasin);*

Saba – Der Greis – spricht über Seelenwanderung anhand juristischer Vorschriften der *Thora; Jenuka* – Das Kind – redet als Wunderkind über Geheimnisse der *Thora; Rab Methitha* (Haupt der Akademie) beinhaltet eine visionäre Wanderung durch das Paradies (nebst einem Vortrag über das Schicksal der Seele, besonders im Jenseits); *Sithre-Tora* gibt allegorische und mystische Deutungen einiger *Thora*-Abschnitte und ist theosophisch ausgerichtet. *Mathnitin* (Mischnas) und *Tossefta* ahmen die halachische Tradition[99] des 2. Jahrhunderts n. Chr. nach.

Der *Sohar zum Hohenlied* ist ein kabbalistischer Kommentar zu den ersten Versen des Hohenlieds; *Kaw ha-Midda* – Der mystische Maßstab – bringt eine tiefgehende Deutung des Einheitsbekenntnisses der *Thora (Deut. 6,4); des Schema Israel.* Alle diese Teile sowie die folgenden: *Sithre'Othiot* – ein kabbalistischer Monolog Schimon ben Jochais über die Buchstaben in den Namen Gottes und den Anfängen der Schöpfungsgeschichte; ein titelloser Kommentar über die Merkaba-Vision Ezechiels; die beiden *Midrasch ha-ne'elam,* einer zur *Thora,* der andere zum *Buche Ruth,* stammen nach G. Scholem mit Sicherheit von einem einzigen Autor; die letzten drei Teile, die Scholen anführt *(Tikkune-Sohar,* ein neuer Kommentar zu den ersten sechs *Thora*-Kapiteln; weitere Ausführungen zu den *Tikkune Sohar,* u. a. mit einem neuen Kommentar zur Merkaba Ezechiels, sowie *Ra'ja Mehemna* (Der treue Hirte) – eine kabbalistische Deutung der Gebote und Verbote der *Thora* – unterscheiden sich wesentlich vom Rest des Werks und sind spätere Nachahmungen. Die achtzehn davor erwähnten Stücke nennt Scholem den «echten Sohar»[100].

Der *Sohar* spricht von der Natur und den Attributen Gottes, der Beziehung zwischen Schöpfer, Schöpfung und Geschöpf und lehrt die Adepten eine «Technik», wie man die übernatürliche Wirklichkeit durch direkte Erkenntnis oder Erfahrung des Unbekannten wahrnehmen kann. In anderen Abschnitten ist die Rede von den zehn Sefiroth als Emanationen Gottes, von den himmlischen und dämonischen Hierarchien, von Weltenschöpfungen[101], die der unseren vorangegangen sind; von der geistigen Entwicklung des Menschen über den Weg der Seelenwanderung (Gilgul)[102]; von den drei Seelengliedern des Menschen[103].

Gott ist für die Kabbala die Eins: Der Ureine, Einzige und Allheilige, genau wie für das traditionelle Judentum.

«Ehe nämlich der Allheilige Abbild und Form in der Welt erschaffen, war Er allein, ohne Form und Gleichnis, und wer Ihm erkennend genaht wäre in bezug auf den Zustand vor der Schöpfung, nicht dürfte er ihm Form und Bild in der Welt geben, nicht im Zeichen des He und nicht im Zeichen des Jod, ja auch nicht im heiligen Namen wie in keinem Konsonanten- und Vokalzeichen der Welt. Davon ist gesagt: «Denn ihr habt keinerlei Gestalt gesehen von irgend einem Ding, das Gestalt hat, und keinerlei ähnliches habt ihr gesehen.»

«Die Vorstellung von Ihm entspricht nur Seiner Herrschaft über irgendein Attribut, *keine* Vorstellung, *keine* Form. Dem Meer gleich, dessen Wasser, soweit sie nur aus ihm hervorgehen, nicht Fassung und nicht Form haben, erst wenn sie sich ausbreiten und in ein Gefäß aufgenommen werden, welches die Erde ist, kommt die Vorstellung zustande, und können wir rechnende Gedanken bilden.»[104] Der Ursprung aus dem Meer, der in seiner Ausbreitung in ein Gefäß (das Jod) aufgenommen wird, ist die *Eins;* der Quell, der daraus entspringt, die *Zwei.* Das große Gefäß, das er füllt, wird «Meer» genannt und ist die *Drei.* Dieses große Gefäß spaltet sich in sieben gestreckte Gefäße und das Wasser aus dem Meer füllt sie mit sieben Bächen. Das sind die *zehn* Sefiroth oder Manifestationen Gottes: *Kether* (die Krone, der göttliche Wille); *Chochma* (die Weisheit oder Uridee Gottes); *Bina* (die sich entfaltende Intelligenz oder Einsicht Gottes); *Chessed* (die Liebe oder Gnade Gottes); *Gebura* oder *Din* (die Macht Gottes, als strafende Macht und richtende Gewalt); *Rachanim* oder *Tif'ereth* (die ausgleichende Barmherzigkeit Gottes); Nezach (die beständige Dauer Gottes); *Hod* (die Majestät Gottes); *Jessod* (der Urgrund aller wirkenden und zeugenden Kräfte Gottes); *Malchuth* (das Reich Gottes, im *Sohar* meistens als *Kenesseth Jizrael* (mystisches Urbild der Gemeinde Israels) oder als *Schechina* bezeichnet. Wie schon vier Jahrhunderte früher bei den Essenern setzt sich auch hier die heilige Dekade der

Pythagoreer durch, die sich unschwer hinter dem Bild der Sefiroth erkennen läßt. Sie sind die «offenkundigen» Wege des Einen, Einzigen und Allheiligen mit dem unaussprechlichen Namen.

Auch von der «Dreiheit in der Einheit» spricht der *Sohar:* «Drei Häupter sind geprägt, eines im andern, eines über dem andern. Ein Haupt verhüllte Weisheit, die gänzlich sich verbirgt und nie offenbaren kann. Und diese verborgene Weisheit ist Haupt den Häuptern aller übrigen Weisheit. Das oberste Haupt: Der heilige Alte, der Verborgene aller Verborgenen – Beginn allen Beginns, Beginn, der noch kein Beginn ist, nicht erkennend und nicht mehr erkannt, der sich noch nicht verband mit Weisheit und scheidender Vernunft [. . .] und darum wird der heilige Alte auch «Nichts» genannt, weil an ihm nichts mehr haftet. [. . .] Er ist der «Alte der Alten», der Uralte, die obere Krone, mit der alle Kronen und Diademe sich krönen. Vor dem alle Leuchten sich erleuchten und erbrennen. Er, die obere, verborgene, nie erkannte Leuchte. Dieser «Alte» findet sich in drei Häuptern, die in eines zusammengefaßt sind, und Er ist das oberste Haupt. Und weil der heilige Alte in die Dreiheit geprägt ist, so sind auch alle übrigen Leuchten, die von ihm ihr Licht empfangen, in dreien zusammengefaßt.

Und ferner ist der «Alte» auch in die Zweiheit geprägt. Das Gesetz des «Alten» liegt in der Zweiheit. Eine oberste Krone als Haupt aller Häupter und jener nie Erkannte, der noch darüber ist. Desgleichen stehen auch alle übrigen Leuchten geheimnisvoll in der Zweiheit.

Und ferner ist der «heilige Alte» geprägt und verborgen in der Einheit. Er ist Eines und alles ist Eines. Desgleichen alle übrigen Leuchten, erheiligen, verbinden sich, kehren wieder in die Einheit und sind selbst Eines. [. . .]

Am Bild des «heiligen Alten» hängt alles Gut aller Dinge. Er wird «Gestirn des Alls» geheißen. [. . .]

In diesem Gestirn liegt die Vorsehung von allem. An ihm hängen alle Heerscharen, die oberen und unteren. Und dreizehn Quellen gehen von ihm aus in den weiten Weltraum [. . .]»[105]

Dieser «Verborgene aller Verborgenen» wird an anderen Stellen dem Meer verglichen; oder einem strahlenden Leuchtturm, dessen Licht der heilige Name ist; der Dunkelheit, die allem Licht vorausgeht; hinter der dem Schauenden aber die vielen Gesichter des Einen im Lichte offenbar werden. Im sprachlichen Paradoxon hat der Mystiker eine Möglichkeit gefunden, das Unausdrückliche auszudrücken.

Uralte, längst vergangene Weltschöpfungen, von denen der *Sohar* spricht, erwecken den Eindruck, er würde Vorstufen der Evolution oder frühere «Inkarnationen» unseres Planeten voraussetzen, die zunächst der Sonne und den anderen Planeten, später Sonne und Mond, und zuletzt nur mehr dem Mond verbunden waren, bis schließlich die Welt ihr heutiges Aussehen, ihren jetzigen Entwicklungsstand erreicht hat, als Auftakt zu neuen, kosmischen Wandlungen, die der künftigen Erde, auf der wir leben sollen, wieder ein anderes Gesicht geben werden[106].

Die Kabbala vertritt den Gedanken, daß nichts in absoluter, irreversibler Weise gelöscht wird: Es verändert sich bloß.

Im 18. Jahrhundert hat Antoine Lavoisier, der Begründer der modernen Chemie, sich ganz ähnlich geäußert, als er in seinem Laboratorium das Entstehen einer einfachen, chemischen Verbindung beobachtete: Nichts wird erschaffen, nichts wird zerstört, alles wandelt sich.

Für die Kabbala ist die ganze Schöpfung ein Bildungs- und Entwicklungsprozeß. Schon Pythagoras hatte gesagt, mit Hilfe der Schöpfung erwüchse aus dem Chaos die Ordnung, die wir Kosmos nennen.

Für die Kabbala ist die Entfaltung der Schöpfung noch nicht abgeschlossen, das Universum dehnt sich aus.

Beweise gab es keine dafür. Diese faszinierende These entsprang einer glücklichen Eingebung und es scheint erst heute auch aus astronomischer Sicht möglich, sie zu bestätigen.

Der *Sohar* verneint die Möglichkeit einer *Schöpfung aus dem Nichts,* deshalb könne das «Sein» auch dem «Nicht-Sein» nicht entspringen. *Nichts* sollte strenggenommen nur das genannt werden, was weder Ursache ist, noch Essenz. Für den *Sohar* kann als «ursprüngliches Nichts» ausschließlich die

«Ursache der Ursachen» aufgefaßt werden, die vor dem Universum dagewesen sei.

Gott ist demnach erste Ursache und Substanz, oder – wie Spinoza später sagt – immanente Ursache des Universums und erfolgende Wirkung. Mit anderen Worten, er ist die Kraft, die alles Leblose; die das Chaos in Bewegung setzt, ihm den Siegel des Gesetzes aufdrückt und damit *Leben* gibt; es in *Kosmos* verwandelt.

Gott hat unendlich viele Attribute, man kann ihn auf unendlich viele Arten benennen, ohne seinen Namen auszusprechen. Die von den zehn Sefiroth abgeleiteten Attribute können in Zehnergruppen oder Dekaden eingeteilt werden. Jede Dekade wird von einer Engelswesenheit angeführt oder geleitet. So wie Sonne und Finsternis Gegenspieler sind, entsprechen den Engelstugenden auf der anderen Seite ebensoviele teuflische Laster und Fehler. Darum haben selbst die Dämonen ihre Hierarchien. Sie beherrschen die Dekaden des Bösen.

Der Mensch, der irdische Adam, ist die körperliche Hülle des himmlischen, den jedes Wesen tief in seinem Innern birgt. Gegen diesen himmlischen Adam wendet sich der giftspeiende, todbringende Höllenengel *Sammael,* während der Erzengel *Michael,* mit der Hilfe und Unterstützung des mächtigen Engels *Metatron*[107], der dem Throne des Allerhöchsten am nächsten stehenden Wesenheit, den angegriffenen Adam mit dem Flammenschwert verteidigt, ihm vor Liebe brennend zur Seite steht. Der irdische und der himmlische Mensch – d. h. die körperliche und die geistige Substanz – geben demnach den Kampfplatz ab, auf dem kosmische Kräfte miteinander ringen, die um sehr vieles höher stehen als der geschöpfliche Mensch.

Nacht für Nacht steigt unsere Seele in den Himmel, während wir schlafen, um Rechenschaft abzulegen über den vergangenen Tag und uns mit kosmischer Energie aufzuladen, sonst könnte der Erdenleib nicht überleben.

Vor ihrer Erdenfahrt existierten alle menschlichen Seelen in Gott, trugen im Himmel dieselbe Gestalt, die sie auch unten auf der Erde bewahrt haben. Alles, was sie im physischen Leib lernen, wußten sie bereits vor ihrer Inkarnation. Ausnahmslos müssen die Seelen die Prüfungen der Seelenwanderung auf sich nehmen. Denn die Wege, die der Allerhöchste ihnen bestimmt hat, kennen sie nicht. Sie wissen nicht, welchem Richtspruch sie unterworfen wurden vor ihrer Niederkunft auf die Erde; wissen nicht, welche oder wie viele Verwandlungen und geheimnisvolle Aufgaben sie auf sich nehmen; wie viele Seelen und Wesenheiten auf die Welt niedersteigen, die niemals wieder ins himmlische Reich werden zurückkehren können; wissen auch nicht, daß sie wie in die Luft geworfene Steine sind. Seelen, denen es gelingt, ihre irdischen Aufgaben zu erfüllen, kehren nach Ablauf ihrer Erdenzeit zurück ins himmlische Reich, an die Seite des «Allheiligen», den sie schauen dürfen.

Der Kabbala zufolge hat der Mensch drei Seelenglieder. Die drei menschlichen Seelenstufen[108] heißen: *nefesch,* das ist die Ätherkraft, die vegetative oder Körperseele; *ruach,* das geistige oder astrale Prinzip, das zwischen Gut und Böse unterscheiden kann, *neschama,* die unsterbliche Substanz, die nur zum Guten fähig ist.

Vor der Fleischwerdung sind in der Seele das männliche und das weibliche Prinzip miteinander verbunden. Beim Abstieg auf die Erde trennen sich die beiden Aspekte, um verschiedengeschlechtliche Leiber zu beleben. Die von Gott geleitete Liebe bewirkt aber, daß die beiden getrennten Hälften einander suchen und anziehen, um wiedervermählt von neuem eine Einheit zu bilden. Ist diese Einheit nicht vorhanden, so fehlt auch die Liebe. Wenn die Seelen einander nicht ergänzen, herrscht statt der Harmonie nur Disharmonie, was unsere heutigen Gesetzbücher als «Charakterunverträglichkeit» bezeichnen.

Über der dritten Seelenstufe, der *neschama,* liegen noch höhere Seinsformen wie *haja* und *jeschida,* die nicht einmal von den Engeln erreicht werden können. Das ist der «Weg des Lichtes», der jenen offensteht, die freiwillig und bewußt eine gottgewollte höhere Aufgabe auf Erden übernehmen. Ein solcher Mensch ist ein «Zaddik», ein «Gerechter», immer dazu bereit, Gott zu begegnen. Im *Sohar* heißt es, die Gerechten seien größer als die Engel.

Das Wort Gottes, das «Wort» also, das die Schöpfung vollbracht hat, ist gemacht aus zweiunddreißig Bausteinen oder Werkzeugen göttlicher Weisheit, versinnbildlicht von den zehn Sefiroth, die zu den Zahlen von eins bis zehn in Beziehung stehen, und den zweiundzwanzig Buchstaben des Alphabets. Die Kabbala stützt sich im wesentlichen auf die Auslegungen der «heiligen Dekade», die sich von der pythagoreischen Tetraktys oder Vierzahl herleitet, sowie auf zahllose, praktische Anwendungen innerhalb der (zwei- und dreidimensionalen) Geometrie; oder, wenn man es anders sagen will: Auf ihr Wirken in der «unendlichen» Natur.

So entsteht die Geomantie, die Erforschung der Analogien zwischen Zahl und Wort, was allerdings bald in ein außerordentlich kompliziertes «Rebusspiel» ausartet, in dem Zukunftsvorhersagen und ein überspitzter Symbolismus eine erhebliche Rolle spielen. Der *Messias*, z. B., wird auch *Menahem*, d. h. *Tröster*, genannt, weil *Menahem* denselben Zahlenwert hat, sie *Semah* (Keim, Same), und *Semah* allegorisch den *Messias* bezeichnet: 138. Hier wird die andere, «verräterische» Seite der Kabbala deutlich.

Diese erzwungenen Deutungen enthüllen mögliche Schwachstellen und tragen die eigentliche Schuld an den späteren Verfallserscheinungen. Allerdings darf man sagen, daß die Esoterik der Kabbala das jüdische Volk von religiösem Duckmäusertum ferngehalten und vom Mittelalter bis in die Renaissance jenen geheimen Weisheitsbrunnen dargestellt hat, aus dem Männer wie Pico de la Mirandola und Leonardo da Vinci schöpfen konnten.

Auf der anderen Seite machte diese mystische Strömung den Juden der Diaspora Mut, vor allem, als die unmenschliche Verfolgung durch Torquemada viele von ihnen in die Flucht trieb.

Vielleicht hat sich das Wort Gottes, das hinter den zweiunddreißig heiligen Symbolen der Kabbala verborgen ist, auch im tragischen Schweigen der Vernichtungslager hören lassen, als der Gifthauch des Todesdämons die Kinder Abrahams erbarmungslos hinmordete.

Kapitel 14

GNOSIS UND GNOSTIZISMUS

Strenggläubige Katholiken alter Schule verstehen unter «Gnosis» immer noch die «erste große Häresie», die um das zweite Jahrhundert unserer Zeitrechnung unter der christlichen Bevölkerung gewütet hat wie eine Pestepidemie, wobei sie «Gnosis» nicht unterscheiden von «Gnostizismus». Ein dunkler Nimbus umgibt selbst heute das Bild des angeblichen Stammvaters und Vorläufers aller späteren Irrlehren[109]; der unter dem Namen Simon Magus in die Geschichte eingegangen ist.

Woher der «Gnostizismus» kommt und wie er entsteht, ist schwer zu bestimmen. Jedenfalls muß man ihn abgrenzen von der eigentlichen «Gnosis»[110] (die früher oder später in sämtlichen Hochreligionen anzutreffen ist und esoterische Unterweisungen beinhaltet, ohne daß damit eine «Häresie» verbunden wäre). Fast alle im Gnostizismus angeschlagenen Themen sind älter als die historische Strömung selber, ähnlich mythische Stoffe finden sich im persischen und altindischen Raum, bei den Orphikern und den Platonikern. Manches stammt aus der jüdischen Gnosis, oder es geht um Syntheseformen hellenistischen, frühchristlichen und jüdischen Gedankenguts. Was den Gnostizismus abhebt von älteren Gnosen ist die Deutung der Schöpfung als «Sturz» (unheilvolle Mächte hätten an der Schöpfung mitgewirkt, der Sieg des transzendenten Gottes würde sich in der Vernichtung des Kosmos äußern) und die Herauslösung des auf die Erde herabgestiegenen göttlichen Erlösers aus dem biblischen Kontext.

«Gnosis» und «Gnostizismus» sind nichts Zufälliges: die wesenhafte Begegnung zwischen dem Geist der Evangelien und der verschiedenen orientalischen Systemen sich öffnenden griechich-römischen Kultur findet über die Gnostiker statt.

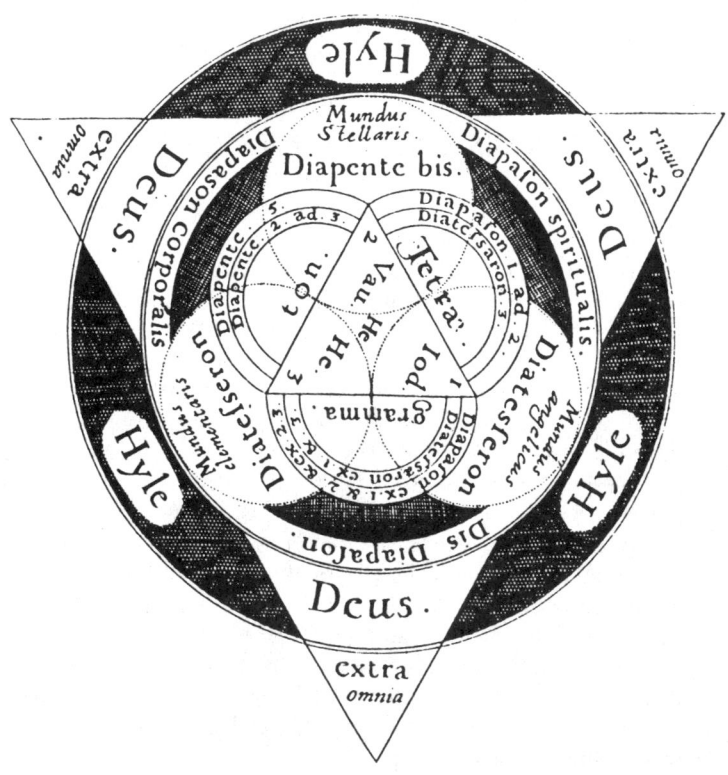

Manifestation der Dreifaltigkeit. Das Lichtdreieck steht für Gott «hinter den Dingen» der eindringt in die Höhlung der dunklen Materie. So entstehen drei Welten: Engelwelt, Sternenwelt, Elementarwelt. Zwischen jeder Welt ist eine Oktave Intervall, zwischen Engel- und Elementarwelt zwei Oktaven. In der Mitte liegt das Tetragramm mit den «vorkosmischen» Zahlen eins bis drei. Bögen bezeichnen die Harmonierelationen. R. Fludd, op. cit. 1619.

Sie pflanzten den ersten esoterischen Keim in den Boden des frühen Christentums.

Von den Mysterien des Alten Ägypten über die Geheimlehren des Fernen und Mittleren Ostens bis zu jenen Griechenlands und Roms galt das «gnostische Element», die Erlangung eines «höheren», «okkulten» Wissens, als Mittel und Zweck jeder Initiation. Das war der Impuls, mit dessen Hilfe die Menschen MAG – die Schöpferkraft des «unbekannten Gottes» – in sich erweckten wie ein Feuer unter der Asche.

Das historische Verdienst des Gnostizismus liegt sicherlich darin, der christlichen Esoterik den nötigen Anstoß vermittelt zu haben, um die messianische Essenz in der Botschaft Jesu zu entschlüsseln, die hinter der gleichnishaften Verhüllung der Worte aufleuchtet. Diese Art der «Gnosis» hält sich heute noch am Leben, obwohl der «Gnostizismus» längst nur mehr Geschichte ist.

Der Kampf zwischen Gott und Teufel, zwischen Gut und Böse, im Urgrund der Menschenseele ist gleichbedeutend mit der Suche nach Wahrheit und führt über verschiedene Stationen auf den Weg der Erkenntnis. Das gilt nicht bloß für das Leben der einzelnen. Ein solcher «gnostischer» Weg hat auch geschichtliche Marksteine. Diese führen von Plotin – einem der ersten Gegner der Gnostiker – über den Heiligen Augustinus zu Averroes und von dort zu Thomas von Aquin; ein anderer Bogen spannt sich von Mani bis zu den Katharern, läuft weiter von Dante zu Pascal und geht schließlich bis zum *Faust* eines Goethe, zu den *Verdammten* eines Dostojewskij, zur *Angst* Kierkegaards, zu Sartres Existenzialismus.

(Man kann innerlich auch gnostische Elemente assimilieren, wenn man sich äußerlich von den Gnostikern distanziert, oder nicht einmal bewußt zu ihnen Stellung nimmt.)

Die im Schoß der christlichen Gemeinden ausgebrochene «gnostische Seuche» hat durchaus ein symbolisches Pendant in Camus Roman *Die Pest.* Auch die gnostischen Strömungen überleben im Untergrund, genau wie die Pest in einer unterirdischen Rattenkolonie, um alsbald über eine andere «glückliche Stadt» herzufallen, wobei «glücklich» hier gleichzusetzen ist mit «kein Gefühl für Gut und Böse».

Die Kirche reagiert mit außerordentlicher Heftigkeit auf den Gnostizismus, unter Anspannung aller ihr zur Verfügung stehenden geistigen und materiellen Kräfte. Aus Angst vor der «gnostischen Gefahr» verzichteten die Bischöfe auf einige ihrer Autonomien und schlossen sich zum Episkopat zusammen. Der Aristokratie des Wissens hielten sie die Demokratie des Glaubens entgegen, dem Denken einiger Erleuchteter begegneten sie mit der Berufung auf die Gefühle der Masse.

Und sie siegten dabei, denn Gnosis und Gnostiker sind nicht dasselbe. Wie so oft in der Geschichte, erwiesen sich die Menschen der Idee oder dem Impuls nicht gewachsen, von dem sie getragen wurden. Sie verlegten zuletzt ein Denken in den Kopf, das dem Herzen nah hätte bleiben sollen. Eine abstrakte Kälte, eine dekadente Künstlichkeit waren die Folge. So ging das religiöse Gefühl verloren, komplizierte Systeme, die im täglichen Leben keine Entsprechung mehr fanden, machten sich breit anstelle einer Botschaft der Liebe und der Verbrüderung.

Die wahre Gnosis ging langsam aber sicher zum «Feind» über. Den philosophischen und bald auch einmal exoterischen Extravaganzen der gnostischen Epigonen stand die Esoterik der Kirchenväter bis Augustinus, Albertus Magnus und Thomas von Aquin gegenüber.

Mancher Laie mag es für eine Häresie halten, daß die Esoterik der antiken Mysterien im Urchristentum auf so fruchtbaren Boden fallen sollte. Den ersten Anstoß dazu gaben die Gnostiker selbst, der zweite kam von ihren eigentlichen Gegnern, die das Mysterium des Gnostizismus verstanden hatten und bemüht waren, es im Rahmen des Möglichen mit der eigenen christlichen Lehre zu verschmelzen.

Fast acht Jahrhunderte lang wurden die gnostischen Thesen von den Kirchenvätern bekämpft, in ihrem unermüdlichen Ringen um die Reinheit des Glaubens faßten sie die gnostischen Inhalte immer wieder aufs neue zusammen. Unsere heutige Kenntnis der Gnostiker verdanken wir niemand anderem als den Kirchenvätern: ohne es zu wollen, leisteten sie ihren Gegnern damit einen hervorragenden Dienst, da sie die «große Häresie» – wenn nicht Wort für Wort, so doch dem Sinn nach – vor dem Vergessen bewahrten[111].

Die vier «gnostischen Meister», die manche Historiker den vier Evangelisten gegenüberstellen, sind Basilides, Valentinus, Karpokrates und Markion[112].

Ihrer Ansicht nach ist der christliche Glaube allein nicht ausreichend, um beim Menschen die innere Verwandlung zu bewirken. Der Glaube an sich ist noch keine Initiation, nur eine Bekehrung, und damit ungeeignet, den Menschen zu einem höheren, entwickelteren Bewußtsein zu «erwecken».

Simon von Samaria, der Magier und Weise, wird in der Apostelgeschichte[113] zusammen mit Apollonius von Tyana als der erste Verbündete und spätere Gegner des Petrus erwähnt. Der heilige Irenäus spricht von den weiten Reisen Simons, die damals durchaus üblich waren bei den Gründern und Häuptern esoterischer Schulen, kannten sie doch die initiatische Kraft mancher heiliger Wege und Kultstätten. Nur blieb der Ort, wo er gelehrt hat und gestorben ist, für immer ein Geheimnis.

Die Lehre des Simon Magus weist gewisse Parallelen zu Philo von Alexandrien auf, diesem Zeitgenossen Jesu und Freund der Therapeuten. Man darf wohl vermuten, daß auch Simon lange in Alexandrien gelebt hat. Fast alle Geheimlehren hatten in dieser Stadt ihr «Bürgerrecht». Warum also soll er dort nicht seine Schule und seine Jünger gehabt haben? Er muß ein Eingeweihter gewesen sein, im Besitz einer Weisheit, die nur wenigen vorbehalten ist, soll er doch außergewöhnliche magische Kräfte besessen haben, wenn man einigen Legenden Glauben schenken darf, die über ihn im Umlauf sind. Zumindest werden sie nicht ganz von ungefähr kommen. Jedenfalls soll er fähig gewesen sein, sich in die Luft zu erheben, zum Ergötzen des Kaisers Nero.

Was der simonischen Theogonie und anderen gnostischen Systemen gemeinsam ist, sie aber radikal unterscheidet vom traditionellen Judentum, ist die Einschaltung einer Unzahl von geistigen Hierarchien zwischen Gott und Mensch, die einer ebenso großen Zahl an Entwicklungsstufen entsprechen sollen.

Dieses *corpus divinum* ist das Pleroma oder «Fülle». An der Spitze steht der Vater, der war, ist und sein wird; die ewige Unveränderlichkeit, die Stille, die weder männlich noch weiblich ist, noch beides zusammen, Anfang und Urgrund von allem; die völlige Bewegungslosigkeit, der jede Bewegung entspringt.

Von ihm gehen drei Äonenpaare aus; Verstand und

Gedanke (Nous und Ennoia); Stimme und Name; Überlegung und Begriff. Innerhalb jedes Paares ist ein Äon immer männlich, der andere weiblich.

Zusammen mit ihrem Schöpfer bilden diese Äonen den Uranfang; da auch sie von der Bewegungslosigkeit in die Bewegung übergehen und tätig werden, erzeugen sie weitere Äonenpaare: Himmel und Erde, Sonne und Mond, Luft und Wasser.

In der Bibel steht, daß Gott die Welt in sechs Tagen erschaffen hat, um am siebenten zu ruhen. Dementsprechend kommt nach Simon noch ein weiterer, siebenter Äon hinzu: Der Geist.

Die simonische Theogonie spielt sich auf drei übereinanderliegenden Ebenen ab. Es sind dies die «Welt des Einen» oder «Vaters»; die Zwischenwelt der ursprünglichen Äonen; die kosmische oder materialisierte Welt der abgeleiteten Äonen.

Nun erfolgt ein erstes kosmisches Drama. Nachdem die Schöpfung einen gewissen Reifegrad erreicht hat, trennt sich *Ennoia*[114], der göttliche Gedanke, vom Geist und vom Vater, um sich den auf einem niedrigeren Evolutionsgrad zurückgebliebenen Wesen widmen zu können. Mit Ennoias Hilfe gelingt es diesen Entitäten, sich völlig zu verwirklichen. So entstehen die Engel und alle Himmelsmächte, die zuletzt die Welt geschaffen haben, in der wir leben.

In ihrem Unwissen über das Sein des Vaters wollten die dem göttlichen Gedanken entsprungenen Engel diesen festhalten, sich seiner bemächtigen. Von dieser Mißachtung des Vaters rührt ihre Schuld her, so erklärt sich der Aufruhr im Himmel und der Engelssturz.

In der Zwischenzeit sind Welt und Menschen den aufmüpfigen Engeln in die Hände gefallen. Beim gegenwärtigen Stand der Menschheitsentwicklung vermag nur eine ganz reine, im Menschen inkarnierte Kraft diese Aufrührer zu bezwingen.

Basilides, der auf die Prinzipien des Simon Magus zurückgreift, darf als erster Systematiker gnostischen Gedankengutes bezeichnet werden.

In Ägypten geboren und wahrscheinlich in die Isis-Mysterien eingeweiht, wirkte er als Lehrmeister der Gnostiker in

Alexandrien. Seine Schule stellt die erste kulturelle «Besinnung» auf die christliche Botschaft und wahrscheinlich auch die erste philosophische Verteidigung gegen die Angriffe der Meister antiker Lehren dar.

Über ihn liegen zwei völlig verschiedene Berichte vor, der abwertende des Irenäus[115], der ihn als konfusen Erfinder von 365 Himmeln hinstellt und des Doketismus[116] beschuldigt (anstelle von Christus sei Simon von Kyrene gekreuzigt worden); und der viel ausführlichere, sehr positiv eingestellte Hippolyts[117]. Demnach hat Basilides am konsequentesten ein monistisches gnostisches System ausgearbeitet: ein vollständig unsagbarer Gott legt ohne Wollen einen Weltsamen hin, wie das Ei eines Pfaus. Alles ist darin schon von Anfang an angelegt, wächst aber allmählich, so wie das kleine Kind erst nach und nach Verstand, Zähne usw. bekommt. Im Weltsamen sind zunächst noch die Dinge durcheinandergemischt. Später soll alles den ihm zukommenden Platz einnehmen.

Wichtig sind für Basilides das Reich des unsagbaren Gottes, auf den der Weltsame zurückgeht – eine Art Überwelt –; sowie die Welten der Fixsternsphäre («Achtheit») und der Planetensphäre («Siebenheit»), die von zwei Herrschern oder Archonten gelenkt werden, ohne daß sie Macht über die Erde hätten. Die Frage nach den von Irenäus gründlich mißverstandenen «365 Himmeln» (das Zwischenreich des Geistes) braucht uns hier nicht weiter zu beschäftigen, vielleicht kann der Hinweis genügen, daß es sich dabei um eine Allegorese handelt, die auf eine für uns nicht leicht nachvollziehbare «Aufgabenteilung» zwischen den himmlischen Hierarchien anspielt. Die 365 Tage des Jahres bilden ja auch eine übergeordnete *Ganzheit.*

Der unsagbare Gott – ein Nichts, das ist, ein Gott im Werden – ist die sprießende Kraft des Universums, die alle Keime mitumfaßt: πᾶσαν τήν πανσπερμίαν. Der von ihm geschaffene Weltsame trägt eine dreifache Sohnschaft in sich, eine leichte, die sofort zu Gott hinaufeilt, eine gröbere, die nur mit der Hilfe des Heiligen Geistes in die Region des Vaters gelangen kann, und eine dritte, die der Reinigung bedarf, die in der unteren Welt belassen wird, um Wohltaten zu tun und zu

Abraxas. Gnostische Gemme. Basilides bezeichnet mit diesem Namen das ewige Urwesen, aus dem die Urkräfte Geist, Wort, Vorsehung, Weisheit, Macht hervorgegangen sein sollen (100 n. Chr., Ägypten). Wo der Gnostizismus verbreitet war, wie in Ägypten, Spanien, und im asiatischen Raum, ist die «Abraxasgemme», als Zusammenstellung von Menschen-, Tier- und Pflanzen- mit Schriftzügen, sehr häufig.

empfangen. Dann steigen aus dem Weltall die beiden Archonten auf, der «Herr der Achtheit» (ὀγδοάς) und der «Herr der Siebenheit« (ἑβδομάς), mit je einem Sohn neben sich, der sie an Schönheit und Weisheit übertrifft. Beide halten sich selbst für die höchsten Herrscher, tun aber Buße, als sie erkennen, daß der unsagbare Gott existiert und sie keine Macht über unsere Welt haben, denn die Schuld der Menschen wird durch Wiederverkörperung und Leiden gesühnt.

Die Wahrheit des Evangeliums erfüllte sich, ohne daß es seinen Platz in den oberen Regionen hatte verlassen müssen. Der Sohn des Archonten der Achtheit nimmt es auf aus großer Entfernung, entbrennt in dessen Wahrheit und bekehrt seinen Vater. Ähnliches geschieht mit dem Sohne des Archonten der Siebenheit. Dann fällt das Licht in unserer Welt auf Jesus, den Sohn Marias. Alles vollzieht sich, wie wir es aus den kanonischen Evangelien kennen. Der körperliche Teil erleidet das Martyrium, der psychische Teil kehrt auf die psychische Ebene der Sieben, die übrigen Teile in ihre jeweilige Sphäre zurück.

Bei Basilides ist die Rede von einem «gegenseitigen Dienst», den zweite Sohnschaft und Heiliger Geist, dritte Sohnschaft und Seele einander leisten. Der Geist bringt die zweite Sohnschaft in das Reich des unsagbaren Gottes, kann bis zur Grenze dieses Reiches aber nur dank des von ihm Getragenen vorstoßen. Und die dritte Sohnschaft führt die Seele hinauf bis zum «großen Herrscher» der Siebenheit, wird aber von der Seele gereinigt, so daß sie nachher bis in den unsinnlichen Bereich hinaufsteigen kann. Jesus wird zum «Erstling der Artenscheidung» und leitet die Entmischung des im Weltsamen Vermischten ein, die Rückkehr von allem an den ihm bestimmten Ort.

Ohne des Erlösers[118] Abstieg auf die Erde, der sich in Jesus von Nazareth verkörperte, hätten die Archonten ihren Irrtum nicht erkannt und gebüßt und damit den Fluch von den Menschen nicht genommen, mit dem sie geglaubt hatten, ihn für immer in ihrer Macht zu haben. Bezogen auf die Menschheit, äußert sich die von Jesus eingeleitete «Entmischung des Vermischten» als ein «Freiwerden von der Erdenschuld». Jesus hat also durch sein Opfer die Menschheit von der Sünde erlöst.

Die gnostische Lehre des Basilides ist ein komplexes Gebäude, das mit dialektischen Gedankengängen die Religion in Philosophie, bzw. in Metaphysik zu verwandeln sucht. Fürwahr ein gefährlicher Sprung, außer, man wendet auf sie die Prinzipien der Kabbala an und betrachtet das Ganze nur als «Kleid», nur als «Hülle», unter der man zunächst den Körper und dann die Seele ertasten muß. Denn mit den Gnostikern wird ein entscheidender Schritt getan; der von Jesus zu Christus; vom Sohn der Maria aus Nazareth zur Inkarnation einer hohen kosmischen Wesenheit, des *Logos*, wie uns bereits zu Beginn des vom Geist getragenen, esoterisch geprägten Johannes-Evangelium verkündet wird.

Der bedeutendste Gnostiker ist sicherlich Valentinus. Er vertieft und erweitert den Begriff der Erlösung, obschon er bei ihm eine weniger universelle Auslegung erhält, als sich das später Origines gewünscht hätte. Denn in das Pleroma gehen am Ende der Zeiten nur die *Pneumatiker* ein, die – solange die Schöpfung besteht – mit den *Psychikern* gemeinsam in der Ogdoas, der Achtheit, über der Planetensphäre verweilen. Die Pneumatiker tragen die Seelen als Kleider und werfen sie ab, wenn das Ende der Welt kommt. Mit ihrer Mutter *Achamoth* (geboren aus dem Äon Sophia und von Christus und dem Heiligen Geist zu einem selbständigen Wesen gestaltet, entspricht ihr die kabbalistische Sephira *Chochma*[119]), gelangen die *Pneumatiker* dann ins Pleroma und werden dort den Engeln als Bräute übergeben, während *Achamoth* Jesus zum Bräutigam erhält.

Die *Psychiker* und ihr Demiurg aber, der nichts von dem Pneuma wußte, verbleiben an einem Ort, der die *Mitte* genannt wird. Sie zählen also ebenfalls zu den Geretteten. Nur die *Hyliker,* die ganz der Materie und den niederen Leidenschaften verhafteten Menschen, fallen dem Tod und der Zerstörung anheim. Der Psychiker hat den freien Willen, trotz seiner «höheren Seele» kann er auf die Stufe des Hylikers heruntersinken. Aber er ist auch fähig, sich bis zum Pneumatiker[120] zu erheben. Doch hat er nur den Glauben, ihm fehlt noch die Gabe des Lichtes; die *Gnosis.* Der Pneumatiker ist der vollendete Mensch; von Jesus empfängt er die Weisheit und den Samen der Unsterblichkeit. Daher wird er zum Auserwählten, zum Träger des *Logos;* als solcher hilft er mit bei der Rettung der Psychiker.

Der Weg der Erlösung[121] beginnt mit dem «göttlichen Ruf», der an den einzelnen ergeht. So öffnen sich seine Augen dank der Lehre vom unsagbaren Gott, der Gnosis. Er wird weise. Die Finsternis des Irrtums muß weichen; eines Irrtums, der erst am Ende der Zeiten völlig schwinden wird, wenn sich die Welt der Materie im Feuer läutert.

An der Spitze des Valentinianischen Pleroma steht der «Selbstvater»[122], der Urgrund, das All in sich enthaltend und doch in nichts enthalten; mit der Ennoia (dem göttlichen Gedanken) oder Charis (der Gnade); oder Sige (dem Schweigen) bildet er ein Äonenpaar. Durch die Vereinigung mit der Ennoia erschien Nous, das göttliche Verständnis, das auch «Mensch» oder «Eingeborener» genannt wird, weil er ein Gegenbild des Ungewordenen ist. Aus der Partnerschaft des Ungewordenen mit Sige ersteht die Wahrheit. *Nous* und *Wahrheit* bilden ein Paar, aus dem ein weiteres hervorgeht: *Logos* und *Leben* (daraus entspringen *Mensch* und *Gemeinde).* Nun erzeugt das Paar *Nous – Wahrheit* zehn Äonen, das Paar *Logos-Leben* aber zwölf Äonen. Auch diese Zahlen können aus pythagoreischer Sicht gedeutet werden. Wir stehen vor der heiligen Dekade, die sich aus der Tetraktys oder Vierzahl[123] ableitet; und der Zwölfzahl oder Dodekade, die der Seitensumme eines rechtwinkeligen Dreiecks entspricht (3+4+5), Symbol der «Dreidimensionalität des Menschen», analog zur kosmischen Dreidimensionalität, wie sie durch die Zahl 50 symbolisiert wird, d. h. durch die Summe der Seitenquadrate des rechtwinkeligen Dreiecks ($3^2 = 9$; $4^2 = 16$; $5^2 = 25$; $9 + 16 + 25 = 50$).

Das Pleroma oder «höhere Welt» besteht aus achtundzwanzig, bzw. dreißig Äonen, je nachdem, ob man den Selbstvater und seinen Gedanken, die Ennoia, einschließt oder nicht.

Der letzte Äon der Zwölfzahl ist weiblich; es ist die *Sophia,* eine seltsame Wesenheit, die nach dem Wissen, nach der *Gnosis* dürstet. Hier ereignet sich nun das kosmische Drama. Angesichts der wunderbaren Manifestation des Pleroma wünscht Sophia, die Macht des Selbstvaters zu erkennen, um ebenfalls eigene Schöpferkräfte zu entfalten. Da der Vater die Äonenpaare aus sich selber erschaffen hat, will sie ihn nachahmen, indem sie alleine zeugt, ohne sich zu paaren. Doch ist sie nicht unerschaffen, wie der Vater, und gebiert nun ein unförmiges Wesen, das *Ektroma,* Frucht ihrer Sünde, der Unwissenheit und der Anmaßung.

Beim Anblick des mißlungenen Ergebnisses fürchten alle Äonen des Pleroma, ähnliches erzeugen zu müssen und bitten den Vater, er möge er unglücklichen, reueerfüllten Sophia Verzeihung gewähren. Der Vater erhört die Bitte der Äonen und beauftragt *Nous* und *die Wahrheit,* helfend einzugreifen. Diese erzeugen ein weiteres Äonenpaar, *Christus* und den *Heiligen Geist,* die das Ektroma vervollkommnen und die Sophia trösten sollen. So kann das Ungeheuer seine Entwicklung fortsetzen und zu *Achamoth* werden, dem Äon einer «in der Welt verloren gegangenen» göttlichen Weisheit. Aus Dankbarkeit gegenüber dem Vater gab jeder der Äonen das Beste, was in ihm war an reiner Substanz, und sie brachten einen weiteren Äon hervor, der *Jesus* heißt.

So führte der Weg vom Jesus aus Nazareth zum Jesus Christus. Denn Jesus von Nazareth war die ideale Hülle, um den Leib Christi aufzunehmen. Über zahlreiche Inkarnationen war diese Hülle sorgfältig vorbereitet worden; man entsinne sich der «42 Stufen» der Essener. Dieser Leib war nun aus vier verschiedenen Bestandteilen zusammengesetzt und damit ein sichtbares Abbild der «Urtetrade», gebildet aus dem unergründlichen göttlichen Gedanken, dem Schweigen, Nous und der Wahrheit. Darüber hinaus war er auch noch im Besitz der *Achamoth,* der pneumatischen Weisheit.

Bei der Jordan-Taufe des Jesus von Nazareth senkte sich *Christus* in Taubengestalt auf den Dreißigjährigen nieder und inkarnierte in ihm, weshalb Jesus zum *Christós,* zur Essenz des Pleroma selbst, zum Sohn des Vaters wurde.

Die moderne Anthroposophie sagt nichts anderes, wenn sie den Menschen zur Durchchristung auffordert, ihn ermahnt, sich dem Logos zu öffnen, dem «Wort», das weder Kultur noch Bildung bedeutet, sondern Tod und Auferstehung des Ich. Den magischen Priesterworten der antiken Einweihungsriten vergleichbar, wenn auch auf einer anderen, höheren Ebene, bewirkt der Christusimpuls im «Tempel der Seele» die große Metamorphose des sterblichen Menschen in den Geistmenschen: die *Metánoia.*
Wesentlich sophistischer und in den praktischen Belangen des Lebens überhaupt nicht zimperlich gibt sich Karpokrates. Seine Feinde bezichtigen ihn, ein zynischer Befürworter des Libertinismus zu sein, obschon damit nicht gesagt ist, daß die Anhänger dieser Lehre sich tatsächlich solchen Praktiken hingegeben haben müssen. Jedenfalls ist er der erste Theoretiker der Sittenlosigkeit. Man glaubt, Oscar Wilde zu hören, wenn er seine Jünger einlädt, das Fleisch durch die Befriedigung des Fleisches zu überwinden.

Nach Irenäus sind die Karpokratianer «so sehr in Maßlosigkeit enthemmt, daß sie alles Beliebige, was nur gottlos und unfromm ist, in der Gewalt zu haben und ausüben zu können angeben. Sie sagen, gute und böse Werke gäbe es nur nach menschlicher Ansicht. Und nach der Wiederverkörperung müßten die Seelen in jeglichem Leben und jeglichem Akt gewesen sein [. . .] so daß [. . .] ihre Seelen in jedem Lebensgenuß gewesen sind und wenn sie (aus dem Körper) herausgehen, in nichts mehr Mangel haben; [. . .]

So lange müßte der Mensch wiederverkörpert werden, bis er überhaupt in allen Taten der Welt gewesen ist. Wenn nichts mehr fehlt, dann gehe seine Seele, frei geworden, zu jenem Gott, der über den weltschöpferischen Engeln ist, und so werden sie grettet. [. . .]»[124]

Typisch an der karpokratischen Gnosis ist der radikale amoralische Zug, der sich «nicht nur gegen den jüdischen Gott, sondern auch gegen das Gesetz richtete»[125].

Bei Karpokrates finden wir ebenfalls den Erlösungsgedanken. In Alexandrien verkündete er eine ähnliche Lehre wie Kerinth, den man als ersten Vertreter eines judenchristlichen Gnostizismus im strengen Sinn bezeichnen kann: Christus sei bei der Taufe in Gestalt einer Taube auf Jesus herabgestiegen und habe ihm den Unbekannten Vater offenbart; vor dem Leiden sei er wieder zu Gott-Vater aufgestiegen.

Aber selbst hier prägt die Mißachtung der Juden, ihres Gottes und ihres Gesetzes den Gedanken. Denn Jesus, der Sohn Marias und Josefs, erhebt sich gegen das Gesetz. Da er sich seiner eigenen, früheren Inkarnationen entsinnen konnte, war dieser Jesus laut Karpokrates zu einer Evolutionsstufe emporgestiegen, die ihn zum Messias, zum Gottmenschen machte. Wer ihm nachfolgte – und damit der bestehenden Gesellschaftsordnung seine Verachtung bezeugte (der «bürgerlichen Gesellschaft» würde Karpokrates heute sagen) – der wurde zum Apostel wie Petrus oder Paulus. Oder sogar zum Gottmenschen wie Jesus selbst. Die Erlösung scheint hier unmittelbar zusammenzuhängen mit dem Freiwerden von der Tyrannei des «Gesetzes» und der etablierten Ordnung.

Das Böse im Gegensatz zum Guten; der Sturz in die Verdammnis und die Erlösung; das sind die dramatischen Probleme, mit denen sich Markion in erster Linie auseinandersetzt. Wir finden bei ihm im wesentlichen den gnostischen Dualismus, aber ohne apokalyptische Nuancen. Dafür steigert sich der judenfeindliche Zug bei ihm ins Maßlose. Er verwirft das Alte Testament, läßt nur die zehn Paulus-Briefe und das Lukasevangelium gelten und arbeitet die *Antithesen* aus, ein Handbuch, in dem er seine theologischen Prinzipien darlegt.

Er gründete eine eigene Kirche und konnte viele christliche Gemeinden des Mittelmeerraumes auf seine Seite ziehen. Um die Mitte des dritten Jahrhunderts verfiel der Markionismus und verschwand aus Europa in knapp 100 Jahren.

Für den um 85 n. Chr. geborenen Markion war das Böse im «rachsüchtigen Gott des Alten Testaments» verkörpert, und das Gute vom Jesus der Evangelien, dem guten Gott, der für uns am Kreuze starb, begabt mit einem leidensfähigen Körper, der für die Menschen sichtbar wurde, obwohl er nicht materiell ist. Durch den Kreuzestod bringt Jesus das Heil und kauft die Menschheit los vom schrecklichen Gesetz des alttestamentarischen Gottes. Aber erst am Ende der Zeiten wird sich der gute Gott zu erkennen geben und die Seinen retten, denn Jesus – der Christus – kann nicht gegen Jahwe kämpfen; jeder ist König in seinem eigenen Reich. Das ist die «Ewigkeit von Gut und Böse», der später auch der Manichäer Augustinus beipflichten wird[126].

Die Einstellung der Gnostiker zur Bibel und zum traditionellen Judentum ist immer feindlich. Zugleich entfernen sie sich mehr und mehr von der Orthodoxie der Evangelien.

Es ist schwer zu sagen, ob die Gnostiker es eher auf die Rabbiner oder die Kirchenväter abgesehen hatten. Vielleicht waren sie sich der eigenen Isolation bewußt, die größer und größer wurde, je deutlicher sich der Verfall der Mysterien ankündigte, die in exoterischer Prunkentfaltung erstarrten. Ihre Philosophie, die bei den christlichen Kirchen bald Hausverbot bekam, wurde mit der Zeit abstrakter und hermetischer, verschanzte sich hinter immer unverständlicheren Symbolen und distanzierte sich von den Schulen.

Wie ein Fluß, der plötzlich in der Erde versickert, tauchte auch die Gnosis in der Nacht der Zeiten unter, während sich über die politische und die Sozialgeschichte des Mittelmeerraumes ein schwerer, dunkler Vorhang senkte.

Erst viel später wird die Gnosis zu neuem Leben erwachen, um nach der Jahrtausendwende wieder an die Oberfläche zu kommen, im düsteren Licht der brennenden Scheiterhaufen, die uns die Inquisition beschert hat.

Kapitel 15

DAS HISTORISCHE UMFELD DER GNOSTIKER

Bevor wir im Buch der Geschichte umblättern und ein ganzes Jahrtausend überspringen, wäre es sicher recht nützlich, einen weiteren Blick auf die Gnostiker und ihr historisches Umfeld zu werfen, um eine Art Bestandsaufnahme dieser geistigen Bewegung zu versuchen.

Welcher Platz in der Geschichte fällt ihnen eigentlich zu? Die Vielfalt der gnostischen Systeme mit zum Teil stark voneinander abweichenden Thesen erschwert eine Antwort auf diese Frage. Doch gibt es auch hier einen gemeinsamen Nenner: unüberbrückbarer Gegensatz zwischen Gott, dem «Urgrund», und dieser Welt; himmlischer Ursprung des in der Welt verloren gegangenen «Ich» des Gnostikers, das sich nicht alleine befreien kann; der göttliche Ruf aus der Welt des Lichtes, überbracht vom Erlöser, errettet das Ich aus den Banden der Gefangenschaft; erst am Ende der Welt kehrt das Göttliche der Menschen in seine Heimat zurück. Dann gehen alle Gnostiker der Gemeinschaft ein in das Pleroma.

Ist die Feststellung dieses «gemeinsamen Nenners» ausreichend für eine Antwort?

Ohne den Schmelztiegel der Kulturen, den Alexandrien darstellte, eine Stadt, in der viele Gnostiker gelebt und gewirkt haben, können die Besonderheiten des Gnostizismus nicht richtig gewürdigt werden. Sie war die unbestrittene Metropole der antiken Geistigkeit, berühmt nicht nur wegen ihrer hervorragenden Bibliothek, sondern auch, weil ihre zahlreichen Philosophen- und Einweihungsschulen miteinander um die Gunst der Jugend aus aller Welt wetteiferten.

Auf der Suche nach der alten pharaonischen Weisheit schürten dort Orientalen das Feuer der buddhistischen Lehre; während die Griechen sich dem Judentum geistig näherten, entdeckten sie immer wieder neue, einleuchtende Parallelen zwischen den Osiris-Mysterien und der platonischen Philosophie. Und Neupythagoreer bekannten sich zu Neith oder Isis, nicht ohne vorher die leuchtende Fackel der Schule von Kroton in die Therapeutenklöster gebracht zu haben.

Diese vielfältigen Begegnungen zwischen den Geheimlehren aus Ost und West, zwischen Judentum, Urchristentum, Hellenismus und Mysterienkulten schufen ein besonderes Klima, in dem der Gnostizismus gedeihen konnte. Denn gleichzeitig hatte der Verfall der Mysterienweisheit, der nach und nach dem intuitiven Erkennen des Göttlichen im eigenen Herzen Platz machen sollte, eine Art Vakuum geschaffen: zwischen diesem «Nicht mehr» und diesem «Noch nicht» entwickelt sich das gnostische Denken als erste gruppenindividualistische Gottsuche der Religionsgeschichte und mit ihm entstehen die frühesten Kosmogonien des Abendlandes, die gleichzeitig philosophische und metaphysische Systeme sind. Denn mitten in die gnostische Entfaltung hinein ergeht der «Ruf» des Christentums an die Gnostiker. Sie lassen sich befruchten vom Christusimpuls und liefern das geistige Ferment für das Heranwachsen eines christlichen Europa.

Für lange Zeit bleiben die gnostischen «Kosmogonen» mit ihren Syntheseversuchen zwischen Religion, Philosophie, Metaphysik und persönlich erfahrenem Mysterium auch die letzten in Europa. Dafür hat schon die Kirche gesorgt mit ihrem geistigen und politischen Autoritätsanspruch und der Entwicklung eines Machtapparats in Rom. Doch war es in gewissem Sinn wohl auch gut so, denn in den ersten Jahrhunderten der neuen Zeitrechnung konnte das Christentum noch nicht tief genug eindringen in das «gnostische Denken». Erst tausend Jahre später, bei den Katharern, findet eine völlige Durchdringung von Gnosis und Christusimpuls statt.

Als europäische Kosmogonien im weiteren Sinn könnte man erst wieder einige der kabbalistischen Systeme bezeichnen (auch die Kabbala hat ja wichtige Impulse aus dem gnostischen Denken empfangen und war mit den südfranzösischen Katharern in Kontakt); auf einer anderen Ebene gilt das Gesagte auch für die Kosmogonie eines Rudolf Steiner, bei

dem gewisse gedankliche Ansätze der Gnostiker weitergesponnen werden.

Wieso konnte die Gnosis als lebendige geistige Strömung
der Spätantike nur relativ kurze Zeit wirksam sein und dann
plötzlich verschwinden, um erst so viel später wieder Früchte
zu tragen?

Wir müssen noch einmal nach Alexandrien zurückkehren;
uns vor Augen halten, daß die Mysterien nicht mehr geschützt
waren vor dem Zutritt Unbefugter. Die Barriere schwerer
Prüfungen war weggefallen, die Unwürdige früher abge-
schreckt hatte.

Vorbei die Zeiten, in der leichtfertige Kandidaten sich davor
fürchten mußten, als Krokodilfutter im Nil zu landen, wenn
man sie der Profanierung überführte. Längst waren die Riten
entweiht, der Kult zum Zeremoniell erstarrt. Die alten Symbole hatten ihre charismatische Bedeutung verloren, die Initiation war zur Farce verkommen, zum volkstümlichen Jahr-
marktsrummel, dessen Ehrengäste – natürlich vom Kaliber
römischer Befehlshaber mit ihrem Gefolge – in die Isis-,
Horus- und Mithrasmysterien eingeweiht wurden; ungefähr
so, wie man heute in Tahiti den Touristen die Blumenkränze
um den Hals hängt. Selbst die Würden höherer Grade – vom
einfachen Neophyten bis zum Hohepriester – wurden vergeben wie heute die Ritterorden.

Man darf nicht vergessen, daß der Mensch der damaligen
Zeit gar nicht mehr die gleiche Art von Einweihung erfahren
konnte wie sie noch im Alten Ägypten oder im Griechenland
eines Pythagoras üblich gewesen ist. Eine Lockerung des
Astralleibes nach altägyptischer Methode, auf dem Weg über
schwere Prüfungen, war in den ersten Jahrhunderten nach
Christi kaum mehr möglich oder wünschenswert wegen
erheblicher Gefahren für Leib und Leben. Denn in der Zwischenzeit hatte sich die Verbindung von Äther- und Astralleib
mit dem physischen Körper viel enger gestaltet. Die *neue Einweihung* ist erst durch Christus möglich geworden. Daß aus
dem äußeren ein innerer Christus werden muß, haben die
christianisierten Gnostiker ziemlich als erste erkannt, oder
besser gesagt, mit dem Herzen geahnt, wenn auch nicht

immer richtig umgesetzt. Dieses Wissen war der Kirche aber nicht genehm.

Die innere Entwicklung der Mysterien vom Esoterischen zum Exoterischen, der Verfall der Geheimlehren alter Prägung wird eher begreiflich, wenn man bedenkt, daß ihre Zeit endgültig vorbei war. Das innige Nebeneinander von Alt und Neu in Alexandrien, teils im Widerstreit und Wetteifer, teils in Ergänzung zueinander, führt zu einer Übertragung der tradierten, noch lebensfähigen Mysterieninhalte und -wahrheiten in den Weisheitsschatz der neuen Zeit und damit in das Christentum. Historisch gesehen war die gnostische Bewegung ein Gefäß, über das die von zeitgenössischen Denkern verarbeiteten Mysterienimpulse ins Christentum flossen, das sich teils in heftiger Gegenwehr damit auseinandersetzen mußte. Da die Befruchtung des Christentums durch gewisse Mysterienkulte (wie den Mithrazismus, der laut Steiner eine «Adventsreligion» ist und auf das Christentum vorbereiten sollte) nicht direkt gelang, mußte der schwierige Weg über ein Zwischenglied gewählt werden, das an und für sich schon *einen* Eigenwert hatte: die Gnosis. Im Grunde schöpft das heutige esoterische Christentum immer noch aus den damaligen fruchtbringenden Begegnungen zwischen «Alt» und «Neu» und kann sich so konsequent weiterentwickeln.

Andererseits drang durch den Verfall der Mysterien teilweise ein Wissen nach außen, das, unrichtig verstanden und aus seinem ursprünglichen Zusammenhang gerissen, zu einem beispiellosen Begriffswirrwarr führen mußte. Religion und Philosophie verflochten sich in einem heute kaum mehr vorstellbaren Synkretismus. Alle wollten wissen, alle wollten erkennen. Aber nicht das Beweisbare wollte man beweisen. Nein, man wollte das Unsagbare sagbar, das Ungreifbare greifbar machen, die geheimsten Winkel der Seele ausleuchten mit Hilfe des Worts. Nicht der Physik, der Metaphysik strebte man zu.

Nehmen wir Justin als Beispiel: im *Dialog mit dem Juden Tryphon*[127] berichtet er, nach Alexandrien gefahren zu sein, um sich an einer pythagoreischen Schule einzuschreiben. Sein Meister aber forderte von ihm die Lösung mathematischer und geometrischer Probleme, bevor er sich der eigentlichen, «wahren Philosophie» zuwenden dürfe. Er sei nicht gekommen, um Mathematik zu treiben, sondern Gott zu suchen, entgegnete ihm Justinus. Erst als er die Schule wechselte und sich bei den Platonikern einschrieb, fand er, was er suchte.

Platon war tatsächlich das Numen der gnostischen Denker. Die Lehren des Basilides, des Valentinus oder des Markion kennen trotz ihrer komplizierten Struktur doch einen «höchsten Gott» und diesem «untergeordnete Götter», wie wir das bei Platon finden. Im Grunde sind die Äonen nichts als Personifikationen aus der «Welt der ewigen Ideen»; und in den gnostischen «365 Himmeln» kann man den langen Weg der inneren Entwicklung durch alle Zyklen der Reinkarnation sehen, während *der Mythos der Sophia* ein ewiges, lebendiges Symbol war für die Notwendigkeit der «erleuchteten Erkenntnis»; die Seele der Gnosis selbst. Jedes Mysterium wurde analytisch zerpflückt. Was aber fehlte, war das Bindeglied zwischen himmlischem und irdischem Kosmos, oder wenn man so will, zwischen «Abstieg in das Mysterium des eigenen Leibs» und «Aufstieg in das Mysterium des Kosmos».

Als die christliche Botschaft von Palästina nach Alexandrien drang, war sie ein noch sehr junger revolutionärer Impuls. Den metaphysischen Abstraktionen begegnete sie durch Gleichnisse mit einem besonderen Reichtum an konkreten, aktuellen Inhalten; der Theorie stellte sie die Praxis entgegen, dem Haben und Wissen zog sie das Sein vor, statt eine Doktrin zu lehren, ermahnte sie zur Liebe.

Jesus, Retter und Messias, war der von der Vorsehung gewollte Schlüssel, der dem Gnostizismus gefehlt hatte, um Himmel und Erde, Oben und Unten, Philosophie und Religion wirklich miteinander zu versöhnen. Das Evangelium war die barmherzige Antwort auf «Jahwe» – den «schrecklichen Gott der Juden», wie er bei den Gnostikern hieß –. Mit ihm kam auch die innere Erfahrung einer neuen Einweihung; die Taufe durch das «Wasser» und durch den «Geist».

Und die Gnostiker ließen sich taufen; aus ihnen wurden Christen, Priester, Bischöfe, Meister der christlichen Lehre. Jesus war der Erlöser nach der Anschauung fast aller gnostischen Gruppierungen[128]. Aber sie gossen die neue christliche Lehre in eine andere Sprache als die Apostel. Die ungebildete Masse der Gläubigen vermochte ihnen nicht zu folgen. Noch waren die Christen nicht reif für ihre Botschaft. Ihre Interpretation der Evangelien wirkte skandalös. Der ewige Dualismus von «Gut» und «Böse» stand der allgemeinen Hoffnung auf ein «Paradies für alle» entmutigend entgegen.

So sah sich die Kirche genötigt, einen wahren Kreuzzug gegen den Gnostizismus zu entfesseln; es war eine Art Kulturrevolution, wo man, ähnlich wie in China, die Lanzen nicht für, sondern gegen die Kultur brach. Mit allen zur Verfügung stehenden Mitteln kämpfte die Kirche gegen die Gnostiker und war dabei nicht gerade zimperlich. Die Bischöfe schürten den Fanatismus der Masse und erreichten, was sie wollten.

Erst ein Jahrhundert später – mit Klemens von Alexandrien und Origines – begann auch die Kirche, gnostisches Gedankengut aufzunehmen. Doch behielt sie sich dieses nur zum »internen Gebrauch« vor. Man bediente sich des Gnostizismus, um seine Gläubigen besser «in den Griff» zu bekommen.

Auf dem Konzil von Nicäa wurde 325 n. Chr. endgültig der Stab über den Arianismus gebrochen, der die göttliche Natur Jesu leugnete. Dem elitären Gnostizismus erging es dabei nicht anders.

Das esoterische Wissen über den Christus als Emanation und Inkarnation des Logos behielt sich zunächst nur die kirchliche Hierarchie vor, während der Masse der christlichen Laien (von laikos – Unwissender, Bettler) bloß zu wissen erlaubt war, daß Christus, der aus einer Jungfrau geborene Sohn Gottes, für uns am Kreuz gestorben und dann auferstanden ist.

Kapitel 16

DAS JAHR TAUSEND

Das Jahr tausend verging, ohne daß sich die apokalyptischen Voraussagen der Pessimisten bewahrheitet hätten; das Weltende war um weitere zehn Jahrhunderte verschoben worden, bis auf heute.

Inzwischen hatte sich das Christentum über ganz Europa verbreitet wie ein Ölfleck auf dem Wasser. Die Christenheit fing an, sehnsüchtige Blicke auf den kargen Ursprungsort ihres Glaubens zu werfen: das Heilige Land.

Dem unaufhaltsam fortschreitenden Zerfall des Römischen Reiches versuchte die Kirche mit der Errichtung von selbstverwalteten Wehrklöstern zu begegnen, richtiggehenden, ganz auf sich alleine gestellten Festungen. Auf die moralische und gesellschaftliche Dekadenz des vierten Jahrhunderts hatte der heilige Benedikt mit seiner mutigen «Flucht aus der Welt» reagiert.

Nach acht ökumenischen Konzilen war eine fest strukturierte, kirchliche Lehre entstanden. Alle «unechten Keimlinge», d.h., die moralischen und philosophischen Überlegungen, die man in völliger Willkürlichkeit als Häresie bezeichnet und mit dem Kirchenbann belegt hatte, waren wie «Unkraut» ausgerottet worden.

Inzwischen hatte sich aber sogar das christliche Fußvolk hinausgewagt auf das rutschige Parkett des Denkens und dabei so manchen geistigen Fortschritt in gnostischer Richtung gemacht: Man war von Jesus auf den Logos und dann auf die «Heilige Dreifaltigkeit» gekommen.

Um das Verständnis des schwierigen kirchlichen Trinitätsbegriffes zu erleichtern, wurden 787 n. Chr. die Ikonoklasten auf dem zweiten Konzil von Nicäa verdammt, weil sie sich gegen die Darstellung der göttlichen Prinzipien in Menschengestalt gewehrt hatten. So gab man den Weg zum umstrittenen Kult der Heiligenbilder frei.

Die Masse der Christen erhielt mehr und mehr Gelegenheit, ihre Glaubenskraft am gemalten Bild des Vatergotts zu stärken, der den Sohn auf den Knien hält, meistens als kleines Kind, zu Häupten den Heiligen Geist – eine Taube mit geöffneten Schwingen, deren Hals, Kopf und Flügel ein Dreieck bilden; von dort fallen die «Strahlen der Weisheit» auf die Sitzenden.

Wie für das Judentum war der Vater immer der *Eine*, wenn auch nicht mehr der *Einzige*, denn jetzt erschien er gar *dreifach*: als *Ungeschaffener* und Schöpfer manifestierte er sich selbst durch Emanation in seinem *Sohne*, während die *Ennoia*, der göttliche, Erleuchtung spendende Gedanke des Vaters und des Sohnes, sich im *Heiligen Geist* vergegenwärtigte. Die Taube war ein Erinnerungssymbol und stand für den Heiligen Geist, der vom Vater auf den Sohn herabgesandt worden war bei der Jordantaufe Jesu durch Johannes.

Noch vor dem Jahr tausend war in den Reihen der kirchlichen Hierarchie eine gefährliche Krankheit ausgebrochen: Der Reichtum.

Die Bischöfe waren vermögend geworden und übten Macht aus, der Klerus erwies sich als reich und bestechlich. Immer mehr glich der Papst einem Hohepriester, immer weniger einem »Christus auf Erden». Vom Apostel der «Armut und brüderlichen Liebe» war nicht mehr viel übrig geblieben. Als Leo III. in der Weihnachtsnacht des Jahres 800 in der Peterskirche die Kaiserkrone auf das Haupt Karls des Großen setzte, bestätigte er mit dieser Geste den ungeheuren politischen Einfluß, über den er verfügte. Eine schmerzliche Folge davon war der lange Investiturstreit.

Auf dem vierten Konzil von Konstantinopel (869–870), das einberufen wurde, um die Einsetzung des Patriarchen Fotius wegen Rechtswidrigkeit für ungültig zu erklären, ließ die Kirche auch die Lehre von der «Trichotomie» oder dreifachen Wesensgliederung des Menschen verdammen. Offiziell bestand der Mensch jetzt nur mehr aus Seele und Körper. Der Geist war ihm aberkannt worden.

Vielleicht sahen sich die damaligen Konzilsväter «zu ihrem Bedauern» gezwungen, die ganze christliche Lehre zu vereinfachen, da Europa schon seit Jahrhunderten unter den Einfällen der «Barbarenstämme» zu leiden hatte, zu denen in sehr einfachen, geradezu kindlichen Worten gesprochen werden mußte. Für das schlichte Gemüt dieser Völker wären hochgestochene philosophische Begriffe fehl am Platze gewesen. Die Dogmen mußten anhand von einleuchtenden Beispielen erklärt, jede Wahrheit in konkrete, greifbare Tatsachen umgesetzt werden: warm und kalt, Tag und Nacht, Leben und Tod. Dann versuchte man, den Dualismus, der in der sichtbaren Natur spürbar wird, auf die unsichtbare Ebene zu übertragen: gute und schlechte Handlungen, Gut und Böse. Schließlich erweiterte sich der Horizont: der «Himmel» war der Wohnsitz Gottes, die «Erde» der Wohnsitz der Menschen. *Gott der Vater*, unser aller Schöpfer, stand dem Menschen gegenüber, als dem *Sohn* und Geschöpf. «Seele» war der unsichtbare, unsterbliche, «Körper» der sichtbare, sterbliche Teil des Menschen.

Für das *Pneuma*, die im Menschen verborgene Gottähnlichkeit, gab es keinen Platz mehr in diesem vereinfachten Weltbild einer ungebildeten Gesellschaft.

Natürlich verdammte das Konzil nicht den Apostel Paulus, der in seinen Briefen mehrfach die Untrennbarkeit dieser drei menschlichen Wesensglieder betont hat: «... Der Gott des Friedens heilige euch ganz und gar und bewahre euren Geist, eure Seele und euren Leib unversehrt, damit ihr ohne Tadel seid, wenn Jesus Christus, unser Herr, kommt» (I Thess. 5, 23). Von diesem Augenblick an wurde selbst der eifrigste Apostel zum Problem; der «Segen und Gruß» dieses *Ersten Briefes an die Thessalonicher* wird immer noch ungern gesehen, denn bis heute hat die Kirche vergessen, den Geist zu rehabilitieren.

Der Mensch ist also «Körper und Seele»; ein Geschöpf aus «Licht und Schatten», aus «Korn und Lolch», aus «Reinheit und Unreinheit».

So nahm denn die Kirche zu an weltlicher und geistiger Macht.

«Schon einmal – beim Untergang des Römischen Reiches – hatte sich die Bischöfe als *defensores civitatis* betätigt, um die abendländische Kultur zu retten. Das was im 4. Jhd. seine Berechtigung hatte, war im 12. und 13. Jhd. eine schwere Belastung des Glaubenslebens: *Über das Bild des Priesters schob sich immer mehr das Bild des Richters...*»[129] Denn 1199 hatte Papst Innozenz III. in Viterbo ein Dekret verkündet, das dem Prinzip der Enteignung den endgültigen, juristischen Status gab, dank einer Übertragung des altrömischen Staatsbegriffes auf die Kirche; womit sich die Kirche als höchstes Gericht auf Erden betrachtete und für sich das Recht in Anspruch nahm, Güter von Personen zu beschlagnahmen, die sich der Ketzerei schuldig gemacht hatten. Dem Papst zufolge rechtfertigte sich das Eingreifen der Kirche auch gegen Personen, die Ketzer Ketzer sein ließen und nicht aktiv gegen sie vorgingen. Entschuldigt waren sie selbst dann nicht, wenn diese «Ketzer» friedliebende, moralisch hochstehende Menschen schienen. Denn an ihnen haftete der Makel, an den «Geist» zu glauben.

So konnte denn Innozenz III. an den Grafen von Toulouse schreiben[130], «Wenn wir euer Herz öffnen könnten, würden wir dort die abscheulichsten Schandtaten finden, die ihr begangen habt [...] Welcher Hochmut hat sich eures Herzens bemächtigt, und welcher Wahnsinn, böser Mensch, [...] daß ihr von den göttlichen Gesetzen abweicht, um euch mit den Feinden des Glaubens zu verbinden? [...] Seid ihr sicher, einen Katharerbischof zu finden, der die Überlegenheit eurer Religion über die katholische Religion dartun könnte? Obgleich ihr schwer gesündigt habt, gegen Gott, gegen die Kirche, wie auch gegen micht selbst, warnen wir euch, indem wir der Verpflichtung folgen, heimzuholen die Verirrten, aufzurichten die Gestrauchelten, und befehlen euch, unverzüglich Buße zu tun, entsprechend euren Fehlern, andernfalls lassen wir euch die Domäne wegnehmen, die ihr von der römisch-katholischen Kirche zu Lehen habt, und wir vereinigen uns mit allen Fürsten, die sich gegen euch wenden, wie gegen einen Feind Christi, und geben ihnen die Erlaubnis, alle Länder behalten zu dürfen, deren sie sich bemächtigen können.»

Allerdings war sich auch der Papst im klaren darüber, daß es um die Moral und Sittenstrenge seines Klerus nicht gerade zum besten stand. Für die Bekehrung der Ketzer muß also deren religiöser Überlegenheit Rechnung getragen werden. «Man muß predigen und vor allem exemplarisch predigen», steht in seiner Bulle vom 31. Mai 1204. «Hierzu sind Aufrichtigkeit und Sittenreinheit notwendig, damit nichts in euren Äußerungen und in euren Taten die Mißbilligung der Ketzer finden kann».

Trotz der Subtilität der Methode war ihr aber kein Erfolg beschieden. Und so ging alles seinen tragischen Gang.

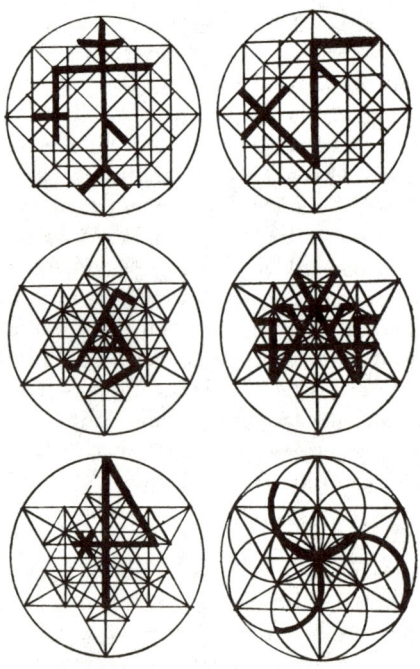

Gotische Steinsiegel

Kapitel 17

DIE KATHARER

Wie jede Häresie, hat auch die katharische ihren Ursprung und ihre Wurzeln, wobei ersterer in einem Erkenntnisproblem liegt: Die Ergebnisse, die Anspruch auf Wahrheit erheben, können untereinander nicht zur Übereinstimmung gebracht werden. Früher sind die «Einsichten» in einer passiven Seelenhaltung als Offenbarung empfangen worden, später wurden sie bewußt und begrifflich mit dem Denken verarbeitet. Die Katharerbewegung gerät nun in diesen Konflikt zwischen zwei Erkenntnisformen und zerbricht letztlich auch daran. (Man soll nicht glauben, daß dieses Problem etwa heute schon bewältigt wäre!)

Als historische Wurzeln (oder vielleicht eher «Quellgebiet») könnte man den Manichäismus und die gnostischen Bewegungen bezeichnen, die aus verschiedenen, verborgenen Kanälen plötzlich an die Oberfläche brechen. Inkubationsort waren die zahlreichen Konventikel, in denen sich (meistens hochgestellte) Privatpersonen trafen, um religiöse und mystische Fragen anhand von Bibeltexten zu diskutieren. Diesem Konventikelwesen wurde noch nicht genügend Beachtung geschenkt, aus ihm sind um das Jahr tausend zahlreiche Ketzerbewegungen hervorgegangen. Wasser auf die Mühle solcher ethisch meist sehr hochstehender Gruppierungen, die sich auch im Alltag um wahre Brüderlichkeit bemühten und Christus nachleben wollten, war die unvorstellbare Korruption und das Machtstreben des Klerus.[131]

Etwa zur gleichen Zeit predigte ein Zisterziensermönch aus Kalabrien, Joachim von Floris († 1202) das Heraufdämmern des Geist-Reiches. Nach ihm unterteilt sich die Menschheitsgeschichte in eine (dem strengen Gesetz unterworfene) «Zeit des Vaters» die abgelöst wird von der (den Evangelien unterstehenden) «Zeit des Sohnes». Die dritte, nun anbrechende Epoche sei die «Zeit des ewigen Evangeliums». Der Einfluß dieses spirituellen Mystikers beschränkte sich aber eher auf die Geistlichkeit und die Künstler.[132] Über Dante (der ihn ins Paradies versetzt (*Paradiso* XI, 40) geht er zu den Fedeli d'Amore. Seine Werke wurden, nach anfänglich positiver Beurteilung durch die Päpste Luzius III. und Urban III., am vierten Lateran-Konzil mit dem Bann belegt. Wir führen ihn an, um die Vielschichtigkeit des neuen religiösen Aufbruchs zu zeigen, an dem auch die Katharer teil hatten. (Zwischen Floris und katharischem Gedankengut scheint es strecken-weise eine gewisse Nähe zu geben.)

Solange die «Irrlehren» keine Bedrohung für die Mächtigen darstellten, weil sie über theologische Gespräche im kleineren Kreis nicht hinausgingen, zog die römische Kirche es vor, sie nicht zur Kenntnis zu nehmen. Wurden sie hingegen allzu aufrührerisch und lästig, so pflegte Rom sie zu verurteilen. Nach dem Jahr tausend führte die inzwischen mächtig gewor-dene Kirche einen vernichtenden Schlag gegen sie.

Historisch gesehen, muß die sich aufs Evangelium beru-fende waldensische Bewegung strikt getrennt werden von der eigentlichen Lehre der Katharer, die aus manichäisch-gnosti-schen Quellen schöpft. Waldus dagegen war ein Reformator. Seinem Wirken entspringt die «*Sekte jener, die man Walden-ser oder Arme von Lyon nennt*».[133] Das katharische Christen-tum wieder ist betont mystisch. Eine Mystik auf der Suche nach Einheit durch Verinnerlichung in dieser Welt des Ver-mischten, der Dualität von Gut und Böse[134]. Dieses Ziel kann nur durch Askese erreicht werden. Askese und Enthaltsamkeit machen Kräfte im Körper frei, die sonst in der Triebbefriedi-gung gebunden sind, hier jedoch verwendet werden sollen, um den Menschen wieder rein werden zu lassen. Das ist die Erlö-sung von der Materie in einer Welt der Materie, in der man verweilt, um den Unerlösten zu helfen.

So verschieden Waldenser und Katharer auch sind – gemeinsam ist ihnen die kritische Haltung gegenüber den Mißbräuchen der klerikalen Kirche und das unmittelbare, aktive Erleben eines urchristlichen Miteinanderteilens. Und nicht zuletzt die Verurteilung, die sie sich unter dem Sammelnamen «Albigenser» von seiten der offiziellen Kirche am Konzil von Tours im Jahr 1163 gefallen lassen mußten. 1208 ordnete Papst Innozenz III. eine harte Strafexpedition gegen die «Ketzer» an, bekanntgeworden als «Kreuzzug gegen die Albigenser», der düstere Schatten auf unsere Geschichte wirft. Im geistigen Vorfeld dieses Kreuzzugs spielte Dominik von Guzman, der berühmte heilige Dominik eine gewichtige Rolle, obwohl er selbst ein Gegner jeder bewaffneten Auseinandersetzung war und sich eigentlich nur in der Bekehrung von Ketzern hervorgetan hatte. Seine persönliche Ausstrahlung – halb Eiferer, halb Visionär – und seine Sittenstrenge ergaben das Bild einer charismatischen Persönlichkeit, die der Papst zur «Verteidigung des wahren Glaubens» geschickt einzusetzen vermochte.

Da wir uns hier aber auf die Darstellung der katharischen Esoterik beschränken, verzichten wir auf eine Schilderung der historischen Folgen dieses Kreuzzugs, die zum Triumph des an Kultur und Vermögen ärmeren Nordens über den reichen, kultivierten Süden Frankreichs geführt haben. Wenn man von vereinzelten Gesten echter Nächstenliebe absieht, haben sich die beutegierigen Kreuzritter Innozenz' III. jedenfalls um kein Haar besser benommen, als einst die Horden Attilas.

Wirklich verständlich werden unsere Ausführungen erst, wenn wir die Zeit um einige hundert Jahre zurückdrehen, bis in die ersten Jahrhunderte der christlichen Zeitrechnung, als der Gnostizismus die Lehren Zoroasters oder Zarathustras wieder aufgriff. Der 216 in Babylonien geborene Mani, der im Reich der Sassaniden zum Begründer einer neuen Erlöserreligion aufstieg, in der judenchristliche, gnostische, indische und persische Elemente zur Synthese gebracht wurden, beanspruchte, in seiner Religion die wesentlichen Aspekte aller Heiligen Schriften und aller Weisheit integriert zu haben.

Im Unterschied zu anderen Religionsstiftern bemühte er sich um einen universalen Glauben, der nicht bloß den Initiierten vorbehalten sein sollte. Jesus räumte er eine zentrale Rolle ein, von den Indern übernahm er die Seelenwanderung, von den Persern den Dualismus Licht-Finsternis und den eschatologischen Mythos. Von Manis *Kanon*, insgesamt sieben Traktaten, einer persisch, die anderen syrisch oder ostaramäisch, sind uns nur wenige übersetzte Fragmente erhalten. Der Manichäismus war eine äußerst erfolgreiche Religion mit einem großen Verbreitungsgebiet, im Westen bis nach Spanien, im Osten bis nach China. Eliade spricht mit Recht von ihm als der «iranischen Ausdrucksgestalt der Gnosis in synkretistischer Epoche»[135].

Der Kontakt der Katharer mit manichäischem Gedankengut über die Bogumilen ist erwiesen; vielleicht gibt es auch noch andere Kanäle[136]. Jedenfalls finden wir die Ausprägung des manichäischen Erlösungsgedankens (der gnostisch ist) ebenfalls bei den Katharern. Mit der dreifachen «Versiegelung»; von Mund, Hand und Herz, kann und muß die Körperseele zum Licht aufsteigen, um die Erlösung zu erlangen (*signaculum oris, signaculum manus, signaculum sinus*). Jede Versiegelung ist bei den Katharern gleichbedeutend mit einer asketischen Regel und einem Verzicht. Die Versiegelung des Mundes geht einher mit dem Verzicht auf unreine Speisen (Fleisch, Eier, Milchprodukte). Die Versiegelung der Hand mit dem Verzicht auf persönlichen Besitz und Gewinnstreben. Die Versiegelung des Herzens ist verbunden mit dem Verzicht auf jegliche eheliche oder außereheliche sexuelle Beziehung.

Hierin spüren wir den Manichäismus. Selbst der heilige Augustinus formte sich geistig in dieser Schule, bevor er zu ihrem erbitterten Gegener wurde. So zeigen sich im Europa der Jahrtausendwende geistige Strömungen, wie sie uns schon zu Beginn der christlichen Ära in esoterischen Lehren und synkretistischen Gruppierungen entgegentreten. , die aus der Synthese zwischen Christentum, Judentum, griechisch-römischer Antike und persischen wie indischen Einflüssen aufblühten. Die Katharer- «Häretiker der Reinheit»- sind, als Träger dieser Impulse, Zeugen einer uralten, im Feuer des Evangeliums erneuerten und geläuterten Botschaft.

Ihre Häresie spricht (möglicherweise) dem Vater als dem Ur-Einen eine unendliche Vielfalt von Söhnen oder Emanationen[137] zu: Gott, der oberste Schöpfer, schuf zuerst die höchsten der Engel; und diese sorgten sich ihrerseits – dank der vom Vater erhaltenen Macht – um die Entfaltung aller übrigen Engel, wobei die Engelhierarchien nach ähnlichen Gesichtspunkten gegliedert scheinen (nach Werten und Tugenden), wie Dionysios Aeropagites dies in seinem Buch von den «Himmlischen Hierarchien» festhält (*Tres ouranias hierarchias*), das sich seit dem siebenten Jahrhundert großer Beliebtheit erfreute; drei Triaden mit insgesamt neun Namen reichen von den Seraphim oder «Geistern der Liebe» bis zu den unmittelbar über den Menschen stehenden Angeloi, zu denen die Schutzengel gehören.

Der zehnte Name ist der des Menschen, der dank Christi eine zehnte Stufe, die vierte Hierarchie, bilden wird.

Die Engel der beiden höheren Triaden sind für die Katharer «Äonen», mit einem verklärten, himmlischen Körper ausgestattete, göttliche Wesenheiten, deren Reich in der Nähe des Vaters liegt, jenseits von Sonne und Mond.

Die Theosophen, die sich auf den orientalischen Okkultismus berufen, haben später bestimmte Bereiche dieser immateriellen Welt der himmlischen Hierarchien *Devachan* genannt.

Jesus und der Heilige Geist sind hypostatische, also direkte, wesensgleiche Emanationen der göttlichen Substanz; wichtig ist noch die Rolle der anderen «Söhne», der Engel und Erzengel, die dem Menschen direkt beistehen in seinem Kampf um Reinheit auf Erden.

Die subsolare und sublunare Welt – die «Noosphäre» Teilhard de Chardins- gehört Angra-Mainyu, dem Ahriman oder Satan, auch «Fürst dieser Welt» genannt. Der Schlauheit Ahrimans ist es gelungen, eine Schar von Engeln hinter sich herzuziehen, wie es in der *Apokalypse* (12,4) vom Drachen heißt: «Sein Schwanz fegte ein Drittel der Sterne vom Himmel und warf sie auf die Erde herab». Dann hat er meisterhaft die vier symbolischen Elemente zur Mischung gebracht: Erde, Wasser, Luft und Feuer; und zuletzt seine Schöpfung mit «Sonne, Mond und Sternen» gekrönt, wie wir sie heute kennen.

Die Katharerin Wilhelmine von Montgiscard erklärte in dem Verhör, dem der Bischof sie unterwarf: Sollte der Teufel die Welt gemacht haben, dann sicherlich nur mit der Zustimmung Gottes, denn nichts könne je erschaffen werden gegen den Willen des Höchsten, weder im Himmel noch auf Erden.[138]

Demnach ist die Welt das Reich des Widersachers. Der Teufel wirkt hier auf Erden, mit uns und in uns. Es existiert keine andere Hölle für die Seele, als die innere Verstrickung in dieser «Welt der Mischung», in der Ahriman wirkt. Weil aber die Hölle gar nichts Wirkliches ist, gibt es für die Seele auch keine echte Verdammnis.[139] Die Seele trägt während ihrer verschiedenen Inkarnationen die begangenen Sünden ab; doch nicht die Erbsünde Adams wird abgearbeitet, sondern die persönlichen Vergehen, die Folgen eigener Unvollkommenheit sind. Um den in der Finsternis inkarnierten Menschenseelen zu helfen, fragte Gott eines Tages die himmlischen Hierarchien, wer in das Reich Satans hinabsteigen wolle. Als Christus sich anerbot, machte ihn Gott zu seinem auserwählten Sohn.

Es kam der Menschensohn, zu retten, was verloren war; und er brachte jedes Schaf zurück.[140] So wohnte der Sohn Gottes im Körper des Menschensohns, um zu erlösen, was dem Tod geweiht schien, und die Herde vor dem Bösen in Sicherheit zu bringen.

Wenige hörten auf ihn, viele verspotteten ihn. Zuletzt wurde er gefangengenommen, verurteilt und hingerichtet von den Jahwe-Priestern, die Ahriman angestiftet hatte. Aber der Gekreuzigte war nicht der wahre Jesus; war nur dessen Hülle, der Menschensohn. Denn der Gottessohn hatte nach der Schmach des Kreuzestodes seinen himmlischen Leib zurückgewonnen und war zum Vater heimgekehrt.

So hat sich die Menschheit mit einer unauslöschbaren Schuld befleckt: Dem Versuch, den Sohn Gottes zu töten. Daher können die Seelen, die sich nicht gereinigt und erneuert haben, mit dem Tod nicht zum Vater ins Himmelreich aufsteigen. Sie müssen noch büßen. Weil es aber kein Fegefeuer gibt (*Ignis purgatorii non est; non est Purgatorium*), müssen sie in der von dämonischen Kräften beherrschten Hölle des irdischen Lebens ausharren und nochmals inkarnieren.

«Deine Seele ist schon in mehr als hundert Leibern gewesen

und wird sich in ebenso vielen wiederverkörpern», sagt ein Katherer zu seinem Folterer. «Der Heilige Paulus war zweiunddreißigmal reinkarniert», erklärt ein anderer Ketzer während seines Verhörs.[141]

In den Katharern scheint sich der Doketismus der Gnostiker fortzusetzen, das Erlösungswerk Christi auf der Erde ist für sie eine geistige Tatsache, eine aus der höheren Welt herüberwirkende Realität. Denn der Gottessohn starb den Kreuzestod nur zum Schein. An seiner statt starb jener Mensch, der ihm die Hülle des äußeren Menschseins geliehen hatte. Das zumindest läßt sich aus den vorhandenen Unterlagen schlußfolgern.[142]

Außerdem sind die Katharer der festen Überzeugung: *Christus non est equalis Patri*; Der Christus gleicht nicht dem Vater. Aber vor dem Inquisitionsgericht leugneten die Katharer die Dreifaltigkeit nicht ab, im Gegenteil, sie bestätigten sie, denn für sie waren der Sohn und der Heilige Geist eine «Emanation Gottes», nicht eine Schöpfung aus dem Nichts.[143]

«Schwöre», sagte dann der Inquisitor und reichte dem Angeklagten das Evangelium.

Hier verriet sich der Häretiker und besiegelte damit sein Schicksal. Folter und Scheiterhaufen waren ihm jetzt sicher. Denn die Lehre verbot ihm, je einen Schwur zu leisten.[144] Ähnlich wie die Essener mußten auch die Katharer bei ihrer Einweihung feierlich versprechen, niemals zu schwören. Das Ja oder Nein des Esseners galt mehr, als der Schwur des Heiden. Das Ja oder Nein des Katharers wog schwerer, als der Eid des Katholiken.

Für die Katharer war auch die *Jungfrau Maria* eher mystische Enthüllung als äußere Wirklichkeit. Sie sahen in ihr die Gesamtheit aller Äonen, die immaterielle Matrix der Engel; ja, die Gemeinschaft der Katharer selber konnte als «Jungfrau Maria» aufgefaßt werden, gingen aus ihr doch die «Söhne Gottes», die Reinen, die Vollkommenen hervor. Diese Jungfrau Maria ist gleichbedeutend mit der *Sophia* als «göttlicher Weisheit».

Hundert Jahre später hat eine andere Bewegung die «engelgleiche» Frau zum Symbol der Wahrheit und der Weisheit erhoben; auch den Dichtern des Stilnovismo[145], die in liebender Verehrung nach göttlicher Weisheit trachteten, wurde die Sophia zum erhabenen Ideal. Die höchste Einweihungsstufe der Katharer erreichte man erst durch den «Empfang» des «Consolamentum» oder «Geisttaufe», jener inneren «Tröstung», die man nicht zu spenden vermag wie ein Sakrament, auf die man nur vorbereiten kann, denn sie ist mit einem Mysterium verbunden: Dem Niedersteigen des «Geistes» auf die gereinigte Seele.

Bis zum *Consolamentum*[146] war es ein langer, mühevoller Vorbereitungsweg, der den Novizen Schritt für Schritt der Reinheit näherbrachte. Die erste Stufe entsprach dem «croyant» oder «Gläubigen», die höhere dem «parfait» oder «Vollkommenen». Eingeweihte höchster Ebene, von denen es nur wenige gab, die bons-hommes oder bonnes-femmes (die Gut-Leute), Kräuter- und Naturkundige, wirkten zum Wohl der Allgemeinheit, indem sie Menschen und Tiere heilten, die Bauern lehrten, Saat- und Erntezeiten nach den kosmischen Rhythmen auszurichten, vor Gericht als Schöffen auftraten und oft als Hauslehrer die Kinder von Adeligen oder Bürgern unterrichteten.

Nach der katharischen Lehre ist die Welt vom Prinzip des Bösen beherrscht. Frei wird die Seele nur dann, wenn es ihr gelingt, sich aus der Vestrickung noch während des Erdenlebens zu lösen durch die Katharsis, das Reinwerden, das Ablegen des Bösen wie ein schmutziges Gewand. Dann muß sie nicht nochmals inkarnieren aus innerem Zwang. Doch darf sie das freiwillig tun, um den Schwachen Hilfe und Tröstung zu bringen.

Auf dieser Stufe angelangt, fürchtet man den Tod nicht, denn man weiß, er ist nur das Tor zur reinen Welt des Geistes. Kein Wunder, daß man die Katharer, die ihre Mysterien nie preisgegeben haben, auch unter der größten Folter nicht, verleumdet und verteufelt hat, teils weil man sie nicht verstehen konnte, teils weil es im Interesse der römischen Kirche war, ihre Opfer schlechtzumachen. «Unter den Katharern», schreibt ein Chronist des XIII. Jahrhunderts, «gibt es Leute, die sich die Adern öffnen, um im Bad zu sterben, und andere wiederum, die freiwillig Gift zu sich nehmen».[147] Man hat ihnen tatsächlich nachzusagen versucht, der Selbstmord gelte bei ihnen als schnellster und sicherster Weg in den Himmel. Man hat sogar die *Endura* (was auf occitanisch «Fasten, Kasteiung» bedeutet) auszulegen versucht als ein sich langsames Verhungern-Lassen. Das ist die Folge davon, daß die meisten Berichte über die Katharer, auf die wir uns historisch abstützen müssen, von der gegnerischen Seite stammen. Katharische Quellen sind nur sehr wenige erhalten, u.a. ein schönes Ritual, das in Lyon verwahrt wird. Und auch diese Texte enthalten nicht die esoterischen Lehren.

Was war *Endura* nun wirklich?

In Rahns *Kreuzzug gegen den Gral*, wo eine Beziehung zwischen Katharern und keltischem Druidentum über den Arianismus angenommen wird, bedeutet die *Endura*, von außen gesehen, ein langes, strenges Fasten, dem man sich vor und nach dem Empfang von *Consolamentum* zu unterziehen hatte. Aus der Sicht Eugen von Rolls ist *Endura*, mehr innerlich, das (oft als schmerzlich empfundene) zeitliche Auseinanderklaffen zwischen «Geburt» in der geistigen Welt und «Tod» in der irdischen . . .

Die «Häresie» der Katharer erschließt sich – wie ein *Puzzle* – aus unter der Folter erpreßten Geständnissen; hinter jedem Wort steht ein Schmerzensschrei, hinter dem Mosaik ihrer Botschaft das vergossene Blut der Opfer.

Wer nach Vorgesprächen mit seinem künftigen Meister Bereitschaft zeigte, den Weg der Reinigung zu gehen, durfte sich «Gläubiger» nennen. Ihm wurden die auf unsere Leiblichkeit zurückgehenden Sünden tolerant nachgesehen. Die Ehe war den «croyants» erlaubt, sie durften auch Kinder zeugen. Die Gläubigen hatten ein langes, schwieriges Laiennoviziat durchzumachen, wenn sie die Stufe des «Parfait» erstrebten.

«Der Neophyt Wilhelm Tardieu», heißt es weiter in der Chronik, «empfand große Bewunderung für den Vollkommenen, dessen Führung er anvertraut war. Morgens und abends warf er sich diesem zu Füßen und erbat einen Segen, damit er Kraft genug aufbrächte, um rein zu werden.»

Erst wenn der «Gläubige» von seinem Meister für würdig

erachtet wurde, war er reif um einen höheren Weihegrad zu empfangen.

Die äußere Form des *Consolamentum* war sehr einfach. Der Meister legte seine Hände auf das Haupt des Neophyten und ließ ihn folgende Formel nachsprechen:

«Ich verspreche, mich Gott und dem Evangelium ganz zu weihen, weder zu lügen noch zu schwören, keine Frau anzurühren, kein Tier zu töten, kein Fleisch, keine Eier und keine Milchprodukte zu essen, mich nur von Gemüse und Fisch zu ernähren, nichts zu tun, ohne das Vaterunser gesprochen zu haben, nicht ohne einen Gefährten zu reisen, an irgendeinem Ort die Nacht zu verbringen oder zu essen; wenn ich meinen Feinden in die Hände falle und dabei von meinem Bruder getrennt werde, mich wenigstens drei Tage lang jeder Nahrung zu enthalten, nur angekleidet zu schlafen und meinen Glauben auch bei Todesdrohung nicht zu verleugnen.»[148]

Dies war das äußere Zeichen für die innere Tröstung durch den «Höchsten Geist», das Mysterium, das sich nun in der Seele des Neophyten ereignen sollte: Der «Heilige Geist», der «Geist des Parakleten», der durch die irdische Inkarnation des Neophyten von der Seele getrennt worden war, vereinigte sich jetzt wieder mit ihr, sprach sie frei von Schuld, stand ihr schützend bei im Exil des Körpers, ihr die Rückkehr in die himmlische Heimat versprechend.

Wer das Mysterium der Tröstung wirklich empfangen hatte, für den mußte auch der Tod jeden Schrecken verlieren, bezeichnete er doch den Übergang in die *reine* Welt.

Völlig falsch wäre es, das Keuschheitsgelübde der «Parfaits» als lebensfeindlichen Akt zu deuten, oder gar zu meinen, sie lehnten die Zeugung von Kindern ab, weil das der Zeugung von Körpern gleichkäme, die zum Sündengefängnis anderer Seelen würden. Denn nach dem Glauben der Katharer war ja gerade der Erdenweg durch die gefallene Welt der Materie das Mittel zur Reinigung für die büßenden Seelen. Es ging ja darum, die gefallenen Lichtfunken aus der Finsternis zu erlösen, und das konnte man, indem man rein wurde, indem man die menschlichen Instinktkräfte in den Dienst des Höheren stellte. So läuterte man die Seele, ließ Dunkel und Unrat der

Welt hinter sich zurück.

«Die verbotene Frucht», lehrte Pierre Garsia aus Toulouse, «das war einfach die fleischliche Lust, die *delectatio coitus*, die Adam seiner Gefährtin bot.»[149]

Deshalb erlernte der Eingeweihte Techniken, die ihm erlaubten, für «innere Reisen» die Seele aus dem Körper austreten zu lassen. Was hier erstaunt, ist die Nähe zum indischen Yoga: man konzentriert sich bei völliger Regungslosigkeit, nimmt die Meditationshaltung des «Lotossitzes» ein, zeigt sich absolut unempfindlich gegen äußere Reize, usw.

Von den Manichäern hatten die Katharer auch die Hochachtung vor dem Leben alles Geschöpflichen. «Ein Tier zu töten ist ein Verbrechen», mahnte Garsia. Aus denselben Gründen verurteilten die Albigenser den Krieg in jedeweder Form.

Während des zehnjährigen Kreuzzuges gegen die Gemeinschaft nahmen nur die «Gläubigen» Waffen zur Hand, um sich zu verteidigen. Die «Vollkommenen» durften dies nicht tun. Sie beteten für ihre Brüder, spendeten ihnen «Trost» und halfen ihnen, «gut hinüber zu gehen».

Aber bei den Inquisitionsprozessen, die nach dem Kreuzzug noch etwa hundert Jahre andauern sollten, anerboten sich gerade die «Vollkommenen», anstelle der «Gläubigen» die Scheiterhaufen zu besteigen. Die Sehnsucht nach der Rückkehr in die Vergeistigung veranlaßte sie zu dieser Selbstaufopferung vielleicht fast so sehr wie das Wissen, daß die «Gläubigen» noch eine gewisse Zeit auf Erden brauchten, um den Grad der «Vollkommenen» zu erreichen. Doch ihr Opfermut vermochte die anderen nicht zu retten.

So endete die Bewegung der Albigenser, die als hoffnungsvolles Erneuerungsbestreben der europäischen Religiosität, als Protest gegen die Korruptheit der offiziellen, machtlüsternen Kirche begonnen hatte, mit dem tragischen Kollektivmord an den geschmähten Häretikern. Und mit ihnen brach die ganze großartige Kulturblüte des französischen Südens zusammen, der sich dem Norden politisch beugen mußte. Aus diesem Kampf ging die Kapetinger-Dynastie gestärkt hervor.

Das Ende der Katharer hinterließ in Europa eine große geistige Leere, eine Lücke, die nicht wieder ausgefüllt wurde. «In Montségur», lesen wir weiter in der Chronik, «sind dreihundert Ketzer im weißen Gewand auf den Scheiterhaufen gestiegen, sie hielten sich an der Hand und sangen Hymnen, um ihren Glauben nicht zu verleugnen.»[150]

Es hat keinen Sinn, wenn wir jetzt die Kirche von damals zynisch und grausam schelten. Die heutige Kirche ist nicht mehr die eines Innozenz III; oder eines päpstlichen Gesandten Amaury, der seinen verblüfften Soldaten auf dem Stadtplatz vor den zusammengetriebenen Bürgern von Béziers zugerufen haben soll: «Tötet sie alle, Gott wird die Seinigen schon herausfinden!»

Heute verstehen wir unter «Kirche» nicht bloß den Klerus. «Kirche» ist die Gemeinschaft aller Gläubigen, die an den einen Gott glauben. Gerade eine solche Kirche bedarf heute mehr denn je der Reinheit; sie braucht das *Consolamentum*.

Kapitel 18

DAS GEHEIMNIS DER TEMPELRITTER

Über die Templer ist viel, wenn nicht allzuviel, geschrieben worden. Besonders Frankreich scheint dieses Thema als seine ureigenste Domäne zu betrachten. In den letzten Jahren sind in Paris Dutzende von Büchern über den Ritterorden erschienen, zum Teil mit marktschreierischen Titeln in ziemlich sensationslüsterner Aufmachung.

Aber selbst die Franzosen wissen nicht mehr als wir und müssen sich auf ihre Phantasie verlassen, wenn sie zwischen den Zeilen der bekannten Ordensregeln und Statuten ein okkultes Pflichtenheft für den engsten Kreis der Auserwählten herauszulesen suchen.

Obschon bekannt ist, daß der Ordensgründer einer italienischen Familie Salernos entstammt, verlegen moderne französische Autoren seine Geburt noch immer in die Champagne. Für sie heißt er nach wie vor Hugo de Payens statt Ugo de Paganis.

Diese menschlichen Schwächen eines Lokalpatriotismus werden immerhin wettgemacht durch das Verdienst, ziemlich viel Licht in das Dunkel der Ordensgeschichte gebracht zu haben. Denn zumindest die äußeren Ereignisse sind für das heutige Auge kein undurchdringlicher Dschungel mehr, trotz der zahlreichen Dokumentenfälschungen, die Philipp der Schöne in einem großangelegten politischen Ränkespiel veranlaßt hat. Ob ein kleiner Kreis von Eingeweihten aber ein inneres Geheimnis besessen hat, eine Art Mysterium, das wissen wir nicht, obwohl sich über die Jahrhunderte hinweg hartnäckig Gerüchte gehalten, diverse Theorien gebildet haben.[151] Nicht einmal unter der Folter oder am Scheiterhaufen haben die Tempelritter etwas Derartiges bekannt.

Vielleicht könnte ein eifriger Forscher in den Archiven des

Vatikan irgendein verschollenes Büchlein, ein paar Pergamentblätter finden, die den Schlüssel zu diesem esoterischen Geheimnis enthalten. Das ist zwar nur Hypothese, voller Wenn und Aber. Es darf ja kein Laie wagen, ernsthaft nach etwas zu suchen, was die Kleriker lieber ignorieren möchten.

Wer waren die Templer? Mönche mit dem Schwert in der Hand. Eine Neuheit in der Kirche Europas (wenn man von den besonderen Verhältnissen auf der Iberischen Halbinsel absieht, die ja auch aus den Händen der Ungläubigen befreit werden mußte. Dort finden wir einen ähnlich missionarischen Pioniergeist).

Die Ritter Ugo de Paganis und Geoffroy de Saint Omer hatten gemeinsam am Kreuzzug unter der Führung Gottfried von Bouillons teilgenommen und beschlossen nun, anstatt nach Frankreich in die Dienste des Grafen von Champagne zurückzukehren, den Pilgerzügen nach Jerusalem Waffenschutz zu geben, um so eine Vergebung ihrer Sünden zu erlangen.

Aus zwei Rittern wurden fünf, bald waren es sieben, schließlich neun. Kurz nach dem Tode Gottfried von Bouillons, im Jahr 1118, schworen sie, Christus zu dienen nach kanonischem Brauch und die öffentlichen Wege unter ihren Schutz zu nehmen (*se tradere servitio more canonicum et stratas publicas custodiare*). Balduin II., der Nachfolger Gottfrieds, räumte ihnen Wohnrecht ein in einem Gebäude neben dem Tempel Salomos (der ehemaligen Aksa-Moschee). Daher der Name arme Ritterschaft Christi vom Salomonischen Tempel, oder einfach Templer, den sie sich zulegten.

Im Jahre 1128 befehligten neun Mann eine Hilfstruppe von dreihundert Freiwilligen in Jerusalem. Angeführt von Hugo de Paganis, begaben sich sechs von ihnen nach Troyes, um vor den Konzilsvätern ihre Ziele und Prinzipien zu vertreten. Papst Honorius II. hatte das Konzil eigens zu diesem Zweck einberufen.

Unter dem Vorsitz des päpstlichen Kardinallegaten Matthäus von Albano bestätigte das Konzil vorläufig den Orden, wenn auch viele Fragen noch offen blieben. Die sogenannte Regel von Troyes ist nach Prutz[152] aber nur eine ungeordnete,

Labyrinth des Salomontempels in Jerusalem

der Schlußredaktion entbehrende Sammlung von Aufzeichnungen, die im Anschluß an die zu Troyes geführten Verhandlungen entstanden sind und für die Weiterführung der Sache als Material dienen sollten.

Der heilige Bernhard von Clairvaux[153] soll an diesem Konzil teilgenommen haben, nach der Meinung von Prutz ist das jedoch nicht so sicher. Zumindest aber lehnt sich die Ordensregel der Templer mit ihren 72 Artikeln sehr an die des Benediktinerordens an, bei der auch die anderer Orden zahlreiche Anleihen gemacht haben.

Die 686 Artikel, auf die ein Jahrhundert später das Reglement des Ordens angeschwollen ist, darf man nicht verwechseln mit dieser ursprünglichen Regel; gemeint sind die Ordensstatuten, die das Zusammenleben innerhalb der Bruderschaft gesetzlich regelten und von Ordensfremden eingesehen werden konnten. Die Regel selbst durfte niemandem gezeigt werden.

1130 etwa richtete König Balduin II. einen Appell an Bernhard von Clairvaux, sich für zwei bewährte Templer-Sendboten zu verwenden, die einerseits in Europa Hilfe für das bedrängte Königreich Jerusalem suchten, andererseits beim Papst aber die endgültige Bestätigung des Ordens und die Verleihung einer Regel erwirken wollten.

Am 18. Juni 1163 wurde schließlich dem Orden in Sens durch die Bulle *Omne datum optimum* der große Freibrief verliehen, mit dem Papst Alexander III. den Templern seinen Dank für die ihm geleistete Hilfe abstattete. Sie erhielten damit eine gefährliche Ausnahmestellung. Selbst die römische Kurie, von der die anderen Ordensregeln bestätigt werden mußten, hatte von da an keinen Einfluß mehr auf die Satzungen der Bruderschaft. Der Papst beschränkte sich darauf, für alle Zeiten das dreifache Gelübde der Armut, der Keuschheit und des Gehorsams als für die Templer verbindlich hinzustellen. Ob sie sich an die Regeln von Troyes halten oder neue ausarbeiten wollten, blieb ihnen überlassen, in Übereinstimmung mit dem vom Generalkapitel rechtmäßig gewählten Meister. Als Haupt aller Ordenshäuser sollte ferner das Mutterhaus in Jerusalem gelten, von dem die Genossenschaft ihren Ursprung ableitete.

Armut, Keuschheit und Gehorsam hatten die Ordensgründer schon seinerzeit vor König Balduin II. gelobt. Jeder Tempelritter sollte es mit drei Feinden gleichzeitig aufnehmen können. Auf Provokationen von christlicher Seite durfte er erst nach dem dritten Mal reagieren. Eigenbesitz war keiner erlaubt, von Waffen und Gewand abgesehen. Selbst das Pferd mußte er mit einem Kameraden teilen. Der Abdruck des ersten Ordenssiegels oder Stempels zeigt einen Zelter mit zwei Rittern auf dem Rücken, als Zeichen der Armut und Brüderlichkeit.

In seinem Traktat *De laudae novae militiae*[154] sieht der heilige Bernhard das gottesfürchtige Leben dieser Rittermönche in brüderlicher Liebe, demütigem Gehorsam und freiwilliger Armut als wohltuenden Kontrast zum wüsten Treiben des verwilderten weltlichen Rittertums und betrachtet es als positiv, daß sozial gefährliche Elemente durch den Krieg gegen die Ungläubigen gebunden werden. Er schildert die Gemeinsamkeit und Eintracht, in der die Brüder leben, unbedingt fügsam gegen den Willen des Meisters, nach dessen Wink sie kommen und gehen. Müßiggang kennen sie nicht. Sind sie nicht kriegerisch in Anspruch genommen, so beschäftigen sie sich mit der Instandsetzung ihrer Waffen und Kleider. Mit letzteren sind sie auf das angewiesen, was der Meister jedem einzelnen aus den eingehenden Spenden zuteilt, doch sind sie nicht durch eine besondere Ordenstracht gekennzeichnet. Der harten Einfachheit ihres Lebens entspricht der Ernst ihrer Haltung: Schach und Würfelspiel kennen sie nicht; sie meiden nicht bloß die Schaustellungen von Gauklern und ähnliche weltliche Lustbarkeiten, sondern enthalten sich auch des ritterlichen Vergnügens der Vogelbeize und überhaupt der Jagd. So wenig wie zweckloses Tun kennen sie ungeziemliche Worte: man hört bei ihnen weder lautes Lachen, noch Flüstern oder Murmeln.

Den weißen Mantel mit dem gleicharmigen roten Kreuz auf der linken Seite erhielten die Templer von Papst Honorius zugesprochen. Als Leitspruch wählten sie die beiden ersten Verse des 115. Psalms: «Nicht uns, o Herr, bring zu Ehren, / nicht uns, sondern deinen Namen / [...]».

So waren die allerersten, die echten Templer, Gottesstreiter im Dienst der Kirche, die sie jeglicher Steuerlast, jeglichen Gehorsams gegenüber weltlichen und kirchlichen Fürsten entbunden hatte, bekannten sie sich treu zum Papst, zu dem sie in einem ähnlichen Verhältnis standen, wie bis vor wenigen Jahren die Jesuiten. Eher Waffenträger als Gelehrte, mehr Praktiker denn Theoretiker, waren die meisten dieser Abenteurer voll Pioniergeist reine Analphabeten. Sie bildeten die Fremdenlegion des Mittelalters, diszipliniert wie eine Grenadierskompagnie Friedrichs des Großen; Im Krieg aber wild und erbarmungslos gleich einer Tatarenhorde.

Gegen Ende des 13. Jahrhunderts zählten die Templer an die 15.000 Ritter, verfügten über mehr als 9000 Lehensgüter oder Manoirs (von denen manche allerdings sehr klein waren). Der Orden hatte sich verbreitet über ganz Europa und Kleinasien.

Dazu kam ein beträchtliches Vermögen an Gold und Edelsteinen im Gegenwert von angeblich 10 Milliarden heutiger DM, ein Betrag, den man eher ins Reich der Fabel zu verweisen hat, der aber immerhin zeigt, wie sehr die Templer im Zentrum des öffentlichen Interesses standen. Sonst wären solche Märchen kaum möglich.

Nach dem Konzil von Troyes riß man sich in den ersten Familien des Landes um das Privileg, auch einen Sohn in die kleidsame weiße Tracht zu stecken. Wertmäßig überstiegen die Stiftungen den Anteil des Beutegutes aus Eroberungen und Plünderzügen. Aufbewahrt wurden diese Schätze in den Ordenskomtureien; und in der großen Tempelburg im Herzen von Paris. Da sich die Templer zu äußerst geschickten Bankleuten entwickelt hatten (es gehen ja auch die ersten Kreditbriefe auf sie zurück, eine Einrichtung zum Schutz der Pilger), warf das Kapital genügend Zinsen ab, um in Kriegs- und Friedenszeiten alle Unkosten zu decken. Überall wo die Templer saßen, führten sie eine Wechselstube.

Von den fünf morgenländischen Ordensprovinzen bestanden Ende des 13. Jhds. nur mehr *Cypern* und *Romanien* (mit Morea, Teilen von Hellas und Thessalien). *Jerusalem*, *Tripolis* und *Antiochien* waren (mit Ausnahme der armenischen Besitzungen) bereits verloren gegangen. Zu den zwölf abendländischen Ordensprovinzen sind zu rechnen: *Sizilien-Apulien* (sie umfaßte das ganze Königreich Neapel), die *Lombardei* (Ober- und Mittelitalien mit dem Patrimonium Petri), *Portugal-Kastilien*; und *Aragonien-Katalonien* (das zusammen mit der Provence häufig einem Großpräzeptor unterstand); ferner Oberdeutschland; Niederdeutschland (Brandenburg); *Österreich*

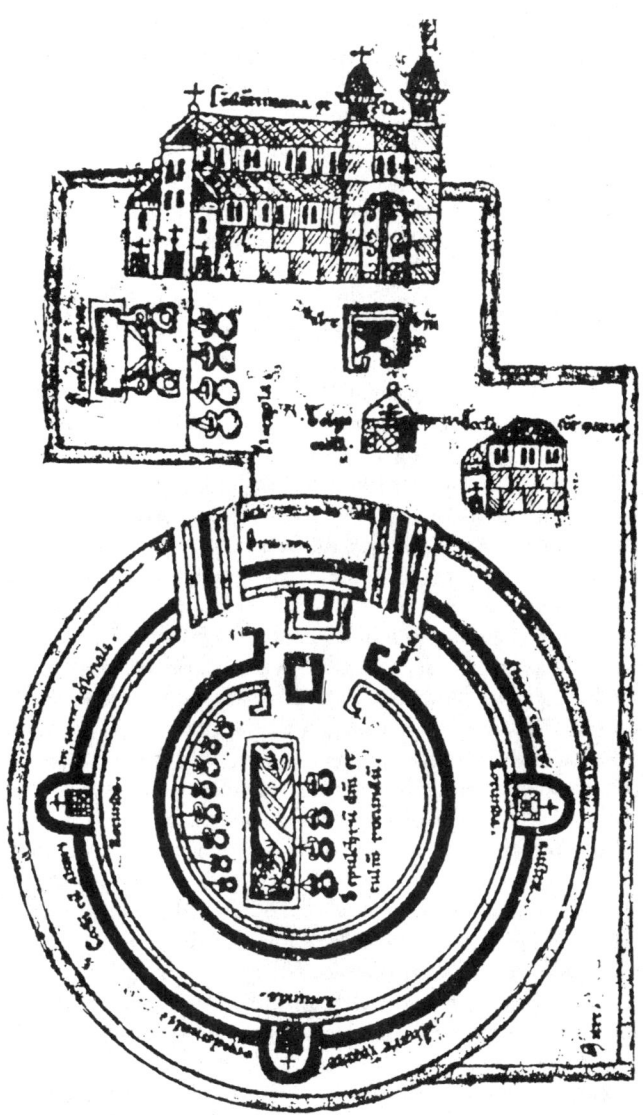

Mystische Grablegung Christi, aus einem Manuskript des 13. Jahrhunderts, Südfrankreich.

mit Böhmen und Mähren. Ungarn wird in den Quellen[155] nur als Abtei oder Präzeptorat bezeichnet. Zur Provinz *England* zählten Schottland und Irland. Im heutigen Frankreich lagen: *Provence, Aquitanien, Normandie* und *Francien*. Am größten war Francien, außer der politischen Provinz gleichen Namens gehörten dazu noch Flandern, Burgund und die Champagne.

Jede Provinz hatte einen Großpräzeptor und ein eigenes Kapitel, in dem Ritter und Sirvienten zusammengeschlossen waren. Während die Ritter im weißen Mantel bei ihrer Einweihung das dreifache Gelübde ablegen mußten, trugen die nur zum Gehorsam verpflichteten Schildknappen (das heißt die Sirvienten) einen schwarzen Mantel und leisteten Kriegsdienste. Das ihnen unterstellte Dienstpersonal war nicht im Orden, stand aber unter dessen Schutz. Darunter befanden sich auch bekehrte Ungläubige.

Durch einen Übersetzungsfehler wurden in einigen Quellenwerken aus den Sirvienten Dienstboten gemacht. Es sind aber Schildknappen, Träger des schwarzen Mantels, die meistenteils aus sehr guten Familien stammen, im Orient sind sie fast durchwegs den Rittern gesellschaftlich ebenbürtig. Im Westen kommen sie häufig auch aus bürgerlichen Familien.

Gewählt wurde der Großmeister des Ordens, das höchste Oberhaupt, von einem aus dreizehn Mitgliedern bestehenden *Großen Rat*, der sich seinerseits wieder nach einem speziellen Schlüssel selber konstituieren mußte. Der Konvent wählte einen Wahlkomtur aus zwei oder drei vorgeschlagenen Namen, und anschließend einen Gehilfen, der ihm zur Seite stehen sollte. Diese beiden nun bestimmten zwei weitere Brüder und zu viert schritt man dann zu einer nächsten Wahl von zwei Personen, die ihrerseits wiederum an der Ernennung der beiden folgenden mitwirkten. So ging es fort, bis die Zwölfzahl der Apostel komplett war; dann suchten alle zusammen das dreizehnte Mitglied, den sogenannten Kaplan, aus. Von den zwölfen mußten acht den Ritter- und vier den Knappengrad haben.

Zuletzt einigten sich die Großrats-Mitglieder auf den Großmeister. Nach vollzogenem Akt hatte der Wahlkomtur die Worte zu sprechen: «Bruder, da Gott und wir dich zum

Großmeister des Tempels bestellt haben, sollst du uns versprechen, alle Tage deines Lebens dem Konvent zu gehorchen, die guten Sitten des Hauses zu wahren und die rechtmäßige Verwendung seiner Güter zu gewährleisten».

Sodann wurde er zu den Klängen des *Te Deum* auf den Schultern seiner Wählerschaft im Triumphzug in die Kapelle getragen, um Gott zu ehren. (Zur Wahl siehe auch Schottmüller I, 590 u. ff.)

Zunächst waren die Templer nicht mehr als gute Soldaten; Männer der Tat, die sich ihre Lorbeeren holten in den großen Schlachten von Tiberia (1187), Gaza (1244) und Al Mansurah (1250), in unermüdlichem Wettstreit mit anderen christlichen Orden, wie den Johannitern.

Aber bereits die Konstitution des Großen Rates ist bis zu einem gewissen Grad vielleicht auch spirituell geprägt, denn der paarweise Wahlmodus hat einen symbolträchtigen Anklang an die Äonenpaare der gnostischen Emanationslehren, könnte man sagen. Von da an wird die Geschichte der Templer reichlich komplex, weil wir innerhalb des Ordens selbst eine zweifache Einweihung glauben feststellen zu können; auf der einen Seite schlägt man Laien zu Rittern, auf der anderen werden die einem strengen Auswahlverfahren unterzogenen Ritter zu Vollziehern des «Großen Werks», oder, wenn man es vom Standpunkt der Kirche aus betrachtet, vielleicht zu Häretikern, bzw. zu Gnostikern – für den Fall, daß man die philosophische Bezeichnung vorzieht.

Die einzigartige, wirtschaftliche und militärische Vorrangstellung, zu der die Privilegierung der Templer durch den Papst geführt hatte, ihre Unabhängigkeit von jeder kirchlichen und weltlichen Macht forderte Haß, Neid und Intrigen gegen den Orden geradezu heraus. Sogar dem Papsttum, das sich seit Innozenz III. mehr und mehr zu einer absoluten Monarchie gewandelt hatte, war die blühende Genossenschaft ein regelrechter Dorn im Auge. Argwohn und Furcht gegen diesen Staat im Staate machten sich breit, weil er dem Papst ja doch nur formell gehorchte.

Zu jener Zeit war Jerusalem eine Art Alexandrien in Miniaturausgabe. Alle religiösen und philosophischen Systeme der

Welt prallten dort aufeinander. Die beiden feindlichen Parteien, Christen und Moslems, hielten sich für gewöhnlich an Zonengrenzen, erpreßten einander aber gegenseitig mit dem Austausch von Gefangenen. Konflikte wurden immer weniger durch Waffen, immer mehr über Gespräche auf diplomatischer Ebene ausgetragen.

Schon Gottfrieds unmittelbarer Nachfolger, Balduin II., war in einen Hinterhalt des Emir Balanh geraten und blieb ein ganzes Jahr in der Hand der Sarazenen. Endlich freigekauft durch ein Lösegeld, lieferte er dem eigenen Hof derart verblüffende Berichte, daß man aus dem Staunen nicht mehr herauskam. Man hatte ihm eine vorzügliche Behandlung angedeihen lassen, ihm Gelegenheit gegeben, mit dem Emir philosophische und religiöse Fragen zu diskutieren. Ja, die ganze Lebensweise des Feindes erwies sich als weitaus kultivierter, war der christlichen überlegen an Luxus und Raffinesse. Was bedeuteten schon die eiskalten, düsteren Ritterburgen Frankreichs neben den muslimischen Lagerzelten mit ihren reichverzierten Brokatinnenwänden, alles ausgeschlagen mit Seidenteppichen, alles erfüllt von Wohlgerüchen, von berauschenden Tänzen und Klängen?

Das war der Boden, auf dem die tapferen, rauhen Templer den nicht weniger tapferen, dafür aber stärker fanatisierten Ismaeliten begegneten. Zunächst ließen sie sich lieber töten, als die hohen Lösegelder zu bezahlen. Mit der Zeit jedoch verfehlte die Philosophie der Gegenseite nicht ihre Wirkung. Tatsächlich fließen in der Lehre der Ismaeliten jüdische Esoterik und Kabbala mit gnostischen Strömungen und dem Koran zusammen. Selbst eine so streng exoterische Religion wie der Islam hat esoterische Häresien hervorgebracht, wie z. B. die der Ismaeliten, die unter der Leitung der «Alten vom Berge» von Ägypten bis nach Persien und Syrien vordringen konnten. Ein Iman regiert die Sekte. «Alte vom Berg» nannte man die mit der Führung der verschiedenen Ethnien und Sprachgruppen betrauten Hohepriester.

Die dem syrischen «Alten vom Berge» unterstehenden Ismaeliten wurden als «Assassinen» bezeichnet, ein Begriff, der sich vom arabischen «hashish» herleitet, der aus dem indischen Hanf gewonnenen Droge, die man jedem der Kämpfer vor Schlachtenbeginn verabreichte. So verwandelten sich die Soldaten in kaltblütige Mörder.

Mit Hilfe von Haschisch gelang es dem Alten auch, alle seine Feinde loszuwerden, einfach durch Mord auf Bestellung, wofür er seine Landsleute zu mißbrauchen wußte. Als eines Tages einer seiner Rivalen ihm einen Boten mit einem Ultimatum schickte, ließ er den auf das Glacis seiner Festung führen, wo er mitansehen mußte, wie zwei der Getreuen des «Alten» sich auf dessen Befehl selbst entleibten; der eine stieß sich ein Messer in die Brust, der andere sprang über die Brüstung in die Tiefe, wie verlangt worden. So lassen es wenigstens die Chroniken jener Zeit verlauten. Daraufhin mußte der Botschafter zu seinem Sultan zurückkehren und ihm – auf Geheiß des «Alten vom Berge» – alles wahrheitsgemäß berichten. «Teile ihm mit, daß hier siebzigtausend Männer stehen, bereit, wie diese zwei auf den geringsten Wink für mich zu sterben.»

Diese Ismaeliten waren eine Art Kamikaze-Elitetruppe, eine Sondereinheit der Kavallerie, gebildet von hervorragenden Leuten, die ähnliche Gelübde abgelegt hatten wie die Tempelherren; die beteten und fasteten, Drogen nahmen und an die Wiedergeburt glaubten. Sie trugen einen weißen Mantel mit rotem Gürtel.

Zwischen ihnen und den Templern kam es zu Kämpfen bis auf den letzten Blutstropfen, einem erbitterten Ringen bis zum letzten Mann. Doch es waren ehrliche Schlachten, man bekriegte sich mit den gleichen Waffen, die Gegner lernten einander kennen und allmählich schätzen. Gegen Ende des 13. Jahrhunderts wurden die ständigen, wechselseitigen Pakte und Begegnungen auf neutralem Boden ein derart heißes Eisen, daß die Kirche und der mit den Templern rivalisierende Hospialiterorden ganz offen von einem Skandal sprachen. Vielleicht darf man die Hypothese wagen, daß die Templer und die Ismaeliten mehrheitlich Informationen ausgetauscht und ihre Lehren sich gegenseitig befruchtet haben, auch wenn es dafür keine direkten Beweise gibt.

Selbst die vom Papst angeregten Kreuzzüge der europäischen Herrscher mündeten schlußendlich in einer Begegnung zwischen den Völkern, sobald die Auseinandersetzung mit dem Schwert in den Hintergrund getreten war. Das erboste die Initianten, insbesondere den römischen Papst, der in den muslimischen Ungläubigen die Hauptfeinde der Christenheit sah.

Dieses scheinbare Erlöschen jeglichen Kampfgeists bei den Bankiers der Christenheit, das den Gegnern der Tempelritter nur zu gelegen kam, um heftige Vorwürfe an die Adresse der lahmen Streiter zu richten, hat vielschichtige, z. T. nicht sehr klare Hintergründe. Hatte der Orden, der über den Ruinen des Tempels hauste, in dem Jesus verurteilt worden war, tatsächlich ein Mysterium entschlüsselt, das in der Kirche hätte mißfallen müssen? Betraf es etwa die Person des Messias? Oder stand es in Zusammenhang mit der «Königlichen Kunst» Salomos? Sicherlich darf man annehmen, daß zumindest einige der Ritter essenische, therapeutische und gnostische Lehren gekannt haben[156].

Als Hüter des Heiligen Grabes mußten die Templer in Palästina zwangsläufig auf die verschiedenen Mysterienströmungen stoßen, die aus aller Herren Länder, vom Orient und von Ägypten ausgehend, bis nach Jerusalem gedrungen waren. Sind ihnen die Kräfte des MAG vielleicht sogar von den Ismaeliten geoffenbart worden? Diesem MAG entspricht der Sonnenkult der Osirischen und anderer Mysterien, der uns den Schlüssel zu jeder antiken Einweihung liefert. Analog dazu begegnen wir im Gnostizismus *Christós*, dem strahlenden Äon des Pleromas. Zweifelsohne muß sich etwas Außergewöhnliches ereignet haben, was sie (und damit ist immer eine Minderheit gemeint) nach und nach in die besondere Lage brachte, die exoterische Lehre der eigenen Religion nicht zu leugnen, sondern als universelle Wahrheit im Rahmen eines esoterischen Kontextes zu betrachten. Jedenfalls ist man auf bloße Vermutungen angewiesen. Wie zu erwarten, erbringen die Zeugenaussagen der Templer während des Prozesses keine eindeutigen Ergebnisse: Auf der einen Seite die erfolterten und später widerrufenen Geständnisse geistlicher Ritter; auf der anderen die widersprüchlichen, tollen Lügengespinste gekaufter Renegaten. Was aber weltliche Zeugnisse angeht, wie die des Rechtsgelehrten und Advokaten beim Königlichen Gerichtshof, Raoul de Prelles[157], so entbehren sie jeder Grundlage. Es soll z. B., neben anderen Dingen, der Präzeptor Gervais de Beauvais zu ihm gesagt haben, die Templer hätten ein Geheimnis, das sie um nichts in der Welt verraten würden, lieber ließen sie sich den Kopf abschlagen.

Einmal abgesehen von der haarsträubenden Leichtfertigkeit der einvernommenen Zeugen, hätte die damalige Zeit ein esoterisches Christentum gnostisch inspirierter Prägung wahrscheinlich gar nicht begreifen können. Daß die Templer lieber schwiegen, ist verständlich; und daß uns auf der Folter erpreßte Geständnisse von «Abscheulichkeiten» dem reinen Mysterium keinen Schritt näher bringen, ist noch weitaus begreiflicher, haben wir es dabei doch nicht zuletzt auch mit der blühenden Phantasie der Folterer zu tun, die als Echo zurückkommt, wenn man Menschen bis auf das Blut peinigt. Mit «Wahrheit» hat das alles nichts mehr zu schaffen.

Erwähnung verdient hier auch die Ansicht Rudolf Steiners, die Folterungen hätten das Tagesbewußtsein der Templer getrübt, so sei das verdrängte, der moralischen Selbstzensur unterworfene Unbewußte an die Oberfläche gekommen, Wünsche, Begierden, Anfechtungen und Phantasien, die im bewußten, tugendhaften Leben der Templer überhaupt keine Rolle spielten, seien hochgespült worden und als «Geständnisse» in die Protokolle eingeflossen, ohne überhaupt einer anderen Realität zu entsprechen, als der eines Traums.

Eine erste Kritik an den Templern wurde schon während des Konklave in Perugia laut (1304/05), aus dem nach langem Hin und Her Klemens V. als neuer Papst hervorging.

Philipp IV., der Schöne, wartete nur auf eine günstige Gelegenheit, um gegen die mächtigen, reichen Tempelritter vorgehen zu können. Er wußte es genau, der einzige Punkt, bei dem er sie packen konnte, war ihre Lehre.

Als er im Alter von nur siebzehn Jahren 1285 den Thron bestieg, wurde er vom englischen König und vom Papst sogleich unter Druck gesetzt. Beiden gegenüber reagierte er mit kompromißloser Härte. Heinrich II. bezeichnete er als rebellischen Vasallen, nicht als rechtmäßigen König, und

Fensterrose als stilistische Darstellung des Himmlischen Jerusalem. Dom von Chartres. 13. Jahrhundert.

gegen Bonifaz VIII. nahm er sich brieflich derartige Unverschämtheiten heraus, daß der Papst den Unbotmäßigen in Acht und Bann tun wollte und Frankreichs Krone Albrecht von Österreich anbot. Philipp aber kam ihm zuvor, entsandte seinen Berater Nogaret nach Italien und hieß durch diesen den Papst kraft eines Handstreichs gefangen setzen, wobei Bonifaz sich von Sciarra Colonna mit einem eisernen Handschuh ohrfeigen lassen mußte. Die «Ohrfeige von Anagni» ist in die Annalen der Geschichte eingegangen. Bonifaz VIII. starb wenig später, er hat im Grund diese Schmach nicht verwinden können.

Das Konklave zur Papstwahl wurde erstaunlich schnell einberufen, bis zur Proklamation Benedikts XI. vergingen nur gerade zehn Tage. Allerdings starb der neue Papst bereits acht Monate später, wahrscheinlich durch den Genuß vergifteter

Feigen. Die Unerbittlichkeit, mit der er gegen Nogaret, Colonna und weitere elf Personen einschritt; sie exkommunizierte, weil sie seinen Vorgänger beleidigt und sich Teile des vatikanischen Staatsschatzes angeeignet hatten, wurde ihm wohl zum Verhängnis.

Als nächster kam der junge, ehrgeizige Bertrand de Got zu Papstehren. Bischof von Comminges mit 32 und Kardinal mit 36 Jahren, hatte er sich das Ziel gesteckt, den Stuhl Petri mit 40 zu besteigen, was ihm auch gelang.

Nach zehn zermürbenden Konklave-Monaten stand man damals immer noch vor einem Patt, weil die Colonna- und die Orsini-Anhänger untereinander zerstritten waren. Da hatte Bertrand de Got einen Geistesblitz und begab sich – wie man in der Villani-Chronik nachlesen kann – im Geheimen zu Philipp dem Schönen, um die Unterstützung der Colonnatreuen Kardinäle zu erbitten, die ja dem König ebenso ergeben waren. Nach Villani erschöpfte sich diese Begegnung in gegenseitigen Versprechungen. Zum Papst gewählt, hätte er sechs Verpflichtungen gegenüber dem Monarchen einlösen müssen. Fünf davon hatten angeblich rückwirkende Kraft und sollen das Verhältnis zwischen Papsttum und französischer Krone betroffen haben, auf die sechste Bedingung wollte Philipp der Schöne bei Bedarf zurückkommen. Es heißt, sie habe sich auf die Auflösung des Templerordens bezogen. Die Villani-Chronik behauptet noch, dieser Pakt sei besiegelt worden mit einem heiligen Eid auf die Hostie.

Bertrand de Got wurde tatsächlich Papst unter dem Namen Klemens V. Die Krönung erfolgte in Lyon, der König hielt ihm dazu noch eigens den Steigbügel. Allerdings wurde diese Schmierenkomödie durch eine unvorhergesehene Einlage bereichert, die man als böses Omen[158] gewertet hat: Als der Papst vorüberritt, brach eine alte Mauer unter der Last der Schaulustigen zusammen und begrub einen Teil des Festzuges unter sich. Klemens stürzte vom Pferd, es entglitt ihm die Tiara, ein wertvoller Edelstein ging daraus verloren. Bei dem Unglück büßten etliche Personen ihr Leben ein, darunter der Herzog von Bretagne und ein Bruder des Papstes. Das Pontifikat schien unter keinem guten Stern zu stehen. So verstand es jedenfalls der König und beschloß, seine Pläne baldmöglichst in die Tat umzusetzen.

Ist es gerechtfertigt, eine Verschwörung von König und Papst gegen den Orden anzunehmen?

Eine nähere Einsicht in die vorhandenen Originaldokumente zeigt es in aller Deutlichkeit: Klemens V. war *nicht* bloßes Wachs in den Händen des Königs. Sonst wäre wohl Philipps größter Wunsch – der Besitz der Templerschätze – doch noch in Erfüllung gegangen. Doch der Papst hat mit kluger Berechnung das zu verhindern gewußt.

Ziemlich lang hatte Klemens V., der sich auf französischem Boden doch in einer Art Halbgefangenschaft befand und vorsichtig sein mußte, den Intrigen des Monarchen geschickt zu begegnen gewußt. Es stimmte zwar, daß auch dem Papst an einer allzu großen Vormachtstellung der Templer nicht gelegen sein konnte. Doch waren seine Interessen nicht identisch mit denen Philipps IV. Die völlige Vernichtung der Templer war von Klemens V. nicht geplant. Immer wieder versuchte er, mäßigend einzugreifen. Nur gab es im großen Ränkespiel der Macht einen Augenblick, in dem die Verleumdertaktik, der sich der König gegen den Orden befleißigte, dem Papst nicht mehr gestattete, die «Templer-Affaire» ununtersucht zu lassen. Der Willkür wurden damit Tür und Tor geöffnet. Vom Standpunkt des Papstes aus wurden die Templer letztlich das Opfer kirchlicher Staatsraison.

Im damaligen Oberhaupt der Kirche eine bloße Marionette Philipps des Schönen zu sehen, wäre historisch jedoch unkorrekt und würde den komplexen Verhältnissen nicht gerecht werden. Jedenfalls brach der vernichtende Schlag gegen die Templer auch ihre einmalige militärische und wirtschaftliche Macht, was dem Papst nicht ganz ungelegen kam.

Der Großmeister des Ordens war damals Jacques de Molay. Im Jahr 1305 versuchte Philipp IV., einen seiner Söhne in den Orden einzuschleusen, unter der Bedingung, ihn sofort zum hohen Würdenträger zu machen. Jacques de Molay lehnte höflich ab. Um dieses Hindernis zu umgehen, machte der König dem Papst einen anderen Vorschlag: Templer und Hospitaliter sollten unter der Leitung dieses Sohnes fusioniert werden. Ein solches Ansinnen wies de Molay nicht weniger entschieden zurück. Da entsann sich der König – wie die von Fehlern strotzende Villani-Chronik wissen will – der verleumderischen Anklagen eines angeblich in Béziers eingekerkerten, ehemaligen Templers, des früheren Priors von Montfaucon, Esquieu de Floyrac. Gegen ein hohes Schmiergeld, heißt es, sei dieser bereit gewesen, nach Erhalt seiner Freiheit ein «schreckliches Geheimnis» preiszugeben.

Nogaret soll es gelungen sein, für gutes Geld noch weitere «Zeugenaussagen» von Templern des Floyrac'schen Freundeskreises einzukaufen.

Die Geschichte hat nur einen Schönheitsfehler: sie ist erfunden. Es hat weder den Templer Floyrac noch das Templerpriorat von Montfaucon je gegeben. An falschen Zeugenaussagen zwar herrschte keinerlei Mangel, teils weil man sie unter grauenhaften Folterqualen von Menschen erpreßt hatte, die bereit waren zu jedem «Geständnis», bloß um nicht mehr leiden zu müssen. Diese kann man schwerlich Verräter nennen. Teils erhielt man sie aber auch von gekauften Zeugen.

Wieso sich ein nicht existenter Templer «Floyrac» in einige der alten Chroniken einschleichen konnte (deren Autoren voneinander abgeschrieben und z. T. die Geschichte weitergesponnen haben), finden wir bei Schottmüller I, 720 u. ff., der den roten Faden des Irrtums chronologisch zurückverfolgt bis zur sechsten Lebensbeschreibung von Papst Klemens V. (aus der Feder von Amalrich Augier, veröffentlicht im *Baluze*.)

Wer in die Templerakten selbst Einblick nimmt, wird das nachprüfen können. Es liegt auf der Hand, weil «Philipp eine solche Fülle von ausgetretenen bzw. abtrünnigen Templern an der Hand hatte, daß es [. . .] eines Floyrac (oder Flexian) gar nicht bedurft hat» (726).

Besonders heikel für die Templer waren die verräterischen Aussagen der Renegaten vom Schlag eines Jacobus de Bregecuria (Schottmüller, Urkundenurteil 45); oder die Zeugen Nummer zwei und drei in Poitiers, Petrus de Claustro und der Ritter Wilhelm de Resis. Noch gefährlicher wirkten Abtrünnige die, von Philipp gekauft, sich wieder in den Orden einschleusen ließen, z. B. der Ritter Bartholomäus

Bocherii (Michelet II, 191, 200. Zeuge), oder der Sirvient Johannes de Vanbellant (Mich. I, 553), der schon drei Tage vor dem Schlag gegen die Templer darüber informiert war. Sie alle verbreiteten die wildesten Lügengeschichten über angebliche Perversitäten der Ordensmitglieder.

Im August 1307 entwarf der König einen geheimen Schlachtplan, wobei ihn seine Helfershelfer tatkräftig unterstützten, allen voran Nogaret und der Großinquisitor Wilhelm von Paris (Imbert), Philipps Beichtvater; in einer Nacht- und Nebel-Aktion sollten im Oktober alle Templer verhaftet werden. Aus Protest gegen den Geheimbeschluß trat der Erzbischof von Narbonne, Gilles Aiscelin, von seinem Amt des Großsiegelbewahrers zurück. Nun erhielt Nogaret die begehrte Würde.

Am 13. Oktober 1307 wurden im Morgengrauen fast alle Templer Frankreichs von der Polizei verhaftet. Seither gilt die Zahl 13 im Volksmund als Unglücksbringer, insbesondere, wenn der Monatsdreizehnte auch noch auf einen Freitag fällt, wie in jenem schwarzen Jahr.

In der Pariser Tempelburg verhaftete Nogaret selber 150 anwesende Ritter, darunter den Großmeister des Ordens. Der König ließ es sich nicht nehmen, höchstpersönlich die Verleumdungskampagne zu starten und beorderte die Pariser Bürgerschaft unter Führung ihrer Pfarrgeistlichkeit in den königlichen Garten, wo von seinen Vertrauten die Anklagepunkte gegen die Templer verlesen wurden. Angeblich bespuckten sie das Kreuz Christi bei ihrer geheimen Einweihung, beteten ein monströses Symbol, den «Baphomet» an, praktizierten untereinander die Homosexualität und lasen Messen ohne die Liturgie der Wandlung. Das Volk aufzuhetzen fiel dem König viel leichter, als die Magister und Scholaren aller Fakultäten, deren Generalversammlung für denselben Tag anberaumt war.

Auf die Verhaftungen folgten Verhöre. Und als die Beschuldigten entrüstet leugneten, getan zu haben, was man ihnen in die Schuhe schieben wollte, scheute man sich nicht, sie auf übelste Weise zu foltern.

Fast 200 Jahre später hat Savonarola schon nach den ersten

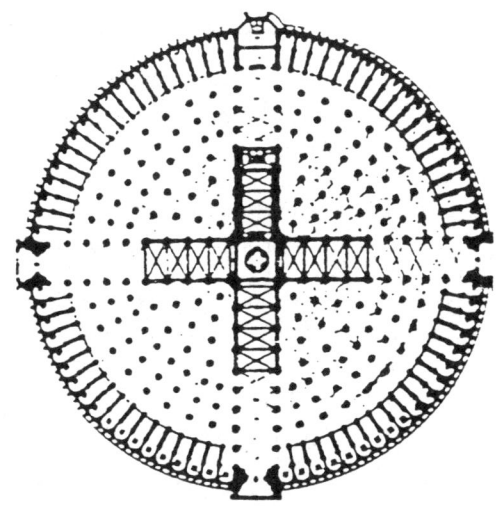

Gralstempel

Leimrutenstreichen seinen Richtern zugerufen: «Holt mich herunter, ich schreibe meine ganze Geschichte nieder».

Auch bei den Templern erbrachte die Folter eine reiche Ausbeute an Geständnissen, erst fielen die Schwachen um, zuletzt widerstanden nicht einmal die Starken. Hugo von Peraud, Visitator des Ordens und Großpräzeptor Franciens, bekannte sich schuldig, ebenso eine Reihe von Ordensoberen, wie die Großkomturen von Zypern, Aquitanien und der Normandie. Der Großmeister gestand vor den Professoren und Studenten der Sorbonne, Christus verleugnet und das Kreuz bespuckt zu haben.

In diese Sturzflut von Bekenntnissen hinein platzte der Brief des Papstes[159]: «Aber du, oh teuerster Sohn, hast, was wir mit Schmerz erkennen, nicht nur ganz verkehrt, sondern auch aller Ordnung entgegen, fast unter unseren Augen, Deine Hand nicht nur auf Personen und Güter der Templer gelegt, sondern bist so weit gegangen, sie einzukerkern, und was den Gipfel unseres Schmerzes ausmacht, hast Du sie bisher nicht nur nicht freigelassen, sondern nach dem, was man

187

sich im Volke erzählt, noch zu schärferen Maßnahmen übergehend, den schon durch die Gefangenschaft hinreichend geschlagenen noch eine andere Prüfung auferlegt, die wir aus Scham für die Kirche, und wenn Du es recht bedenkst, auch für Dich gegenwärtig lieber mit Schweigen übergehen wollen.»

Der Papst bezog sich damit auf die Folterungen, für die wir in der heftigen Protestnote Eduards II. von England ebenfalls eine Bestätigung erhalten.

Klemens V. ließ es nicht bei dem Schreiben bewenden. Er enthob die französischen Inquisitoren ihres Amtes und behielt sich die Untersuchungen selber vor. Er wollte dann persönlich eine Entscheidung treffen.

Philipp der Schöne hatte auch jetzt nicht im Sinne, nachzugeben. Die Tempelburg in unmittelbarer Palastnähe war ihm ein Dorn im Auge. Allzu gerne hätte er seine Hand auf die Schätze des Ordens gelegt; sollte er jetzt, wo das Ziel in greifbare Nähe gerückt war, aufgeben müssen? Niemals. Schon öfter hatte er früher großzügige Darlehen von den Templern erhalten, nicht etwa, um das Heer zu entlöhnen, nein, für die Mitgift der Töchter hatte er sie in Anspruch genommen. Nie war ihm ein solches Ansinnen verweigert worden. Doch gibt es etwas, was verletzender wirken könnte auf kleinliche, goldsüchtige Krämerseelen, als anderen etwas verdanken zu müssen, besonders, wenn zu der Gier sich ein grenzenloser Stolz gesellt? Schließlich hatten die Templer ihn einmal sogar vor dem Volkszorn gerettet, als er, vom Mob verfolgt, sich zu ihnen flüchten mußte, denn alles war in Aufruhr entflammt wegen der minderwertigen Münzen, die der König anstelle von Gold und Silber hatte prägen lassen.

Nun aber schmachteten siebenhundert Templer in den Kerkern des Königs und er war nicht bereit, dem Papst auch nur einen davon auszuliefern.

Mit der Unterstützung Nogarets wurde jetzt eine subtile Verleumdungskampagne gegen Klemens V. eingeleitet: Sticheleien gegen Brunissende, seine angebliche Geliebte, die ihn mehr koste als das Heilige Land; Anspielungen auf die Vetternwirtschaft mit allen Canonici, Legaten, unehelichen Kinder . . ., wobei die üble Nachrede über das behauptete Liebesleben des Papstes jeglicher Grundlage entbehrt. Ob er tatsächlich ein Verhältnis zur schönen Tochter des Grafen von Foix, Brunissende de Talleyrand-Perigord, unterhalten hat, wie die unzuverlässige *Villani-Chronik* behauptet (*Vill. IX*, 59), ist unsicher. Nach Mussato (*Mussatus de gestis Ital.* bei *Muratori X*, 606) war der Papst ein kränklicher Mann, der sich deshalb gerne in die Einsamkeit zurückzog, was die anderen zu allerhand Geschwätz über sein Privatleben veranlaßte. Gleichzeitig fand die Berufung zum Reichstag nach Tours statt (für Mai 1308). Geladen waren die drei Stände: Adel, Klerus und «tiers état'».

Mit der Vorlage eines gefälschten Briefes von de Molay, dem Großmeister des Templerordens, in dem einige der Anklagepunkte zugegeben wurden, gelang es zwar dem König, den Reichstag für die Verurteilung der Templer zu gewinnen, doch war das Ergebnis der Abstimmung für Philipp alles andere als überwältigend. Anschließend begab er sich zum Papst nach Poitiers, um ihn auf seine Seite zu ziehen, fand bei ihm aber wenig Gehör. Der Papst durchschaute die Bereicherungsabsichten Philipps und bestand auf einer ordnungsgemäßen Untersuchung. An eine Schuld der Templer wollte er immer noch nicht glauben.

Nach monatelangen Verhandlungen einigte man sich auf einen diplomatischen «Weg der Mitte», damit der König sein Gesicht nicht verlöre. Der Papst sollte u. a. 72 Templer in Poitiers verhören, was den Dokumenten nach auch geschehen ist (Schottmüller, I, 183 u. ff.). Doch weist dieser Autor glaubhaft nach, daß die lange Zeit für echt gehaltenen Unterlagen ebenfalls gefälscht sein müssen: Die Verhöre durch den Papst können in der geschilderten Form gar nicht stattgefunden haben. (In Paris wurden später sämtliche Geständnisse der angeblich vom Papst befragten Templer widerrufen. Alle, die widerrufen hatten, wurden dort 1310 hingerichtet.) Inzwischen sind Protokolle wiedergefunden worden, aus denen klar hervorgeht, wie die dem Papst vorgeführten Ritter durch Drohungen, Hunger und Folter auf die Gegenüberstellung «vorbereitet» wurden. Ihre Geständnisse, die schriftlich vorliegen, sind z. T. noch zwei Tage vor der «Befragung» durch den Papst unterzeichnet worden, obwohl sie angeblich auf letztere zurückgehen (ibid. 186).

«Nachdem Klemens durch die Verlesung der Bekenntnisse dieser 72 Templer im öffentlichen Konsistorium vor dem französischen König und den mit ihm von Tours herübergekommenen Mitgliedern der Generalstände zwar wohl selbst weniger innerlich überzeugt, als vor der Welt gerechtfertigt war, hat in ihm die Überzeugung Platz gegriffen, daß nach der Lage der Dinge die Erhaltung des Templerordens» – den der König ja unbedingt aufheben wollte – «weder möglich sei, noch auch bei der in alle Kreise übertragenen Beschimpfung desselben und bei dem durch die Anklagen in allen Schichten der christlichen Völker erregten Zweifel an dessen Rechtgläubigkeit im Interesse der Kirche läge». (Schottmüller, ibid. 188). D. h. im Grunde, die Templer wurden wider besseres Wissen der Kirchenpolitik geopfert.

Der anfänglich klug taktierende Papst (was die Amtsenthebung der Inquisitoren durch die Bulle vom 27. 10. 1307 zeigt) gab seine beste Waffe aus der Hand, als er die Enthebung wieder rückgängig machte. Denn bis zu diesem Augenblick hatte Philipps Vorgehen *als illegal* gegolten. Die zeitweise verhängnisvolle Nachgiebigkeit des Papstes gegenüber dem König wird von Schottmüller (ibid. 88) zurückgeführt auf die ausgesprochen schwache Gesundheit des obersten Kirchenfürsten, der nicht genug Kraft für einen ständigen, gezielten Kampf gegen den Landesherrn hatte, von dem er ja wußte, daß er vor gar nichts zurückschreckte.

Inzwischen war von Großmeister Jacques de Molay und dreien seiner Würdenträger das Geständnis widerrufen worden. Ihres schlechten Zustandes wegen konnten sie nicht nach Poitiers gebracht werden, weshalb der Papst auf eine Gegenüberstellung verzichtete und sie durch drei (dem König ergebene) Kardinäle im Schloß von Chinon befragt wurden.

Schottmüller (196–206) stellt fest, daß hier gefälschte Protokolle unterschoben worden sind, denn de Molay und seine Gefährten hatten sich nicht der Ungeheuerlichkeiten schuldig bekannt, die ihnen später in Paris als eigenes Schuldgeständnis vorgelesen wurden, sie hatten nur – unter dem Siegel des Vertrauens – «gewisse im Orden eingeschlichene Mißbräuche» (ibid. 203) eingestanden, wobei man «das Eingestandene nicht für todeswürdige Ketzerei hielt, sondern ihnen volle Absolution gewährte». Es steht fest, daß die päpstliche Bulle *«faciens misericordiam»* von der königlichen Kanzlei zumindest nachträglich korrigiert worden ist, «denn es findet sich das auf einfachem Papier geschriebene Originalbrouillon dieser Anklagepunkte (die der Bulle angeheftet waren) mit zahlreichen Korrekturen als besonders wertgeschätztes Stück im Archiv zu Paris» (Schottmüller, 203).

Es steht auch fest, daß der König und seine Vertrauensleute alles getan haben, um ein persönliches Gespräch zwischen dem Papst und de Molay zu verhindern, hätten sie doch fürchten müssen, die völlige Unschuld des Ordensobersten und ihre eigenen Lügengewebe, die dann offenbar würden, könnten den Papst zugunsten des Ordens umstimmen. Denn König und Papst zogen nicht unbedingt am selben Strick.

Erst mit *«facies misericordiam»* und einer weiteren, am 30. 12. 1308 erlassenen Bulle, in der jeder mit dem Bann bedroht wird, der den Templern mit Rat und Tat zur Seite steht (Schottmüller, 304), nahm das Verhängnis endgültig seinen Lauf. Von den päpstlichen Kommissionen zur Beurteilung der Fälle konnte man keine Objektivität mehr erwarten, auch nicht von der achtköpfigen Kommission (darunter vier Bischöfe), die der Papst mit einer Vollmacht nach Paris schickte.

Am 22. November 1309 wurden die drei Hauptangeklagten am Bischofssitz von Paris verhört.

In der *Kirchengeschichte*[160] Fleury's steht zu lesen, daß de Molay am 22. November vor die Kommission unter Vorsitz des Erzbischofs von Paris zitiert wurde. Der Vorladung hatte er sich nicht widersetzt und auf die Frage, ob er den Orden verteidigen wolle, entgegnete er, sein Orden sei vom Heiligen Stuhl bestätigt, von dem er auch alle Privilegien erhalten habe. Verwundert sei er nur über den Wunsch der römischen Kirche, die Ordensauflösung so schnell voranzutreiben. Er selbst fühle sich nicht würdig genug, den Orden zu verteidigen, doch sei er bereit dazu im Rahmen der eigenen Kräfte, «denn täte ich es nicht, wäre ich ein elender Feigling, wo ich doch so viel Gutes und so viel Ehre durch ihn erfahren habe». Daraufhin entgegneten die Kommissare, er möge sich die Verteidigung gut überlegen in Anbetracht der von ihm bereits gemachten Geständnisse und sie ließen die Papiere verlesen. Als sie zu den Aussagen kamen, die er vor den drei Kardinälen gemacht haben sollte, bekreuzigte sich der Großmeister zweimal hintereinander und bezeugte äußerste Verwunderung. Wäret ihr nicht Kommissare, sondern gewöhnliche Menschen und ich in Freiheit, entgegnete er ihnen, so würde ich anders gesprochen haben. «Wir sind nicht Leute, denen man den Krieg erklärt», wurde ihm geantwortet, worauf er erwiderte, so sei es ja nicht gemeint, «doch möge es Gott gefallen, daß gewisse üble Subjekte genau so behandelt würden, wie die Sarazenen es mit den Tartaren machten: Ihnen den Kopf vom Rumpf trennen und zweiteilen». Damit spielte de Molay auf die drei Kardinäle an. Schließlich erbat er sich Bedenkzeit bis zum Freitag für eine endgültige Aussage.

Als er am Freitag vor Sankt Andrä gefragt wurde, ob er den Orden verteidigen wolle, antwortete er: «Ich bin bloß ein ungebildeter armer Ritter; man hat mir eine Bulle vorgelesen, nach der mich der Papst mit einigen anderen Würdenträgern des Ordens dazu ausersehen hat, persönlich vor ihm zu erscheinen, damit er sich selbst ein Urteil bilden kann. Ich werde daher zu ihm gehen, wann immer er das wünscht, und da ich, wie alle Menschen, sterblich bin, teilt ihm bitte mit, daß er mich bald rufen möge.» Dann fügte er hinzu, es sei ihm Gewissenspflicht, drei Dinge zu erklären, die mit seinem Orden zu tun hätten:

«Erstens kenne ich keinen religiösen Orden, dessen Kirchen schöner ausgestattet sind, mit edlerem Gerät für den Gottesdienst und die Weihehandlungen der Priester, als die Kathedralen der Templer.

Zweitens kenne ich keinen Ort, wo man eifriger Almosen spendet, als bei den Templern, denn in sämtlichen unserer Häuser gibt man dreimal die Woche allen jenen milde Gaben, die danach verlangen. Außerdem hat niemand häufiger sein Leben auf's Spiel gesetzt, niemand öfter sein Blut zur Verteidigung des Glaubens gegen die Feinde vergossen, als gerade die Templer.»

Nun hielt die Kommission ihm entgegen, daß dies alles keinen Wert habe, wenn es am wahren Glauben fehle, der allein ja Voraussetzung für die Erlösung der Seelen sei. Worauf der Großmeister beteuerte, ganz und gar dem katholischen Glauben anzuhängen, und die Kommissionsmitglieder ersuchte, ihn die Messe hören zu lassen. [...]»

Doch der König mißtraute dem Klerus. Nach dem Tod des Erzbischofs von Paris setzte er dem Papst gegenüber durch, daß Philipp de Marigny,[161] der Bruder eines seiner Minister, zum Nachfolger gewählt werde.

Inzwischen hatte der Erzbischof von Mainz ein Regionalkonzil einberufen, um sich Klarheit zu verschaffen über den Stand der Dinge bei den deutschen Templern.

Während einer der ersten Sitzungen öffnete sich plötzlich die Tür, und zwanzig unbewaffnete Ritter im weißen Ordensmantel drängten herein, angeführt von einem gewissen Grafen Hugo. Die Anwesenden verstummten überrascht und erschrocken, nur der Erzbischof faßte sich, bat den Anführer, Platz zu nehmen und den Grund für dieses Eindringen zu erklären:

«Wir haben erfahren, daß dieses Konzil vom Papst zum Zweck einberufen worden ist, unseren Orden abzuschaffen. Man beschuldigt uns ungeheuerlicher Vergehen, schlimmerer Art, als man sie selbst den Heiden vorgeworfen hat; das ist für uns unerträglich, vor allem, weil man uns verurteilt, ohne uns Rechtsgehör zu gewähren. Deshalb appellieren wir vor dieser Versammlung an den Papst und seine ganze Geistlichkeit mit der öffentlichen Erklärung, daß jene, die wegen derartiger Verbrechen verbrannt worden sind, bis zum letzten Atemzug hartnäckig geleugnet, auch nur eines davon begangen zu haben, und dies noch unter den ärgsten Folterqualen, bis zum Ende.»

Als diese handstreichartige Protestaktion bekannt wurde, berief der Erzbischof von Paris von neuem ein Regionalkonzil ein. Er war in Sorge, die öffentliche Meinung könne aufgrund der entschlossenen Haltung der Ritter umschlagen, und wollte deshalb die Anschuldigungen gegen den Orden nochmals prüfen. Einige der Sirvienten wurden von ihrem Treueeid entbunden, der eine oder andere der Schildknappen auch in die Freiheit entlassen. Zahlreiche Templer erhielten lebenslange Haftstrafen. Diejenigen die man schuldig gesprochen hatte, wurden der weltlichen Gewalt überstellt. Das war pure Scheinheiligkeit, eine Formalität und nichts weiter. Die Kirche konnte offiziell keine Hinrichtung vollziehen, da sie angeblich (wenn auch nur theoretisch) gegen jedes Blutvergießen plädierte. So schob man den schwarzen Peter den Laiengerichten zu, die verpflichtet waren, die ausgesprochenen Todesurteile auch zu vollstrecken, ohne daß es eine Appellationsmöglichkeit gegeben hätte.

«Auf den Feldern in der Nähe der Abtei Saint Antoine sind neunundfünfzig von ihnen verbrannt worden», heißt es bei Fleury, «aber keiner von ihnen hat sich der Verbrechen schuldig bekannt, die ihnen zur Last gelegt wurden, alle blieben dabei bis zum Ende, daß ihre Tötung ungerechtfertigt sei. [...]»

Während der Erzbischof mit seinem Urteilsspruch dem Papst zu verstehen gab, daß der König nicht bereit war, seine Meinung noch einmal zu ändern, fuhr die achtköpfige Kommission mit ihren Gefangenenbefragungen fort. Alle Verhörten wiesen die Anklagepunkte entschieden zurück, verwahrten sich voll Verachtung gegen die verleumderischen Beschuldigungen. «Die Religion des Tempels ist rein und ohne Makel, wer das Gegenteil behauptet, spricht als Ungläubiger und Häretiker».

Hatten die Templer ein Mysterium? Wie auch immer, sie haben es ins Grab mitgenommen, ohne sich zu verraten. Im Fahrwasser der französischen Kommentatoren und Geschichtsschreiber bleibt uns keine andere Wahl, als Vermutungen anzustellen. Man ist hier auf mehr oder weniger fundierte Hypothesen angewiesen.

Das Mysterium hatte nichts zu tun mit dem architektonischen Geheimnis, das die Templer-Kathedralen bergen.

Es hatte ebenso wenig zu tun mit ihrem Gold und ihren äußeren Schätzen, denn Reichtum macht die Herzen nicht glücklich.

In Frage käme nur noch die Alchimie, das Wissen um die Transmutation der Metalle (und des Menschen in ein höheres Selbst), die Kenntnis des «Steines der Weisen» – die Reinheit des Diamanten, entstanden aus der Sublimation unreiner Kohle –. Schon Salomo beherrschte diese hohe Kunst, die untrennbar verbunden ist mit der Theurgie, der göttlichen Machtfülle, von der die Kabbalisten und die großen persischen Magier reden. Vielleicht ist ihnen aber auch der «Kosmische Christus» enthüllt worden, «Sohn des Menschen» und der Göttlichen Weisheit, der Jungfrau Sophia, dessen irdisches Kleid der Jesus von Nazareth war? Oder wußten sie gar von beidem?

Sollte das angebliche Bespucken des Kreuzes (falls der Aussage überhaupt Wahrheitswert zukommt) geschehen sein zum Zeichen der Erinnerung an Golgatha, an die Marterung des Geistes durch die Materie, um sich im unsichtbaren Christus wiederzuerkennen, der in uns allen gegenwärtig ist? Erinnern wir uns an die Bedeutung des Kreuzessymbols für den Apostel Paulus. Auch im Jüngsten Gericht des Michelangelo stürzen, zweihundert Jahre später, die Engel eine Säule und ein Kreuz von oben herunter. Es sind die Symbole weltlicher und geistiger Macht. Denn diese Stunde ist die Stunde der Wahrheit, und das Gesetz, das in Christus Gestalt annimmt wie ein aus dem Reiche der Toten wiedererstandener Osiris – wird das Licht von der Finsternis scheiden, das Gute vom Bösen.

Warum zogen sie es vor, zu sterben? «Er sagte mir noch, in ihrem Generalkapitel befinde sich ein so großes Geheimnis, daß – sollte es mir oder irgendjemand anderem zum Unglück unter die Augen kommen – dies den Tod bringen würde, so sie das vermöchten, selbst wenn es der König von Frankreich wäre. Mehrmals wiederholte er, es gäbe ein Büchlein mit den Statuten des Ordens, das er gerne vorzeige; doch gäbe es noch ein anderes, und dieses zeige er nicht um alles Gold in der Welt.» [. . .][162]

Sicherlich gab es ein Mysterium geistig-religiöser Natur. Doch dürfte auch die Politik hier kräftig mitgemischt haben. Schließlich hatten die Templer danach gestrebt, der okkulten Weisheit mit dem Schwert zum Sieg zu verhelfen, ihre Wahl war der Weg der Tat, während andere es mit dem Weg der Erkenntnis oder der Liebe versucht hatten.

Nach den frühen, mit Begeisterung aufgenommenen Erfolgen der Templer hatte der Orden erheblich zugenommen; zu den berühmten Männern dieses ersten Kreuzzuges zu gehören, war der Traum der europäischen Jugend. Ein Jahrhundert später stießen die Würdenträger des Ordens an die äußerste Grenze ihrer politischen Möglichkeiten, als es zur Begegnung mit der islamischen Kultur kam auf einer Ebene, die das Einfließen gnostischer Geheimlehren mit sich brachte, denn die Ismaeliten waren Esoteriker. Aus dieser geistigen Begegnung könnte das Mysterium der Templer erwachsen sein: ihr «Allerheiligstes», von dem bloß die Mitglieder des «Großen Rates» wußten. Vielleicht ließe sich das so formulieren: Beherbergte das «Heilige Land» *nur das Grab eines Propheten*, in dem sich die göttliche Christuskraft inkarniert hatte, so war es dadurch nicht mehr und nicht weniger heilig als irgend ein anderes; dann war überall – und in jedem Menschen – das «Heilige Land» – und sie selber die höchste Streitmacht in seinem Namen. Daher mußten sie die Welt erobern, die Idole der weltlichen und religiösen Macht abschaffen, die Regierung einer «Synarchie» von Priestern anvertrauen, die sich stützt auf die Weisheit der göttlichen Sophia, wie einst im Tempel Salomons. (Natürlich stand nichts von einem solchen Mysterium in der Templerregel. Wir sind immer noch bei den Hypothesen.)

Sollte der Orden tatsächlich die Abschaffung des Königtums, die Vereinigung der Religionen zu einem einzigen, christlich-islamischen Kult geplant haben, oder sollte ihm enthüllt worden sein, daß es sich *in späterer Zeit* so fügen würde, so mußte dies *um jeden Preis* geheim bleiben. Für derartige Erkenntnisse wäre die Zeit nicht reif gewesen. Jedenfalls ist dieses vermutete Mysterium von keinem der vielen Tempelritter enthüllt worden, die gefoltert worden sind, voraussicht-

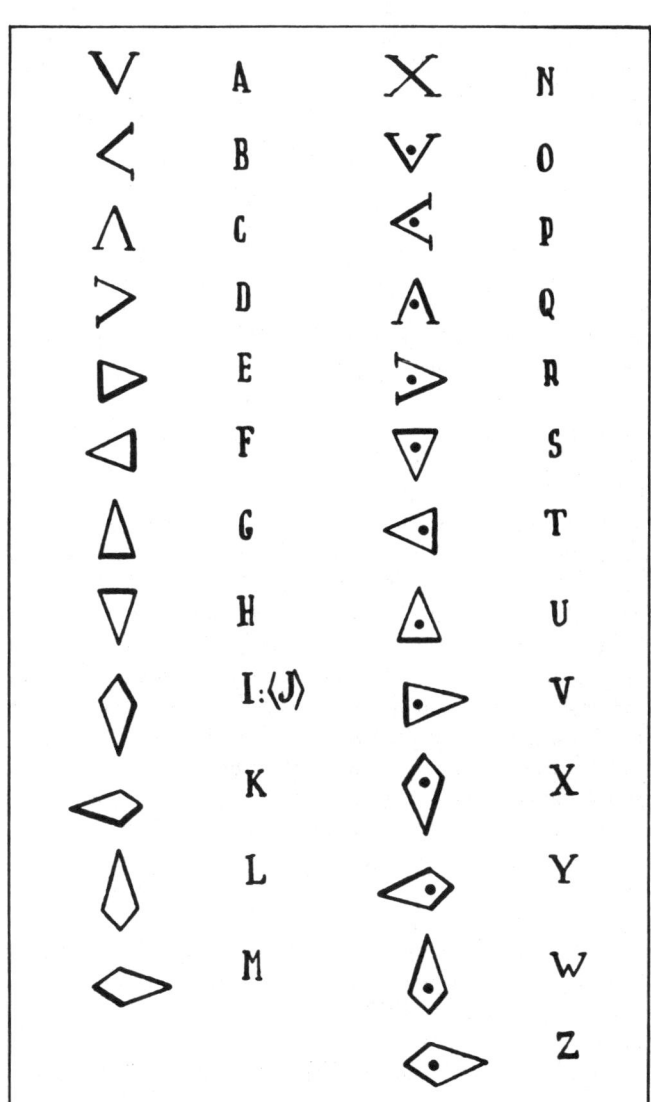

Geheimschrift, den Templern zugeschrieben.

lich, weil niemand es kannte. Wer es aber gekannt haben könnte, wie der Großmeister und einige hohe Würdenträger, zog es vor zu schweigen und eher noch skandalöse Riten oder Gotteslästerungen einzugestehen, die ja nichts mit der Ordenswirklichkeit zu tun hatten.

Wieso wurden aus den Templern die großen Verlierer der Geschichte? Weil der Augenblick kam, in dem vielleicht auch bei ihnen, wie bei den Einwohnern des legendären Atlantis in Platons Bericht «der Anteil am göttlichen Wesen dahinschwand» und «die menschlichen Züge die Oberhand gewannen»: Das heißt, der Glaube an das «Große Werk» ins Hintertreffen geriet gegenüber dem Machtstreben und der Gier nach Gold. So hat Philipp den Orden zerschlagen, bevor dieser ihn schlagen konnte; und der Papst leistete dem König Beistand genug, um zumindest dieses eine Ziel zu erreichen, denn damals waren die Templer längst nicht mehr ausschließlich Streitmacht der Kirche, sondern, und das in erster Linie, die tüchtigsten Bankiers der Welt und damit ein gefährlicher Machtfaktor auch für den Papst.

Ohne Zweifel gnostischen Ursprungs, könnte der Baphomet ein Emblem oder Schlüssel zu dem verlorenen Mysterium darstellen. Vielleicht soll er die verborgene Macht das MAG verkörpern, jenes mächtigen, schrecklichen Ungeheuers, das sich tief in die menschliche Seele verkrochen hat?

Steht diese Gestalt mit ihren Bocksfüßen, der weiblichen Brust und dem Satyrkopf etwa für einen Wandlungsprozeß der «inneren», seelischen Alchimie, dieser Königlichen Kunst, die in der praktischen Magie einen symbolischen Ausdruck fand, wenn das Blei zu Gold, die Kohle zum makellosen Diamanten wurde? War der Baphomet gar die sichtbare Manifestation des *Ektroma*, der frühreifen, monströsen Schöpfung der Sophia, die Christus, der in allen Menschen gegenwärtige Äon, in *Achamoth*, die göttlich-salomonische Weisheit, verwandeln konnte?

Kann sein, kann auch nicht sein. Baphomet ist ein Bruder der Sphinx, ein Zwitterwesen wie dieses geheimnisvolle Geschöpf, das die Pranken auf den Wüstenboden stützt und sein unbeteiligtes Antlitz der aufgehenden Sonne zuwendet.

Am 16. Oktober 1311 wurde im südfranzösischen Vienne ein Konzil eröffnet, in dessen monatelangem Verlauf das Schicksal der Templer endgültig besiegelt werden sollte, obwohl zunächst alles eine gute Wendung zu nehmen schien.

Eines der Druckmittel des Königs gegen Klemens V. waren bekanntermaßen die immer in heiklen Momenten erfolgenden Anträge, gegen den verstorbenen Papst Bonifaz VIII. ein Verfahren wegen Ketzerei zu eröffnen. Daß Klemens einem solchen Ansinnen nicht nachgeben durfte, ohne den Ruf von Papsttum und Kirche entscheidend zu beeinträchtigen, versteht sich von selbst. Philipp wollte im Grunde damit nur erreichen, den Papst in der Templerfrage mürbe zu machen. Er versprach, auf den Prozeß gegen Bonifaz zu verzichten, sofern der Templerorden verurteilt würde.

Es wäre unrichtig zu sagen, dieses Konzil hätte ausschließlich der Templer wegen stattgefunden. In den diversen Lebensbeschreibungen des Papstes werden übereinstimmend *vier Punkte* als Tagesordnung angegeben: 1) de ordine Templariorum, qui graviter culpabatur (über den schwer beschuldigten Templerorden), 2) de passagio transmarino (von der Überfahrt in den Orient), 3) generaliter de reformatione totius status ecclesiae (allgemein über die Reformation des gesamten Kirchenstaates), et 4) de conservatione ecclesiasticae libertatis (über die Bewahrung der kirchlichen Freiheit). Philipp fand sich schließlich mit seinem heerartigen Gefolge persönlich in Vienne ein, als er um seine Sache fürchten mußte.

Über die Anzahl der Konzilsteilnehmer gehen die Ansichten weit auseinander; wegen der vielen, nicht stimmberechtigten Prokuratoren, die ebenfalls teilnahmen, war sie sehr schwer zu schätzen. Villani (und der ihm folgende heilige Antonin) sprechen von dreihundert Bischöfen. Nach Schottmüller (501) sind die Angaben des (zeitgenössischen) Fortsetzers von Wilhelm de Nangis am zuverlässigsten, der aus eigener Anschauung von 114 Konzilsvätern berichtet.

Was die Templer betrifft, so kamen die Mitglieder des Konzils mit überwältigender Mehrheit zum Schlusse, das vorhandene Material reiche bei weitem nicht aus, sie zu verurteilen und einen im Grunde sehr verdienstvollen Orden aufzuheben,

über den man, wegen der persönlichen Verfehlungen einiger
weniger Ordensleute, doch den Stab nicht brechen könne.
Man beschloß, die Templer zu ihrer Verteidigung anzuhören.
Großen Eindruck erweckte das mutige Erscheinen von neun
Tempelrittern, die ihre Sache mit ebensoviel Zivilcourage und
Geschick vor dem Konzil in Vienne zu vertreten suchten, wie
schon vor ihnen das Grüppchen in Mainz. Doch es war zu
spät. Beim Papst waren die Würfel bereits vor dem Konzil
gefallen, weil er wußte, wie sehr Papsttum und Kirche einen
erzürnten, zu allem entschlossenen König zu fürchten hatten.
Klemens V. ließ die eingedrungenen Tempelritter gefangen
nehmen.

Der König, dessen Kreaturen auch unter den Konzilsvätern
saßen, war von seinen Günstlingen gewarnt worden. Er
erschien am 12. 2. 1312 vor dem Konzil, umgeben von seinem
Hofstaat und seinen Baronen, und verlangte, die Leiche des
Bonifaz-Papstes müsse ausgegraben und wegen Ketzerei verbrannt werden.

Klemens V. befand sich in einer unerquicklichen Lage. Auf
der einen Seite hatte das Konzil Beschlüsse gefaßt, die wahrscheinlich zur Rehabilitierung des Templerordens geführt hätten, auf der anderen drängte der König, den Orden aufzuheben, um in den Besitz von dessen Reichtum zu kommen. Der
Papst zog sich geschickt aus der Affaire durch eine weitere
Vertagung.

Am 2. März schrieb der König an den Papst einen Brief, um
ihn zu einem rücksichtslosen Handeln zu bewegen: «Es wird
Eurer Heiligkeit nicht entgangen sein, [...] daß die Untersuchung gegen die Templer eine solche Menge von Ketzereien
und entsetzlichen und verabscheuungswürdigen Verbrechen
an den Tag gebracht hat, daß deswegen der genannte Orden
aufgehoben werden muß. Von heiligem Eifer für den rechten
Glauben entflammt, flehen wir Eure Heiligkeit, damit nicht
ein so schweres an Christo begangenes Unrecht ungesühnt
bleibe, ebenso dringend wie demütig an, daß Ihr den genannten Orden aufheben möget.» (nach Schottmüller, 521).

«Bei der bisher von Klemens bewiesenen Zähigkeit gegen
unbegründete oder der Kirche schädliche Forderungen des

Königs, würde auch obiger Brief selbst in dieser Notlage der Kurie ohne die gewünschte Wirkung geblieben sein, wenn nicht [...] der Papst von der absoluten Notwendigkeit überzeugt gewesen wäre, den Orden, der durch die andauernden Verdächtigungen allmählich wirklich in üblen Ruf gekommen und seit 1307 bereits tatsächlich zertrümmert war, nun auch dem Namen nach aufzuheben» (ibid.). Klemens V. fiel es jetzt um so leichter, dem König nachzugeben, als Philipp am Schluß seines Briefes selber den Vorschlag gemacht hatte, die Templergüter einem anderen Orden zu übertragen. Daran knüpfte der Papst in einer besonderen Bulle vom 8. März und machte damit dem König und dessen Gelüste nach den Schätzen des Ordens einen Strich durch die Rechnung. Am 22. März schließlich rief der Papst die Kardinäle und andere, vermutlich zu dem Ausschuß gehörende Prälaten zu einem geheimen Konsistorium zusammen und hob durch die Bulle *«vox in excelso»* den Templerorden nicht aus Rechtsgründen – und auch nicht im Sinn eines Urteilsspruchs – auf, sondern «aus fürsorglicher Rücksicht auf das allgemeine Wohl und mittels päpstlicher Verordnung». Am 3. April 1312 kam es zur öffentlichen Verlesung an der zweiten öffentlichen Sitzung des Konzils, in Gegenwart des Königs und seiner drei Söhne, die schweigend zuhören mußten (Schottmüller, 523). Der Papst begann die Sitzung mit einer Rede über den Psalm I, 5 «die Gottlosen bestehen nicht im Gericht, noch die Sünde in der Gemeinde der Gerechten», wobei er, vom Allgemeinen auf den Templerorden übergehend, sehr harte Worte gebrauchte und hinzufügte, «und wenn er auch nicht auf dem Wege der Gerechtigkeit vernichtet werden kann, so muß er doch vernichtet werden auf dem Wege der Ratsamkeit, damit König Philipp nicht in Ärgernis komme.» Unter anderem enthält die Bulle, nach einer historischen Darstellung der Ereignisse, auch folgende Stelle: «Es ist wahr, daß erwähnter Orden nach den gegen ihn geführten Prozessen als ein ketzerischer durch einen endgültigen Spruch rechtlich nicht verurteilt werden kann». Dann begründet der Papst in aller Ausführlichkeit seine administrative Verfügung zur Ordensaufhebung. In der Bulle *«ad providam Christi vicarii»* vom 2. Mai spricht der Papst die

Templergüter dem Hospitaliterorden zu, mit wenigen Ausnahmen (wie den Besitzungen auf der Iberischen Halbinsel).

Wir schreiben Montag, den 18. März 1314. Es ist Abend. Philipp der Schöne zeigt sich am Fenster, begierig, auch noch dem letzten Akt des Dramas beizuwohnen: dem Flammentod Jacques de Molays und Gaufridus de Charneios auf dem Scheiterhaufen. Der König hat gesiegt, die Templer sind vernichtet. Er fühlt sich befriedigt.

Der dreizehnte und letzte Großmeister des Ordens, eben J. de Molay, und der Großpräzeptor der Normandie G. de Charneio hatten an jenem Morgen tatsächlich sämtliche unter der Folter erpreßte Aussagen widerrufen. Das erlaubte, sie laut Gesetz für rückfällig erklären und hinrichten zu lassen. (Bei Widerruf eines Geständnisses hatten die Richter nur die Möglichkeit, auf das zurückzukommen, was ursprünglich protokolliert worden war. So wurde jeder Widerruf automatisch als «Rückfall in die Ketzerei» interpretiert, was gestattete, bereits ausgesprochene Gefängnisstrafen in Todesurteile umzuwandeln. Diese Praxis war hundertfach geübt worden, um sich unliebsamer, für den König gefährlicher Zeugen zu entledigen. Auch de Molay und Charneio waren schon rechtskräftig zu lebenslanger Kerkerhaft verurteilt gewesen. Nun sollten sie auf richterlichen Beschluß getötet werden.)

Dem Königspalais gegenüber liegt eine kleine Seine-Insel. Dort schichten die Soldaten das Holz für den Scheiterhaufen auf.

Wie bei allen historischen Ereignissen, gibt es auch diesmal einen Zeugen, der, ohne zu wollen, der Geschichtsschreibung in die Hände arbeitet und Aufzeichnungen hinterläßt, die seine Eindrücke festhalten. Unter der Menge, die sich schaulüstern ansammelt, steht er, der Chronist, oder besser, der Dichter: Geoffroy de Paris, der das düstere Schauspiel beobachtet und festhält: «Als der Großmeister die züngelnden Flammen sah, entkleidete er sich ohne zu zögern. Ich sage das, weil ich es mit eigenen Augen gesehen habe. Dann machte er sich, völlig nackt, mit feierlichem Schritt auf den Weg, das Gesicht durchgeistigt, ohne zu zittern, obwohl man an ihm zerrte und zog, ihn sogar auf das Gröbste mißhandelte. Er wurde gepackt, von Kopf bis Fuß wie ein Paket verschnürt und an den Pfahl gebunden. Eben wollte man ihm die Hände mit einem Strick zusammenbinden, als er zum Henker sagte: «Laßt mich ein wenig die Hände falten, denn jetzt ist der Augenblick gekommen, dies zu tun. Ich stehe vor dem Tod. Gott weiß, daß ich unschuldig bin. Bald, in einem knappen Jahr, wird jene, die uns zu Unrecht verurteilt haben, ein großes Unglück treffen. Ich sterbe in dieser Überzeugung.» Und als sie ihm schließlich die Hände gebunden hatten, sagte er: «Meine Herren, ich bitte euch, dreht mein Gesicht Notre-Dame zu».

Einen Monat später, am 20. April, starb Klemens V. plötzlich in der Provence, im Alter von kaum fünfzig Jahren.

Am 29. November desselben Jahres erlitt Philipp der Schöne in Fontainebleau einen tödlichen Jagdunfall.

Nur 46 Jahre zählte der König, als er durch seinen Sturz vom Pferd bei der Wildschweinhatz das Leben verlor.

Kapitel 19

DANTE UND DIE FEDELI D'AMORE

Den ungetreuen Oberhirten, der die Templer an den König von Frankreich verkauft hatte, versetzte Dante zur Strafe in die Hölle. Dafür bevölkert in seinem Werk die in alle Winde zerstreute «Miliz Christi» die Räume des Himmels.

> *«Qual' è colui che tace dicer vole,*
> *Mi trasse Beatrice e disse: ‹Mira*
> *Quant è il convento delle bianche stole! . . .›»*
> Paradiso, XXX, 127–129

Schließlich nimmt Beatrice ihren Dichter beiseite und flüstert ihm ins Ohr, mit kaum geöffneten Lippen, damit niemand sieht, daß sie etwas sagt: «Schau, wie viele Templer aus den Kerkern und von den Scheiterhaufen Philipps des Schönen sich hier versammelt haben!»

Vor der schneeweißen Rose gesprochen, Quelle des Lichtstroms, der das ganze Paradies erleuchtet, werden diese Worte zur feierlichen Bestätigung des initiatischen Einvernehmens zwischen Dante und der Geliebten, die ihn zu Gott geführt hat. Aus Beatrice redet die göttliche Weisheit, die himmlische Sophia der Gnostiker.

Die «Fedeli d'Amore», Getreue *Amors* und Getreue der *Liebe*, waren Dichter und Verschworene.

Liebe als Treue: Was sich für die Fedeli hinter einem Frauennamen verbirgt, ist das Streben nach Erkenntnis, nach geistiger Wirklichkeit. Zwar stellte die Kirche in Rom völlig willkürlich den Anspruch, einzige rechtmäßige Vertreterin dieser Weistümer auf Erden zu sein. Doch war die Wahrheit wohl eher auf seiten der vom kirchlichen Bannstrahl getroffenen, von der Inquisition verurteilten, auf den Scheiterhaufen verbrannten, sogenannten Ketzer; bei den Katharern, den Templern, kurz, den geistigen Herausforderern Roms.

Gerade der zwiespältige, eigenwillige Friedrich II., Patenkind Innozenz' III., ist zum Förderer einer nicht kirchlich geprägten, einer Profankultur geworden, wie wir heute sagen würden. Der deutsche Kaiser, den eher seine Sehnsucht nach dem Süden, als politische Gründe nach Sizilien führten, hatte zum Papst wohl ein ähnliches Verhältnis wie Brutus zu Caesar. Nur daß er nicht zum Dolch griff, sondern zu geistigen Waffen, dem Oberhirten mit Ungehorsam begegnete, dem römischen Theologen mit einem Heer von Dichtern , dem starren, kirchlichen Dogmatismus mit Wort- und Gedankenfreiheit.

Historisch steht fest, daß der monistische Katharerbischof Nicetas, ein bulgarischer Mystiker und «Vollkommener», den Katharern in Südfrankreich und in Sizilien einen Besuch abgestattet hat. Nach der geschichtlich belegten Reise des Mönchs an den Hof von Palermo bildete sich dort unter der Schutzherrschaft Friedrichs II. ein erster Kern der «Fedeli d'Amore», was sich in der Lyrik der sizilianischen Dichterschule niedergeschlagen hat.

Ihre erste Hochblüte in der Volkssprache erlebte die Dichtung aber in der Toskana. Hier entstand das klassische, vierstrophige Sonnett aus zwei Vierzeilern und zwei Dreizeilern, eine Idealform, die den dolce stil nuovo zur höchsten Vollendung führen sollte. (Aus dem toskanischen Dialekt entwikkelte sich auch die italienische Hochsprache.

Alle Fedeli d'Amore waren Ghibellinen, ihre Liebe gehörte schönen, hochgestellten Frauen, die immer gleich beschrieben wurden, als handle es sich stets um ein und dieselbe Person, ein und dasselbe, vollendet gestaltete und geschickt verschlüsselte Symbol.

Vom kühnen Bologneser Guido Guinzinelli, dem Haupt der Dichterschule (oder Häresie) bis zum noch kühneren Guido Cavalcanti, von Dante Alighieri bis zu Cino da Pistoia und Francesco da Barberino, der unter Heinrich VII. kämpfte, von Cecco d'Ascoli, der als Ketzer am Scheiterhaufen endete, bis zu Guido Orlandi und Gianni Alfani verschworen sich alle gegen die korrupte Kirche, diese «wilde Wölfin», im Namen der heiligen Weisheit, der Jungfrau Sophia, die den Menschen von der Erde in den Himmel, vom Tod zum Leben führt.

Der Brauch, esoterisches Gedankengut und Geheimlehren unter doppelbödigen Texten zu verstecken, war mit den Sufis von Persien nach Europa gekommen, den Dichter-Philosophen der islamischen Mystik, die, Sultanen und Kalifen als engstirnigen Hütern des Korans zum Trotze, die Weisheit der inneren Schau mit der «Rose» identifiziert hatten.

Die Schönheit der Rose zu besingen, war für jene Dichter gleichbedeutend mit der Verherrlichung der verborgenen Weisheit, die den Menschen zu Gott führt. Dies bot Schutz vor dem strengen Gesetz, das jede Abweichung vom Wort des Propheten mit dem Tode bestrafte.

Erst waren es die Kreuzritter und später die Templer, die diese Symbolik nach Frankreich brachten. Im *Roman de la Rose* Guillaume de Lorris' und Jean de Meung's nimmt sie großartig Gestalt an. Auch die «weiße Rose» Dantes, mit deren Betrachtung seine Einweihungsreise ins Jenseits endet, ist vor dem gleichen Hintergrund zu sehen.

Bei den Fedeli d'Amore hatte die angebetete Geliebte ähnlichen Stellenwert wie unter den Sufis die Rose. Sie war ein Zeichen, ein Verweis auf die göttliche Lehre. Ob Mona Lagia, Mona Vanna, Bice, Tessa oder Selvaggia: Der Name galt nur als Mittel, als Form, die Tugend zu verherrlichen und zu lieben. Die Liebe zur Geliebten stand für die bedingungslose Treue zur Lehre.

Eines Tages verließ Guido Cavalcanti Florenz und begab sich auf eine Pilgerfahrt nach Santiago de Compostela. Er blieb jedoch in Toulouse hängen und benachrichtigte die Behörden von einer angeblichen Erkrankung auf der Reise. Seine Florentiner Freunde aber erfuhren von ihm etwas ganz anderes: in einem Sonnett, das er ihnen zukommen ließ, heißt es, er habe in Toulouse eine ebenso schöne Geliebte gefunden wie die in Florenz zurückgelassene, in ihren Armen sei ihm so wohl, daß er sich an seine Vanna erinnert fühle.

Für eine Geliebte wären solche Verse ein glatter Schlag ins Gesicht, keine würde die Beleidigung auf sich sitzen lassen.

Guido Cavalcanti hatte den Fedeli d'Amore nur mitteilen wollen, daß er in Toulouse auf die Katharer gestoßen war, eine Sekte, die der florentinischen in mancher Hinsicht ähnelte, so daß er sich im Kreis jener Häretiker zuhause fühlte, nicht anders als daheim bei den Freunden des *dolce stilo nuovo*:

> *«Weil eine junge Dame aus Toulouse*
> *von tugendhaftem Liebreiz, edler Anmut*
> *der meinen so sehr gleicht im sanften Gruß*
> *der aus den holden Augen lächelnd ruft...»*[163]

Eine ähnliche Botschaft schickte Gianni Alfani aus Venedig nach Florenz:

> *«Venetiens Anmut will ich euch besingen*
> *an einer Frau der Stadt*
> *die so viel Liebreiz hat*
> *daß ich vermein', Euch selbst in ihr zu finden.»*[164]

Oder Ventura Monaci, der nach Florenz an die daheimgebliebenen Cavalcanti und Alfani schreibt:

> *«Zufällig fiel mein Blick auf eine Frau*
> *deren Züge genau*
> *die Anmut meiner Liebsten widerspiegeln.»*[165]

Warum diese Vorsicht? Nun, die Laienbewegung der sizilianischen und der toskanischen Dichterschule, der Protest der darin spürbar wird, hatte den Argwohn der kirchlichen Behörden erregt. Und für alles, was damals nur im geringsten nach Ketzerei roch, war der Scheiterhaufen sehr schnell errichtet.

Den Dichtern des Stilnovismo ging es weniger darum, eine konkrete Lehre verschlüsselt widerzugeben, als um eine Sympathiekundgebung für alle Bewegungen, die sich dem autoritären Papsttum entgegenstellten. Das waren zunächst die Katharer (oder Patarener, wie sie abschätzig genannt wurden), und nach 1307 die Templer. Ihnen gelten die Verse der Fedeli d'Amore, obschon in verschleierter Fom.

Auch Giovanni Boccaccio gehörte zu den Fedeli. Ihm gebührt das Verdienst, den Text der *Göttlichen Komödie* vor den Inquisitionsrichtern gerettet zu haben, denn er bestätigte ihnen, daß Beatrice ein realer Mensch sei, nämlich die Tochter des Messer Folco de' Portinari, die dem Ritter Simone dei Bardi angetraut worden, und daß sie zu seiner sowie zur Bekanntschaft einer Reihe von Freunden zähle.

Die Fedeli d'Amore sind nicht als Häretiker in die Geschichte eingegangen. Wahrscheinlich haben sie aber von den Katharern das Prinzip der Seelenwanderung übernommen; und von den Templern einen christlich-islamischen Synkretismus, zusammen mit dem gnostisch inspirierten Kult der göttlichen Sophia und einem entsprechenden Wissen über die antiken Einweihungsriten.

Selbst Petrarca, dessen Liebe zu Laura viel besonnener wirkte als die der übrigen Dichter; der glaubwürdiger schien als Dante in seiner Verehrung für eine allzu ätherische Beatrice, begibt sich auf esoterisches Gebiet, wenn auch mit der gebührenden Vorsicht. Und so äußert er sich ziemlich direkt zur schon von Paulus hervorgehobenen, aber später von der Kirche verdammten, dreifachen Natur oder Trichotomie des Menschen in den folgenden Versen:

«Ein edler Hauch, der jene Glieder leitet:
auf Pilgerfahrt in ihnen, wohnt darin
ein Herr voll Vorsicht, Mut und Weisheit.»[166]

Gemeint ist damit die edle Seele; der Seelenleib, der die Stoffe des Mineralreichs, die Glieder, im physischen Körper zusammenhält, durch die von Leben zu Leben das Ich wandert, der Geist oder Pneuma, in immer neuen Inkarnationen, voll «Vorsicht, Mut und Weisheit» ...

Am ehesten aber hat sich gerade Dante mit seiner *Göttlichen Komödie* von der Häresie wieder entfernt und einer theologischen Versöhnung Hand geboten, zwar nicht mit der Person des Papstes, doch jedenfalls mit der Kirche Christi.

Und wiederum war es Dante, der mit seinen beiden Dichtungen vom *Neuen Leben* und vom *Gastmahl* der Nachwelt eine Botschaft übermittelt hat, die nicht nur das Ende einer Epoche ankündigt wie die gotischen Kathedralen, wie die Vernichtung der Templer, sondern zugleich den Anfang einer neuen, die immer noch andauert; die drei jenseitigen Reiche stehen für einen dreifachen Tod, eine dreifache Auferstehung; sind Stationen eines inneren Werdegangs, den jeder Mensch allein für sich zu erfahren hat, geführt vom eigenen Selbst (Vergil kann hier die historisch umkleidete *andere Seite* von Dante sein, eine frühere Inkarnation des Dichters); von der göttlichen Liebe; und von Beatrice als dem geistigen Licht, der himmlischen Weisheit.

Wohin führt der Weg? Zu der unglaublichen Erkenntnis, daß Gott immer das Antlitz des Menschen trägt, der zu ihm findet; das Dantes für Dante; das von jedem von uns für jeden von uns, wenn wir, am Ende unserer Entwicklung angekommen, den Schatten des Großen Arkanum erblicken werden, wie vor langen Zeiten die Schüler des Osiris.

Kapitel 20

DIE ZIGEUNER UND DAS BUCH DES SCHICKSALS

Wir alle kennen sie: in unserer Kinderzeit hatten wir Angst vor ihnen und jetzt, als Erwachsene, machen wir einen Bogen, wenn wir sie sehen. Sie aber bleiben sich immer gleich, sind da oder dort, kommen plötzlich aus dem Nichts in irgendein Land, irgendeine Stadt, schlagen ihre Zelte in den Außenvierteln auf; die Mütter gehen auf ihre Art das tägliche Brot verdienen, immer zu zweit oder zu dritt, nach einer besonderen Strategie, mit Säuglingen an der Brust und Kleinkindern an der Rockfalte. Die Frauen klopfen an jede Türe, halten die Fußgänger an, deuten die Handlinien gegen Entgelt, während die Männer im Lager Stroh flechten und Eisen bearbeiten, Glücksbringer in Schlüsselform herstellen, Amulette und Körbe und Tierkreiszeichen für den Straßenverkauf. Unterdessen empfängt die Königin des Stammes in ihrem Zelt oder Wohnwagen (heute meist einer «Roulotte»), deutet Besuchern nach Voranmeldung die Zukunft aus unfehlbaren Tarotkarten.

Die Zigeuner sprechen eine für unser Ohr nicht einzuordnende, unbestimmbare Sprache; dunkel ist ihre Haut, wie bei den Indern, von denen sie vielleicht abstammen: ihre Frauen tragen auffallende Ohrgehänge, einen fremdartigen Brustschmuck und Kleider in den wildesten Komplementärfarben; nackt sind die Füße, schwarz die Haare, die Augen; herb und fließend und katzenhaft der Gang ... Wer erinnert sich ihrer nicht?

Eines Morgens sind sie nicht mehr da. Verschwunden. Niemand weiß wohin. Unterwegs auf den Wegen, die ihre wahre Heimat sind, grenzenlos, keinem anderen Gesetz unterstellt als dem der Ahnen, das der Familienclan, der ganze Stamm befolgt, in bedingungsloser Treue bis zum Tod.

Wir würden nicht davon sprechen, wären sie nicht ein

wenig wie die Ratten in Camus' *Pest*: Träger eines Geheimnisses, von dem sie heute nichts mehr wissen. Doch keine tödliche Epidemie findet sich bei ihnen; dafür eine hermetische Esoterik mit therapeutischen Zügen, die in der Weisheit des antiken Ägypten zu wurzeln scheint, wenn man den Überlegungen A. Kirchers aus dem 16. Jhd. Glauben schenken möchte (Anm. 36),

Die Herkunft der Zigeuner ist unbekannt, sie haben sich 67 verschiedene Namen gegeben. Vielleicht sind sie mit Tamerlans Reiterheeren nach Europa gekommen; jedenfalls hat man den unsteten, frei schweifenden Nomaden teilweise nachgesagt, von Raub und Erpressung zu leben. Aufgrund verschiedener, gegen sie erlassener Edikte, von Maximilian I., Karl V., Franz I., dem Papst, wurden sie von Land zu Land gehetzt, immer von neuem aufgeschreckt und verjagt. Wie die Ratten in der *Pest* verlassen sie einen Ort, um den nächsten heimzusuchen und schließlich wieder dahin zurückzukehren, von wo man sie ursprünglich vertrieben hat, immer sippenweise, in kleineren Gruppen von zwanzig bis dreißig Personen, die sich im Wald verstecken, der Landschaft anpassen, stets auf Durchreise, flüchtig wie der Wind, als dessen Kinder sie sich bezeichnen.

Ihr Weltbild ist einfach, unterscheidet sich nicht von den kosmogonischen Vorstellungen der nachatlantischen Völker. *Sur* die Sonne und *Tschandi* der Mond sind der Vater und die Mutter der Menschen. (Auf Hindi heißt die Sonne *Surya* und der Mond *Tschand*). Von Gott bewacht, sind die Geschwister *Sur* und *Tschandi* an einer geheimen Stelle des Himmels geboren, weit fort, wo der Polarstern steht, der «Schenkel» Gottes. Von dort erhebt sich *Sur* jeden Morgen. Am selben Ort wird auch *Tschandi* sieben Tage im Monat von Gott eingeschlossen. Nur wer älter ist als Sonne und Mond, darf von sich behaupten, ihre Geburt mit angesehen zu haben. Das sind die sieben *Sania* des Himmels, die sieben Sterne des Wagens. Sonne und Mond lieben und suchen sich. Sie haben ihren Sohn, den Menschen, verloren, der auf die Erde gestürzt ist. Die Himmelsstraße entlang, laufen sie einander nach, immer auf der Suche nach dem verlorenen Kind.

Aber das ist nicht die Esoterik der Zigeuner. Sie arbeiten mit den Tarotkarten, den «Karten des Thot», die nicht zum Spielen da sind, die eigentlich die illustrierten Seiten eines hermetischen Buches darstellen. Sein Fundament ist die Zahl. Repräsentiert werden hier die Zahlen von eins bis siebenundsiebzig. Vier Farben entsprechen den vier Jahreszeiten. Jeder Farbe sind vierzehn Karten zugeordnet, also zweimal sieben, entsprechend dem Tagrhythmus und dem Nachtrhythmus der sieben Wochentage. Zu jeder Farbe gehören – neben den Figuren – auch neun Zahlenkarten, analog zu den neun Monaten, die eine menschliche Schwangerschaft dauert. Dazu kommt das «As», der «Anfang». Deshalb sind es insgesamt zehn Karten: die heilige Dekade. Multipliziert man die neun Zahlenkarten mit den vier Assen, ergeben sich die 36 Dekaden des Sonnenjahres.

Die «Kelche» sind die Bögen und Barken der Zeit, Becher und Archen des Himmels; die «Münzen» Gestirne und Sterne; die «Schwerter» das Feuer, die Leuchtkraft des Astrallichts, die «Keulen» aber Schatten aus dem Mineral- und dem Pflanzenreich, Steine und Holzstäbe.

Das «Kelche-As» steht für das Gefäß des Universums, den Kelch der göttlichen Wahrheit, das Prinzip der irdischen Wissenschaft. Der Sonne entspricht das «Münzen-As» als Weltenauge, Lebensnahrung und Lebenselement. Emblem des Erzengels Michael ist das «Schwerter-As», marsische Waffe, Instrument der Gerechtigkeit und der Scheidung, Ursprung der Gegensätze, der Siege und Niederlagen. Das «Keulen-As» hingegen ist der Haselstab des Hirten, der Stachel des Ochsenhüters, die Herkuleskeule.

Von den Figurenkarten entsprechen die vier Herrscher den beiden Sonnenwenden und den zwei Tag- und Nachtgleichen; die vier Frauen oder Herrscherinnen aber repräsentieren die Monde der vier Jahreszeiten. Zu den vier Himmelsrichtungen gehören die vier Ritter, als Gesandte oder Erzengel. Die vier Buben, Boten oder Engel, bezeichnen die Kardinalpunkte.

Das gesamte Spiel umfaßt 77 und eine Karte. Man sagt nicht 78, weil der Narr nicht mitgezählt wird, er erhält die Zahl Null. Von diesen 77 Karten und einer entsprechen 21 den

Großen Arkana (respektive 22, wenn man den Narren rechnet), in Korrespondenz mit den Zahlen des hebräischen Alphabets. Die übrigen 56 Karten sind kleine Arkana, geordnet nach vier Serien oder Farben, die symbolisch den vier Elementen Erde, Wasser, Luft und Feuer zugewiesen sind, das heißt der Vierheit der *Vollendung in der Materie.* Jede Serie besteht aus zwei Septenaren.

Das Tarot ist ein Buch der Symbole und Embleme, in dem sich die Analogien und Beziehungen zwischen Mensch und Kosmos widerspiegeln. Mit seiner Hilfe läßt sich die geheimnisvolle Sprache der «Götter» entziffern: das menschliche Schicksal.

Kaum aufgetaucht, erschien das Tarot der Kirche als Teufelswerkzeug, ein gefährliches Spiel in der Hand von Hexen und Zauberern, das verdammt und vernichtet werden mußte. Nach und nach gelang es der Kirche, das magische 78-Karten-Paket auf bloße 40 zu reduzieren, wodurch das heilige Buch des Thot entmythifiziert wurde, der Entwicklung vergleichbar, die vom vielschichtigen, königlichen Schachspiel zum simplen, beliebten «Dame» geführt hat. Wer heute Bridge spielt, pokert, jasst oder Patiencen legt und dergleichen mehr, hat keine Ahnung, daß durch seine Hände Zeichen gehen, die noch die letzten Spuren der antiken Weisheit tragen: symbolische Arkane unseres eigenen Schicksals, geheimnisvolle Hieroglyphen des Mythos vom Werden der Welt.

Werfen wir nur einen Blick in die Großen Arkana, um der Bedeutung des Tarot nachzuspüren, seine Tiefe auszuloten. Wir dürfen uns dabei der Führung bedeutender Interpreten der hermetischen Wissenschaft anvertrauen, insbesondere der des Arztes und Thaumaturgen Paul Carton.

ERSTES ARKANUM – DER GAUKLER ODER
MAGIER –

Die erste Karte unter den Großen Arkana ist die bedeutungsvollste, zusammen mit der des Narren, der nicht gezählt wird. Der Gaukler oder Magier ist der Eingeweihte, der die

Der Magier.
Alle Karten: Tarot de Marseille
Ets. J.-M. SIMON-FRANCE-
CARTES, Paris.

Geheimnisse kennt: er trägt eine Kopfbedeckung in der Form
einer liegenden Acht, des heutigen Zeichens für das Unendliche in der Mathematik. Dies deutet hin auf die Vereinigung
der himmlischen und irdischen Kräfte in seiner Person. Mit
der erhobenen Linken sammelt er die Kräfte des Himmels
und verteilt sie mit seinem Zauberstab, während die rechte,
nach unten gerichtete Hand auf dem Kreuz der Münze ruht,
die am Tisch liegt, Zeichen der Vierheit, das sich auch ausdrückt in den vier Tischbeinen. So schafft er sich eine Individualität, so wirkt er und handelt durch die vier Elemente,
symbolisch dargestellt durch Keule, Münze, Schwert und
Kelch, die er dem Zauberbeutel entnommen hat.

Seine Körperhaltung entspricht der mimisch-eurhythmi-
schen Darstellung des *Aleph* oder ersten Buchstabens im hebräischen Alphabet, das uns an ein großes N erinnert. Er hat
die esoterische Bedeutung der Einheit. *(P. Carton).*

Die erste Karte, auch *Pagat* geheißen, stellt dar, was das
Wort ausdrückt: einen Taschenspieler. Doch ist er auch die
Wurzel, die Quelle, der das Schicksal entspringt. *(J.A. Vail-
lant).*

214

Der Wille. Das Symbol der Sonne, des weltenschöpfenden Demiurgen. *(J. Maxwell).*

Der Mensch, dessen eine Hand Gott im Himmel sucht, und dessen andere in die Hölle hinuntertaucht, um den Dämon zu sich hinaufsteigen zu lassen, im Menschen das Göttliche mit dem Teuflischen zu vermählen. *(Papus).*

Diese erste Figurenkarte im Tarot steht für das Aktivitätsprinzip an sich; innerhalb des Universums für Gott, aufgefaßt als Lenker und Leiter von allem, was im Kosmos vor sich geht. Innerhalb des Menschen aber ist sie der Brennpunkt jeglicher persönlicher Initiative, das Zentrum der Wahrnehmung, der Mittelpunkt des Bewußtseins und des Wollens; sie ist das *Ich*, dazu bestimmt, unsere Persönlichkeit zu schaffen. *(O. Wirth).*

ZWEITES ARKANUM – DIE HOHEPRIESTERIN ODER «GÖTTLICHE GELIEBTE» –

Die zweite Karte, die der Hohepriesterin, stellt eine sitzende, regungslose weibliche Figur dar, in klarem Gegensatz zur Aktivität des stehenden Mannes auf der ersten. Es ist das Bild der Isis, das für die Natur steht, verschleiert für die Augen der Uneingeweihten. Mit dem Buch in der rechten Hand lehrt sie, daß jeder Eingeweihte die kosmischen Zeichen geistig lesen lernen muß wie einen zusammenhängenden Text. *(P. Carton).*

Isis die Weisheit, die das Buch ihres Wissens aufgeschlagen hält auf den Knien. *(J.A. Vaillant).*

Das Wissen, Symbol des Mondes. Die Erkenntnis. *(J. Maxwell).*

Die Frauengestalt ist geschmückt mit den Herrschaftsinsignien (die Tiara befindet sich unter dem Eingang in den Isistempel); sie ist das Symbol der Natur, der Einweihung in die Geheimlehre. *(Papus).*

Die Eingebungen der göttlichen Geliebten unterscheiden die wahre Wirklichkeit von den sinnlich wahrnehmbaren Erscheinungsformen, hinter denen sie sich verbirgt. Für den von Isis beflügelten, intuitiven Menschen werden die äußeren

LA · PAPESSE

L'IMPÉRATRICE

Die Hohepriesterin

Die Herrscherin

Phänomene zur vielsagenden Oberfläche, die zum geistigen
Sehen anregt, wenn das physiologische Sehen zurückgenom-
men wird. *(O. Wirth).*

DRITTES ARKANUM – DIE HERRSCHERIN (DIE KAISERIN) –

Sie ist die große Erzeugerin, die Venus-Urania der Griechen,
Symbol der kosmischen Lebensquelle, beeinflußt von den
zwölf Tierkreiszeichen, den Sternen auf ihrem Diadem. In
ihrem Besitz, unter ihrem Schutz steht der Adler als Zeichen
der Lebenskraft und der Auferstehung. Sie hält das Szepter
mit dem alchimistischen Zeichen des Astrallichts, der Weltseele, Insignie der magischen Königswürde: ein Kreuz krönt
die Kugel, die an der Äquatoriallinie mit dem oberen Ende des
Herrscherstabes verbunden ist. Das ist die Gestalt, die in der

Johannes-Offenbarung beschrieben wird (12, 1–6): «Dann erschien ein großes Zeichen am Himmel: eine Frau, mit der Sonne bekleidet; der Mond war unter ihren Füßen und ein Kranz von zwölf Sternen auf ihrem Haupt.» *(P. Carton).*

Das Handeln, Symbol für Venus und Astarte. Die Gebärkraft beherrscht dieses Zeichen. Sie entspricht dem Moment der Schöpfung, dem Willen, der dabei ist, sich in Tat umzusetzen. *(J. Maxwell).*

Keimung, Gärung, ewige All-Befruchtung. *(J. G. Bourgeat).*

Diese strahlende Herrscherin des Lichts verkörpert die schöpferische Intelligenz, die Mutter aller Formen, Bilder und Ideen. Sie ist die unbefleckte Jungfrau der Christen, in der die Griechen ihre Venus-Urania wiedererkannt hätten, die in herrlicher Schönheit aus den dunklen Wellen des wildbewegten Ozeans geboren wurde. *(O. Wirth).*

VIERTES ARKANUM – DER HERRSCHER (DER KAISER) –

Er ist der aktive, männliche, beherrschende, autoritäre Erzeuger. Um das Gleichgewicht der Kräfte zu sichern, thront er auf der Lebenskraft, die symbolisiert wird von einem Adler mit geöffneten Schwingen, den Blick gerichtet auf den weißen Königinnenadler der benachbarten Karte. Er trägt den Helm des Willens, des Kampfes um die Wahrheit. Auch er hält das magische Szepter des Herrschers. Ein Bein ist in Dreiecksform abgewinkelt (das alchimistische Symbol der im Praktischen verwirklichten Weisheit). *(P. Carton).*

Das Symbol für Jupiter, für die Verwirklichung. *(J. Maxwell).*

Das belebende Tätigkeitsprinzip des Universums. *(Papus).*

Der Fürst dieser Welt: Er herrscht über alles Konkrete, Körpergewordene, daher auch der Kontrast zwischen seinem *unteren* Reich («unten» im wörtlichen Sinn) und dem oberen, himmlischen der Herrscherin, die direkt auf die Seelen und die reinen Geister einwirkt. Im Gegensatz dazu bleiben die Körper dem Herrscher unterworfen, der sie belebt und regiert,

Der Herrscher   Der Hierophant

nachdem er ihnen eine Gestalt gegeben hat. Er entspricht dem Demiurgen der Platoniker, dem Großen Architekten der Freimaurer. *(O. Wirth).*

FÜNFTES ARKANUM – DER MEISTER ODER HIEROPHANT –

Eine Gestalt zwischen zwei Tempelsäulen; gekrönt mit der Tiara, dem Zeichen der Würde, hält er das dreifache Opferkreuz der drei Welten — Materiewelt, Lebenswelt, Geistwelt. Er führt ein in die Mysterienweisheit, er segnet und unterweist die beiden Adepten zu seinen Füßen, dargestellt von zwei knienden Knaben mit Tonsur. *(P. Carton).*

Auf dem Haupt die dreifache Tiara, Symbol der drei ewigen Thot des Moses, stützt er sich auf sein Szepter mit dem dreifa-

218

chen T an der Spitze. Mit zwei Fingern der freien Hand – die drei übrigen hält er geschlossen – segnet er die zwei Jünglinge, die vor ihm stehen. *(J. A. Vaillant)*

Die Güte als Symbol des Merkur: eine vom Verstand geführte Persönlichkeit, die der des zweiten Arkanums verwandt ist; sie steht für die Weitergabe des Wissens an die Menschen. *(J. Maxwell).*

Die Idee des Seins, des beseelenden Prinzips, des Lebens selber, das Band, das die Gegensätze verknüpft. *(Papus).*

Wer die höchste Lehre ausspricht, tut sich auf für das Licht, das in der Umwelt verstreut ist, und weil er es in seinem Innern speichert, wird er zum Leuchtturm, der das *Erdenrund* erleuchtet. Er wird zum Licht der Kirche, erhellt sie geistig und moralisch, wie der Stern der Weisen, der in der Mitte des Freimaurertempels seinen Schein verbreitet. Weiße Handschuhe trägt der Meister zum Zeichen, daß seine Hände rein sind, unberührt von den Dingen der Welt, die sie nicht beflekken. *(O. Wirth).*

SECHSTES ARKANUM – DER LIEBENDE –

Diese Karte symbolisiert den Aufeinanderprall der Gegensätze, die nichts sehnlicher wünschen, als im Feuer der Liebe – dargestellt von Cupido – zur Einheit zu verschmelzen. Auch der Mythos der irdischen Liebe, die der himmlischen entgegensteht, ist damit gemeint; und die Freiheit der Wahl bei der Auseinandersetzung zwischen antagonistischen Kräften, wie körperlicher Liebe und geistiger Liebe. Auf der einen Seite der steile aber kurze Weg zur Wahrheit und zur Reinheit, verkörpert von der Frau zur Rechten des Liebenden, die eine goldene Krone trägt und deren eine Hand auf seiner Schulter ruht, während die andere zu Boden weist. Den leichten, aber langsamen Weg auf der anderen Seite repräsentiert die weibliche Figur zu seiner Linken, die ihm eine Hand auf's Herz legt: Wollust, Sinnlichkeit und bittere Enttäuschung. *(P. Carton).*

Der Antagonismus, die Auseinandersetzung zwischen Leidenschaft und Gewissen, der Widerstreit der Ideen als frucht-

Der Liebende

barster und mächtigster natürlicher Kraftspender, wenn er sich auflöst in der Liebe, die auf immer die Gegensätze anzieht und vereint. *(Papus)*.

Die sechste Schlüsselkarte des Tarot zeigt einen Jüngling an einer Wegkreuzung, mit über der Brust gekreuzten Armen und gesenktem Blick; zaudernd überlegt er, welchen Weg er jetzt einschlagen soll. Wie Herkules wird er zugleich umworben von einer strengen Königin, die nur moralische Befriedigung verspricht, und einer leichtgeschürzten, den irdischen Freuden zugewandten Bacchantin. Der Liebende zögert. Seine Wahl ist noch nicht getroffen, er hat nicht das Herz des Helden, dem es bestimmt ist, die zwölf Schicksalsprüfungen zu bestehen. *(O. Wirth)*.

In ihrer Ganzheit ist die Liebe eine Einweihung auf hoher Stufe. Es genügt zu lieben, um über dem Abgrund des Unendlichen zu stehen. *(G. Kremmerz)*.

Das Schönste und Beste, das der Mensch dadurch gewonnen hat, daß er vom Baum der Erkenntnis aß, ist die Fähigkeit zu lieben. *(H.-D. Leuenberger)*.

Für Sieg und Triumph im Aktionsraum der vier Temperamente steht er, bezogen auf die vier Instinktkräfte der vier Tiere, über die vier Räder der Entwicklung. Der Mensch schwingt das Szepter über den vier Elementen der menschlichen Dreiheit, trägt auf dem Panzer das dreifache Winkelmaß der drei Welten, das *Urim* und das *Thunim* als Zeichen divinatorischer Schau an den Schultern. *(P. Carton).*

Der Sieg in allen Welten. Das Zeichen der Zwillinge. *(Papus).*

Von einem Gespann in Schwarz und Weiß gezogen, trägt der Wagen den Sieger; er ist glücklich vollendete Tat, ist Verwirklichung. *(Belbéze).*

Der Wagen

Die Gerechtigkeit

ACHTES ARKANUM – DIE GERECHTIGKEIT –

Zwischen zwei Tempelsäulen thront die Gerechtigkeit, sie steht für die ausgleichende, regelnde Kraft, von der die Weltenordnung im Gleichgewicht gehalten wird. Sie spricht Recht dank der Gewalt, die ihr zufließt aus der Krone auf ihrem Haupte, übt sich dabei in Gerechtigkeit, wovon die Waage in ihrer Hand kündet. Das Schwert in ihrer Rechten symbolisiert die Bestrafung des Unrechts. *(P. Carton).*

Die Gerechtigkeit ordnet und entwirrt das Chaos. Ohne sie kann nichts sein, denn die Geschöpfe existieren nur in Abhängigkeit von den Gesetzen, denen sie unterworfen sind. Die Anarchie ist gleichbedeutend mit dem Nichts. *(O. Wirth).*

NEUNTES ARKANUM – DER EREMIT –

Der Eremit ist das Symbol des Weisen; ein alter Mann, der sich auf den bisweilen trügerischen Krummstab der Erfahrung stützt, der weite Umhang, die Kapuze sondern ihn ab von der Welt. In einer Laterne führt er das Licht der Wahrheit mit sich. *(P. Carton).*

Es ist ein lebenskluger Greis, erfahren in der Vergangenheit, aus der er seine Weisheit schöpft, um die Zukunft vorzubereiten; sein Gang ist vorsichtig, denn er trägt den Bambusstab mit den sieben mystischen Knoten, tastet mit ihm den Boden ab, auf dem er voranschreitet, langsam, doch ohne je stehen zu bleiben. Und begegnet ihm auf dem Weg die Schlange der Selbstsucht, versucht er nicht, es der geflügelten Frauengestalt der Apokalypse gleich zu tun, deren Fuß auf den Kopf der Schlange tritt, was als Anspielung auf den Ehrgeiz der Mystik zu verstehen ist, alle niederen Triebe abzutöten. Der Weise zieht es vor, die Schlange zu bezaubern, damit sie seinen Stab umwindet *(O. Wirth).*

Die Einsamkeit des Eremiten ist in den meisten Fällen eine aus religiösen Motiven heraus selbst gewählte. Ziel dieser Einsamkeit kann die Selbstbesinnung sein, die Gottsuche, ein meditatives Leben. *(H.-D. Leuenberger).*

Der Eremit
Das Glücksrad

ZEHNTES ARKANUM – DAS GLÜCKSRAD –

In dieser Karte drückt sich die Verbindung von Schicksal und Freiheit aus. *(P. Carton)*.

Sie umfaßt das Mysterium der verschiedenen Leben als Symbol des Steinbocks; das Glück, das den persönlichen Bemühungen entspringt; die Evolution als Weg des verantwortungsbewußten Menschen; wohin sie führt, ist abhängig von der persönlichen Wahl. *(J. Maxwell)*.

Sie ist die Idee der Beherrschung, der Überlegenheit, der Dauer, der ewigen Wirkung der Zeit. *(Papus)*.

Die Bewegung des Glücksrads läßt den hundsköpfigen Hermanubis mit dem Merkurstab emporsteigen, während ein typhonartiges, dreizackbewaffnetes Ungeheuer sich abwärtswindet.

Auf diese Weise werden einerseits alle positiven, wohltätigen Energien symbolisiert, die das Wachsen der Individualität

Die Gelassenheit   Der Gehängte

fördern, die ätherische Ausstrahlung steigern, andererseits
aber auch die Gesamtheit zerstörerischer Kräfte, dem das
Lebende Widerstand leisten muß. *(O. Wirth).*

ELFTES ARKANUM – DIE GELASSENHEIT (DIE KRAFT) –

Die *Macht* der Geheimlehre stellt sie dar, angedeutet durch
eine vornehm gekleidete Dame, mit einem Hut in Form einer
liegenden Acht, dem Zeichen des Unendlichen. Sie ist so stark,
daß sie selbst einem Löwen das Maul aufreißen kann. Auch
für die Verstandeskräfte steht sie, die im Dienste der Wahrheit
selbst die blutrünstigsten, grausamsten Tiere zu bändigen und
zu zähmen imstande sind. *(P. Carton).*

Alles ist Kraft; der Geist ist der Motor des Universums, die
Urkraft, von der alle anderen sich herleiten. *(J. Maxwell).*

Sie verkörpert die Stärke, die Lebenskraft. *(Papus)*.

Die höchste Kraft, der keine niedere Gewalt widerstehen kann, erscheint in Gestalt einer zierlichen blonden Königin, die scheinbar mühelos einen wütenden Löwen bändigt und mit den Händen seine Kiefer öffnet.

Das elfte Arkanum ist keine Verherrlichung der rohen Muskelkraft, es ist das Sinnbild weiblicher Stärke in ihrer Wirkung, vor deren Sanftmut jeder Widerstand dahinschmilzt. *(O. Wirth)*.

ZWÖLFTES ARKANUM – DER GEHÄNGTE –

Symbol der Opferbereitschaft und des Verzichts, den der Magier und jeder Schüler zu leisten haben über den Weg der Kreuzigung, die das kreuzförmig abgebogene, rechte Bein anzeigen soll, wobei das linke, in Form eines griechischen Tau, am Knöchel aufgehängt ist. Der Adept hat ein dem materiellen Leben der Welt entgegengesetztes Dasein zu führen, er muß dem Stolz entsagen, Demütigungen ertragen lernen, auf den Reichtum verzichten, der die eigenen Taschen füllt, nichts mehr verlangen vom Archetypus des Binären, der ihn einrahmt mit seinen zwei baumartigen Säulen, an denen man den Ansatz der geschnittenen Zweige sehen kann. Ein mit der Spitze abwärts weisendes Dreieck wird gebildet von Kopf, Rumpf und gewinkelten Armen unterhalb der in Kreuzform gehaltenen Beine. Es ist das Alchemistensymbol für das Große Werk, den Sieg des Menschen über den Widersacher mit der Hilfe des Kreuzesopfers. *(P. Carton)*.

Die Idee der Opferung, das Widdersymbol, der Abstieg des Geistes in die Materie, um ihr Leben und Bewußtsein zu bringen. *(J. Maxwell)*.

Die Disziplin, die dem Menschen angeboren ist und die er auf sich nimmt, das Gebot, sich völlig dem Himmel zu unterstellen, die ausgleichende Macht. *(Papus)*.

Der Gehängte ist, strenggenommen, kein irdisches Wesen mehr, weil die materielle Wirklichkeit ihm entgleitet, er lebt das Traumleben seiner idealen Verwirklichung, von einer

Der Tod   Die Mäßigkeit

geheimnisvollen Macht gehalten, die sich in zwei astlosen Stämmen verkörpert, zwischen ihnen ein Querbalken aus totem Holz, der sie verbindet. *(O. Wirth).*

DREIZEHNTES ARKANUM – DER TOD –

Der Tod, der Knochenmann mit der Sense, hat nur einen Fuß, er steht für eine Erscheinung, die sich nicht im Gleichgewicht befindet. Er mäht Köpfe, die denken, fleißige Hände und Füße, um sie sogleich wieder emporwachsen zu lassen, aus der Erde, aus dem Gras. Das ist ein Gleichnis für die immer neuen Verwandlungen in neuen Leben, zu denen es kommt nach jedem irdischen Tod. *(P. Carton).*

Die Idee der Verwandlung, das Saturnsymbol. *(J. Maxwell).*

Eine Zerstörung, die der Erneuerung vorangeht oder ihr auf

dem Fuß folgt; die dreizehnte Tarotkarte steht zwischen der sichtbaren und der unsichtbaren Welt; hier ist der universale Ort der Natur. *(Papus).*

Anstatt zu töten, bewirkt der Tod neues Leben, er schneidet, was nicht mehr lebensfähig ist. *(O. Wirth).*

Du, Tod, bist die Lösung des geistigen Rätsels im lebenden Menschen, in der tiefen Verborgenheit seiner ihm unbewußten Seele; bist das Symbol der großen Alchimie; des dreifachen Merkurius und des toten Merkurius, des Azot, *sine vita-* ohne Leben; bist der tiefdunkle Flügel der Krähe, der Schlaf, der das Wachen einleitet, der schneidende Schmerz, der die Geburt des herrlichsten Kindes vorbereitet, nach dem Avatar die Wanderung der alten, dumpfen Seele in das neue Leben, die *vita nova.* *(G. Kremmerz).*

VIERZEHNTES ARKANUM – DER AUSGLEICH (DIE MÄSSIGKEIT) –

Die Karte stellt einen Engel dar, der Wasser aus dem oberen Gefäß in das untere gießt, den Geist in die Materie, um dann die Kräfte aus dem irdischen Gefäß wieder zurückzuholen ins himmlische der geistigen Ziele, von wo aus sie erneut in den Dienst des Leibes gestellt werden, nach der Läuterung der körperlichen Begierden, des Lebenserhaltungs- und Fortpflanzungstriebes. So wacht er über die Umwandlung der Energien. Er symbolisiert auch die Gestaltwandel, die ein Astralkörper im Laufe seiner Entwicklung erfährt. *(P. Carton).*

Die Idee der Verbindungen, das Wassermannzeichen. Der Urquell des Lebens ist der elementeumwandelnden Kraft anvertraut. *(J. Maxwell).*

Symbolisch gesehen, liegt dem Bild die Verbindung der verschiedenen Kraftströme zugrunde, die Individualisierung des Lebens. Der Sonnengenius schüttet das flüssige Lebenselixir vom goldenen Krug in den silbernen. *(Papus).*

Der Engel als Mundschenk benetzt die sterbende Blüte mit dem lebensspendenden Naß. All-Leben. Wecktrunk, der die verlorenen Kräfte zurückbringt. *(O. Wirth).*

Es verkörpert die Kraft des Bösen, den gefallenen Luzifer mit den verkümmerten Flügeln. Niemand anderen als den Neinsager, Lügner und Widersacher, der immer und überall gegen die Wahrheit ankämpft. Ein Zwitterwesen. Seine Hände zeigen in die entgegengesetzte Richtung als die des Gauklers, der sich der Wahrheitssuche geweiht hat. Mit erhobener Krallenhand nimmt er die animalischen Kraftströme in sich auf, um mit der anderen, zur Erde gesenkten die Fackel zu halten, mit der er die Leidenschaften, das verzehrende Feuer nährt. *(P. Carton)*.

Die fünfzehnte Karte steht für Ahriman oder Typhon, das Prinzip des Bösen, für den Widersacher, Teufel, Osiris- und Ormuzd-Mörder. Seine Fledermausflügel sind das Zeichen des Dunkels, über das er als Herrscher gesetzt ist; seine Harpyenfüße ein Hinweis auf das üble Gekreuch und Gefleuch, das seine Herde bildet. Zwei langschwänzige kleine Teufel sind an den Säulenfuß gekettet, auf dem er steht. Sie tragen die Kette um den Hals. *(J. A. Vaillant)*.

Es ist die Astralkraft. Die Figur entspricht genau dem Gaukler der ersten Karte, doch weist hier alles in die entgegengesetzte Richtung; die belebende Kraft des Universums wird nun zur zerstörerischen; es ist das Schicksal, das Fatum, der «Drache als Hüter der Schwelle». *(Papus)*.

Im Tarot erscheint der Teufel in Gestalt des templerischen Baphomet, mit dem Kopf und den Hörnern des Steinbocks, den Armen einer Frau. Es ist der ägyptische Mendes-Bock, der große, androgyne Pan der Gnostiker.

Der wahre Adept weiß, daß der gefallene Engel jener große Magier ist, auf den alle Wunder zurückgehen, die nicht reine Wunder des Geistes sind; in der Sphäre der letzteren ist der Teufel machtlos, denn der reine Geist wirkt direkt auf den Geist ein.

Auf den Armen trägt er eintätowiert: *Coagula – Solve*. Das magische Verfahren besteht in der Vedichtung des Astrallichts; das Astralfluid lädt den Experimentierenden auf wie eine elektrische Batterie, bis es zur *Solutio* kommt; zu einer

Der Teufel   Der Turm

Entladung über die brennende Fackel, die der Baphomet in der rechten Hand hält als Zeichen für das schreckliche Abbrennen. *(O. Wirth).*

SECHZEHNTES ARKANUM – DER TURM –

Der vom Blitz getroffene Turm ist ein Gleichnis für den Sündensturz des Menschen. Die Vorsehung, die den schlechten Gewohnheiten zürnt. Unfall und Krankheit, die den Körper treffen. Wer körperlich und geistig dem Chaos lebt, begegnet ihnen auf seinen Wegen. Solche Menschen werden vom himmlischen Feuer von der Höhe des Dreifaltigkeitsturmes wieder zur Erde geschleudert und vom Steinschlag gezwungen, die eigenen Irrtümer einzusehen. *(P. Carton).*

Es ist gefährlich, allzu hoch zu steigen: dann wird der Blitz zum Warner, der von der Sonne ausgeht und das Dach des Turmes zerstört. *(O. Wirth).*

SIEBZEHNTES ARKANUM – DIE STERNE –

Der strahlende Stern ist das Wiederaufleben der Unsterblichkeit. Er versinnbildlicht das ewige, archetypische Leben. Wenn er eine neue Reise antritt, gießt er seine belebenden Kraftströme aus dem goldenen und dem silbernen Krug dahin aus, wo die gegensätzlichen Energien von Feuer und Wasser, von Sonne und Mond die Rhythmen des Lebens beherrschen. *(P. Carton).*

Die siebzehnte Karte zeigt einen strahlenden Stern, um den sich sieben kleine Sterne scharen, und ihm zu Füßen eine nackte Frau, die das Wasser der beiden Krüge auf die Erde schüttet. In ihrer Nähe sitzt ein Schmetterling auf einer Blüte. Der große Stern ist der Löwen-Stern *Sirius*, der *Sothis* der alten Ägypter, der zum *Soter*, zum Erlöser der Menschen, wird, wenn Sonnenaufgang im Krebs ist: die sieben Sterne, die ihn umgeben, sind die Wagensterne; die Frau symbolisiert den Raum, den die Tränen von Isis und Osiris durchfließen, die Ägypten befruchten; Blume und Schmetterling dagegen stehen für die ständig sich erneuernde Natur. *(J. A. Vaillant).*

Die Geheimnisse des siebzehnten Arkanums sind die von Nacht und Traum. Im Schlafe verläßt unsere Geistseele den ruhenden Körper, der dem willens- und denkunabhängigen Funktionsspiel seiner physischen Organe überantwortet bleibt. *(O. Wirth).*

ACHTZEHNTES ARKANUM – DER MOND –

Der negative Einfluß. Nächtlicher Tau, der vorgibt, Regen zu sein. Der sprunghafte Charakter des Phantasten, des Wetterwendischen, Unentschiedenen, Unvorsichtigen, des Verschwenders. Abglanz des Lichtes, das Nachtgespenster zum Scheinleben weckt und Trugbilder vorgaukelt.

Der Stern   Der Mond

In der schwarzen Magie steht er für die nächtlichen Sabbatorgien. Im täglichen Leben jedoch für die Ausgeburten der menschlichen Phantasie, den illusionären Charakter irdischer Leidenschaft. *(P. Carton).*

Die achtzehnte Karte stellt den Mond dar, der, wie die Sonne, Gold- und Perlen-Tränen weint, mit denen Isis jedes Jahr den Nil anschwellen läßt. Der Krebs, das Juli-Zeichen, repräsentiert das Nil-Hochwasser und die kürzer werdenden Tage. Die beiden Türme, zwischen denen der Mond scheint, bezeichnen die Herkulessäulen, hinter die weder Sonne noch Mond zurückweichen dürfen. *(J. A. Vaillant).*

Es nicht so, daß dieses Bild vorwiegend Negatives und Schlechtes aussagt. Es zeigt einfach nur die andere Seite der Dinge, die andere Seite der Menschen. Wer sich ganz kennenlernen will, wird nicht darum herumkommen, sich eben diese Seite anzuschauen. *(H.-D. Leuenberger).*

Die Sonne

Das Gericht

NEUNZEHNTES ARKANUM – DIE SONNE –

Sie ist die positive Macht. Auf der physischen Ebene steht sie für den Lebensimpuls, von dem die Menschheit getragen wird; der in ihr zwei Prinzipien das Leben schenkt, dem aktiven, männlichen (in Gestalt eines Jünglings) und dem passiven, weiblichen (einem Mädchen). Gleichzeitig wird hier ein Hinweis auf die heilende Kraft der Sonnenbäder gegeben. Ihr entspricht auch das Gold als Metall. Oder jenem anderen, symbolischen, das als Feuerzungen auf die Weisen im himmlischen Geist-Reich niederfällt. Die Steinmauer ist der Stein der Weisen, der Eckstein, der Kubische Stein. *(P. Carton)*.

Die Sehnsucht, von der Einsicht und von der Reinheit geleitet zu werden, steigt herab auf die Welt, um sie zu befruchten; dort, wo die Fähigkeit zur Einsicht schon wirksam ist: im Werdegang der Lebewesen; Glückseligkeit in der Welt der

Materie dank der Erfüllung der eigenen Pflicht; das Zwillings-zeichen. *(J. Maxwell).*

In zärtlicher Umarmung steht das jugendliche Paar inmitten eines grünen Blätterkranzes, den vierundzwanzig Blüten zieren. Es stellt die dem Geist vermählte Individualseele dar, das Gefühl, das sich der Vernunft verbindet: klingender Akkord, Harmonie, die sich – im kleinen Rahmen – im Mikrokosmos der menschlichen Individualpersönlichkeit bildet, um sich, von hier aus, im großen Rahmen der erneuerten Menschheit als Ganzes zu verwirklichen. *(O. Wirth).*

ZWANZIGSTES ARKANUM – DAS GERICHT –

Das Gericht ist die Zuerkennung dessen, was jede Generation ihren eigenen Werken nach verdient: das Erwachen aus dem Traume, die Auferstehung von den Toten, die Wiedergeburt der menschlichen Dreiheit von Vater, Mutter und Sohn, die dem Grab entsteigen auf den Ruf der Engelsposaune. *(P. Carton).*

Auf der zwanzigsten Karte läßt ein Engel die Posaune ertönen, während ein alter Mann, eine Frau und ein Kind aus der Erde steigen, um ihn zu begrüßen, ihm Verehrung entgegen-zubringen. Der Engel ist die Sonne, die jeden Morgen die Natur erweckt und belebt und zum Sprechen bringt. *(J. A. Vaillant).*

Die Idee der Erneuerung. Das Sternbild des Skorpions. *(J. Maxwell).*

Das Erwachen der Natur durch den Einfluß des Worts; die Rückkehr zur göttlichen Welt; endlich nimmt der Geist sich wieder selber in Besitz *(Papus).*

Die Gottverbundenheit der gläubigen Familie, die mit gefal-teten Händen das Urteil von oben entgegennimmt, das der Engel des Gerichtes ausspricht. Die auferstehende menschli-che Triade stellt die erneuerte Menschheit dar. *(O. Wirth).*

Der Mensch, der hier aufersteht, ist zusammengesetzt aus den Elementen seiner Vergangenheit, aus dem, was er schon hierhier mitgebracht hat. *(H.-D. Leuenberger).*

EINUNDZWANZIGSTES ARKANUM – DIE WELT –

Der Name der Karte ist eher nichtssagend. Doch verweist sie auf die gesamte Menschheit. Adam und Eva – als das Sinnbild – werden im Himmel gekrönt dank des Kreuzesopfers, nachdem sie die Erfahrung auf sich genommen haben, den Wegen der vier Temperamente zu folgen durch das Leben auf Erden, nicht ohne daraus die Lehre zu ziehen von der mystischen Bedeutung der Ereignisse, von der Passion der Wahrheit und des Willens zur Vollendung, die sich in Christus erfüllten. *(P. Carton).*

Die einundzwanzigste Karte, *Die Welt* oder *Die Zeit* geheißen, ist tatsächlich die «Zeit des Tempels» oder der «Tempel der Zeit». Sie stellt eine Blumengirlande dar, deren Oval von vier Lotosblüten in vier Teile geteilt wird. Außen wird sie gehalten von den vier symbolischen Figuren, die der heilige Johannes aus der Vision Ezechiels übernommen hat. *(J. A. Vaillant).*

Makrokosmos und Mikrokosmos; die vier Elemente entsprechen den vier Serien der kleinen Arkana. *(Papus).*

Die Lebensgöttin, die unter einer Blättergirlande dahinläuft; es ist die Körperseele des Weltalls, Vestalin des Lebensfeuers, das in allen Geschöpfen brennt. *(O. Wirth).*

ZWEIUNDZWANZIGSTES ARKANUM – DER NARR (DAS MATT) –

Das Matt oder der Narr ist die Figur, die dem König Schach bietet. Es ist der Prophet, der gesteinigt wird, weil er die Wahrheit verkündet und den ruchlosen Mächten der Welt die heilbringenden Katastrophen weissagt. Es ist der Weise, den die Dummen lächerlich machen. Derjenige, der einen Auftrag zu erfüllen hat und für verrückt gehalten wird. Der Heilige, den der Teufel peinigt. Der Arme, der für das Leben dieser Welt gestorben ist, dem nichts geblieben ist außer Beutel und Stab, der seinen Weg unbeirrt weiterwandert, auch wenn die Hunde in seine Beine beißen. Es ist der Wahrheitsliebende,

Die Welt   Der Narr

der allein seinem Ziel folgt, auch wenn er verspottet, verleumdet, bespuckt und beschimpft wird. Pilger des Absoluten in der Einsamkeit und der Wüste, dort, wo ihn Kälte, Hunger, Durst und Dunkel erwarten, unendliche Erschöpfung und Trauer. Todeskampf. Blutschweiß. Es ist der Gerechte, der den Kreuzestod stirbt. Der «Wahnsinn» der Christen, das Kreuz auf sich zu nehmen. *(P. Carton).*

Unbewußtheit, psychische Störung, Sinnestrübung, Verwirrtheit, Wahnsinn; das glücklose Ende des Unvorsichtigen, der es gewagt hat, sich den lebenden Werken der Magie ohne Einweihung und Unterweisung zu stellen. *(J. G. Bourgeat).*

Ein Sinnbild des Zustands, in den der Willensschwache von den Leidenschaften versetzt wird; das Symbol des Fleisches. *(Papus).*

Hüten wir uns, dem Matt zu folgen, den ein weißer Luchs in das Bein beißt: der gezwungen ist, rastlos weiterzuwandern,

235

ein ewiger Jude, der ziellos und sinnlos herumirrt, weiter und weiter, ins Endlose, völlig verloren. *(O. Wirth)*.

Der Narr ist's, der die Bühne beherrscht auf den großen Schauplätzen der Welt; er wandert und wandert, durchquert die Jahrhunderte, die Leben, stirbt auf dem Schafott, um eine ganze Generation zu befreien, die unter dem Joch der Sklaverei dumpf und träg wird; er kniet sich in den Schmutz, daß ihm dieser bis zum Hals geht, nur um ein gerechtes Werk zu vollbringen, für das ihm niemand je dankt; heute ein Scharlatan, morgen ein Politiker, wird er übermorgen gegen den Krieg und die Kriegsherren predigen.

Er geht, und ein Hund schlägt die Zähne in seine Wade: die Notwendigkeit, einen Auftrag erfüllen zu müssen, treibt ihn an, ist ihm ständiger Begleiter.

Es ist das Große Arkanum der Macht: Kein Mensch und kein Gott. Fatalität einer Wissenschaft, die der Menge zuruft: Laßt euch nicht von meinem Wahnsinn verführen, ich bin das Unwahrscheinliche!

So stirbt er und wird wiedergeboren auf dieser Welt, wo alles wiederkehrt: Sie kommen zurück, die Pflanzen und die Tiere, der Mensch kommt zurück, und die verlorene Liebe, nicht anders als der Frühling und das schweigsame Alter, nicht anders als der Winter, die traurigen und die heiteren Stunden, die guten Worte und die guten Seelen.

Wenn die Ungerechtigkeit sich den Anschein der Tugend gibt, lacht der Narr; wenn Unwissenheit die Wahrheit verleugnet, dann weint er. *(G. Kremmerz)*.

Selbst die Deutungen Berufener bringen uns nicht viel weiter. Das Tarot ist wirklich ein *Arkanum*, etwas «Verborgenes» (das ist der Sinn dieses Wortes); ein Mysterium eben. Die Tarotkarten sind wie die Seiten eines Buches, in dem wir alle lesen können, zu dem aber keiner den Schlüssel hat, um den tiefsten und letzten Bedeutungskern zu enträtseln.

Allein dafür, daß sie dieses Spiel mit seinen 78 Karten in der Welt bekannt gemacht und verbreitet haben, würden die Zigeuner schon einen Ehrenplatz in der okkulten Geschichte der Menschheit verdienen.

Jeder, der möchte, soll diese Seiten durchblättern und über den einzelnen Kartensymbolen meditieren.

Das ist kein Geduldspiel, das fördert die innere Entwicklung. Es ist, als würde man die Schöpfungsgeschichte lesen, vom Chaos zum Kosmos, vom Kosmos zum Menschen; und vom Menschen zu Gott, über die langsame aber sichere Entfaltung jener schöpferischen Kraft, die zugleich höchstes Gesetz ist: das ungeheuerliche Gesetz der Liebe.

Kapitel 21

DIE BOTSCHAFT DER ROSENKREUZER

Je stärker eine Geheimlehre im Verborgenen wirkt, desto mehr wird sie zur Zielscheibe von Angriffen aus den Reihen der neugierigen, eifersüchtigen Profankultur.

Seit mehr als fünf Jahrhunderten spricht man bereits von den Rosenkreuzern. Jeder Anhänger einer Sekte, jeder Eingeweihte in irgendeine esoterische Lehre hält sich für den geistigen Erben dieser geheimnisvollen Weltenwanderer ohne Heimat, ohne zu wissen, daß ihr Geheimnis längst kein Geheimnis mehr ist. In Wirklichkeit lernen wir heute schon in der Schule die drei Grundgesetze, die während des 15. Jahrhunderts im Mittelpunkt aller esoterischen Einweihungen standen.

Descartes[183], der von den Rosenkreuzern gehört hatte, folgte 1619 den Truppen des Herzogs von Bayern, in der Hoffnung, dem Orden irgendwo in Deutschland oder Holland zu begegnen; er reiste überall herum, suchte da, suchte dort, und als er 1623 nach Frankreich zurückkehrte, erklärte er, die Bruderschaft nicht gefunden zu haben. Das hinderte ihn aber nicht daran, ihr sein Buch *Polybii cosmopolitani Thesaurus mathematicus* zu widmen mit den Worten: «Den sehr verehrten Brüdern von Rose und Kreuz in Deutschland». Was wohl bedeutet, daß er sie in Wharheit gekannt, sogar gut gekannt hat. Dies läßt vermuten, er könnte vielleicht selber der Gemeinschaft angehört haben. Ein Eid verpflichtet zu Stillschweigen über Mitgliedschaft und Sache, eher durfte man einen Meineid begehen, als sich verraten.

Rose und Kreuz: das göttliche Weisheitssymbol der persischen *Sufi*, nach Europa gebracht von den Kreuzritter-Minnesängern; und das Kreuz als Symbol des Opfers, Aufeinanderprall und Begegnung himmlischer und irdischer Kräfte; Himmel und Erde.

Der Name Christian Rosenkreutz ist wahrscheinlich symbolisch aufzufassen, eher als Formel denn als Pseudonym: Rose + Kreuz. Was bedeutet das schon? Jede Bewegung, jede Schule, jede Lehre hat ihren Meister, ihren Begründer.

In der *Fama Fraternitatis*[184] steht zu lesen, daß Christian Rosenkreutz dem deutschen Adel entstammte und in einem Kloster studiert habe. Später sei er in Begleitung eines Mitbruders in den Orient gereist. In Damaskus, Jerusalem, Arabien, Ägypten und Lybien sei er mit der Kabbala, den gnostischen Lehren, dem Islam und dem Buddhismus vertraut gemacht worden; er habe die ewigen Prinzipien alter pharaonischer und pythagoreischer Weisheit wieder entdecken können, Eingeweihte aus aller Herren Länder kennen gelernt und mit ihnen Kontakt gepflegt, von diesen – äußerlich betrachtet – eher unscheinbaren Leuten die Lehre übernommen; es sei ihm vergönnt gewesen, das geheimnisvolle *Liber Mundi*, das *Buch der Welt*, einzusehen und ins Latainische zu übersetzen, das die ganze hermetische Weisheit der arabischen Esoterik in sich beschließe.

Wer sich auch hinter dem Namen verbirgt; sicher unterstand die ausgedehnte Orientreise einem Gesetz der inneren Notwendigkeit, mit nicht bloß zufälligen, sondern wahren Schicksalsbegegnungen, damit eine Botschaft weitergetragen, ein Funke am Leben erhalten werden konnte, der im Begriff war, unter der konformistischen Exoterik einer Religion zu ersticken, die von den größten Herrscherhäusern Europas gefördert und unterstützt wurde.

Den jungen Mönch könnte man als «Pilger seiner selbst» bezeichnen, auf der Suche nach einem Auftrag, der auch als Fortsetzung und Vollendung der Aufgabe aus früheren Inkarnationen aufgefaßt werden konnte.

Den Angaben der *Fama Fraternitatis* zufolge, gründete er, nach fünf Jahren der Zurückgezogenheit, mit dreien seiner Mitbrüder die erste «Kette» im Namen des Heiligen Geistes. Er lehrte sie, Krankheiten zu heilen an Leib und Seele.

So kam der Liebesimpuls, der zwölf Jahrhunderte zuvor die Therapeuten der Antike beseelt hatte, zu uns in den Westen. Bald nach dem tragischen Ende der Katharer, die in Europa

Das unsichtbare Kollegium der Rosenkreuzerbruderschaft. Theophilus Schweighardt, *Speculum Sophicum Rhodo-Stauroticum*, 1618.

die mystischen Lehren der Essener verbreitet hatten, nahm die «Kette» ihren Anfang.

Christian Rosenkreutz soll 1378 geboren und 106 Jahre alt geworden sein, wie in einem Anhang zur *Fama Fraternitatis* berichtet wird, der sogenannten *Confessio Fraternitatis Rosae Crucis*.[185] 120 Jahre später sei sein Grab in «Engeland» (England oder dem Land der Engel) wieder aufgefunden worden. Am Eingang zur Krypta habe sich die Inschrift *Post CXX annos patebo* befunden (d. h., «nach 120 Jahren werde ich offenstehen»). Im Inneren sei eine noch brennende, sonnenförmige Lampe gefunden worden.

Aber das ist Legende. Zu allen Zeiten und an allen Orten ranken sich um die Bodhisattvas liebenswürdige kleine Geschichten.

Gesichert scheint, daß der Begründer des Rosenkreuzerordens sein Noviziat in Frankreich, Palästina, Arabien und Ägypten gemacht hat, immer der alten Priesterweisheit auf der Spur, wenn er weiterzog auf den berühmten Pilgerwegen von Heiligtum zu Heiligtum, oder zu den heiligen Orten, die schon Paulus von Tarsus und Simon Magus aufgesucht hatten. Wieder daheim in Europa, nachdem er sich von der okkulten Weisheit hatte nähren dürfen, fühlte er sich wie ein Sehender unter Blinden, wie ein «Numen» unter den Sterblichen, dem Spott und der Verachtung preisgegeben.

Die Lehre von Christian Rosenkreutz ist christozentrisch und läßt sich in drei Zeilen zusammenfassen:

Ex Deo nascimur
In Christo morimur
Per Spiritum Sanctum revivimus.

Aus Gott sind wir geboren, in Christus sterben wir, durch den Heiligen Geist werden wir wiedergeboren.

Gott ist der Vater, der Ur-Eine, Einzige. Christus ist der Sohn, die große, aus dem Vater geborene Sonnenwesenheit. Aber keine Emanation. Die Liebe ist der Geist, in der die Schöpfung sich ständig erfüllt, geistige und ewige Substanz zugleich, die jedem Geschöpf innewohnt. In der Aufeinanderfolge der Inkarnationen wird der Mensch mehr und mehr vom Geist durchdrungen, bis zu seiner «Heiligung», seinem *Dem-Vater-ähnlich-werden-in-der-Substanz*.

Christus ist der Höhepunkt der Menschheitsentwicklung. Seine Menschwerdung war ein einmaliges, unwiederholbares kosmisches Ereignis. Mit dem Kreuzesopfer von Golgatha wurde die Erde selber durchchristet, wandelte sich zum Leib Christi.

Der Sinn des Lebens lag für Christian Rosenkreutz in der Durchchristung. Kurze Zeit später, als die Lehre sich zu

Der Mensch als Anima Mundi (Weltseele), die vier Elemente enthaltend und durch die Zehnzahl bezeichnet, die Vollkommenheit bedeutet.

einem Programm verfestigt hatte, wurde die *Nachfolge Christi* von Thomas von Kempen zum Handbuch jedes Rosenkreuzer-Schülers.

Keinerlei schriftliche Aufzeichnungen aber werfen ein Licht auf das frühe Wirken dieser «Bruderkette» zwischen dem fünfzehnten und dem sechzehnten Jahrhundert. Man kann sogar sagen, daß es über die wahre, eigentliche Mission der Rosenkreuzer überhaupt keine Dokumente gibt. Außer, man wollte ihre Geschichte in der Akasha-Chronik lesen, jenem universellen Gedächtnis, in dem wie in einem unsichtbaren

Buch die Geschichte der Welt von allem Anfang an verzeichnet ist, und in das nur wenige Auserwählte einen Hellseherblick werfen dürfen. Oder vielleicht könnte man ihr auch nachspüren in Mysterieneinweihungen und geheimen Riten, die noch nicht wieder zum Vorschein gekommen sind.

In der *Theosophie des Rosenkreuzers*[186] beschreibt Rudolf Steiner die Geheimlehre dieser ersten «Bruderschaft», die das Gesetz der natürlichen Entwicklung allen Lebens und der geistigen Entwicklung des Menschen kannte; die Bescheid wußte über die *Einheit* der Materie, aus der das Universum geschaffen ist; über die Existenz einer dritten Bewußtseinsstufe beim Menschen, anders als die bekannten von Schlafen und Wachen.

Auf dieser dritten Bewußtseinsstufe, die der Wissenschaft ihrer Zeit gänzlich unbekannt war, zeigten die Rosenkreuzer eine Fähigkeit zur *Transmutation* und *Sublimation* der Materie, wie sie bis auf den heutigen Tag unbekannt geblieben ist. Wenn die Materie «Einzig» ist, und ihre letzte Realität etwas Nicht-Materielles, nämlich Geist und Energie, kann die magische Kraft sie umwandeln über eine Beschleunigung der natürlichen chemischen und physikalischen Prozesse, analog zur Verwandlung, die von der Kohle zum Diamanten führt; oder von der trüben Schwere des saturnischen Bleimetalls zum leuchtenden, strahlenden Gold als Sonnensymbol.

Zwei einander völlig entgegengesetzte Zeugnisse, das eine im Ton der Anklage, sehr kritisch und vorsichtig, das andere eine wahre Apologie, stellen das Vorhandensein okkulter Kräfte jedenfalls nicht in Frage. Der Richelieu-Favorit und Bibliothekar Ludwigs XIII., Gustav Naudé,[187] äußert sich über die Rosenkreuzer mit fundiertem Wissen, aber ziemlich spitz. Wie er zu berichten weiß, haben sie einmal im Jahr eine Versammlung, die geheim gehalten werden muß. Verpflichtet zur kostenlosen Ausübung der Medizin, würden sie die Lehre des eigenen Meisters über alles andere stellen, ja sich selber für außerordentlich fromm und weise halten. Intuitiv würden sie erkennen, wer würdig genug sei, ihrer Gemeinschaft beizutreten. Hunger- und Durstgefühle peinigten sie nicht, von Krankheiten blieben sie verschont; auch hätten sie Macht über die gefährlichsten Geister und Dämonen; Perlen und Edelsteine seien sie imstande, an sich zu ziehen, allein dank der Kraft Ihrer Inkantationen. Sie hätten eine neue Sprache entdeckt, um das wahre Wesen aller Dinge auszudrücken. Für sie sei der Papst die Verkörperung des Antichrist, als Oberhaupt der gesamten Christenheit anerkannten sie den Kaiser des Heiligen Römischen Reiches, dessen Schatzkammern sie mit mehr Silber und Gold füllen könnten, als der König von Spanien je würde von Westindien und dessen unerschöpflichen Reichtümern heimgebracht haben ...

Hundert Jahre später schreibt Hargrave Jennings[188] über die Rosenkreuzer, ihre Existenz sei historisch zwar bezweifelt worden, doch habe der Name der Bruderschaft einen derartig guten Klang, daß man überall voll Bewunderung von den Rosenkreuzern spreche. Sie selber empfänden die übrige Menschheit als tief unter sich stehend, ihre Mitglieder seien von außerordentlichem Stolz, aber äußerlich bescheiden und unauffällig. Armut sei ihnen Pflicht, selbst wenn sie über ein großes Vermögen verfügen könnten. Partnerschaftsbeziehungen gingen sie nicht ein, und wenn, dann nur, weil sie sich ihnen im irdischen Leben nicht entziehen könnten. Sie seien freundlich zu den Frauen, trotz ihrer Unfähigkeit zur Zärtlichkeit. Einfach im Wesen, voller Achtung gegenüber dem Mitmenschen, strahlten sie ein solches Selbstvertrauen aus, daß es nur noch überboten würde von der himmlischen Herrlichkeit. Es seien die aufrichtigsten Leute der Welt, aber der härteste Granit sei nichts gegenüber ihrer Undurchdringlichkeit ...

Natürlich helfen uns diese Darstellungen auch nicht weiter, um das Geheimnis der Rosenkreuzer zu lüften. Doch zeigen sie deutlich, trotz ihrer jeweils entgegengesetzten Vorzeichen, wie sehr die Rosenkreuzer zum Mythos einer ganzen Epoche werden konnten. Magisch-theurgische Kräfte schrieben ihnen Feinde wie Freunde gleichermaßen zu, ähnlich, wie sie Apollonius von Tyana, wie sie der eine oder andere muslimische Thaumaturg, der eine oder andere christliche Heilige besessen haben soll. Es heißt, auch die Rosenkreuzer hätten sich dieser Fähigkeiten in der Praxis bedient.

An der heiklen, schwierigen Nahtstelle zwischen Mittelalter und Renaissance findet in den ersten Rosenkreuzern eine Art Synthese zwischen Alt und Neu statt, sie sammeln die verloren gegangenen Motive innerer Suche in sich wie ein Brennpunkt, holen die verstreuten Lichtfünkchen, die abgebrochenen Zweiglein häretischer Entwicklungen seit dem Jahre tausend in Europa herein zu einer harmonischen Synthese, verbunden mit dem wiederbelebten, antiken Weisheitsschatz aus dem Mittelmeerraum, der mit der esoterischen Botschaft der Templer unterzugehen drohte.

Philosophen, Theosophen, Magier, Alchemisten, Wissenschaftler und Ärzte, wußten sie ihre Qualitäten unter dem symbolischen Mantel der Unwissenheit zu verbergen und zogen durch die Welt, Kranke heilend, ihre «Frohbotschaft» verkündend nur für einen Bissen Brot.

Im Gegensatz zur agnostischen, materialistisch gesinnten Wissenschaft von heute bejahten sie das Vorhandensein einer geistigen Realität in der physischen, erspürten diese in ihrem eigenen Inneren, ähnlich, wie auch die Kabbala in jedem Gesetz nur ein Kleid sah, unter dem sich das wahre, ewige Gesetz verbarg. Für die Rosenkreuzer war die kosmische Wirklichkeit, die Substanz des Universums, nicht mehr als der sichtbare Aspekt des Geistes; damit nahmen sie eine dem dialektischen Materialismus von heute, der im Geist nichts anderes sieht als eine sehr spezielle Ausprägung der Materie, diametral entgegengesetzte Position ein.

Durchchristung des Lebens bedeutete für die Rosenkreuzer, sich selber im Christusimpuls und den Christus in sich selber zu suchen; Stufe für Stufe, in einer ständigen, inneren Umwandlung, bis zum Göttlichen emporzusteigen.

Voller Ernst vertreten sie von neuem die Trichotomie, die dreifache Wesensgliederung des Menschen, begabt mit physischem Leib, Seelenleib (Astralleib) und Geistleib. Das Ich bedeutete ihnen eines der Ziele auf dem menschlichen Entwicklungsweg, die durchschritten werden müssen, eine Etappe auf dem Übergang vom Tier- zum Gottmenschen; vom sterblichen Menschen, der den Tod mit den Tieren teilt, bis zum unsterblichen, gottähnlichen. Dieses Ich oder

Bewußtseinsseele kann und soll sich in der Aufeinanderfolge der Inkarnationen zu differenzierteren und höheren Bewußtseinsstufen emporarbeiten, wobei das moralische Verhalten des früheren Lebens in das spätere hineinwirkt als treibender Impuls oder Schicksal.

Einmal jährlich trafen sich die Rosenkreuzer an vereinbartem Ort und informierten einander gegenseitig über ihre jeweiligen Tätigkeiten. Wer verhindert war, gab den anderen Nachricht. War er jedoch verstorben, so nahm er in seiner astralen Verkörperung an der Versammlung teil, um die Brüder über Tag und Stunde seines Ablebens zu unterrichten. So lesen wir es bei Steiner.

Alles entwickelt und verwandelt sich. Über Fühlen, Denken und Tun hat der Mensch die göttlichen Kräfte in sich zu entfalten. Denken, Fühlen und Wollen. Das Schöne *erfühlen*. Doch mit dem Fühlen allein ist es nicht getan, lehren die Rosenkreuzer. Das Schöne muß ebenso sehr gedacht und gewollt werden, wie das Gute nicht nur gedacht, sondern auch gefühlt und gewollt werden muß.

Alles ist wie das *Eine*, das *Eine* ist wie *Alles*. Der Mensch hat zu lernen, den eigenen Leib auszuziehen wie ein Kleid; «sich» selber sehen, «du» zu diesem Selbst sagen, sich wiedererkennen in einem neuen seelischen Zustand, der nicht dem Schlafe gleicht, und nicht dem Wachen, am ehesten der tiefen Konzentration der Orientalen, wenn sie meditieren, oder der «abgeklärten Ekstase» des Heiligen; das ist die neue Aufgabe.

Jeden Tag unterzogen sich die Rosenkreuzer diesen inneren Übungen. Sie kannten die Technik der Bilokation, der telepathischen Nachrichtenübermittlung, der Urkraft, die dem «wunschlosen Wollen» entspringt.

Niemandem teilten sie das Geheimnis ihres langen Einweihungsweges mit, sie schwiegen sich aus über die Ergebnisse ihres schwierigen inneren Ringens, denn sie wußten, die Menschen waren noch nicht reif für diese Botschaft der Brüderlichkeit, sie hätten das Wissen mißbraucht für egoistische Zwecke.

Wie man nachlesen kann bei Schuré,[189] hatte «Christian

Rosenkreutz» seinen Anhängern nahegelegt, daß alles, was er sie gelehrt hätte, Geheimnis bleiben müßte, weil die Menschheit es noch nicht verstehen könne. Erst wenn die exoterische Wissenschaft mit den ihr zur Verfügung stehenden Mitteln und Methoden zum gleichen Ergebnis gelangt sei, dürfe seine Lehre der Öffentlichkeit preisgegeben werden. Die wissenschaftlichen Erkenntnisse, auf die er hier anspielt, sind im wesentlichen folgende:

I Die Erkenntnis, daß der gesamte Kosmos aus ein- und derselben Materie besteht. (Der wissenschaftliche Nachweis gelang mit der Spektralanalyse).

II Das Wissen um die organische Entwicklung des Lebens. (Von Haeckel intuitiv gespürt, von Darwin wissenschaftlich erarbeitet, von Teilhard de Chardin bestätigt).

III Das Wissen um menschliche Bewußtseinszustände, die weder Schlaf noch Wachen sind. (Zuerst entdeckt wurden sie durch die Hypnose, dann erforschte man sie über Drogen. In den letzten Jahren hat man sogar festgestellt mit der Hilfe von Elektroenzephalogrammen, daß sich im Zustand der Meditation die Gehirnströme ändern: es dominieren dann die sogenannten Alpha-Wellen . . .)

Jetzt also ist der Augenblick gekommen, zu sprechen und alles zu sagen. Im Namen Christi, wie die Rosenkreuzer hinzugesetzt haben würden.

Welcher Christus ist hier gemeint? Wir sind keine «Post-Christen», wie das von manchen Marxisten gesehen wird, die Jesus am liebsten zum Vorkämpfer der Revolution, zu einer Art Proletarierführer der rechtlosen Massen stempeln wollen. Viel eher sind wir «Prä-Christen», der gnostische Weg, den wir noch zu gehen haben, ist weit, führt von Jesus zu Christus, vom Menschen zu Gott; wir müssen uns klar werden, daß selbst die hohe Sonnenwesenheit, die den kosmischen Rhythmus vorgibt, einen mit uns im Zusammenhang stehenden Entwicklungsweg geht. Christus, das sind auch wir, jeder von uns; und alle. Ihm nachzufolgen bedeutet, sich weiter zu entwickeln. Damit entwickelt auch er sich weiter. Es bedeutet ebenfalls, dem Vater näher zu kommen, den von ihm gewiesenen Weg weiter zu gehen, der in die Unsterblichkeit führt.

Schade, daß die damalige Kirche die Botschaft der Rosenkreuzer nicht als gottgegebenes Zeichen aufgenommen hat. Wer aber stand zu jenen Zeiten an ihrer Spitze? Ein Sixtus IV., der die Verschwörung de' Pazzis zuließ; ein politisch ängstlicher, mittelmäßiger Innozenz VIII.; der Borgia-Papst und Giftmischer Alexander VI; Julius II., ein Abenteurer; Leo X., ein feinsinniger Kunstfreund und Sammler; der gerissene Intrigant Klemens VII., der greise, cholerische Paul III., beide bekannt für ihren Nepotismus.

Die Kirche Christi existierte nicht. Während des ganzen sechzehnten Jahrhunderts ging die Bruderschaft der Rosenkreuzer in aller Stille ans Werk, um einen Samen zu säen, der auch heute noch nicht seine volle Frucht gebracht hat. Nicht vor Anfang des siebzehnten Jahrhunderts, wie schon erwähnt, sollten die ersten Publikationen erscheinen, die ersten Nachrichten durchsickern.

Das Pflichtenheft soll folgende Regeln umfaßt haben:

1. Die Werke des Vaters nützen.
2. Dem Gebäude der Wahrheit neue Grundmauern geben.
3. Jeder darf daran teilhaben.
4. Eingestimmt bleiben auf die Wahrheit, die einzig ist; den sechsten Leuchter entzünden.
5. Armut, Hunger, Krankheit und Alter nicht fürchten.
6. Jeden Augenblick leben, als lebte man seit Anbeginn der Schöpfung,
7. An seinem Platze ausharren,
8. Das *Liber Mundi* – das *Buch der Natur* – lesen.
9. Dem Volk, den Auserwählten und Fürsten wohlgefallen.
10. Gott wird die Zahl der Mitglieder anwachsen lassen.

Sich der Bruderschaft anzuschließen als Mitglied, erschien den Rosenkreuzern recht und billig, denn sie hatten eine Reihe von Grundsätzen:

1. Alchimistischen Werken und ihren Urteilen ebenso aus dem Weg gehen, wie betrügerischen Goldmachern, die es nur auf das Geld ihrer Mitmenschen abgesehen haben.
2. Die Rosenkreuzer versuchen, ihren Besitz mit anderen zu

teilen; wer aber im Sinn hat, sich auf ihre Kosten zu bereichern, verfällt «der Macht des Löwen».

3. Der Weg der Rosenkreuzer führt ohne Geheimniskrämerei und magisches Getue zum wahren Wissen, auch auf wissenschaftlichem Gebiet.

4. Was die Bruderschaft bietet, ist mehr wert als alle Königspaläste.

5. Nicht nach dem eigenen Willen handeln sie, sondern nach göttlicher Eingebung (der zu folgen sie den freien Willen haben).

6. Sie erwecken die natürlichen Gaben, die in euch schlummern, über das Wort Gottes, aus der Überlegung heraus, daß die menschlichen Künste unvollkommen sind.

7. In Christus bleiben, mit ihm sein, den Papst ablehnen, im christlichen Geiste leben.

8. Was in der Natur an Werten verstreut und verborgen ist – die Bruderschaft wird es sammeln und den Brüdern geben.

10. Alles das zu begreifen suchen, was dem menschlichen Verstande dunkel bleibt.

Es wird noch von weiteren sechs Vorschriften berichtet:

1. Auf Reisen darf der Rosenkreuzer keinen anderen Beruf angeben, als den des Krankenpflegers und Heilers. Seine Hilfeleistungen sind immer unentgeltlich.

2. Die Mitgliedschaft bei den Rosenkreuzern verpflichtet niemanden zum Tragen einer besonderen Tracht, jeder Bruder wird sich kleiden, wie das üblich ist im Land seiner Wahl.

3. Jeder Bruder ist gehalten, alljährlich am Tage C (dem Tag des Jahrestreffens) sich im Tempel des Heiligen Geistes einzufinden, oder schriftlich seine Abwesenheit zu begründen.

4. Jeder Bruder wird dafür Sorge tragen, einen geeigneten Nachfolger bereitzustellen für den Ablebensfall.

5. Als Erkennungszeichen und Kodewort dienen die Initialen der Bruderschaft (R. C.).

6. Die Bruderschaft soll für weitere hundert Jahre geheimgehalten werden.[190]

1616, nach der Publikation der *Fama Fraternitatis* und der *Confessio*, wurde ein weiteres, vom gleichen Geist getragenes Werk gedruckt, *Die Chymische Hochzeit des Christian Rosenkreutz*, dessen Autor Johann Valentin Andreae, Hofprediger am württembergischen Fürstenhof, aber bereits 1604 damit an die Öffentlichkeit getreten war. Er gehörte dem Tübinger Kreis um Christoph Besold (1577–1638) an und hat wahrscheinlich die anderen beiden Titel mitverfaßt, wenn nicht ebenfalls selbst geschrieben. Eine innere Stimme soll ihm in seiner Jugend den Inhalt der *Chymischen Hochzeit...* mitgeteilt haben. Der davon ausgehende Rosenkreuzer-Impuls verursachte einen so gewaltigen weltanschaulichen Aufruhr, daß sich Andreae 1639 in einem «Glaubensbekenntnis» davon distanzierte und es als «Spielerei» bezeichnete, zweifelsohne, um jene tiefe Weisheit zu schützen.

Auch zwei andere, mutmaßliche Mitglieder der Bruderschaft standen zu Lebzeiten in großem Ansehen und machten viel von sich reden. Der eine war der deutsche Alchemist und Leibarzt Kaiser Rudolfs II., Michael Maier[192], der andere Robert Fludd[193], eine Art englisches Universalgenie, Philosoph, Wissenschaftler und Erfinder. Unter anderem geht das Barometer auf ihn zurück. Durch Fludd kam die Botschaft der Rosenkreuzer in die *Royal Society* nach London. Seinem Beispiel folgend, wurden auch Francis Bacon, Robert Boyle, Elias Ashmole[194] und Thomas Vaughan zu Ordensbrüdern. Da die Stadt London eine Vorschrift kannte, derzufolge die Mitglieder der *Royal Society* einer Körperschaft angehören mußten, um das Versammlungsrecht zu erhalten, baten sie um Aufnahme bei den *Free Masons*, den Freimaurern, deren Symbole sie später übernahmen. Die Aufnahme wurde ihnen sofort gewährt.

So entstanden die zunftfremden «angenommenen Maurer», so konnte sich die spekulative oder philosophische Freimaurerei im Schoß der Werkmaurer-Körperschaften entwickeln, die aus den mittelalterlichen Steinmetz-Gilden und Zünften hervorgegangen waren.

Was die Rosenkreuzer betrifft, zogen sie es vor, sich nicht weniger allegorische Decknamen zu geben, als wir das

gewohnt sind von den «Hirten» und «Hirtinnen» der Schäfer-
lyrik des Rokoko. Vor die Aufgabe gestellt, die Grundsätze
der Bruderschaft öffentlich bekannt zu machen, veröffentlichten sie ihre Werke nicht anonym, aber doch mit einem Pseudonym. Einer der berühmtesten, der noch ins sechzehnte Jahrhundert gehört, ist Theophrastus Bombastus von Hohenheim,
der sich *Paracelsus* nannte. 1493 in Einsiedeln geboren, war er
Schüler des berühmten Abtes und Magiers Johann *Trithemius*
(auch das ist eine Latinisierung, ein Rosenkreuzer-Deck-
name). Der Okkultist Cornelius Agrippa von Nettesheim und
der Mystiker Jakob Böhme wiederum waren Schüler von
Paracelsus.

Recht oft benützte Robert Fludd das Pseudonym *Joachim
Frizius*[195]; und der landgräfliche Leibarzt von Hessen-Butz-
bach, Daniel Mögling, schrieb unter den Namen Florentinus
de Valentia und Theophil Schweighardt wichtige Arbeiten
über das Rosenkreuzertum, darunter einen *Speculum Sophicum Rhodo-Stauroticum*: («Das ist: Weitläufige Entdeckung
des Collegium von der sonder erleuchteten Fraternitaet
Christ-Rosenkreuz». Frankfurt 1618.) Knorr von Rosenroth,
der Autor der *Kabbala denudata*, hat unter den Pseudonymen
Christian Peganius und Abraham Benedikt Rautner einige
Werke veröffentlicht; und wer sich hinter Hinricus Madathanus verbarg, dem eine «Güldene Zeit» zu verdanken ist:
Aureum Seculum Redivivum (1613), konnte nie geklärt werden. Die Liste läßt sich beliebig verlängern. Selbst Descartes
hat, wie wir bereits wissen, als «Polybius Cosmopolitanus»
den *Thesaurus mathematicus* herausgegeben.

Diese plötzliche Blüte rosenkreuzerisch-kabbalistisch-
alchemistischer Literatur hatte eine stark gegen die Kirche in
Rom gerichtete Protestnote. Der Papst schien ihr eine Art
Gegenpol zur freiwilligen Armut zu sein, die von den Evangelien als größter Reichtum betrachtet wird. Aus begründeter
Sorge vor der ständig auf der Lauer liegenden Inquisition
konnten diese Autoren sich nicht mit dem eigenen Namen in
die Öffentlichkeit wagen, bekannten sie sich doch zu Prinzipien, die im Vatikan nicht auf Gegenliebe stießen.

Aber die Bruderschaft der Rosenkreuzer hatte auch nichts

zu schaffen mit der protestantischen Kirche oder sonst einer anderen. Gottes Tempel sei der Makro- und der Mikrokosmos, Universum und Mensch, VITRIOL galt als alchemistisches und rosenkreuzerisches Kodewort. Antwort und Mahnung, Warnung und Trost zugleich, bedeutete es soviel wie *Visita Interiora Tua* (oder *Terrae*), *Rectificando Invenies Occultum Lapidem*. Nur durch eine «Kurskorrektur» also, nur durch den Gang ins eigene Innere (oder Erdinnere) kann der verborgene Stein (der Weisen) gefunden werden.

Über feierliche Formeln und Sinnsprüche verbreitet sich die Botschaft in ganz Europa: Als Beispiel möge hier die Wiedergabe aller möglichen und gleicherweise gültigen Interpretationen der vier Buchstaben auf der Tafel dienen, die am Golgatha-Kreuz befestigt gewesen war: I. N. R. I.

Vier Zeichen; eine Vierheit, vergleichbar dem heiligen Teragramm, auch die Bedeutung stimmt überein;

I = *Jod* – das befruchtende Prinzip;

N = *Nain* – die passive Substanz;

R = *Rasit* – Die Vereinigung beider Prinzipien

I = *Jod* – Das neue schöpferische Prinzip

Jesus Nazarenus Rex Judaeorum; das war die wörtliche Bedeutung der Abkürzung (Jesus von Nazareth, König der Juden), in ihr verbarg sich eine «übertragene Bedeutung»: *Igne Natura Renovatur Integra* (Durch das Feuer erneuert sich die ganze Natur) und eine «höhere Bedeutung»: *Ineffabile Nomen Rerum Initium* (Der unaussprechliche Name des Anfangs aller Dinge). Erst in Leipzig und später in Straßburg kam der junge Goethe in Kontakt mit rosenkreuzerischem Gedankengut und nahm diese Botschaft in sich auf. Dem inneren Rufe folgend, wurde er Rosenkreuzer.

In der juristischen Bibliothek der Leipziger Universität befinden sich die Prozeßakten über einen interessanten Fall, der im August 1715 vor Gericht gezogen wurde. Eines Abends erschien ein Unbekannter bei der Gräfin Erbech auf Schloß Tankerstein und ersuchte sie, ihm für einige Tage Zuflucht zu gewähren, da er infolge eines unglücklichen Zufalls einen Bock getötet und damit pfälzisches Recht verletzt habe. Vom vornehmen Aussehen des Fremden beeindruckt, entsprach die Gräfin seiner Bitte. Einige Tage nach der freundlichen Aufnahme bat der Gast um Audienz bei der Hausherrin. Als sie gewährt wurde, anerbot er, zum Zeichen des Dankes das gesamte Silbergeschirr in Gold zu verwandeln. Ganz und gar nicht überzeugt, wollte die Gräfin zunächst nur probeweise einen einzigen Versuch gestatten. Der Unbekannte nahm eine Silbervase, unterzog sie einer Reihe seltsamer «Kochprozesse» und verwandelte sie damit in Gold. Sogleich schickte die Gräfin das gelbglänzende Gefäß in die Stadt, um es von einem Juwelier prüfen zu lassen: es war tatsächlich aus massivem Gold.

Nun wandelte der Fremde das ganze silberne Tafelzeug in goldenes um. Er selber verlangte nur wenige Silbermünzen, um seine Reise fortsetzen zu können und verabschiedete sich.

Später erfuhr der getrennt lebende Ehemann der Gräfin von der Geschichte und verlangte die Hälfte des Schatzes von seiner Frau. Nachdem die Schloßherrin sich weigerte, kam der Fall vor Gericht. Der Mann verlor den Prozeß, weil es sich – laut richterlichem Schiedsspruch – um «künstliches» Gold handelte, zu dessen Herstellung eindeutig Frauengut benützt worden war.

Waren das überhaupt die echten Rosenkreuzer? Sicherlich nicht. Die echten Rosenkreuzer waren Laienbrüder, die unter dem Deckmantel der Anonymität ihren Werken nachgingen. Überall wirkten «die Unsichtbaren», wie man sie ehrfürchtig nannte, in Paris und in London, in jeder größeren Stadt, doch ohne Wissen der anderen. Sie gaben sich nicht zu erkennen.

Das Tun der Rosenkreuzer konnte sich nicht in der Goldmacherei und ähnlichen Prozeduren erschöpfen. Sie kannten das göttliche Gesetz, die Schöpferkraft des Vaters; im Besitz der Sohnesweisheit, brach bei ihnen der Geist durch in den Werken der Liebe, die sie verrichteten, bei der Heilung der Kranken, der Tröstung der Verzweifelten, als Beistand der Armen. Ihre «Kette» war Brücke, war Werkzeug der tätigen Nächstenliebe, die der heilige Paulus als das einzige Mittel bezeichnet hat, um Gott ähnlich zu werden.

Je neugieriger die Leute nach dem Geheimnis der mysteriösen Bruderschaft forschten, je mehr es Mode wurde, dem

Orden beizutreten oder sich als Mitglied auszugeben, desto mehr entzog sich der wahre Rosenkreuzerimpuls, wurde entrückt in die «Wüste der Seele», um erneut zum unverletzbaren Mysterium zu werden, wie einst im Tempel des legendären Gründers.

Kapitel 22

DAS «HEILIGE FEUER» DER ALCHEMISTEN

Schreiber von Beruf, beschäftigte sich der Pariser Bürger Nikolaus Flamel[196] mit der Anfertigung von Buchabschriften. Er war kein Handschriftenmaler im eigentlichen Sinn, eher könnte man ihn als Verleger bezeichnen (wenn damals «Verleger-sein» schon ein Beruf gewesen wäre, wie er das in späterer Zeit wurde). Brachte man ihm ein wertvolles Original mit Miniaturen, das getreu kopiert werden mußte, so hatte er dafür seine spezialisierten Künstler, die das Illuminieren besorgten. Wenn es sich aber um einen einfachen Auftrag handelte, erledigte er ihn selber mit seinen Gehilfen.

Auf diese Weise hatte er schon zahlreiche klassische Texte und eine nicht unbeträchtliche Zahl alchemistischer Werke «herausgegeben». Seine Tätigkeit hatte ihm dabei einen doppelten Dienst erwiesen. Er war zum Experten geworden, er verstand sich auf Bücher. Und er hatte einen gewissen Wohlstand erreichen können, gerade genug, um einem sorgenfreien Alter entgegenzusehen.

Eines Tages trat ein Fremder in seinen Laden und bot ihm für zwei Gulden ein ungewöhnliches Buch an, nicht «aus Papier oder Pergament, wie andere Bücher, sondern aus herrlichen Rinden junger Bäume». Der Text war hebräisch geschrieben. Flamel erkannte, daß es sich um eine außergewöhnliche Rarität handelte und kaufte das Werk.

Einer Legende zufolge, hatte Flamel einige Nächte zuvor geträumt, ein Engel habe auf eben dieses Buch gewiesen und die Worte gesprochen: «Schau es dir gut an; es mag dir dunkel scheinen, wie allen. Aber eines Tages wirst du daraus erkennen, was du erkennen sollst, und du wirst wissen, was niemand weiß. . .»[197]

Das im Traum gesehene Buch soll haargenau dem geglichen haben, das der Fremde Flamel gebracht hat.

Mit Hilfe eines jüdischen Gelehrten machte er sich an die Übersetzung. Später hat Flamel selber darüber berichtet. Da er schon öfter alchemistische Werke hatte kopieren müssen, fiel es ihm nicht schwer, die Symbole des außerordentlichen Manuskripts richtig zu deuten.

«Dies geschah an einem Montag, dem 17. Januar, gegen Mittag in meinem Haus, nur in Anwesenheit meiner Frau Perenella, im Jahre des Heils 1382 [...] Später ließ ich, immer auf jedes Wort in meinem Buche genau achtend, den roten Stein auf eine ungefähr gleich große Menge Quecksilber fallen, wiederum nur in Anwesenheit von Perenella, in demselben Haus gegen fünf Uhr nachmittags; ich wandelte es in fast ebenso viel reines Gold um, das sicher besser, nämlich geschmeidiger war als gewöhnliches Gold. Ich kann dies wahrheitsgemäß sagen: dreimal habe ich es mit Hilfe Perenellas gemacht, die es ebenso gut verstand wie ich, da sie mir bei meiner Arbeit half...»[198]

Nicolas und seine Frau kamen in kürzester Zeit zu einem ungeheuren Vermögen, sie gründeten vierzehn Hospitäler, drei Kapellen und sieben Kirchen in Paris und bedachten sie mit Stiftungen. In einem Bogengang, den der Alchemist auf dem Pariser Friedhof der Unschuldigen Kinder (des Saints Innocents) errichten ließ, symbolisiert eine spätere Wandmalerei das «Große Geheimnis». Das Gemälde war ein Wallfahrtsort für die Hermetiker des 17. und 18. Jahrhunderts.

In der Rue Montmorency 51 in Paris steht noch heute Flamels Wohnhaus mit der Alchemistenküche, die steinernen Fenster- und Türrahmen, hinter denen das «Große Werk» einst vollbracht worden ist, sind sorgfältig restauriert worden.

Der Wahnsinn eines Visionärs? Louis Figuier, ein Spezialist auf dem Gebiet der mittelalterlichen Alchemie, schrieb gegen 1856, der gegenwärtige Stand der chemischen Wissenschaft erlaube es, eine Transmutation der Metalle für möglich zu halten. Diese zunächst noch hypothetische Annahme wurde um die Jahrhundertwende von Marie Curie praktisch nachgewiesen. Heute ist nicht nur die Umwandlung der radioaktiven

Metalle wissenschaftlich gesichert, sondern auch die Entstehung neuer, schwerer Elemente mit instabilem Kern durch Prozesse, die wir bloß mathematisch erfassen können, die sich der Erfahrbarkeit über die Sinne entziehen.

Johann Friedrich Schweitzer, genannt Helvetius, ein berühmter Arzt und Rosenkreuzer, war einer der heftigsten Gegner der Alchemie. Seiner Ansicht nach war sie nichts als ein einträglicher Riesenbluff, um europäische Herrscher an der Nase herumzuführen und gründlich zu schröpfen, eine Art von Betrug, der sich über den ganzen Kontinent verbreitete wie eine Seuche.

Er selber berichtet, daß am Vormittag des 27. Dezember 1666 ein Fremder zu ihm kam, ein Mensch von offener, ernster Haltung und gebieterischem Wesen, aber einfach und ärmlich gekleidet. Ohne sich vorzustellen, habe er gefragt, ob sein Gegenüber an den Stein der Weisen glaube (was der berühmte Gelehrte verneinte). Daraufhin habe der Fremde eine kleine Elfenbeindose geöffnet, «in der die drei Stücke eines Stoffes enthalten waren, der Glas oder hellem Schwefel ähnlich sah», mit dem Hinweis, dies sei der Stein, mit einer so kleinen Menge sei er imstande, zwanzig Tonnen Gold zu machen.

Helvetius nahm eines der Stücke in die Hand und bat den Alchemisten, ihm ein wenig davon als Probe zu überlassen. Dieser wies seine Bitte schroff zurück, fügte aber etwas freundlicher hinzu, daß er sich selbst vom kleinsten Teil nicht trennen könne, auch nicht um des Helvetius gesamten Besitz, aus Gründen, die «anzugeben das Gesetz ihm verbiete». Daraufhin ersuchte ihn der Arzt, versuchsweise eine solche Umwandlung vorzunehmen: der Fremde sagte zu, aber für einen späteren Termin, er wolle zurückkehren nach drei Wochen.

Pünktlich zur angegebenen Zeit fand er sich wieder ein, lehnte es aber ab, ein Experiment zu machen, da es ihm nicht erlaubt sei, das Geheimnis zu enthüllen. Um den Arzt nicht zu enttäuschen und erst noch in seinem negativen Urteil über die Alchemie zu bestärken, schenkte er ihm jedoch ein winziges Stückchen vom Steine, «das nicht größer war als ein Rapssamenkorn». Und als der Doktor bezweifelte, daß eine so geringfügige Menge wirksam sein könne, brach der Alchemist das Körnchen in zwei Teile, warf eine Hälfte davon weg und sagte, indem er die andere Hälfte zurückgab: «Selbst jetzt genügt es noch für Sie».

Der ehrliche Gelehrte gab nun zu, daß es ihm beim ersten Besuch des Fremden gelungen sei, ein paar kleine Krümel von dem Stein abzuschaben, diese das Blei aber nicht in Gold, sondern in Glas verwandelt hätten. Lächelnd erwiderte nun der Alchemist: «Sie hätten ihre Beute mit gelbem Wachs schützen sollen, dann hätte der Stein in das Blei eindringen und dieses in Gold verwandeln können.»

Er versprach, am nächsten Morgen um neun Uhr wiederzukommen und das Wunder zu vollführen, aber er kam weder an jenem, noch am folgenden Tag zurück. Von seiner Frau und seinen Freunden überredet, entschloß sich Helvetius, die Umwandlung selbst zu versuchen. Er schmolz drei Drachmen Blei, umgab den Stein mit Wachs und ließ ihn in das flüssige Metall fallen. Es verwandelte sich in Gold.

«Wir brachten es sofort zum Goldschmied, der ohne Bedenken erklärte, es sei das feinste Gold, das er je gesehen habe, und der bereit war, fünfzig Gulden für eine Unze zu bezahlen.»

Wem soll man Glauben schenken? Der modernen Chemie, die sich lustig macht über «solche Phantastereien»? Oder der Geschichte, die es als Pflicht erachtet, derlei Berichte auf uns kommen zu lassen, allerdings nicht ohne ein vorsichtiges «Kein Kommentar»?

Schon in den Leipziger Prozeßakten, die wir vorhin erwähnt haben, war die Rede von der Verwandlung des (Tafel-)Silbers in Gold (auf Schloß Tankerstein). Auch an der berühmten Münze kommen wir nicht vorbei, die zur Erinnerung an eine aufsehenerregende Transmutation im Jahr 1648 in Prag geprägt wurde. Kaiser Ferdinand III. war bei dieser Umwandlung persönlich zugegen. Sie stellt den Sonnengott Apollo dar, die Leier in der rechten, den Hermesstab in der linken Hand.[199]

Die Alchemisten und ihr Gehilfe vor dem Alchemistenofen. Aus Daniel Stolcius, *Viridiarium Chymicum*, Frankfurt 1624. 1677 übernommen von Maier für *Tripus Aureus*

Die Chroniken des siebzehnten und achtzehnten Jahrhunderts sind voll von durchaus glaubwürdigen Beispielen. Gold ist für die Alchemisten aller Zeiten der vollkommenste Stoff dieser Erde. Über das ihr innewohnende Gesetz tendierte die Natur zur Vollkommenheit, zur Hervorbringung einer unzerstörbaren Substanz, des Goldes. Alle anderen Metalle – Blei, Kupfer, Eisen usw. – seien nichts weiter als «Frühgeburten der Natur».

Doch auch in die Seele des Menschen habe Gott eine Sehnsucht nach dem Höheren, nach Vervollkommnung gelegt; die geistige Natur des Menschen neige sich dem Göttlichen zu, ähnlich, wie die Natur der Metalle dem Golde. So wie die «Materia prima» sich auflösen, im brennenden Schmelztiegel sterben müsse, um Gold zu werden, müsse der Mensch zu Staub werden, in der Erde «ver-wesen», um in das geistige Leben wiedergeboren zu werden. Das höchste und vollkommenste Ding dieser Erde sei das Gold; und vom Himmel stünde der Erde am nächsten die Sonne. Denn das Gold sei der Bruder der Sonne, Mittler zwischen Himmel und Erde, zwischen Gott und Mensch.

Der erste Goldmacher überhaupt soll der legendäre Ägypter Chemes gewesen sein, der seine Kunst im Buche *Chema* niedergelegt habe. Besonders eifrige Alchemisten waren die Araber, das Wort Al-Chemie, mit dem arabischen Artikel *Al* in Voranstellung, ist über sie zu uns gekommen. Unser moderner Begriff *Chemie* ist davon abgeleitet.

Zosimos von Panopolis,[200] ein Schriftsteller des vierten nachchristlichen Jahrhunderts, wurde zum glühenden Verteidiger der Alchemie. Nach seiner Darstellung geht die Wissenschaft von den Metallen, Edelsteinen und wohlriechenden Essenzen bis zu der Zeit zurück, die in der Genesis dunkel erwähnt ist: . . . «die Kinder Gottes sahen nach den Töchtern der Menschen, wie sie schön waren» (1. Mose 6,2). Diese geheimnisvollen Kinder Gottes waren, wie man meinte, gefallene Engel, die sich mit den Frauen der vorsintflutlichen Zeit gepaart hätten. Aus Dankbarkeit sollen diese Engel ihre blonden, hyperboreischen Gefährtinnen in der Kunst unterwiesen haben, Juwelen, herrliche Stoffe und Wohlgerüche zur Erhöhung der Schönheit herzustellen.

Das erwähnt auch Tertullian (etwa 160 bis 220 n. Chr.), der sagt, die «Kinder Gottes» hätten ihre Weisheit an die Sterblichen in böser Absicht weitergegeben, um sie zu weltlichen Freuden, zur «Sünde» zu verführen.

In einem frühen alchemistischen Manuskript sagt eine Priesterin, die sich Isis nennt und ihre Schriften an ihren Sohn Horus richtet, daß sie ihre Kenntnisse Amnael, dem ersten der Engel und Propheten, verdanke. Sie verschweigt nicht, daß sie ihre Weisheit als Belohnung für ihre Liebesbeziehungen zu Amnael erhalten habe.

Aufschlußreicher noch sind die Schriften einer anderen Frau, die man kennt als «Maria die Jüdin». Von ihren Alchemisten-«Kollegen», z. B. von Zosimos, wird sie mit der Moses-Schwester Miriam identifiziert. Die begabte Chemikerin soll unter anderem einige sehr nützliche Apparate erfunden haben, wie das immer gleichmäßig temperierte Wärmebeet; ein Gefäß, das zur Erzielung gleichbleibender Temperaturen in einem Behälter aus warmer Asche eingeschlossen ist; und für Küchenzwecke das Wasserbad oder Balneum Mariae, das auf französisch noch heute «bain-Marie» heißt. Zosimos widmet sein Alchemiebuch dem Ägypter Imhotep, einem Dichter, Architekten und königlichem Ratgeber, der etwa 3000 Jahre vor ihm selber gelebt hat.

Damit wollte er andeuten, daß sich die Anfänge der alchemistischen Weisheit, das «Große Werk», die «Hohe Kunst», im Dunkel der Zeiten verlieren. Seinem Bericht nach hat Hermes Trismegistos – der Begründer – das *Credo* der Alchemisten auf der *Smaragdtafel* niedergelegt, die in den Händen der Hermes-Mumie aufgefunden worden ist, «in einer dunklen Grube, in der sie begraben lag» innerhalb der Pyramide von Gizeh, wie die Überlieferung es wissen will.

Dieser Text, der in der ganzen Welt als «Smaragdtafel» bekannt geworden ist, kann als Kompendium sämtlicher Allegorien aufgefaßt werden, derer sich die Alchemisten aller Zeiten bedient haben, um den alchemischen Prozeß des Goldmachens darzustellen.

Hermes: der griechische Gott, der «die Tore der Geburt und des Todes öffnet», der die Seelen in den Hades, in die Unterwelt, geleitet, versöhnt als Götterbote die Himmlischen mit den Irdischen; Oben und Unten.

Trismegistos, der «dreimal Größte», der Weise. Hat es ihn wirklich gegeben? Wie immer, möchte die seriöse Wissenschaft auch seriöse Beweise. Für sie ist Hermes Trismegistos eine Figur aus der Mythologie. Im sogenannten Hermes-Grab ist auch keinerlei Tafel gefunden worden. 1828 aber wurde «durch einen außerordentlichen Zufall» im ägyptischen Theben das Grab eines anonymen Magiers entdeckt. In diesem Sarkophag befand sich auch ein Papyrus, heute in der «Leydener Sammlung», auf dem der vollständige Text der legendären Smaragdtafel verzeichnet ist. Wir möchten ihn hier ungekürzt wiedergeben.

«Es ist wahr, ohne Lüge und wirklich: was oben ist, ist wie das, was unten ist, fähig, die Wunder des Einen auszuführen.

Und wie alle Dinge aus Einem gekommen sind, nämlich durch das Denken des Einen, so werden auch alle Dinge aus diesem Einen durch Adoption geboren. Die Sonne ist sein Vater, der Mond seine Mutter. Der Wind hat es in seinem Leibe getragen, die Erde ist seine Amme. Dies ist der Vater aller Vollkommenheit in der Welt. Seine Stärke und Macht sind unbeschränkt, wenn sie in Erde verwandelt werden; du wirst die Erde vom Feuer, das Zarte vom Groben trennen, sanft und sorgfältig. Es steigt von der Erde zum Himmel hinauf und steigt wieder herab auf die Erde, um die Macht der höheren und niederen Wesen zu empfangen. So wird dir der Ruhm der Welt gehören, und deshalb wird alle Dunkelheit von dir fliehen. Bei ihm ist die Kraft, die stärkste aller Kräfte. Denn es wird alle zarten Dinge überwinden und in jedes grobe eindringen. So wurde die Welt geschaffen. Aus diesem werden entstehen und hervorgehen wunderbare Anwendungen, zu denen die Mittel hier gegeben sind. Darum werde ich Hermes Trismegistos genannt, und ich bin im Besitze der drei Teile der Philosophie der Welt. Und was ich über das Wirken der Sonne gesagt habe, hat sich erfüllt.»[201]

Der Papyrus-Text trägt als Überschrift: «*Und so wird alle Finsternis von dir weichen*». Die Alchemisten wußten, daß das in ihren Retorten erscheinende Gold ein herrliches Licht ausstrahlen würde. Nicht nur äußerlich mußte es zum «Bruder der Sonne» werden; nein, auch in der Seele dessen, der die Umwandlung vornimmt, als süßer Preis für die lange, geduldige, unbeirrbare Suche.

Die Sublimation der «niederen Metalle» bewirkte so eine weitere Veredlung im Menschen selbst; und die sieben Stufen oder Zustände des alchemistischen Prozesses wurden zu symbolischen Stationen eines Einweihungsweges: vom Dunkel zum Licht, wie vom Blei zum Golde.

Mehr als hunderttausend alchemistische Bücher sind bis heute bekannt geworden, teils liegen sie gedruckt vor, teils als Manuskript: eine schier unglaubliche Dokumentation, Zeugnis eines tausendjährigen Wahns, eines derart unerschütterlichen Glaubens, daß nichts, aber auch gar nichts den einmal eingeschlagenen Weg zu ändern vermochte.

Nach alchemistischen Angaben soll Solomon die Königliche Kunst der Metallumwandlung beherrscht haben. Angeblich ist dieses Geheimnis bis zu den Templern gelangt, die ja über den Ruinen des Salomonischen Tempels hausten, möglicherweise sogar direkt über dem Ort, an dem einst die Bundeslade aufbewahrt worden war. Demnach könnte das Mysterium der Templer alchemistischer Natur gewesen sein. Es heißt, die Templer hätten die Zusammensetzung des wunderbaren «Steines der Weisen» gekannt, mit dessen Hilfe man niedere Metalle in edles Gold verwandelt, um so das «Große Werk» der Schöpfung zu vollenden.

Die niederen Metalle – erklärt uns Kremmerz – stehen aber für nichts anderes als die gewöhnlichen, natürlichen Menschen, während «das Gold die Ganzwerdung des Menschen» bedeutet. Um sich vor einer Kirche zu schützen, die selbstherrlich für sich allein das Recht in Anspruch nahm, über die Seele Bescheid zu wissen, bot die Magie ihre niedrigen Zauberprodukte mehr und mehr in der verschlüsselten Form von Rezepten für die Metallumwandlung an. Einem geizigen, goldgierigen Klerus täuschten die Magier vor, das Geheimnis der Transmutation unedler Metalle in Gold enthüllen zu können. Wer das allzu wörtlich nahm, äußert sich Kremmerz,[202] «entfachte das Feuer im Alchemistenofen und wurde zum Wegbereiter der modernen Chemie. Wer aber entdeckte, daß dies nicht mehr war als Maskerade und Äußerlichkeit, fand in den Büchern zwei große Geheimnisse: Das einfache der uralten Magie; und das Arkanum aller Arkana, das, unverstanden im Meßopfer überliefert, über die Kirche auf uns kommen konnte; wie aus ungesäuertem Brot und dem Trank der Erde – Wasser und Wein – ein sichtbarer Gott wird.»

In der Zwischenzeit wurden einige grundlegende wissenschaftliche Erkenntnisse[203] gesammelt, wie man gelegentlichen Hinweisen in den Werken der Okkultisten und Alchemisten entnehmen kann: Albertus Magnus (1193 – 1280) äußerte sich als erster über die chemischen Eigenschaften und die Zusammensetzung von Bleiweiß (basisches Bleikarbonat), Zinnober (Quecksilbersulfid) und Bleimennige. Außerdem gelang ihm die Herstellung von Kalilauge im Laboratorium; Raimundus

Lullius (1235 – 1315) stellte Kaliumbikarbonat her; Paracelsus (1493 – 1541) beschrieb zum ersten Mal das bis dahin noch unbekannte, reine Zink und führte in der Medizin die Verwendung chemischer Verbindungen als Arzneimittel ein; Blaise Vigenère (1523 – 1596) fand die Benzoesäure und dachte sich einen Geheimcode aus, um das Geheimnis der Alchemie vor profanen Augen zu schützen; Giambattista della Porta (1541 – 1615) erzeugte Zinnoxyd in seiner Alchemistenküche; Die Entdeckung der Gase geht auf Johann Baptist van Helmont (1577 – 1644) zurück; Basilius Valentinus (niemand hat je erfahren, wer sich hinter dem Pseudonym verbirgt) stieß im siebzehnten Jahrhundert auf Schwefeläther und Salzsäure; Das Natriumsulfat ist Johann Rudolf Glauber (1604 – 1668) zu verdanken (Glaubersalz); Johann Friedrich Böttger (1682 bis 1719) gelang es als erstem Europäer, Porzellan herzustellen, unabhängig vom jahrtausendelang gehüteten chinesischen Geheimrezept.

Wissenschaft und Aberglauben, Religion und Magie; das sind die vier Wege der Vorwärtsentwicklung oder des Rückschritts. Einen davon geht jeder, ob er nun das Goldene Kalb anbetet, oder nach dem lebenden Gold sucht, dem irdischen Bruder der himmlischen Sonne, von einem reineren Impuls getragen als jenem, der im sechzehnten Jahrhundert das Volk in Scharen in den Tessin strömen ließ, wo zwischen Vigevano und Pavia eifrig Sand gewaschen wurde auf der Suche nach Gold; oder jenem, der im neunzehnten Jahrhundert friedliche Siedler im Wilden Westen zu reißenden Bestien machte.

Das unvergängliche Gold ist das Geisteslicht voller Liebe, das nur auf dem Weg über endlose Destillationsvorgänge und Transmutationen errungen werden kann. Und für das wahre Ich steht der Stein der Weisen, der vollkommene Würfel, der aus dem unförmigen Stein des Lebens, an dem noch das Dunkel, die animalischen Instinkte haften, herausgeschlagen und geschliffen wird.

Kapitel 23

DIE MAGIER DES SECHZEHNTEN JAHRHUNDERTS

Auch die Renaissance hatte ihre großen Gnostiker, Magier und Meister des Okkultismus und schneidet dabei gar nicht schlecht ab gegenüber der berühmten, geschichtsträchtigen Schule des antiken Alexandrien.

Basilides, Valentinus, Karpokrates und Markion finden dreizehn Jahrhunderte später im 1462 geborenen Trithemius, im 1463 geborenen Giovanni Pico della Mirandola, im 1486 geborenen Heinrich Cornelius Agrippa von Nettesheim und in Paracelsus (bzw. Theophrastus Bombastus von Hohenheim), der 1493 das Licht der Welt erblickte, äußerst würdige Nachfahren.

Alle vier waren bestrebt, die platonische mit der aristotelischen Lehre zu versöhnen, doch ging dabei jeder seinen eigenen Weg und bediente sich anderer Methoden.

Trithemius studierte noch in Heidelberg, als er seinem «verborgenen» Meister begegnete, einer namenlosen Bodhisattvagestalt, der er seine Einführung in die magischen Künste verdankte und die ihm verhieß, er würde den Schlüssel zu seinem Leben auf der Heimreise finden. Als er kurze Zeit später tatsächlich beschloß, in das heimatliche Trittenheim zurückzukehren, wurde er in Sponheim durch einen derart heftigen Schneesturm aufgehalten, daß er im nahen Benediktinerkloster Schutz suchen mußte.

Kaum hatte er die Schwelle des Hauses überschritten, als ihn ein unwiderstehliches Verlangen nach der klösterlichen Abgeschiedenheit ergriff. Zwei Jahre später legte er die Ordensgelübde ab. Nach dem plötzlichen Tod des alten Abtes wählte man Trithemius zu dessen Nachfolger. Auf jede nur mögliche Weise, architektonisch wie moralisch, befand sich das Kloster in einem Zustand völliger Verwahrlosung; mit der

Bausubstanz ging es abwärts, und mit den Mönchen auch; die nicht gerade ein vorbildliches Leben führten. Nur die Schulden florierten. Doch der junge Abt schaffte es in wahrer Rekordzeit, Mauern und Gewissen wieder in Ordnung zu bringen, er rüttelte seine Mitbrüder aus Faulheit und Unwissenheit zu einem ungeahnten Tatendrang auf. Tüchtige Handlanger, geschickte Maurer und Gärtner mit grünen Fingern machten aus dem Kloster ein Schmuckstück, Schreiber und Miniaturmaler schufen mit kundiger Hand die herrlichsten Codices. Bald hatten sich die Fertigkeiten der Sponheimer Benediktiner in Deutschland herumgesprochen, und nicht viel später rühmte man sie auch im Ausland. Die Schuld konnte abbezahlt und mit dem Überschuß eine Bibliothek errichtet werden, die 1503 bereits an die zweitausend Bände umfaßte, für die damalige Zeit eine unglaubliche Menge.

Aus Legenden, die sich um den großen Okkultisten ranken, sei hier nur eine erzählt: Eines Tages ließ der spätere Kaiser Maximilian Trithemius zu sich rufen. Der Erzherzog, der 1482 seine über alles geliebte Frau, Maria von Burgund, durch einen Jagdunfall verloren hatte, wollte sich mit dem von ihm sehr geschätzten Abt, dessen Weisheit sprichwörtlich geworden war, darüber beraten, ob staatliche Interessen ihn zu einer neuen Ehe zwingen könnten. Denn viel lieber hätte er seinem Herzen nachgegeben und wäre, dem Gedenken Marias treu, unbeweibt geblieben.

Trithemius schlug vor, den Geist der Verstorbenen zu zitieren und sie um Rat zu fragen, vielleicht sogar bei der Brautwahl. Gesagt, getan. Der Abt zog am Boden einen großen magischen Kreis, murmelte eine Beschwörungsformel, und die blendende Lichtgestalt der Tochter Karls des Kühnen erschien, schöner noch als zu Lebzeiten. Sie gab ihm verschiedene Ratschläge, ja nannte unter anderem auch den Namen der späteren zweiten Frau, Bianca, einer Tochter Galeazzo Sforzas, des Herzogs von Mailand. Die Erscheinung soll verschwunden sein, als der Habsburger aus dem magischen Zirkel heraustrat, um sie zu umarmen, und dort ohnmächtig zu Boden fiel.[204]

Trithemius zog es zurück in seine Studierstube, doch kam

es zu Schwierigkeiten mit den Sponheimer Mönchen, die sich von ihrem Abt überfordert fühlten. Schließlich nahm er die Leitung der Abtei von St. Jakob in Würzburg an und blieb dort bis an sein Lebensende. Sein grundlegendes Werk, die *Steganographia*,[205] ein bedeutendes Renaissancehandbuch über praktische Kabbala und Beschwörung der Engel, zirkulierte lange als Manuskript und wurde erst 1606 veröffentlicht. Dann aber versetzte es die kirchlichen Behörden in hellste Aufregung, was 1609 in der Verurteilung des Buches gipfelte. Spätere Auflagen erschienen in verstümmelter, stark zensurierter Form. Die Druckereien fürchteten sich mit gutem Grund vor der Inquisition.

Obschon «die meisten seiner Schriften kirchliche Fragen behandeln, schrieb Trithemius doch auch über Magie. Die Alchemie zog ihn mächtig an, und er erklärte in seinen Büchern, daß Umwandlungen zuwege gebracht und durch richtiges Operieren der Stein der Weisen hergestellt werden könne. Dieser Stein, sagte er, ist die Seele der Welt, spiritus mundi, in sichtbarer Gestalt. Man könnte ihn die Versteinerung des Atems Gottes nennen, da nach Meinung des Abtes die Weltseele die Atem ist, der der göttlichen Quelle entströmt».[206]

Für Trithemius gibt es kein «Oben» und kein «Unten», der Geist durchdringt die Materie, und die Materie umkleidet den Geist. Als Gedankengut alter Geheimlehren in der esoterischen Alchemie verankert, erhielt diese Erkenntnis gewissermaßen auch ihre wissenschaftliche Bestätigung von außen, durch das kopernikanische Weltbild. Entzog die Entdeckung unseres Planetensystems, das mit der Erde die Sonne umkreist, dem alten christlichen Dogma vom «Herrgott dort droben» nicht die Existenzberechtigung? So setzte sich der Glaube durch, daß Gott überall ist, denn durch die Relativität ihrer Wirklichkeitsbezüge verloren Begriffe wie «oben» und «unten» an Aussagewert und Kontur.

Um sich vor dem Zugriff der Inquisition zu schützen, dürfte Trithemius versucht haben, das Werk nach einer Art Geheimcode zu verschlüsseln. In seiner *Poligraphia*[207] lehrt er die Anwendung chiffrierter Sprachen, um gefahrlos geheime

Erkenntnisse austauschen zu können. Er bedient sich auch dieses Schlüssels in seiner Korrespondenz mit Paracelsus und Cornelius Agrippa.

«Nur den einen Rat möchte ich euch noch geben, daß Ihr das Gemeine den Gemeinen, das Höhere aber und die Geheimnisse bloß hervorragenden Männern und vertrauten Freunden mitteilt. ‹Gib dem Ochsen Heu und nur dem Papagei Zucker!› Prüfet die Geister, damit Ihr nicht, wie es vielen geht, den Ochsen unter die Füße geratet.»[208] So schrieb Trithemius an Agrippa von Nettesheim, als er dessen *Okkulte Philosophie*[209] gelesen hatte.

Giovanni Pico della Mirandola hingegen forderte den «Ochsen» (oder, mit anderen Worten, die Inquisition) heraus und riskierte von ihr erdrückt zu werden. Der einer emilianischen Grafenfamilie entstammende Philosoph war geistig so frühreif, daß bereits die Zeitgenossen seinen Fall für spektakulärer hielten als den Masaccios, des Frühvollendeten, der, trotz seines Todes mit 27 Jahren, der Malerei einen neuen Impuls geben konnte.

«Sein Gedächtnis war das eines Phönix. Im Reden und Schreiben war er unvergleichlich fruchtbar. Er war Philosoph und Mathematiker und drang auch in die Geheimnisse der Theologie ein. Seine Kleidung war erlesen, doch aß und trank er wenig. Durch Studien und ein ruheloses Leben erschöpft, starb er jung», äußert sich später Giambattista Della Porta[210] über Pico.

Pico della Mirandola hatte sich vertieft in Platon und Aristoteles, kannte die Gnostiker und die Kabbala, den Neuplatonismus und Averroes. Als Eingeweihter in die magischen Künste und nach dem Studium des Griechischen in Padua und Florenz, begann er sich, nach einem kurzen Aufenthalt in Paris, ernsthaft mit Orientalistik zu befassen. Die notwendigen sprachlichen und philosophischen Kenntnisse erwarb er mit der Hilfe eines Konvertiten.

Den Gepflogenheiten der Zeit entsprechend, entschloß er sich zur Publikation von Thesen. Im erstaunlichen Alter von dreiundzwanzig Jahren verfaßte er neunhundert Thesen oder *Conclusiones*,[211] gibt uns damit einen faszinierenden Überblick über das gesamte philosophische und theologische Wissen seiner Epoche. Eigentlich wünschte er, sie in Rom öffentlich zur Diskussion zu stellen, doch stieß er damit auf wenig Gegenliebe bei Papst Innozenz VIII., der eine Kommission ernannte, um das auf den ersten Blick recht unorthodoxe Gedankengebäude auf Herz und Nieren zu prüfen. Vier Jahre später, nämlich 1487, wurden tatsächlich vier der Thesen als Abweichung eingestuft, drei weitere für falsch, häretisch und abwegig befunden und sechs andere weniger streng verurteilt. Pico revanchierte sich mit einer *Apologie*[212], in der er nicht nur seinen Standpunkt verteidigte, sondern auch noch die Richter des Irrglaubens beschuldigte und, nicht genug damit, ihnen mangelnde Lateinkenntnisse vorwarf: er nannte sie «stotternde Barbaren». Das ließ die Kirche nicht auf sich sitzen. Eine päpstliche Bulle verbot den Druck der neunhundert Thesen, Pico mußte nach Frankreich fliehen, wurde dort aber festgenommen und in der Festung von Vincennes gefangen gehalten. Das war 1488.

Der junge Lorenzo de' Medici setzte sich ein für ihn, befreite ihn aus der Haft und nahm in brüderlich auf.

An der Seite von Lorenz dem Prächtigen, der in Florenz ein offenes Haus für Künstler und Philosophen führte, schrieb Pico de la Mirandola seine bedeutendsten Werke; zunächst den *Heptaplus*[213], der in sieben Bänden die mosaische Kosmogonie im Licht der Kabbala symbolisch deutet (entsprechend den ersten 27 Versen des Buches *Genesis*).

1492 entsteht *De Ente et Uno*[214], ein Text, in dem die platonische Philosophie mit der aristotelischen verglichen und beide auf der Ebene der christlichen Theologie miteinander ausgesöhnt werden. Himmel und Erde oder, anders gesagt, Gott und Mensch sind nach seiner Überzeugung nicht durch den tiefen Abgrund getrennt, den die kirchliche Lehre annimmt und fürchtet; immer mehr steigt der Himmel zur Erde nieder, nähert sich die Erde dem Himmel. Denn Gott ist Mensch geworden, und der Mensch seinerseits versucht stets näher an Gott heranzukommen.

In der Tat vollzieht der menschliche Geist ein göttliches Werk, wenn er, durch die Kraft des Gedankens, die Einswerdung des in der äußeren Wirklichkeit voneinander Getrennten und Abgesonderten bewirkt. Die Geschichte der Menschheit ist gleichzusetzen mit der Entwicklungsgeschichte der menschlichen Urteilskraft, die sich von Epoche zu Epoche immer deutlicher ins Praktische umsetzt und äußert; deshalb sind, trotz aller scheinbaren Widersprüche untereinander, sämtliche philosophischen Systeme, sämtliche religiöse Lehren, von der Antike bis zum Christentum, von Mohammed bis zu den Philosophen des Mittelalters und der Neuzeit nur verschiedene Stationen auf ein und demselben Weg, sich gegenseitig ergänzende Blitzlichtaufnahmen derselben Entwicklung.

Als Vermittler wirkt bloß der Mensch zwischen Vielheit der Dinge und Einheit des ihnen zugrunde liegenden Prinzips; unendlich groß ist seine geistige Freiheit, denn sie ermöglicht ihm, die Ursache aus den Wirkungen abzulesen, um sich zuletzt mit der Ursache selbst, das heißt mit Gott zu identifizieren (für den unser Ich wie ein Kleid ist, das er anlegt). Deshalb gibt es nichts, was der menschlichen Würde vergleichbar wäre, es sei denn die Kraft des menschlichen Geistes.

Rede von der Würde des Menschen, Oratio de hominis dignitate nannte er die Einleitung zu den neunhundert Thesen. Sie wurde zum Banner, zum Manifest eines großartigen geistigen Ereignisses, das man in Florenz als «Humanismus» und später allgemein als «Renaissance» bezeichnete.

Die Würde des Menschen wird durch die schöpferische Kraft seines Geistes bestimmt. Sie findet ihren Ausdruck in den großen, schöpferischen Persönlichkeiten eines Donatello oder Brunelleschi, eines Verrocchio oder Botticelli, in Leonardo da Vinci und Michelangelo, Lorenzo dem Prächtigen und Machiavelli, Pico de la Mirandola und Luca Pacioli, die alle in die Geschichte eingegangen sind als Beispiele für das menschliche Genie, als Nachahmer Gottes. Doch die Renaissance hat zwei Gesichter: eins ist das strahlende der Kunst in ihrer hohen Vollendung; das andere, blutrünstige, das der Politik. Durch ganz Europa zogen die Kriegsheere, wo sie hintraten, wuchs kein Gras mehr, zurück blieben Grauen und Hunger, Pest und Tod.

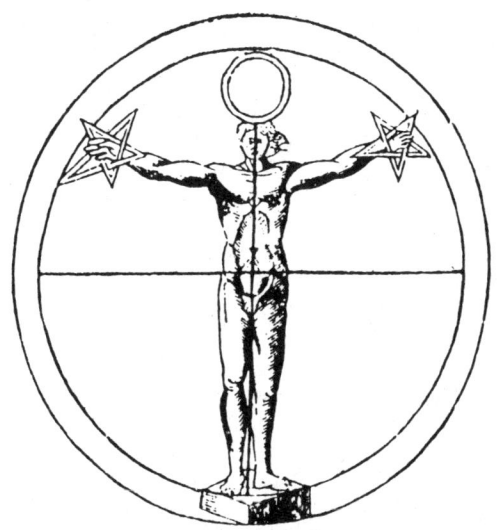

«Von dem Verhältnisse, dem Maße und der Harmonie des menschlichen Körperbaus.» Illustrationen zu Agrippa von Nettesheim, *Die magischen Werke (Der geheimen Philosophie II. Buch, 27. Kapitel).*
(Siehe auch Abbildungen auf den Seiten 272, 274, 275.)

Heinrich Cornelius Agrippa von Nettesheim, ein Meister der Kabbala und der Geheimwissenschaften, kannte nur allzu gut diese beiden, einander widersprechenden Seiten der Renaissance, obschon es ihm vorbehalten blieb, mehr die bittere Hälfte auszukosten, als die süße.

In verschiedene Länder gerufen und wieder verbannt, einmal mit Ehren überhäuft, dann wieder mit Schmähungen, unerfahren in irdischen Dingen, machte er sich öfter Illusionen über hochstehende Gönner, besonders, wenn es sich um Frauen wie Margarethe von Österreich handelte, die Tochter Kaiser Maximilians II, der er die Schrift *Vom Adel und Fürtreffen weiblichen Geschlechts*[215] widmete, und später, als sie starb, eine *Oratio in funere Margaritae et Burgundorum principis,* obwohl ihm sein Loblied auf die Frau eine Anzeige bei der Inquisition wegen Häresieverdacht eingetragen hatte.

Ähnlich wie Pico della Mirandola, hatte sich auch Agrippa

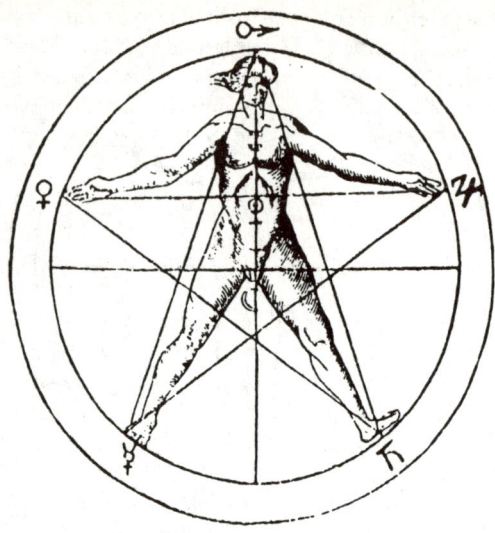

bemüht, die verschiedenen neuplatonischen Lehren über Magie auf einen Nenner zu bringen und Kabbala und christliche Theologie zu verschmelzen.

Im Auftrag Kaiser Maximilians kam er als junger Mann nach Paris, wo er mit einigen Studenten eine Geheimgesellschaft gründete und die Welt nach einem mystischen Plan zu verbessern hoffte. Doch wurde sie bald wieder aufgelöst nach einer bewaffneten Auseinandersetzung mit aufrührerischen Bauern in Gerona.

Agrippa ging von Burgund nach Belgien, lehrte neuplatonische Philosophie an der Universität, kommentierte Plotin, Porphyr und Jamblichus. Von Belgien zog es ihn nach London, und später nach Köln, immer verfolgt von der Nachrede, Magier zu sein. 1515 begleitete er Kaiser Maximilian nach Italien und wurde von diesem zum Ritter geschlagen, weil er sich im Kriegsdienst hervorgetan hatte. Als Vertreter des Kardinals von St. Croix nahm er teil am Konzil von Pisa, das aber bald abgebrochen wurde. So verlor er die letzte Möglichkeit, sich offiziell mit der Kirche zu arrangieren, nachdem er der militärischen Laufbahn endgültig entsagt hatte. Es folgten Vorlesungen über Hermes Trismegistos in Turin und in Pavia. 1418 zum Advokaten, Syndikus und Redner der Stadt Metz gewählt, mußte er sich zwei Jahre später wieder zurückziehen; er hatte eine fälschlich der Hexerei bezichtigte Bauersfrau vor der Inquisition gerettet und sich dadurch in eine unhaltbare Lage manövriert.

Nach erneuter Lehrtätigkeit in Köln, Genf und Freiburg wurde er 1524 von Franz I. zum Hausarzt von dessen Mutter, der Herzogin Luise von Savoye ernannt. Da er sich weigerte, ihr die Zukunft vorauszusagen (sein Talent sei für wichtigere Dinge da) und sie auch nicht begleitete, als sie Lyon verließ, verlor er die ihm zugesprochene Leibrente. Fünf Jahre lang lebte er, mehr schlecht als recht, gedrückt von Armut und Schulden. Dann schien ihm das Glück noch einmal zu winken. Heinrich VIII. lud ihn nach London ein, gleichzeitig erbaten der Kanzler des Kaisers und der Herzog von Mantua seine Dienste, und auch Margarethe von Österreich, die Statthalterin der Niederlande, wünschte ihn wieder um sich. Er folgte dem Ruf der Habsburgerin und wurde von ihr zum Historiographen bestellt.

Als verhängnisvoll sollte sich auswirken, daß Agrippa wenig später beschloß, sein Werk über *Die Eitelkeit und Unsicherheit der Wissenschaften (De incertitudine et vanitate scientiarum declamatio invectiva...)*[216] zu veröffentlichen, auf dessen Publikation er lange gewartet hatte. Darin gibt er deutlich zu verstehen, daß es sinnlos ist, wenn der Mensch sich von den okkulten Kräften in seinem Denken und Tun am Gängelband führen läßt. Er verlor seine Stellung als Historiograph und landete für ein Jahr im Brüsseler Schuldgefängnis. Nach seiner Entlassung veröffentlichte er *De occulta philosophia,* sein bisher ungedruckt gebliebenes Jugendwerk, was eine unglaubliche Verwirrung auslöste. Agrippa mußte Deutschland verlassen und zog sich nach Grenoble zurück, wo er 1535 im Alter von 49 Jahren starb.

Magier und Prophet, Philosoph und Wissenschaftler zugleich, hat Agrippa mit der *Okkulten Philosophie* der westlichen Geheimwissenschaft einen Stempel aufgeprägt. Von Trithemius, der seinerzeit das unveröffentlichte Manuskript

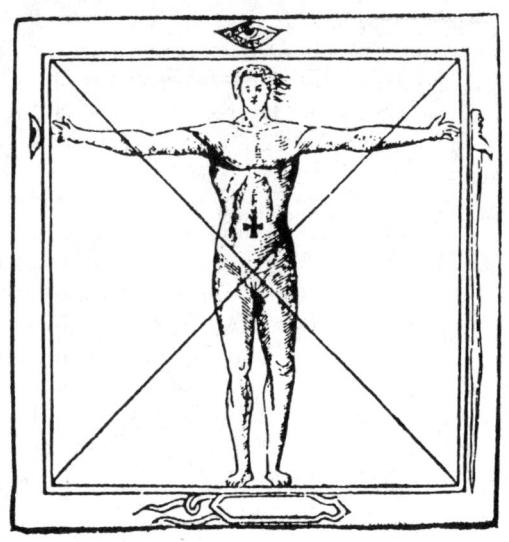

gelesen hatte, war Agrippa der Rat erteilt worden, seine gewagten Forschungen auf jeden Fall im Geheimen fortzusetzen. Magie war für Agrippa eine göttliche Gabe, die zur Erkenntnis der verborgenen Zusammenhänge im Mikro- und Makrokosmos führt, wenn man ihr Wesen, ihre Kraft, ihre Eigenschaften, Substanz und Wirkungen studiert; eine philosophische Wissenschaft, die Physik, Mathematik und Theologie in sich vereint. Die Physik ist irdisch und lehrt die Essenz der Dinge; als himmlische Wissenschaft informiert uns die Mathematik über die Dimensionen und Proportionen der Dinge, aus denen die Welt sich zusammensetzt, während Theologie den ewigen Archetypen nachgeht, zur tieferen Erkenntnis von Gott, von Engel und Teufel, Seele und Geist führt.

Durch das Studium der Natur erweitert der Magier stufenweise sein Wissen: von der Untersuchung der Mineralien schließt er auf das Wesen der Sterne; und von den Planeten auf das Erhabene. Die vier (symbolisch gemeinten) Elemente «Erde», «Wasser», «Luft» und «Feuer» kommen auf Erden nicht rein vor, sie sind vermischt. Rein sind sie nur auf der

Ebene der Sterne; außerdem gibt es zusammengesetzte Elemente, die sich verändern können und Träger aller Transmutationen auf dem Weg zur Vollkommenheit sind, die aus der Materie zum Geist zurückführt. So bestätigt Agrippa die neuplatonische Idee von der qualitativen Einheit aller Lebewesen und Geister, sogar mit Gott. Aus dieser Sicht ist Evolution nichts anderes als ein Sublimieren der Elemente bis zur absoluten Reinheit, die im Demiurgen gefunden wird, Anfang und Ursache der (äußeren) Dinge.

Für Agrippa gründet sich die ganze Realität auf den Kräften von Anziehung und Abstoßung, und er meint damit nicht nur die beschränkten Verhältnisse auf der Erde, sondern, viel umfassender, das unendliche All. Antipathie und Sympathie herrschen zwischen Menschen, Planeten und Sternsystemen. Diese «kosmischen Verhältnisse» wechselseitiger Einwirkung spiegeln sich auch im Leben der Völker und der einzelnen Individuen. Die «astralen» Einflüsse entstammen nicht dem Reich der Phantasie, sie entsprechen einer Wirklichkeit, die sich aus den Gesetzen von Anziehung und Abstoßung herleitet, wie sie zwischen Planeten und Sternen walten.

Der Magier muß Mathematik und Zahlensymbolik beherrschen, denn in ihr verborgen liegen die Gesetze der natürlichen Schöpfung. Die Eins ist der Ursprung und die Grundlage aller anderen Zahlen. Sie steht für Gott. Dann folgen die «heiligen Zahlen», die schon den Pythagoreern bekannt waren. Von altersher den Elementen, Planetengottheiten und den sieben Klängen der sphärischen Harmonie zugeordnet, sollten sie nur in den magischen Figuren benutzt werden. Der Drudenfuß als Symbol des Einen kann in magischen Formeln mit fünf oder zehn der heiligen Namen benützt werden. Der Magier nennt die Himmelsmächte bei ihren Namen, damit sie sich, durch die Macht der praktischen Magie, seinem Willen unterstellen. Doch stellt für ihn die Religion erst die Erfüllung der Magie und den wahren Schlüssel zu ihr dar, eine Disziplin, die zur höchsten Stufe menschlicher Würde führt. Sein Religionsbegriff ist aber nicht dogmatisch, in ihm verbinden sich Christentum, Kabbala und Neuplatonismus: «Obwohl der Mensch kein unsterbliches Wesen ist wie das Universum, so ist er doch mit Vernunft begabt, und mit seinem Verstande, seiner Einbildungskraft und seiner Seele kann er auf die ganze Welt einwirken und sie verwandeln.»[217]

Alterius non sit qui suus esse potest: Sei keines anderen Knecht, wenn du dein eigener Herr sein kannst, sagt Paracelsus (d. h., Aurelius Philippus Theophrastus Bombastus von Hohenheim) und zeigt damit, daß auch er, in seiner eigenen Wissenschaft, dem Würdebegriff eines Pico della Mirandola anhängt.

Arzt und Astrologe, Theologe und Alchemist, Mystiker und Magier in einer Person, vertrat er, in einer Zeit erster Aufsplitterung der Wissenschaft in verschiedene Zweige, vor allem den Ganzheitsgedanken, die notwendige Einheit von Wissen und Sein. Und es gelang ihm, seiner Zeit wieder nahe zu bringen, was ganz besonders die alten Essener beschäftigt hatte.

Um seiner Abneigung gegen die offizielle Medizin Nachdruck zu verleihen und Ärztekollegen als Kurpfuscher bloßzustellen, soll er in Basel öffentlich die Werke Galens (bzw. den Kanon Avicennas) verbrannt haben. «Der erste Arzt des

Menschen ist Gott, [...], denn der Körper ist nichts für sich allein, sondern eine Wohnung für die Seele. Der Arzt muß deshalb die beiden zu gleicher Zeit behandeln und danach streben, sie in Einklang miteinander zu bringen, worin allein die wahre Gesundheit besteht. Ein solcher innerer Einklang vereinigt im Menschen harmonisch die Dinge der Welt mit dem Göttlichen».[218]

Nicht nur Psychologe, auch Astrologe, Theologe, Anthropologe, Alchemist und Mystiker muß der Arzt sein, um seine Kranken heilen, den Heilungsprozeß als Wiederverknüpfung mit dem Göttlichen (Re-ligion als re-ligere) einleiten zu können. Dazu ist die Selbst-Erkenntnis des Kranken nötig: sie führt ihn zum Heil-werden.

Die Medizin als Kunst, mit der Re-ligion als Basis; der Arzt, der aus der Erfahrung schöpft, statt aus toter Bücherweisheit; so stellt sich Paracelsus der galenischen Medizin entgegen, beruft sich auf die Heilkraft u. a. der Steine und Metalle, in denen die kosmische Energie wirksam enthalten ist; und auf einfache, durch die Erfahrung erprobte Volksheilmittel. Auch hält er die Angst vor der Krankheit für noch gefährlicher als die Krankheit selbst. Zum Unterschied von seinen Arztkollegen gelangen ihm Heilungen, die an ein Wunder grenzten. Einem Sterbenden, den die anderen Ärzte bereits aufgegeben hatten, führte er ein wenig weißes Pulver zu, und der Kranke genas in überraschend kurzer Zeit.[219]

Paracelsus kann als der Gründer der pharmazeutischen Chemie betrachtet werden durch seine besondere Auffassung von den Aufgaben der Alchemie, die nach ihm darin bestehen, das Reine vom Unreinen zu trennen; vollkommen zu machen, was die Natur unvollkommen gelassen hat, ob das nun Metalle, Mineralien oder andere Stoffe sind.

Aber man darf in ihm auch den Ahnherrn der Homöopathie[220] sehen: *similia similibus curantur*, «Ähnliches wird durch Ähnliches geheilt», ist der berühmte Ausspruch, den man dafür ins Feld führt; Gedanke, der eine Übertragung des platonisch-hermetischen Prinzips vom «Ähnlichen, das Ähnliches anzieht» auf ein neues Gebiet darstellt; jetzt geht es um Physik statt um Metaphysik. Im *Poymandres*, einem dem

Hermes Trismegistos[221] zugeschriebenen Werk, steht zu lesen, daß wir Gott nicht verstehen, solange wir ihm nicht gleich werden können. Grundprinzip der überlieferten Astrologie ist die Annahme, daß die Gestirne direkt den göttlichen Willen ausdrücken, doch enthält sie daneben viel unverstandenes Wissensgut, das sich nicht mechanisch auf die Evolution übertragen läßt. Käme Christus vom Himmel oder Jupiter von seinem Planeten, sie fänden keine Gesprächspartner, weil die alten Schulen tot sind «und ihre Anhänger blind für das unsterbliche Licht».[222]

Für Paracelsus ist das Reich der Natur *(regnum naturae)* eine Spiegelung des Gottesreiches in der Materie. So wird die Naturerkenntnis, das Aufspüren sichtbarer und unsichtbarer Naturgesetze und -kräfte zur Wissenschaft im eigentlichen Sinn.

Philosophie, Astronomie und Alchemie sind die Grundlagen der medizinischen Kunst, die Heilmittel aber müssen aus der Natur selber kommen, denn Krankheit ist nur ein Ungleichgewicht zwischen den verschiedenen natürlichen Kräften.

Paracelsus unterscheidet zwischen dem «tierhaften» und dem göttlichen, den «Gestirnen» nicht unterworfenen Anteil des Menschen. Den Körper *(Corpus,* dem «Wasser» und der (toten) «Erde» zugeordnet) versorgt ein *Lebensleib,* «höchstes Korn des Lebens, aus dem alle Glieder leben» mit der notwendigen Energie; er ist ein «spiritus vitae» der, nicht anders als der physische Leib, ebenfalls «essen» muß, doch von den oberen Energien, vom «Element des Feuers»; «in dem refulgieren die vier Elementen»; und von der «Luft».

Dem Kinde «eingegossen und gegeben» sind: «zum ersten die Seel, dieselbe trägt ewiglich des Menschen Bürden oder Freud», gestützt von Vernunft, Fürsichtigkeit und Weisheit. «Zu diesen dreien ist gegeben der Geist, das ist der Verstand» [...] «Der Geist des Menschen ist nicht der Leib, ist nicht die Seel, sondern ist ein Dritts im Menschen [...]».[223]

Wir finden also bei Paracelsus analoge Vorstellungen wie bei anderen Mystikern und Eingeweihten über den physischen, «elementischen» Leib (Corpus) und die unsichtbaren

278

«Körper» (Ätherleib, Astralleib), die nach dem Ableben jeder in seine Region zurückkehren. Doch stellt der lebende Mensch in sich eine Einheit dar, innerhalb der die «Teile» verschiedene Bewußtseinsebenen bilden, die zusammenwirken. Nach Paracelsus besteht die auf diese Weise sich ergebende Fünfheit (ausgedrückt im Pentagramm! innerhalb der Einheit «Kreis»), das fünffache Sein des Menschen, aus: physischem Leib (am prägnantesten ausgedrückt durch das Knochensystem); Ätherleib, dessen Ausdruck das Drüsensystem ist; Astralleib, dessen Werkzeug das Nervensystem ist; das Ich, das sich im Blutsystem äußert; das höhere Selbst des Menschen.

Ein unstetes Wanderleben führte Paracelsus durch ganz Europa.

1526 finden wir ihn in Straßburg, kurz darauf wird er nach Basel berufen als Stadtarzt und Universitätsprofessor, wo er den Buchdrucker Frobenius heilt und mit Erasmus von Rotterdam Bekanntschaft schließt. Er verläßt die Stadt aber schon im Jahr 1528, nachdem ein heftiger Streit zwischen ihm und den Ärzten und Apothekern der Stadt entbrannt ist und die Stadtväter nicht vermitteln wollen.

Paracelsus war ein hervorragender Diagnostiker. Dafür genügte es ihm den Puls zu fühlen, das Herz abzuhören und den Urin zu untersuchen, den er im Gegenlicht betrachtete und beroch, um schließlich mit der Zungenspitze davon zu kosten.

Viele seiner Medikamente wurden wegweisend für die moderne Pharmazie und Medizin; mit Quecksilber heilte er die Syphilis, mit Eisen die Anämie, Kupfer benützte er zur Anregung der Nierenfunktion, und Gold gegen Herzleiden.

Der paracelsische Neuplatonismus betrachtet den Menschen als Mikrokosmos der in sich alle Weltkräfte vereinigt, als getreues Spiegelbild des Makrokosmos. Aber «Der Mensch ist mehr denn die Natur, er ist die Natur, er ist auch ein Geist, er ist auch ein Engel: Denn aller dreien Eigenschaft hat er. Wandelt er in der Natur, so dient er der Natur, wandelt er im Geist, so dient er dem Geist, wandelt er im Engel, er dient als ein Engel. Das erst ist dem Leib geben, die andern seind der

Seel geben, und sind ihr Kleinod. Darumb nun daß der Mensch ein Seel hat und die zwei darbei: Drumb steigt er über die Natur, zu ergründen auch was nit in der Natur ist; sondern zu erfahren und ergründen die Höllen, den Teufel und sein Reich: Also auch ergründet der Mensch den Himmel und sein Wesen, nämlich Gott und sein Reich».[224]

Paracelsus trennt die Begriffe «Astrologie» und «Astronomie»[225] noch nicht voneinander. Darin unterscheidet er sich nicht von anderen Zeitgenossen. Er meint sowohl die Himmelsmechanik wie das geistige Prinzip dahinter. Newton war selbst am weitesten davon entfernt, die Schwerkraft für eine einfache dynamische Größe zu halten; eine seiner letzten Schriften über die Prophezeiungen Daniels und die Johannes-Apokalypse «beweist, daß Newton ebenso wie alle Mystiker sich des magischen Zusammenhangs der sichtbaren und unsichtbaren Welt bewußt war [. . .]»

Der Idee von der allgemeinen Übereinstimmung der Gestirne mit den sublunarischen Dingen (Fundament der Paracelsischen Naturanschauung) liegt die platonische Spekulation von der Bildung der Dinge der Unterwelt nach ewigen Mustern und unvergänglichen Idealen zugrunde.

Die Astrologie nimmt im medizinischen System des Paracelsus praktisch die wichtigste Stellung ein, wie im 16. Jahrhundert (und früher) bei Ärzten durchaus üblich. Bei den älteren Universalhistorikern der Medizin (gleichgültig ob Gegner oder Anhänger) herrschte keinerlei Unklarheit über die paracelsische Astrologie, man sah im Menschen ganz allgemein ein getreues Abbild des Himmels. «Die Astrologie des Paracelsus ist im wesentlichen Epidemienlehre. Sie entspringt der Überzeugung, daß wie die Ursache alles Lebens auf unserer Erde so auch die schließlichen Ursachen der Entstehung von Krankheiten kosmischer Natur sind [. . .]»[226]

Paracelsus lebte in einer Zeit des Umbruchs, als Kopernikus durch seine Entdeckung das Weltbild revolutionierte. Zwar kannte er nicht dessen Werk, doch würde er auch dann die Erde, auf der Christus inkarniert ist, nicht für ein beliebiges Staubkörnchen im All gehalten haben, und die Sonne war für ihn nicht nur Lebensquelle, sondern auch Symbol des Geist-

und Seelenlichts. «Die Einbildungskraft (Imagination) ist wie die Sonne, deren Licht nicht greifbar ist, die aber doch ein Haus in Brand setzen kann», sagt Paracelsus. «Sie lenkt das Leben des Menschen. Wenn der Mensch an Feuer denkt, so brennt er; wenn er an Krieg denkt, wird er Krieg auslösen, und es ist einzig und allein Sache der Einbildungskraft des Menschen, selber *Sonne* zu sein; d. h., er muß die Vorstellung dessen, was er will, sich ganz und gar zu eigen machen».[227] In diesen Worten ist die ganze magische Idee der Renaissance, MAG die schöpferische Kraft, die Wunder vollbringt, enthalten, wunschlos, selbstlos. Zweihundert Jahre später wird ein anderer, wird Cagliostro sagen: «Um einem Ding auf den Grund zu kommen, muß man selbst dazu werden».

Kapitel 24

ORDO AB CHAO

Stein als Ausdruck der «dumpfen» Materie, Teil und Sinnbild des Chaos; Winkelmaß und Hammer, Maßstab und Senkblei, Wasserwaage und Zirkel; das sind die Werkzeuge, mit denen der «rauhe Stein» bearbeitet und überwunden werden kann, bis sich die Oberfläche gestaltet und glättet, bis sie sich umformt zum ebenmäßigen kubischen Stein: *Ordo ab chao.* So wächst das Geordnete aus dem Ungeordneten.

Und so entsteht die spekulative Freimaurerei. Nachdem die Rosenkreuzer der Royal Society die mittelalterliche Gilde der «freien Maurer» (free masons) um Aufnahme gebeten und ihnen diese von der «Gild of masons» in der Charles Street gewährt worden war, begannen sie, Tätigkeit und Handwerkszeug der Werkmaurer philosophisch zu betrachten und die Symbolik dahinter herauszuarbeiten. Auf diese Weise wurde die «Bauhütte», die den Maurern ursprünglich als Wetterschutz gedient hatte, von den angenommenen Maurern uminterpretiert zur «Deckung», zum Behüter des inneren Geheimnisses oder Werkzeugs, mit dem sie den «rauhen Stein» der menschlichen Triebwelt in kubische Form brachten, getreu dem geometrischen Grundsatz, der hierfür Gleichseitigkeit und vier rechte Winkel vorschreibt.

Zu dieser frühen Gruppe von Wissenschaftlern und Philosophen gesellte sich bald Elias Ashmole, der älteste berühmte der spekulativen Maurer, der bereits 1646 zu Warrington in Lancashire in eine Loge aufgenommen worden war. Ihm verdankt die noch junge Freimaurerei einen wesentlichen neuen Impuls und ihre erste Systematisierung.

Der kühne Polyhistor Ashmole, Offizier und kunstsammelnder Wissenschaftler, Ägyptologe und rosenkreuzerischer Alchemist, hatte, wie es heißt, den unerhörten Ehrgeiz, Weisheit der Rosenkreuzer und Freimaurertum (dessen Anhänger von Tag zu Tag mehr wurden) unter einen Hut zu bringen, und damit eine so gewaltige Wellenbewegung zu schaffen, daß sie wie eine reinigende Flut Rom überschwemmen und die ganze Welt hätte sauberwaschen müssen. Ihm soll als Ziel vorgeschwebt haben, dank der Freimaurerei Gnostiker und Alchemisten, Hermetiker und Kabbalisten, Katholiken und Protestanten ganz Europas einigen zu können. Die Maurerei, als reine Widerspiegelung der Isis-Mysterien sollte die für die Kabbala so wesentliche «Pyramide der Intelligenzen» wieder aufbauen, wo innerhalb eines strengen Wertsystems jeder neuen Stufe eine höhere Erkenntnis, eine intensivere Schwingung, eine Transmutation der Seele entspricht.

Zu Ashmoles Zeiten zählte man Tausende von Bruderschaften, Eingeweihtenzirkel, Geheimbünde und -gesellschaften. Nicht nur in England, auch im übrigen Europa, von Spanien bis zu den Niederlanden, Frankreich, Deutschland, die Schweiz und die Kirchenstaaten nicht ausgenommen, stand die Magie groß in Mode, obschon meist in den billigsten Spielarten, halb kindischer Aberglaube, halb naive Zauberei. Hin und wieder ging jemand der Inquisition ins Netz und endete am Schaffott oder Galgen.

Diese Unzahl von Grüppchen und Klüngeln mit nicht mehr als zwanzig bis fünfzig Anhängern bedeutete einen immensen Energieverschleiß. Der Freimaurerbewegung gelang es in kürzester Zeit, die verstreuten Kräfte in ihren Logen zu sammeln und zu binden. Knapp vor der Französischen Revolution hatten die Freimaurer in der ganzen Welt etwa 137.675 Logen mit einer Gesamtzahl von 21.300.000 Anhängern.

Nur zu begreiflich, daß die neugewonnenen Anhänger voller Begeisterung den Ursprung ihrer Lehre in einer zeitlich weit zurückliegenden, mythischen Vergangenheit zu finden hofften.

Angefangen bei der «Yorker Zunftlegende», der zufolge die älteste englische Großloge auf das Jahr 926 n. Chr. datiert werden kann, ging man noch weiter zurück bis zu den Apollo-Mysterien, der Weisheit Salomos, dem Sonnenkult der Pharaonen: im Lauf dieses geschichtlichen Krebsgangs begann sich der Freimaurer des 17. Jahrhunderts selber im Mythos, im Symbol wiederzufinden; zu versuchen, den Logos hinter dem «Schleier» der Worte auszumachen.

Hier kann es freilich nicht darum gehen, die Ursprungsgeschichte der Freimaurerei zu schreiben, oder die der Bauhüttensatzungen, von den alten Ordnungen bis zu den heutigen Konstitutionen. Jeder historische Impuls, jede geistige Bewegung braucht eine lange, im Verborgenen ablaufende Inkubationszeit, hat eine dunkle Vorgeschichte, bevor sie ins Licht des Bewußtseins rückt.

Nur die esoterischen Seiten der Lehre wollen wir jetzt zur Sprache bringen: Welche geheime Triebfeder hat Menschen der verschiedensten Herkunft, aus jeder Gesellschaftsschicht und jedem Milieu, dazu bewogen, zusammen ein und dieselbe Loge zu besuchen, sich für ein gemeinsames Ziel einzusetzen, das allen gleich viel bedeutet?

William Stukeley, Arzt und Mitglied der Royal Society, nach eigener Behauptung in London der erste Freimaurer, der seit vielen Jahren in eine Loge aufgenommen worden war, sagt von sich selbst in seiner Autobiographie, er habe sich einführen lassen, weil er dachte, in diesem Kreis Aufschluß über die antiken Mysterien zu erhalten.

Daß es den ersten angenommenen Maurern nur um das gesellige Beisammensein ging, ist daher wohl auszuschließen. Im Gegenteil, der englische Dichter Henry Adamson[228] schrieb in einem 1638 in Edinburgh erschienenen Gedicht, *«Muses Threnodie»*:

> *«For we be brethren of the Rosie Crosse,*
> *We have the Mason's Word and second sight».*

Zu deutsch:
> *«Denn wir sind Brüder vom Rosenkreuz.*
> *Wir haben das Maurerwort und das zweite Gesicht».*

Es geht also um die Hellsichtigkeit, die entwickelt und zur Vollendung geführt werden muß; zu sehen gilt es, was die anderen nicht sehen, was ihnen ein Geheimnis bleiben muß.

Als guter Organisator hatte Elias Ashmole vor, die Bruderschaft in vier Gruppen aufzuteilen. (So will es wenigstens die Legende.)

Zur ersten gehörte die Einteilung in die drei Grade des Lehrlings, des Gesellen und des Meisters, wie bei den alten Werkmaurerzünften.

Die zweite leitete sich ab von der Bruderschaft rosenkreuzerischer Gnostiker. In diesem Rahmen wurde die Überlieferung in einer besonderen Symbolsprache weitergegeben: D. h., das Geheimnis der Evolution allen Lebens, von der einheitlichen stofflichen Beschaffenheit des Universums bis zu den drei Wesensgliedern des Menschen: Geist, Seele und physischer Leib; und der Offenbarung der Liebe als Grundschwingung, äußert sich im Sinnbild des Steins der Weisen und des Pelikans, der «sein eigenes Herz den Mühseligen und Beladenen öffnet», damit jeder «Glaube, Hoffnung und Liebe daraus schöpfen» könne.

Die dritte Gruppe, die sich geistig nach den Templern ausrichtet, lehrte eine Meditation über den Sinn von Gerechtigkeit und Macht, unterwies in der Kunst zu beherrschen, «grenzenlos im Lieben und im Hassen», um die neuen Tempelritter auf ihre Aufgabe vorzubereiten: Die Verteidigung der auf dem Würfel errichteten Pyramide, deren Scheitelpunkt mit Gott identisch ist.

Alchemistisch orientiert war die vierte Gruppe, deren Aufgabe in der Vorbereitung auf das Große Werk zu suchen ist: Das unedle Metall soll in Gold, das Unwissen in Weisheit, das Dunkel in Licht, die Selbstsucht in Nächstenliebe umgewandelt werden.

Das war, wie es heißt, Ashmoles Konzept vom Freimaurertum, mit dem Ziel, das Mysterium aufzudecken, das Gott in die Tiefe der Menschenseele gelegt hat. Wir sollen uns wiederfinden, bis wir uns in Gott wiedererkennen, eins werden mit ihm ohne uns zu verlieren. Am 24. Juni 1717, d. h. am Johannistag, schlossen sich die vier Londoner Freimaurerlogen in einem Lokal zur Großloge zusammen. Nun hatte die Pyramide ihre Basis, das Ideal eine feste Grundlage.

Elias Ashmole war 1692 verstorben, ohne seine hochfliegenden Träume in die Wirklichkeit umsetzen zu können. Das wurde später von anderen besorgt: Reverend Dr. James Anderson (der 1717 bei der Gründung der Großloge nicht anwesend war) hat der Freimaurerei die Grundform der sogenannten «Alten Pflichten», der «Old Charges»[229], gegeben; Antony Sayer, «einer der schatten- und rätselhaftesten Persönlichkeiten der frühen Maurerei», war der erste Großmeister der Großloge von London; der Reverend Dr. John Theophilus Desaguliers, Freund Isaac Newtons und bekannter Physiker, auf den die Entdeckung des Unterschieds elektrischer Leiter und Nichtleiter zurückgeht, hat auf die Abfassung der Anderson-Konstitutionen großen Einfluß genommen. Zugeordneter Großmeister unter den drei Großmeistern Wharton, Dalkeith und Paisley, führte er den großen Aufschwung der Freimaurerei herbei, indem er die Loge dem Hochadel öffnete; George Payne, Zweiter Großmeister der Großloge von England 1718, und auch später immer wieder in hohe Ämter gewählt, machte sich sehr verdient um die freimaurerische Forschung. Auf ihn ging die Erwerbung des Cooke-Manuskriptes zurück, zweitälteste, bisher bekannte Handschrift der mittelalterlichen englischen Bauleute (etwa 1430–1440); John, zweiter Herzog von Montagu, war der erste englische adelige Großmeister und wurde 1721 in sein Amt eingesetzt. Er zeichnet als Mitherausgeber des Konstitutionenbuches von 1723, der Anderson in Auftrag gegebenen Umarbeitung der «Old Charges» von 1722. Kurze Zeit später griff die Freimaureridee wie ein zündender Funke über auf die restliche Welt, wurde zum Aufnahmebecken für die zahlreichen kleineren Geheimgesellschaften, die sich überall etabliert hatten. Zunächst faßte die Bewegung Fuß in Paris.

Wenn die europäische Freimaurerei von einem «Davor» und einem «Danach» spricht, so nimmt sie Bezug auf die tragische Zäsur der Französischen Revolution.

1725 wurde in Paris die erste Loge gegründet, der in immer kürzeren Zeitabständen weitere Logen folgten, fast immer in Wirtshäusern. Dahin strömten, fast von einer Art Belle-Epo-

que-Taumel erfaßt, Aristokraten und Handwerker, kirchliche Würdenträger und Offiziere, Philosophen und Wissenschaftler, Kaufleute und Grundbesitzer, selbst die Hofdame fehlte nicht, die in Begleitung ihres Kavaliers erschien.

«Der Maurer ist durch seinen Beruf verbunden, dem Sittengesetz zu gehorchen, und wenn er seine Kunst recht versteht, wird er weder ein dummer Gottesleugner, noch ein Wüstling ohne Religion sein», heißt es im Ersten Hauptstück der *Alten Pflichten;* doch in den jungen französischen Logen sah man sich unvermutet dem grellen Gegensatz zwischen Sittengesetz und grausamer, verderbter Realität gegenüber.

Zum Staatsbankrott kam es 1720, nur fünf Jahre nach dem Tod des «Sonnenkönigs», der 32 seiner 54 Regierungsjahre in blutige Kriege inner- und außerhalb der französischen Grenzen verwickelt gewesen war (darunter fällt auch das Gemetzel an den 20.000 Hugenotten). Steuern und Abgaben, Erpressung und Haft in der Bastille waren die Druckmittel, mit denen dieser Staat seine Untertanen in Schach hielt. Er sprach keine andere Sprache. Und plötzlich kamen die *Alten Pflichten* aus England, wie ein Ruf in der Wüste: «Übt brüderliche Liebe, den Grund- und Schlußstein, den Kitt und Ruhm der alten Bruderschaft», ermahnten sie die französischen Freimaurer. Doch nach dem gemeinsamen Singen der Logenlieder kehrte jeder der Brüder wieder in seinen Alltag zurück, der Adel und der Klerus zu seinen Privilegien, der Bürger zu seinen niederen Obliegenheiten. Es ist nicht überliefert, wer nun wirklich als erster, in der Mitte des 18. Jahrhunderts, in irgendeiner der zahlreichen, in Kneipen untergebrachten Logen, die großen Worte: *Freiheit – Gleichheit – Brüderlichkeit* ausgesprochen hat. Für sich in Anspruch genommen hat es jedenfalls Cagliostro, ohne daß ihm jemand die Urheberschaft streitig gemacht hätte. *Liberté – Egalité – Fraternité –* das war das «neue Dreieck» oder «Triangle», während das alte für Gott stand. Und die Worte des «Triangle» wurden zum verborgenen Sauerteig, zum geheimen Banner, Manifest und Verschwörungszeichen einer neuen Menschlichkeit.

Diese Männer wollten dem Volk, das in abergläubischem Unwissen und Dunkelheit verharrte, das Licht der Vernunft und der Weisheit bringen, wollten es «aufklären», «erleuchten» im besten Sinn. Manche nannten sich auch *Illuminaten.* Alle waren Freimaurer.

Im Jahr 1736 erließ die französische Polizei ein allgemeines Versammlungsverbot für die Freimaurer, nachdem ihnen schon vorher neue Logengründungen untersagt worden waren.

1738 verhärtet sich das Klima, weil Papst Clemens XII. in der berühmten Bulle *«In eminenti...»*[230] die Exkommunikation der Freimaurer verfügt. Aber nichts kann die weitere Ausbreitung der Fraumaurerei stoppen, die Zahl der Logen vermehrt sich ständig. Eine wesentliche Rolle dafür spielt der 1737 gehaltene, berühmte *Discours* A. Michel de Ramsay's[231], der wichtige Vorschläge zur Reformierung des französischen Freimaurertums enthielt. Der Fleischersohn aus Ayr, der als Erzieher in Familien des französischen Hochadels gewirkt hatte, war mit einem französischen Orden ausgezeichnet und dadurch Chevalier geworden. Voller Bewunderung für Fénélon, näherte er sich dem nach Cambray abgedrängten Erzbischof, wurde unter dessen Einfluß Katholik und Mitglied des Lazaristenordens. Vorübergehend aus Frankreich verbannt, schloß er ein Rechtsstudium in Oxford ab, wurde Mitglied der Royal Society und setzte sich sehr dafür ein, die Freimaurerbewegung von Leuten zu reinigen, die im trüben fischten. «Weise Menschenliebe» und «reine Sitten» waren nach ihm die notwendigen Eigenschaften, um den Eintritt in die Bruderschaft zu rechtfertigen. Es gelte, «die alten Grundsätze wieder zu beleben und zu verbreiten, die, der Natur des Menschen entnommen, unsere Gesellschaft gegründet haben.»

«In diesem *Discours* hat Ramsay einen historischen Fehler begangen, indem er die Entstehung der Freimaurerei auf die Johannisritter zurückführte und daraus den Namen «Johannisloge» ableitete. Das hat ihm später den ungerechtfertigten Vorwurf eingetragen, daß auf ihn jene bald hernach einsetzende Zeit der freimaurerischen Hochgradverirrungen zurückzuführen sei, in der mancherorts aus der schlichten Brüderschaft ein Chaos von Ritterorden wurde [...].» Keiner der Vorwürfe, die ihm gemacht wurden, wie z. B., er habe die

Freimaurerei der katholischen Kirche unterstellen oder eine «jakobitische» Maurerei gründen wollen, um für seinen einstigen Zögling Karl Eduard Stuart den englischen Thron zurückzuerobern, hat je erhärtet werden können. «[...] und die Forschung nimmt heute mit Recht an, daß Ramsay nichts Neues in die Welt setzen, sondern im Gegenteil zur Einfachheit mahnen wollte. Man hat aber vielfach ganz übersehen, daß in der Ramsay'schen Rede andere, sehr viel wesentlichere, teilweise auf den Einfluß der Lehren Fénélons zurückgehende Stellen enthalten waren: Die wichtigsten Unterscheidungsmerkmale der Menschen sind nicht die Sprachen, die sie sprechen, die Kleider, die sie tragen, die Länder, die sie bewohnen, noch die Würden, die ihnen verliehen wurden. Die Welt ist eine große Republik, in der jede Nation eine Familie und jeder Einwohner eines ihrer Kinder ist. Wir wollen alle Menschen von aufgeklärtem Geist und guten Sitten vereinen [...] durch die erhabenen Grundsätze der Tugend, der Wissenschaft, der Religion, in welchen das Interesse der Brüderschaft zum Interesse des ganzen menschlichen Geschlechts wird, woraus alle Nationen gründliche Kenntnis schöpfen und die Untertanen aller Königreiche lernen können, sich gegenseitig zu lieben, ohne auf ihr Vaterland zu verzichten [...] [...].»

Ramsays Rede wurde in den Logen eifrig diskutiert. Diderot fühlte sich dadurch zu seiner Enzyklopädie inspiriert und begann schon 1741 mit dem Werk, dessen erster Band 1752 der Öffentlichkeit vorliegen sollte. Etwa um die gleiche Zeit entstehen die frühesten Militärlogen (der erste Stiftungsbrief, den eine Feldloge erhielt, wurde 1732 von der in dieser Hinsicht besonders regen Großloge von Irland ausgestellt). So kamen mit britischen Truppenteilen die Regimentslogen nach Amerika, in den afrikanischen Urwald und die asiatischen Dschungel, später auch nach Australien, was die Ausbreitung der Freimaurerei in vielen Teilen der Welt förderte, vor allem während des 18. Jahrhunderts.

Obwohl die Jesuiten für geraume Zeit als die militantesten Gegner der Freimaurer aus dem katholischen Lager zu gelten haben, wurde ziemlich lange «von Freimaurern die These vertreten, daß die Societas Jesu zu Ende des 17. Jahrhunderts die

Freimaurerei ins Leben gerufen oder sie doch bald nach Gründung der ersten Großloge (besonders in Frankreich und Deutschland) in eine ganz bestimmte Richtung zu lenken getrachtet habe». Die meisten Bekenner der Jesuitentheorie[232] dachten, die Ordensleute hätten sich «der kontinentalen Freimaurerei bemächtigt», um sie in ihrem Sinn zu politisieren und das vertriebene Haus Stuart erneut auf den englischen Thron zu bringen, was den Katholizismus wieder gestärkt hätte. Die Behauptung, der Jacobit Ramsay sei der Erfinder der Templergrade in der schottischen Maurerei, hängt eng mit den Thesen über den vermeintlichen jesuitischen Ursprung derselben zusammen. Selbst nach Lantoine, der führende Jacobiten in der französischen Freimaurerbewegung nachweist, ist Ramsay aber nicht der Schöpfer (allenfalls wirkt er als Anreger) der Hochgrade. Der *Discours* hat, laut Lantoine[233], gerade weil er die Freimaurerei im Zusammenhang mit Schottland auf die Kreuzfahrer zurückführte, jene Grade gleichsam legitimiert, «in denen Hiram nicht mehr allegorischer Schleier für Karl I. Stuart ist, sondern für Jacques de Molay, den wider alles Recht auf dem Scheiterhaufen zum Tode gebrachten letzten Großmeister der Templer. «Lantoine ist der Ansicht, daß diese Grade mit ihren bunten Zeremonien von den schottischen, hauptsächlich aus Iren bestehenden Regimentern importiert wurden.

Jedenfalls nahm die schottische Maurerei, begünstigt durch verschiedene Zeitströmungen, besonders den latenten Okkultismus, der oft mit der Aufklärung Hand in Hand ging, einen ungeheuren Aufschwung, mündete ein in zahlreiche, alchemistisch-kabbalistisch inspirierte Systeme. Erst nach der Französischen Revolution gelangte die schottische Maurerei, von einigen sich nach wie vor behauptenden Gruppen abgesehen, zu einer Einheit, erhielt für ihre Hochgrade eine einheitliche Verfassung. Das geschah durch den «Alten und Angenommenen Schottischen Ritus».

Was die Jesuitenfrage betrifft, so ist anzumerken, daß nach Auflösung der Societas Jesu durch Clemens XIV. im Jahr 1773 tatsächlich zahlreiche ehemalige Jesuiten in den Freimaurerlogen Aufnahme suchten und fanden. «Bemerkenswert ist übrigens, daß gerade in jenem Kreis, in dem die ausgesprochene Jesuitengegnerschaft bestätigt wurde, bei den *Illuminaten*, zwar nicht jesuitischer Einfluß, aber jesuitische Grundlagen sich zeigten. Der jesuitische Einschlag in der Ordensgestaltung ist unverkennbar. Weishaupt und Knigge waren sich sowohl über die Notwendigkeit des Kampfes gegen die Jesuiten, als in der Anschauung einig, daß nur Anwendung jesuitischer Methoden der Verwirklichung ihrer Ideen nützlich sein konnte.»[234]

Aus dem wenigen, das wir hier sagen können, geht jedenfalls die ungeheure Bedeutung der Freimaurerbewegung auf geschichtlicher und geistesgeschichtlicher Ebene hervor, die sich für das 18. Jahrhundert nachweisen läßt, ihre enge Verflechtung mit anderen, wichtigen Zeitströmungen. Schon die Tatsache spricht Bände, daß die geistige Elite der Zeit den Freimaurern entweder angehörte, wie z. B. Montesquieu, der berühmte, philosophisch-politische Schriftsteller, Autor u. a. der *Lettres persanes* und des *L'Esprit des lois,* Mitglied der Akademie und Mitbegründer einer der ersten französischen Logen, die 1735 an der Rue de Bussy in Paris vom Herzog von Richmond und Desaguliers eingesetzt wurde; oder ihr doch sehr nahe stand, wie Diderot, dessen Enzyklopädie von Freimaurerkreisen um Ramsay rege unterstützt wurde. (Eine Logenmitgliedschaft Diderots ist nicht nachgewiesen.) In diesem Sinn zu erwähnen ist auch die sogenannte «Loge der Philosophen», *Les Noeuf Soeurs,* berühmte Pariser Bauhütte aus der Zeit vor der Revolution, deren Gründung vom französischen Philosophen aus der Schule der Enzyklopädisten Claude Adrien Helvetius und vom großen Astronomen Lalande, der auch zu den Enzyklopädisten gehörte, Mitglied der Académie Française und zahlreicher anderer Akademien, beschlossen und bis in die Details ausgearbeitet wurde. Der 1771 verstorbene Helvetius sollte die Einsetzung der Loge von 1776 aber nicht mehr erleben, die seinen Vorstellungen entsprechend zum geistigen Brennpunkt der bedeutendsten wissenschaftlichen künstlerischen Strömungen der Zeit werden sollte.

Lalande war ihr Gründer und Erster Stuhlmeister, ihm

folgte (von 1779–1782) Benjamin Franklin, der nach siegreicher Beendigung des Unabhängigkeitskrieges als Gesandter der dreizehn Vereinigten Staaten nach Paris kam und dort sehr gefeiert wurde. Auf Franklin gestützt, betrat der vierundachtzigjährige Voltaire diese Loge als Suchender und wurde in seinem letzten Lebensjahr vor 250 versammelten Freimaurern aufgenommen. Lalande, der damalige Stuhlmeister, «nahm ihn nach der Beantwortung einer Reihe philosophisch-moralischer Fragen auf. Voltaire wurde mit dem Schurz des Helvetius bekleidet, er führte ihn, bevor er ihn umband, an die Lippen».[235]

Andere berühmte Logenmitglieder waren z. B., der Mathematiker Condorcet, der Musiker und Naturforscher Lacépède, nach der Revolution Präsident des Senats und Großkanzler der Ehrenlegion; der Advokat Elie de Beaumont, der Voltaire im Kampf um das Recht zur Seite stand; der General und Politiker Lafayette; der Staatsmann und Gelehrte Pastoret, Verfasser einer *Geschichte der Gesetzgebung der alten Völker,* letzter Kanzler Frankreichs; der Enzyklopädist d'Alembert; die Maler Vernet und Greuze, der Bildhauer Houdon; die Dichter André Chenier und Roucher. Neben ihnen saß der Abbé Sieyès, katholischer Geistlicher, Denker der Revolution und Anwalt des Dritten Standes, der verschiedene politische Schlüsselstellungen zur Revolutionszeit und unter Napoleon bekleidete. Die Erklärung der Menschenrechte ist zum Teil auf den Einfluß seines Pamphlets *Reconnaissance et exposition des droits de l'homme et du citoyen* zurückzuführen.

Der mit Danton als «Gemäßigter» guillotinierte Revolutionär Camille Desmoulins, Publizist und Rechtsanwalt, Führer des Bastillesturms, gehörte ebenfalls der Loge an. Ihm sollte später zum Verhängnis werden, daß er in seinem *Vieux Cordelier* die Schreckensherrschaft bekämpft hatte. Auch La Rochefoucauld, Autor der *Maximes,* der die amerikanischen Verfassungen ins Französische übersetzt hat, war Mitglied der *Les Neuf Soeurs.*

So wurden die Menschenrechte, die der Verfassung der Vereinigten Staaten von Amerika zugrunde liegen, in Frankreich zur unaufschiebbaren Notwendigkeit. Daß alle Menschen von Geburt an gleich und unabhängig sind, daß sie gewisse unverzichtbare Rechte von Natur aus besitzen, wie das Recht auf Leben, auf Freiheit und körperliche Unversehrtheit, mußte aber in einem Land wie dem damaligen Frankreich zu reinstem Dynamit werden.

Die Revolutionäre Desmoulin und Danton (ebenfalls Mitglied einer Loge), der Nationalökonom Mirabeau, Autor des berühmten Werks *L'ami des Hommes,* das die Zustände in Frankreich geißelte, der katholische Mystiker Joseph de Maistre, der sich zwar später der rektifizierten Schottischen Maurerei von Willermoz zuwandte, der eigentlichen Freimaurerei aber trotzdem weiter verbunden blieb, der in Paris lebende Philosoph Holbach, der Staatsmann und Diplomat Bischof Talleyrand, der französische Marschall Masséna, Mitglied des Grand Orient in führender Stellung und Unterhändler bei den Einigungsverhandlungen mit dem Schottischen Ritus; sie alle gehörten zu den Freimaurern; kämpften jeder auf seine Weise gegen die soziale Ungerechtigkeit, gegen die Übergriffe eines unmenschlichen Absolutismus, dem der Bürger und sein Recht gar nichts gilt.

Wer hatte wohl Ludwig XVI. und seinen beiden Brüdern, dem Grafen von Provence und dem Grafen von Artois, den Rat gegeben, *Freimaurer* zu werden? Die Gräfin Lamballe, eine der Ehrendamen der Königin, die in den Kreisen der Aufklärer verkehrte, oder einer der zahlreichen Angehörigen von Kirche und Hochadel, die in den wie Pilze aus dem Boden schießenden Logen aus und ein gingen?

Die so sehnlich herbeigewünschte, und doch lang schon befürchtete Revolution brach über Frankreich herein wie eine Naturkatastrophe. Die Freimaurer hatten sie nicht gewollt, aber die Prinzipien der Freiheit, Gleichheit und Brüderlichkeit, die zu den Grundgesetzen des Freimaurertums gehören, mußten zu einer Wesensänderung des Menschen führen, entweder langsam und friedlich, auf evolutivem Weg, oder aber durch einen plötzlichen Umsturz voller Krieg und Schrecken.

Alle historischen Revolutionen gleichen einander, unabhängig vom Ort und der Zeit, an denen sie sich ereignen. Es sind die Wirbelstürme der Geschichte, die keinen verschonen, die in den dunkelsten Stunden der Raserei, wenn der Blutrausch hemmungslos wütet, Freund und Feind nicht erkennen.

Auch vor den Köpfen der Freimaurer machte die Guillotine nicht halt, durchtrennte unzählige Nacken, bis sich im Staube brüderlich das Blut von Siegern und Besiegten mischte.

Der von den Jakobinern zum Tode verurteilte Ludwig XVI wurde im selben Turm eingekerkert, in dem Nogaret den letzten Großmeister der Tempelritter, Jacobus de Molay, heuchlerisch gefangen gesetzt hatte. (Die *Jacobins* nannten sich so nach ihm.) Ein Unbekannter, der bei der Vollstreckung der Todesurteile auf dem Bastilleplatz anwesend war und aus der ersten Reihe zusah, wie das Haupt des Königs auf den Boden rollte, schrie mit lauter Stimme: «Volk von Frankreich, ich spreche dich frei im Namen von Jacques de Molay!» wobei er seine Hände in das Blut des Hingerichteten tauchte. So wenigstens steht es in einer Chronik zu lesen.

Über die Freimaurerei und ihre Geschichte ist eine Reihe guter Bücher geschrieben worden. Wir wollen uns hier nicht länger mit Legenden und Fakten beschäftigen und ziehen es vor, Politik oder Religionsgeschichte zur Seite zu lassen, denn im Mittelpunkt dieser Einführung steht der «verborgene» Mensch, stehen die Geheimlehren.

Wenn wir die Französische Revolution zur Sprache bringen, so deshalb, weil hinter den großen, welthistorischen Ereignissen immer mehr oder minder versteckt, oder offenkundig, die «reine Vernunft» spürbar wird; eine Lehre, eine Theorie, eine Philosophie, die aus längst vergangener Zeit herüberwirkt. Denn in Wirklichkeit macht der Geist die Geschichte, nicht etwa umgekehrt. Er löst die Handlung aus und lenkt sie in eine bestimmte Richtung.

Die Französische Revolution war Folge eines gesellschaftlichen und wirtschaftlichen Unbehagens, das sich vertiefte, als die einfachen Bürger, der «dritte Stand», konfrontiert mit den freimaurerischen Grundsätzen und den *Bill of Rights,* den Grundrechten, der Verfassung der Vereinigten Staaten von Amerika, ein neues Klassenbewußtsein entwickelten.

Das widersprüchliche Ende der Französischen Revolution-Direktorialregierung und Kaiserreich, verhindert jedoch nicht, daß ihr eigentlicher Geist in den anderen europäischen Ländern durchaus positive Früchte trägt dank der Entwicklung liberaler Tendenzen während des 19. Jahrhunderts, die schließlich das Ende des Absolutismus herbeiführen. Die Bedeutung der freimaurerischen Komponente mit ihrer Betonung des brüderlichen Miteinanders und der Menschenrechte, ganz im Sinne der fortschrittlichen Strömungen des frühen 19. Jahrhunderts, darf dabei nicht übersehen werden.

So lange die Freimaurerei sich als Erbin der antiken Mysterien betrachtete, wirkte sie, ohne Politik im konkreten Sinn zu betreiben, auf die Gesamtheit des Lebens ein, und war somit *auch* politisch.

Um die Mitte des 19. Jahrhunderts jedoch, als sie ihre hohen Ziele aus den Augen verlor und mit den Dingen des täglichen Lebens vorlieb nahm, bestrebt, sich in der Praxis durchzusetzen, vergaß sie über der Politik ihre Grundprinzipien und damit auch die ihr anvertrauten Geheimnisse.

Wie die letzten atlantischen Herrscher, büßte auch die Freimaurerei ihre «göttliche Substanz» ein. Statt über den Dingen zu stehen wie zuvor, stürzte ihre eigene Begehrlichkeit sie mitten in die Hast des heutigen Lebens. Sie wurde «sterblich», d. h., sie verlangte nach Macht. Die Hüter des «Seins» gelüstete es jetzt mehr nach dem «Haben». Das lebendige Gold alchemistischer Weisheit wurde vertauscht mit dem Metallgold der alles dominierenden Wirtschaft, die magische Haselrute geriet zum zackigen Kommandostab.

Kapitel 25

A.L.G.d.G.A.D.L.U.
DIE AUFNAHMEHANDLUNG IN DEN FREIMAURERBUND

Was will der unruhige Mensch unserer Zeit, wenn er an das Tor eines Freimaurertempels klopft?

Weder ein Parteibuch, noch soziale Forderungen stellen; weder eine neue Religion noch eine Lebensphilosophie; auch keine wirtschaftliche Unterstützung. Er sucht das Licht. Die Gnosis. Sich selbst. Den Zugang zum Mysterium des Menschen. Er ist bereit, sich mit den Drachen und Ungeheuern des Unbewußten zu messen, um die Proben zu bestehen, die unsere sterbliche Welt vom Reich der Götter trennen.

Er erklärt, *frei* zu sein. Aber was heißt das? Gemeint ist die Freiheit von Vorurteilen, von politischen Zwängen; frei im Herzen und frei im Geist. Er klopft ja nicht bei einer Kirche an, sondern beim «Tempel der Tempel», in dem alle Kirchen miteingeschlossen sind.

Templum Dei es – Du bist der Tempel Gottes – sagten die mittelalterlichen Mystiker in Anlehnung an das Pauluswort. Und darauf hat die Freimaurerei, als moderne Gnosis, nur eine Antwort: *Templum Dei esto!* Sei der Tempel Gottes, weist sie ihren Mitgliedern den einzig gangbaren Weg.

Eine «Mysterieneinweihung» im Sinn eines Aufnahmezeremoniells kann heute nur mehr symbolisch stattfinden und wirkt damit ausschließlich auf den Lebens- oder Aetherleib des Neophyten. Vorbei ist die Zeit der langen Selbstkasteiungen und geduldigen Übungen, um den Erdenleib gefügig zu machen bis zur totalen Beherrschung der körperlichen Sinne. Moderne «Einweihungen» wirken direkt auf den «inneren Menschen» durch die Symbolsprache, derer sie sich bedienen.

Der Neophyt kann die reinigende Prüfung durch die «vier Elemente» verlangen, wobei «Feuer», «Wasser», «Erde» und «Luft» als Symbolbegriffe Bezug nehmen auf das, woraus sich

Teppichbilder des 1. bis 3. Grades: Emulationsritus. (So benannt nach der
englischen Unterrichtsloge «Emulation». 1816 versuchte man in England die
Riten zu vereinheitlichen. Die Instruktionslogen dienten dem Unterricht der
Brüder in Ritualistik.)

unsere irdische Wirklichkeit zusammensetzt. Auf welche
Weise das zu verstehen ist, läßt sich gut durch Agrippa von
Nettesheims *Okkulte Philosophie*[235] illustrieren: «Das Feuer
ist warm und trocken, die Erde trocken und kalt, das Wasser
kalt und feucht, die Luft feucht und warm». (Auch die Defini-
tion dieser Eigenschaften muß metaphorisch verstanden werden.)

«Aller Elemente Basis und Grundlage ist die Erde; denn sie
ist Objekt, Subjekt und Behälter aller himmlischen Strahlen
und Einflüsse; sie enthält in sich die Samen und Samenkräfte
aller Dinge. Deshalb heißt sie animalisch, vegetabilisch und
mineralisch. Von den sämtlichen übrigen Elementen und
Himmeln befruchtet, erzeugt sie alles aus sich selbst».

Das Wasser ist auch ein schweres Element, ein passives
Prinzip, Symbol der Reinigung und der Wiedergeburt, der
Taufe und der Fruchtbarkeit.

Die Luft, als leichtes Element und aktives Prinzip, «ist der Lebensgeist, der alle Wesen durchströmt, allen Leben und Bestand verleiht, der alles bindet, bewegt und erfüllt.» Jedes Element ist in jedem enthalten, so auch das Feuer; in den Steinen, in der Erde, in der Luft, «die oft heiß davon wird.» Es ist sogar «im Wasser und erwärmt Quellen und Brunnen» «[...] und alles was lebt, erhält sein Leben durch das in ihm enthaltene Feuer. Dem oberen Feuer sind die alles befruchtende Wärme und das allem Leben verleihende Licht eigen. Die Eigenschaften des unteren Feuers bestehen in einer alles verzehrenden Hitze und einer alles mit Unfruchtbarkeit erfüllenden Dunkelheit.»

Im Meditationsraum sitzt der Kandidat vor einem Totenschädel, einem Krug Wasser und einem trockenen Brot, aufgefordert, über die letzte Wirklichkeit der Dinge nachzudenken. Aller metallischen Gegenstände wird er entkleidet (die geistig für die unnatürlichen Zwänge der äußeren Welt stehen: Gold, Eisen, Geld, sogar der Hausschlüssel sind Zeichen äußeren «Besitzes» die nichts mit seiner göttlichen Natur zu tun haben). Daraufhin soll er sein «philosophisches Testament» zu Papier bringen, d. h. nicht die Aspekte des «Habens», sondern das eigene «Sein» berücksichtigen: Was er sich selbst, der Menschheit, dem Vaterland, und (in manchen aufgeklärten Logen) Gott schuldig ist.

Hat der Suchende mit verbundenen Augen die reinigende Prüfung der vier Elemente bestanden, so wird er gefragt, ob er willens sei, nach dem Fallen der Binde auch den zu umarmen, den er bisher als Feind betrachtet habe, da ja eben dieser vermeintliche Feind sich auch hier befinde, bereit dazu, die Aufnahme des Kandidaten zu akzeptieren, ihn brüderlich in die Arme zu schließen.

Das ist die Wahlbruderschaft, die den Menschen fester und tiefer verpflichtet, als die engste Blutsverwandtschaft. Mit dem Durchschreiten des Tempeltors begibt sich jeder Anwärter auf die Suche nach seinen Brüdern: Oder, anders gesagt, nach den alten Seelenverwandtschaften, die mit seinen früheren Leben zu tun haben.

Bruderschaft in wessen Namen und mit welchem Ziel? Es

geht nicht bloß um ein gemeinsames Ideal, eine menschenverbindende Idee. Das alles kann zwar zu einer sehr engen Bindung führen, aber nicht zu einer Verbrüderung im wahrsten Sinn des Wortes. Denn «Bruderschaft» setzt eine gemeinsame, nicht anzuzweifelnde «Vaterschaft» voraus; setzt *Gott*» voraus. Für die Juden des Alten Testaments war das Jahwe – der Unaussprechliche –; für die Christen der «Vater», den Dante als «Erste Liebe» und Leonardo da Vinci als «Ersten Beweger» (Primo Motore) bezeichnet hat. In der Sprache der Maurer ist das der «Große Architekt des Universums.»

A.L.G.d.G.A.D.L.U. – das bedeutet: «A la Gloire du Grand Architecte de l'Univers.» Zum Ruhme des Großen Architekten des Universums. Es ist der Leitspruch der Freimaurer.

Von der Binde befreit, findet sich der Neophyt im tageshellen Tempel (das Licht fällt dabei von *Osten* ein). Nun werden ihm die ersten Maurerwerkzeuge gezeigt: Hammer und Winkelmaß und der rauhe Stein. Dieser noch unförmige Stein steht für ihn selber, für sein eigenes, immer noch im Chaos versunkenes geistiges Wesen. Mit dem ersten Hammerschlag beginnt er an sich zu arbeiten.

Kapitel 26

DIE HIRAMLEGENDE

In den altägyptischen Mysterien schloß die lange Novizenzeit mit dem mystischen Scheintod und der Seelenreise des Adepten in das osirische Schattenreich, Krönung seiner Bemühungen. Der Neophyt starb um wiedergeboren zu werden, er legte das Erdenkleid ab, schwer und trüb wie Blei, um in ein anderes, sonnenhaftes und strahlendes zu schlüpfen, schmiegsam wie Gold. Dann trat Osiris dem Neueingeweihten entgegen und nannte ihn «Sohn».

In der maurerischen Einweihung trägt Osiris den Namen «Hiram»[237]. Er ist kein Gott, er ist ein Mensch guten Willens, frei und gerecht: ein Architekt aus Tyrus, den Salomon mit dem Tempelbau beauftragte. «Hiram hatte die Bauarbeiter in Meister, Gesellen und Lehrlinge unterteilt und jedem Grad bestimmte Geheimnisse überantwortet. Drei minderwertige Gesellen, die den Meistergrad nicht erlangen konnten, aber überzeugt waren, daß er ihnen zustände, faßten den verbrecherischen Plan, den Meistergrad durch Gewaltanwendung zu erringen. Zur Mittagszeit, der Stunde der Ruhe, als Hiram für sich allein den Fortgang der Arbeiten kontrollierte, lauerten sie ihm auf, als er sich dem Osttor näherte. Einer der Verschwörer bedrohte den Baumeister und verlangte, daß er ihm das Paßwort der Meister mitteile. Als dieser sich weigerte, schlug er ihn mit dem Maßstab, den er bei sich trug. Der Schlag glitt ab und lähmte Hirams rechten Arm.

Hiram flüchtete zum Südtor, wo der zweite Verschwörer, mit einem Winkelmaß bewaffnet, ihm den Weg verstellte. Wieder wurde versucht, die Preisgabe des Paßwortes der Meister zu erzwingen. Die Forderung wurde abermals abgelehnt. Nun führte der Angreifer einen Schlag mit dem Winkelmaß gegen Hirams Herz. Dieser versuchte fliehend durch das

Westtor zu entkommen. Dort aber erwartete ihn der ärgste der drei Übeltäter, und als auch er das Schweigen des Baumeisters nicht brechen konnte, schlug er ihn mit einem Schlag des Hammers gegen die Stirn. Unter dem Schutz der Nacht gewannen die Mörder mit dem Leichnam das Land und vergruben ihn heimlich».

Das ist die verbreitetste Version der Legende, deren Ursprünge ungewiß sind. Sie stammt nicht aus der Bibel. Das *Buch der Könige* kennt zwar einen Hiram, doch ist er Erzschmied, nicht Baumeister.

In einem Freimaurerritual aus dem frühen 19. Jahrhundert ist die Rede von Hiram, der, inmitten einer Menge von Bauarbeitern aus aller Herren Länder, die auf ein Zeichen von ihm herankommen, und sich auf ein weiteres Zeichen ihm zuwenden, den rechten Arm hebt und mit der offenen Hand eine horizontale Linie zeichnet, um sie daraufhin etwa von der Mitte aus fallen zu lassen, wodurch sich zwei rechte Winkel bilden. Nun wird die Menschenmenge unruhig, als hätte ein stürmischer Windstoß sie durchfahren; Tausende verteilen sich, erst grüppchen-, zuletzt legionenweise, bis Meister, Gesellen, Lehrlinge gesondert voneinander warten.

Hiram steht Kopf und Herz, für Geist und Macht. Das geheimnisvolle Tau-Zeichen, das seine Hand in die Luft schreibt, ist das magische Symbol der sich ständig erneuernden Kraft, während Salomon die inspirierte Weisheit symbolisiert, die irdische Basis, auf der Gottes Tempel erbaut wird. *Hiram* – aus dem hebräischen *Hi*(lebendig) und *ram*(erhaben) – steht für den genialen Menschen und Künstler, Schöpfer und Beherrscher der irdischen Kräfte (der Arbeiter, die ein Sinnbild für die dunklen, animalischen Triebkräfte des Menschen sind, die aber durch Umwandlung geläutert werden können. Der Lehrling kann zum Gesellen werden, der Geselle zum Meister). Alle Meister unterstützen den Architekten bei seinem «Großen Werk», werden zu Deutern und Vermittlern seiner künstlerischen Eingebungen, seiner Entscheidungen. Hiram und die Meister bilden einen Obersten Rat, ein irdisches, in der Raumzeit zu verwirklichendes und verwirklichbares Gegenstück zum «Pleroma» der Gnostiker.

Teppichbilder des 1. bis 3. Grades: Schwedischer Ritus. Diese Lehrart ist ein geschlossenes, stark in der Lehre Christi verankertes System. Im 18. Jahrhundert entstanden und gegen Ende umstrukturiert, umfaßte es zunächst zehn, dann elf Stufen: Drei Johannisgrade (Lehrling, Geselle, Meister), drei Andreasgrade und drei Kapitelgrade. Der elfte entspricht dem «Ritter-Kommandeur mit dem roten Kreuz.» Die Gründung der Freimaurerei in Schweden soll auf Lord Derwenwater zurückgehen.

Die Lehrlinge erhalten ihren Lohn bei der *Säule B,* die Gesellen empfangen ihn bei der *Säule J,* die Meister im Mittelraum, heißt es zu Beginn der Legende. Jeder der drei Grade hat seine eigenen Paßworte und Erkennungszeichen.

Die ehernen Säulen Jachin und Boas, die Hiram für den Salomonischen Tempel in Erz goß und vor der Halle des Tempels aufrichtete, sind in der *Bibel* erwähnt in *1 Kön. 7, 13–31.* Im Freimaurertempel haben sie symbolische Bedeutung. Zu rechter Hand steht Jachin für das befruchtende Yod, die schöpferische Sonnenkraft, das Gold, das Feuer und das Vertikale, ein *Phallos*-Symbol im nicht sexistischen Sinn, gegenüber dem *kteischen* Prinzip von Boas der linken Säule; *Beth,* die Empfangende, der Blumenkelch, das Mondhafte, Silber und Wasser, die Horizontale. Diese gegensätzlichen, einander ergänzenden Kräfte im Gleichgewicht, versinnbildlicht von den Säulen, führen durch das Tor in den Tempel.

Was steckt nun hinter der Hiramlegende? Sie will uns lehren, daß Unwissenheit, Fanatismus und Ehrgeiz den wahrhaft Gerechten immer und überall töten, daß aber erst der Tod eine Wiedergeburt ermöglicht. So muß mit Hiram jeder Geselle sterben, der Meister werden will. Aus der alchemistischen Verwesung seiner Schuld wird die neue Knospe sprießen, wird zur Pflanze werden, die Blüten und Frucht trägt. Und so wandert und erhebt sich der Geist im Lauf der Jahrhunderte von Stufe zu Stufe, auf dem Weg der Verwandlung und Vervollkommnung des Seins.

Die Zwei (als Dialektik des Lebens und Drama der Gegensätze) setzt sich nur dann in der Drei zur Einheit zusammen, wenn es zur Katharsis kommt, um dem Tod einen höheren Sinn, eine zweckgerichtete Bestimmung zu geben, ganz ähnlich wie im Theater. Daran wollen uns, u. a., auch die zwei Säulen erinnern, und eine ähnliche Bedeutung mögen die zwei Glockentürme zu beiden Seiten der Fassade gotischer Kathedralen haben, die auf Anweisung der Templer von den «Meistern» des Mittelalters erbaut wurden.

Der rechteckige Tempel trägt ein Gewölbe mit dem darauf abgebildeten Sternenhimmel. Die Breiten seines Grundrisses schauen nach Westen (dort liegt der Eingang) und nach Osten, von wo das Licht einfällt, symbolisiert durch Sonne und Mond. Die linke Langseite blickt nach Norden, die rechte nach Süden. Sonne und Mond stehen seitlich des «Heiligen D.» als Symbol der Gottheit (D. im neunfachen Strahlenkranz mit dem allsehenden Auge). Dieses «leuchtende Dreieck» stellt das Absolute in seiner Ganzheit dar.

Einer alten druidischen Überlieferung zufolge haben die Hyperboräer der Eiszeit dem Sonnenlicht, das nach neun Monaten der Dunkelheit wiederzukehren pflegte, ein Denkmal gesetzt in Form eines Steins mit einem darauf abgebildeten Punkt. Vom verstoßenden Eis nach Süden vertrieben, lernten sie die Herrlichkeit einer großzügigeren Natur, einer blühenden, nahrungsspendenden Erde kennen. Und so überkam sie das Bild der Hochzeit von Himmel und Erde. Nun ritzten sie in ihren Sonnenstein einen zweiten Punkt als Wahrzeichen der guten, fruchtbaren Mutter Erde. Und wiederum später, als sie schließlich zu einem Ichbewußtsein gelangt waren, zeichneten sie einen dritten Punkt in den Stein. Dies sollte heißen: Die Sonne ist mein Vater, die Erde meine Mutter; ich, der Mensch, bin das Kind von Himmel und Erde.

Das heilige D. oder Dreieck weckt in uns die Erinnerung an diese höchste Synthese, bestätigt von neuem die Verschmelzung: Einheit und Dreiheit, der eine und der dreifache Gott.

Unter der ersten Stufe, die zum Osten des Tempels führt, befindet sich links ein «rauher Stein» und rechts ein «kubischer». Vor dem «Orient» steht der Altar, an dem der Maurer seinen Schwur leistet, erhellt vom siebenarmigen «salomonischen Leuchter». Auf dem Altar liegt die aufgeschlagene Bibel mit dem Anfang des Johannesevangeliums, und darüber, sich überkreuzend, Winkelmaß und Zirkel.

Der Weg von der Kirche zum Tempel bedeutet für den Eingeweihten ein Fortschreiten von der exoterischen zur esoterischen Lehre, er geht durch die schmale Tür, die in den (einst allen «Unreinen» verschlossenen) Osiristempel führt, um mit den kosmischen Kräften in Beziehung zu treten und sich dem Licht immer stärker zu nähern.

Kapitel 27

GOETHE UND DIE «AUREA CATENA HOMERI»

1768 studierte der neunzehnjährige Goethe bereits seit drei Jahren Rechtswissenschaften an der Leipziger Universität. Plötzlich erkrankt, sah er sich konfrontiert mit Symptomen, die in kein bekanntes Krankheitsbild paßten. Heute würde man wohl von einem psychosomatischen Leiden sprechen. Nach einer starken Blutung schwebte der junge Goethe sogar in Lebensgefahr.

Später bekannte er, sich damals wie ein Schiffbrüchiger an Leib und Seele (besonders der Seele) gefühlt zu haben.

Nach überwundener Krise holten ihn seine Eltern zurück nach Frankfurt und überantworteten ihn der Pflege von Dr. Johann Friedrich Metz[238], einem Arzt und Rosenkreuzer. Nach der eigentlichen Tradition der Rosenkreuzer ist jede Heilung des Körpers mit einem seelischen Reifungsprozeß verbunden. Dr. Metz stellte selber die von ihm verordneten Medikamente her, benützte dazu Kräuter und Steine, mit denen er auf den physischen Leib seiner Patienten einwirken konnte; abgesehen davon, gab er ihnen gewisse Bücher zu lesen, was nach seiner Meinung die Heilkraft der Arzneien seelisch zu unterstützen vermochte.

Als Goethe einmal lebensgefährlich an einer Angina erkrankte, verabreichte ihm der Arzt ein «Salz», das nur in äußersten Notfällen Verwendung zu finden pflegte, und heilte ihn damit innerhalb von wenigen Tagen.

Inzwischen hatte er seinen Patienten in die großartige Geisteswelt eines Jakob Böhme, eines Paracelsus, eines van Helmont eingeführt. Auch mit dem Werk der Zeitgenossen Gottfried Arnold und Jung Stilling machte er ihn bekannt.

Als er den jungen Adepten für reif genug hielt, brachte er ihn in den Kreis Susanne von Klettenbergs, wo man sich mit

den esoterischen Aspekten von Rose und Kreuz auseinander-
setzte, oder genauer, mit der Symbolik von «Goldenem Kreuz
und roter Rose» *(A.C.R.R. – Aurea Crux Rubea Rosa).*
Susanne, die ihr «Wissen» aus der *Christosophie* eines Jakob
Böhme[239] schöpfte, führte ihre Freunde in die Geheimnisse
der Hermetiker, der Königlichen Kunst der Alchemie, in das
Große Arkanum ein. Und so las man gemeinsam in Georg
von Welling *Opus mago-cabbalisticum et Theosophicum*[240]
(Der Autor lebte von 1642 bis 1727), oder griff, häufiger noch,
zur pseudohomerischen «Goldenen Kette», einem Werk, von
dem Goethe im achten Buch des zweiten Teils seiner Autobiographie *Aus meinem Leben Dichtung und Wahrheit* gesagt
hat: «Mir wollte besonders die *Aurea Catena Homeri* gefallen,
wodurch die Natur, wenn auch vielleicht auf phantastische
Weise, in einer schönen Verknüpfung dargestellt wird.»

Wer das Buch wirklich geschrieben hat, weiß man nicht.
Der wahre Name des Autors ist unbekannt. Für ihn war die
Natur ein lebender Organismus, dessen Wachsen und Vergehen von den Gesetzen der Dreieinigkeit bestimmt wird. Das
Universum oder *Makrokosmos* bestand aus einer *Materia
Prima,* einem «Urelement», dem Urwasser, das kein eigentli-
ches Wasser war, sondern einen besonderen Schöpfungszu-
stand darstellte; eine Art mehr oder weniger dichte Keimsub-
stanz, deren jeweilige Beschaffenheit abhängig war von den
sogenannten Wärmekörpern, einer frühen Vorform unserer
körperlichen Sinne.

Diese *Materia Prima* wirkte ihrerseits belebend auf die vier
Grundelemente – Erde, Wasser, Luft, Feuer – zwischen
denen, trotz aller Unterschiede, eine Ursympathie erhalten
blieb, dank derer ein andauernder Entwicklungszyklus zu
Leben entfacht und in eine spiralförmige Bewegung gelenkt
wurde. Das Element «Wasser» löste die Erde. Das Element
«Luft» verdünnte Wasser und Erde. Das Element «Feuer»
führte vorübergehend Luft und Wasser und Erde zurück in
das Urelement der Materia Prima.

Darüber hinaus hatte das Universum ein Eigenleben, das
sich ausdrückte in der Dynamik eines einzigen, großen Einat-
mens und Ausatmens in ständigem rhythmischen Wechsel.

und Denkerpersönlichkeiten wie Lessing, Herder, Schelling, Schiller und Fichte. Um sie herum scharten sich jüngere, bereit, die Rechte des Geistes gegen jeden religiösen und politischen Zwang zu verteidigen.

Eine alte, maurerische Sitte gestattete es, dem Neophyten, dem der Meister vom Stuhl das übliche Paar weißer Handschuhe reichte, noch ein weiteres auszufolgen, damit es dieser wiederum der Dame seines Herzens verehren könne. Goethe machte davon Gebrauch. Am Tag nach der Aufnahme schickte er das zweite Paar mit einem Begleitschreiben an Charlotte von Stein: obwohl das Geschenk nur bescheiden sei, habe es doch damit eine besondere Bewandtnis. Von einem Freimaurer könne es nur ein einziges Mal im Leben gemacht werden.

In der Freimaurerei gelang es dem Dichter von Weimar als Suchendem, die Gnosis und das dualistische Prinzip von Gut und Böse wiederzuentdecken. Selbst seine dichterische Begeisterung tat den Schritt über die Schwelle des symbolischen Todes hinaus, um sich bewußt, im Licht eines hellsichtig gewordenen Denkens, mit neuer Kraft zu entfalten. Das Ergebnis davon war der *Faust. . .*: ein Mensch – Goethe selbst – und mit ihm alle Menschen, auf einem ebenso großartigen wie schrecklichen Einweihungsweg, in Begleitung des alle Verführungskünste in Szene setzenden Dämons der Wissenschaft, der ihn bis an die Grenzen des Seins führt, vor denen als Hüter ein Engel wacht.

Kapitel 28

MYSTISCHE SYSTEME
DES 18. JAHRHUNDERTS

Wie bereits aufgezeigt, breiteten sich um die Mitte des 18. Jahrhunderts vor allem in Frankreich und Deutschland mystisch angehauchte Sekten wie Seuchen aus. Jede von ihnen behauptete, einen direkten Draht zum Himmel zu haben und ausersehen zu sein, das Menschengeschlecht zu erlösen.

Die Meister oder Gründer dieser mehr oder weniger okkultistischen Zirkel wurden von ihren Anhängern oft wieder verlassen, um einer neueren, «besseren» Himmelsbotschaft willen, die ein anderer erhalten haben wollte. Oder sie mußten sich vor der Inquisition als Häretiker verantworten.

Inmitten dieses magisch-mystischen Durcheinanders, in dem die Frauen nur allzu bereitwillig die Rolle einer vom Numen getragenen Pythia zu spielen bereit waren, gelang es einigen echten «Eingeweihten», die Augen Europas auf sich zu lenken und sich dabei auch großer Wertschätzung zu erfreuen

Wer waren diese «Meister» und was verkündeten sie, daß sie derart viele Herzen im Sturm erobern oder gar eine neue Kirche begründen konnten? Wir müssen unterscheiden zwischen Illuministen und Illuminaten[242]. Obwohl sie nicht direkt miteinander zu tun haben, verwechselt man sie gerne wegen gewisser geistiger Übereinstimmungen, der Neigung zum Rosenkreuzertum. Beide hatten nicht vor, wie die Aufklärer bloß den Verstand aus dem Dunkel des Unwissens zu erlösen. Allen ging es vielmehr um die Flamme der ewigen Weisheit, die sie in den Menschenherzen und hinter den Menschenstirnen wieder entzünden wollten, und so wurde jeder von ihnen zum Begründer einer Schule, zum Verkünder einer eigenen Lehre. Dom Pernetty und die «Illuminés d'Avignon» (Illuministen von Avignon), Swedenborg und *Das Neue Jerusalem* Martines de Pasqually und die «Elus Coëns» von Bordeaux, P. J. Willermoz und der Rektifizierte Schottische Ritus seit dem Konvent von Lyon (1778), Cagliostro und der Ägyptische Ritus, Weishaupt und der Illuminatenorden in Bayern, Louis Claude Marquis de St. Martin und das «System der Martinisten».

«Magier Gottes» heißen sie bei einigen Autoren, die sich mit dem Hang zu Okkultismus und Magie befassen, der bei den Freimaurern des 18. Jahrhunderts, wohl als Gegenreaktion gegen die allzu rationalistische Aufklärung, deutlich festzustellen ist.

Als Verkünder und Apostel der Wahrheit traten solche charismatischen Persönlichkeiten auf, nicht als Suchende. Viele fühlten sich als Rosenkreuzer, gehörten nachgewiesenermaßen der Freimaurerei an, hatten, in Fällen, wo urkundliche Belege fehlen wie bei Cagliostro, zumindest offenen Zutritt zu den Logen, oder wurden jedenfalls (fälschlicherweise) als Freimaurer angesehen, wie Swedenborg, dessen mystisches System eindeutig die nordischen Hochgradsysteme beeinflußt hat. Um außergewöhnliche Menschen handelte es sich allemal, auch wenn sie zu widersprüchlichen Beurteilungen Anlaß gegeben haben und in manchen Fällen, wie bei dem abenteuerlichen Cagliostro, nach Ansicht vieler die Grenze zur Scharlatanerie mit Sicherheit hin und wieder überschritten worden ist. Jedenfalls gehören sie nicht weniger zum 18. Jahrhundert als ihr Gegenpol, der rein rationalistische «Geist der Aufklärung».

Was das 18. Jahrhundert für einen Stellenwert in der Menschheitsentwicklung hat, wird aus heutiger Sicht wahrscheinlich neu überdacht werden müssen, wobei man das Fortleben des magischen Denkens in dieser scheinbar so vernunftorientierten Zeit nicht vergessen darf. Es findet seinen Ausdruck in den okkultistischen Freimaurerzirkeln, Zeichen kollektiver Sehnsucht nach den vom Intellekt verdrängten Irrationalen. Daß sich die Wahrheitsapostel des Okkulten besonders auf Jakob Böhme berufen, ist einfühlbar, denn dieser bedeutende deutsche Mystiker nachlutheranischer Strömung war ein Geisteslehrer und Seelenführer, hat er doch, gleichzeitig mit den deutschen Rosenkreuzern und vielleicht sogar in direktem Kontakt mit ihnen, «seiner Zeit einen praktisch gangbaren christlichen Einweihungsweg gezeigt, dessen Ziel und dessen Stationen heute wie einst dieselben sind, nämlich die Stadien auf dem Weg zum gegenwärtigen Christus»[243].

Zwar wirkte Böhme etwas mehr als ein Jahrhundert früher, doch wurden seine Werke bis auf die *Christosophia*[244] posthum herausgegeben. Sie waren für Illuministen und Illuminaten gleicherweise eine wunderbare Entdeckung. Saint Martin hat sie sogar ins Französische übersetzt und damit den Franzosen bekannt gemacht.

Aus bäurischem Stand, wurde Böhme 1575 in der schlesischen Oberlausitz geboren und etablierte sich später in Görlitz als Schuster. Beim Leisten blieb er zwar fast sein Leben lang, doch Lesen und Schreiben wurden ihm ungleich wichtiger. Mit 35 Jahren waren im die Werke aller christlichen «Propheten» bestens vertraut, von Joachim von Floris bis Ulrich von Mainz, von Savonarola bis Luther. Er kannte die Wiedertäufer, schätzte Paracelsus, las Meister Eckhart und Ruysbroek. Böhme schrieb die meisten seiner Werke (mit einer unglaublichen Intensität) nach Ausbruch des Dreißigjährigen Krieges. Er starb 1624 im Alter von 49 Jahren.

Erst 1682 erschien in Amsterdam eine Ausgabe seiner theosophischen Texte. Am vollständigsten und zuverlässigsten ist die Göttinger Gesamtausgabe von 1730. Daß sich eine gewisse Breitenwirkung erst so spät entfalten konnte, hat mit dem Mißtrauen zu tun, das ihm von katholischer wie protestantischer Seite offiziell entgegengebracht wurde. Zu Lebzeiten hatte er immer wieder Schwierigkeiten mit dem Görlitzer Oberpfarrer, der ihn als Irrlehrer brandmarken wollte.

Für Böhme[245] ist der Mensch Zeuge und Handelnder eines kosmischen Dramas zwischen innerer Finsternis (dem inneren Sinn) und dem Licht, das aus eben dieser Dunkelheit durch einen schöpferischen Bewußtseinsakt hervorgehen muß.

Versinnbildlicht wurde dieses Wechselspiel der Kräfte innerhalb des Evolutionsprozesses durch das Baumsymbol.

Innerer Sinn, d. h. Dunkelheit, wird verkörpert von der Wurzel des Baumes, während der Lichtimpuls Christus ist. Der Kampf besteht darin, daß sich der junge Setzling gegen alle Kräfte behaupten muß, die sich seinem Wachstum entgegenstellen, bis es ihm gelingt, sich ganz und gar nach seinem Urbild zu entwickeln, die Selbst- Verwirklichung zu vollenden.

Gott selbst hat «Gut» und «Bös» in sich erschaffen, dem Menschen ist es gegeben, zu wählen. Nur im Gegensatz zueinander können wir «Gut» und «Böse» in unserem eigenen Innern erkennen und danach handeln.

Ähnlich der weltgeschichtlichen Dreizeitenlehre eines Joachim von Floris, für den die Zeiten des Vaters und des Sohnes bereits zu Ende gegangen, die des Heiligen Geistes (d. h., eines spiritualisierten Christentums) aber erst anbrechen soll, spricht auch Böhme von drei großen kosmischen Perioden alles Lebendigen: der Epoche der Schöpfung, symbolisiert durch «Râ» – die Zeit des Lichtes –, der Epoche der Gerechtigkeit, dargestellt durch «El» – die Zeit des Klangs, der schöpferischen Stimme; und der Epoche der Liebe, vom *Logos* verkörpert, vom eingeborenen, fleischgewordenen Wort.

Auch Böhme hielt die zweite Periode für abgeschlossen. Der Baum sollte sich auf die Blütezeit vorbereiten, der Mensch bereit sein, den Logos in sich aufzunehmen.

Diese Botschaft Böhmes wurde besonders von den französischen Illuministen weitergetragen, denen viel an der Wiederherstellung eines esoterischen Christentums lag. Ganz im Sinn der Heiligen Schrift entwickelten sie eine Geisteslehre, die wir heute durchaus als «johannäisch» bezeichnen könnten. In ihr erhielt das fleischgewordene Wort seine Erleuchtungs- und Erlösungsfunktion zurück. Wir haben es also wieder mit einer Art von Gnostikern zu tun. Gnosis heißt ja an sich nichts anderes als *Erkenntnis,* ein unmittelbares Erkennen durch Erleuchtung oder innere Schau, ein intuitives Erkennen also, im Unterschied zum Erkennen des Verstandes. Diese Gnostiker wollen auch die anderen erleuchten, wollen die Menschen mit offenen Augen in das Geheimnis des Seins einführen, in dem Gott sich als untrügliche Wirklichkeit offenbart.

In ganz Europa schufen die «Illuminierten» geistige Zentren des inneren Lichts, wahre Schulen der Spiritualität. Aus diesen Brennpunkten eines neuen Denkens ging nach und nach die romantische Bewegung hervor, die schließlich wie ein zündender Funke ganz Europa erfaßte, spürbar schon in der Rousseauschen Naturbetrachtung, im starken, tiefen Gefühl der Hölderlinschen Mythen, in den leisen Tönen eines Chateaubriand, überdeutlich im Paukenschlag des Hugoschen Werks, in den lyrischen Heine-Liedern, in den melancholischen Gedichten Vignys.

Der Geist der Romantik schwelte bereits unter der immer noch heißen Asche des mystischen Feuers, das fast gleichzeitig die Bruderschaften des Rosenkreuzes und der noch jungen Freimaurerei im Norden und im Süden Europas erfaßt hatte.

DOM PERNETTY ODER DER HERMETISCHE SCHLÜSSEL

Haben uns heute Begriffe wie «Pernettianer» oder «Hermetiker», «Swedenborgritus» oder «Martinistenorden» überhaupt noch etwas zu sagen?

Für den größten Teil unserer Zeitgenossen sind das leere Wörter. Sie haben sie noch nie gehört und können sich darunter nichts vorstellen. Hin und wieder trifft man aber immer noch auf Anhänger Swedenborgs, Dom Pernetty's oder des «Unbekannten Philosophen», auch wenn es nur wenige sind. Unser Zeitgeist ist mehr am Handfesten, Handgreiflichen interessiert, Ideale sind da für die Damen im reiferen Alter, für Nichtstuer und Spinner, die sich keinen besseren Zeitvertreib wissen, als nachzudenken.

Es ist nur billig und recht, an dieses Grüppchen von Träumern zu erinnern, die vor zweihundert Jahren als Weltverbesserer zu wirken versuchten, in der Illusion, das menschliche Bewußtsein lichtdurchlässiger machen zu können, während die Erde, anstatt höher zu steigen, dem Verderben entgegengeht, weil das Dunkel im Herzen der Menschen zunimmt statt abnimmt.

Die Taube erhebt sich aus den vier Elementen als Symbol des aus der Physis befreiten Geistes. *De summa et universalis medicinae sapientiae veterum philosophorum, Paris, 18. Jahrhundert?*

Daß wir Cagliostro[246] nicht ausgeklammert haben, wird man uns vielleicht als Verrücktheit auslegen, weil er allgemein (dank seiner Biographen) als Abenteurer und Betrüger gilt. Wie dem auch sei, trotz aller Anwürfe, die er sich Generation für Generation bisher hat gefallen lassen müssen, steht noch außer Zweifel, daß er als Mensch mysteriös bleibt, als Figur seiner Zeit zum Symbol wird. 1910 jedenfalls versuchte W. R. H. Trowbridge eine posthume Ehrenrettung. Er hält die (vor allem erst in den letzten Lebensjahren Cagliostros behauptete) Identität mit dem Schwindler José Bálsamo nicht für erwiesen und sieht ihn für einen arg mißbrauchten echten Seher an (*«Cagliostro», the Splendour and Misery of a Master of Magic*). Auch ein anderer Autor, Henry Ridgely Evans, schließt sich dieser Anschauung an. Goethe hingegen, der sich sehr für Cagliostro interessiert und sogar dessen Familie besucht hatte, kam, trotz anfänglicher Faszination, schließlich zu einem negativen Urteil: «Narr mit Kraft und Lump sind nah verwandt», schrieb er am 18. März 1781 an Lavater.

Viele der phantastisch klingenden Behauptungen Cagliostros, die ihm nachträglich als Lug und Trug ausgelegt worden sind, hat er gewiß nicht in betrügerischer Absicht geäußert, sondern im Bewußtsein (oder zumindest im Glauben), in einem früheren Leben tatsächlich chinesischer Arzt, Freund der ägyptischen Pharaonen oder Mitbruder des heiligen Franz von Assisi gewesen zu sein. Ob das in Einzelheiten stimmt oder nicht, all dem liegt jedenfalls eine tiefe Wahrheit zugrunde: unser Ich ist nicht in einem Tag entstanden, sondern Produkt einer langen, geistigen Entwicklung von Stufe zu Stufe, Geburt zu Geburt, bis zur Transmutation des Seins, zum alchemischen «Destillieren» des Geistes.

In Cagliostro mag eine Erinnerung an seine früheren Leben hochgestiegen sein. Manche können das, andere nicht. Wer weiß, vielleicht lebt die geistige Wesenheit, die einst den Leib des angeblichen Grafen bewohnte, auch heute wieder in unserer Mitte, als unerkannter Bürger unserer Zeit.

Illuminaten und Illuministen wußten um den Zyklus der Wiedergeburten, denen der Mensch unterworfen ist. Doch zogen sie es vor, als wohlbegründete Sicherheitsmaßnahme, lieber eine Geheimsprache, oder sagen wir, eine indirekte Ausdrucksweise zu benutzen. Vor die innere Wahl gestellt, zu schweigen oder für ihre Überzeugung zu kämpfen, taten sie jedoch letzteres. Das gilt für Swedenborg, der aller öffentlichen Ämter und Würden entsagte, ebenso wie für Dom Pernetty, der aus der geruhsamen Stille eines Benediktinerklosters in das Rampenlicht der Öffentlichkeit trat.

Hinter der endlos sich weiterspinnenden, wunderbaren Fabulierkunst, in der sich die Mythologie der Völker präsentiert, poetischer Deckmantel par excellence, glüht immer der *Athanor,* der ständig aktive Alchemistenofen; so jedenfalls sieht es Dom Antoine Joseph Pernetty[247], der Mönch aus der berühmten Abtei Saint Germain. Denn für ihn war die antike Mythologie wirklich nur eine Allegorie der hermetischen Philosophie, wie aus seinen *Fables égyptiennes et grecques devoilées et reduites au même principe...* von 1758 und dem späteren *Dictionnaire mythohermétique* hervorgeht. Besonders die *Ilias* und die *Odyssee* werden von ihm alchemistisch (und damit in einem gewissen Sinn *tiefenpsychologisch*) gedeutet. Das Meerreich, das Odysseus so vielen Leiden verursacht hat, repräsentiert durch Neptun, seinen Herrscher, steht für das «philosophische Wasser», Vulcanus für das Feuer des Alchemistenofens, Proserpina für die «Weißung» der Materie, die «albedo», «tinctura alba» oder «lapis albus» etc.

Die homerische Schlachtbeschreibung des Trojanischen Kriegs bringt Dom Pernetty auf den Gedanken, der Tethys und des Achilles Tränen mit der Materie gleichzusetzen, die sich im Wasser löst, in den Pfeilen der Krieger flüchtige Substanzen zu sehen, und die Belagerung der Stadt selbst mit dem Einschließen der «materia prima» im philosophischen Ei und weiter dem größten aller Wunder der Natur, dem dramatischen Entstehen des Goldes, zu vergleichen, das der Alchemist herstellt. Die lyrischen Bilder der hermetisch-alchemistischen Symbolik sind durch und durch irrational, wirken auf den ersten Blick befremdend und absurd wie die Träume; der Schlüssel, der zu ihnen führt, ist derselbe. Dom Pernetty scheint die später von Jung untersuchten Archetypen vorauszuahnen: Seelische Urbilder, in Mythen, Träumen und Alchemistensymbolen gleicherweise präsent.

Trotz allem war Dom Pernetty aber kein weltfremder Mensch. In jugendlichem Alter dem Benediktinerorden beigetreten, hatte er von der reichen Klosterbibliothek profitieren und sich eine außergewöhnliche, von der hermetischen Philosophie geprägte Kultur aneignen können. Begeistert vertiefte er sich in das Werk des angeblichen Hermes Trismegistos, in Avicenna, Demokrit, Aristoteles, Geber, Albertus Magnus, Arnaldo von Villanova, Flamel, Lullius, Roger Bacon und Philalethes, um so allmählich zu eigenen Erkenntnissen vorzustoßen. Er war überzeugt, daß Gott seine Geheimnisse vor den hochmütigen Gelehrten und falschen Intellektuellen verbirgt, um sie dem Demütigen zu offenbaren. Und so stürzte er sich in sein geistiges Abenteuer, den antiken Mythos hermetisch zu deuten; woran der Abt des Klosters nicht die geringste Freude hatte. Er hielt den Bruder für einen Wirrkopf und wollte ihm die alchemistischen Spintisierereien wieder austreiben. Als vielseitiger Gelehrter hatte sich Dom Pernetty aber auch außerhalb des Klosters einen Namen gemacht. Er beschäftigte sich mit Mathematik, Botanik, Kirchengeschichte und Kunst, war durch seine wissenschaftliche Tätigkeit mit der Freimaurerei in Berührung gekommen und stand ihr zumindest sehr nahe, auch wenn sich sein Beitritt nicht sicher nachweisen läßt. Auf ihn jedenfalls geht die Wiederbelebung der Freimaurerei in Avignon zurück, die seit der Bulle *Providas* im Jahr 1751 von Benedikt XIV. verboten gewesen war. (Schon 1738 waren die Freimaurer von Clemens XII. exkommuniziert worden, was aber zunächst keine direkten Auswirkungen hatte, da Kardinal Fleury, damals Minister Ludwigs XIV., sie weiterhin protegierte und die Exkommunikation nicht publik werden ließ). Es heißt, Dom Pernetty habe einer Loge angehört, deren Meister vom Stuhl (und gleichzeitig Vorgesetzter des Priors von St. Germain) Ludwig von Bourbon, Graf von Clermont gewesen sei.

Wie dem auch sei, irgendwie gelang es dem Benediktiner, den Abt gnädiger zu stimmen, vielleicht auch, weil es eine Reihe von Jesuiten knapp vor der Auflösung des Ordens in die Freimaurerei gezogen hatte, die sich besonders für den 18. Hochgrad interessierten, in den rosenkreuzerisches Gedankengut eingeflossen war. Dieser Zuzug aus dem hohen französischen Klerus verlieh den Maurern noch mehr Prestige. Pernetty verließ das Kloster mit dem Segen seines Vorgesetzten, um an einer Forschungsreise in den äußersten Süden Lateinamerikas teilzunehmen, zu der sein Freund Louis de Bougainville aufbrechen wollte.

Literarisches Ergebnis war ein Reisetagebuch, das 1770 in Paris mit dem Titel *Histoire d'un voyage aux Iles Malouines fait en 1763 et 1764, avec des observations sur le Detroit de Magellan et sur Patagons*[248] veröffentlicht wurde. Diese Reise, die für Dom Pernetty eine Art Bedenkzeit dargestellt hatte, mündete in einer seelischen Krise. Nicht nur, daß er auf die Dauer der Beschäftigung mit der esoterischen Alchemie nicht hätte entsagen können, auf die er vorübergehend verzichtet hatte. Er tat sich auch schwer mit dem Klosterleben an und für sich. Nach zwei Jahren innerlichen Ringens verließ er Paris, hängte die Kutte an den Nagel und zog sich nach Avignon zurück. Dort schuf er 1766, im Alter von fünfzig Jahren, innerhalb der Freimaurerloge «Les sectateurs de la vertu», ein neues System, den hermetischen Ritus oder Pernetty-Ritus (Rite hermétique). Zu den drei symbolischen Graden des Lehrlings, Gesellen und Meisters traten sechs Hochgrade:

wahrer Maurer
wahrer Maurer auf dem geraden Wege
Ritter des goldenen Schlüssels
Ritter der Isis
Ritter der Argonauten
Ritter des Goldenen Vlieses.

Durch alle Grade zogen sich hermetische Lehren, Hirams Leib stand für die «Prima materia» des «Großen Werks».

Noch einen siebenten Grad schuf Pernetty, den des «Sonnenritters», dessen Ritual auf hermetisch-gnostischen Lehren basiert.

Nicht zuletzt aus Furcht vor kirchlichen Repressalien folgte Dom Pernetty einer Einladung Friedrichs des Großen nach Berlin, wurde dort Bibliothekar und Mitglied der Akademie der Wissenschaften, lernte die Mystik Böhmes kennen und begeisterte sich für Swedenborg, dessen Werk er ins Französische übersetzte. In die Kabbala soll er auf einer Reise nach Holland eingeweiht worden sein.

Als er die Gunst Friedrichs des Großen wieder verlor, kehrte er nach Avignon zu seinen «Illuminierten» zurück, mit denen er den Kontakt ständig aufrecht erhalten hatte. Er gründete einen neuen Kreis, der sich zu Ehren Swedenborgs «Neues Jerusalem» nannte. Eine wichtige Rolle darin spielte der polnische Aristokrat Hrabianka, der sich in Berlin an Dom Pernetty angeschlossen hatte. Eine starke Marienverehrung ist charakteristisch für Pernetty's System. In der von Hrabianka gegründeten Zweiggesellschaft «König von Neu-

Die eherne Schlange Mosis am Kreuz: Der «Serpens mercuria-
lis» (Merkurschlange). A. Eleazar, *Uraltes chymisches Werk,*
1760.

Israel» hat man auch Frauen eingeweiht. «Göttliche Botschaften» wurden medial empfangen; die «Sainte Parole».

Sofort nach seiner Rückkehr ließ sich Dom Pernetty ein
alchemistisches Labor einrichten, den Thabor, und suchte
zusammen mit Hrabianka und seinen «Eingeweihten des Heiligen Worts» weiter nach dem «Stein der Weisen», wie früher
in Berlin.

Über Pernetty und Hrabianka laufen Querverbindungen zu
den Brüdern Willermoz und zu Saint Martin, zu Swedenborg
und Lavater, sowie nach England, Italien, Polen und Rußland.
In London entstand ein neues Zentrum der Swedenborgianer.

Das Lyoner System scheint von den Illuminés d'Avignon
beeinflußt, deren Lehre (die des Spaltungsproduktes «König
von Neu Israel» mitgerechnet) inhaltlich noch keiner vergleichenden religionswissenschaftlichen Untersuchung unterzogen worden ist. Doch schöpft sie aus denselben Quellen wie
andere Geheimgesellschaften der Zeit. Frick[249] vermutet wahrscheinlich zu Recht einen Zusammenhang mit den südfranzösischen gnostischen Messen der Albigenser.

Der neognostizistische Zug bei Pernetty's und Hrabiankas
Riten und die Wahl des kleinen italienischen Gauners Ottavio
Capelli zum «Menschenkönig» in der Gruppierung des polni-
schen Grafen brachte die Kirche auf den Plan, führte zur Ver-
dammung der Illuministen im Jahr 1791. Das betraf zwar in
erster Linie die Anhänger Capellis; die kleine Gruppe der
«Erleuchteten» um Pernetty, die ihm treu geblieben war,
durfte noch im selben Jahr nach kurzem Verbot ihre Versammlungen wieder abhalten. Aber die Französische Revolution setzte doch der Bewegung in Frankreich ein Ende. Einige

ihrer Jünger konnten fliehen, andere wurden guillotiniert, Pernetty selber geriet 1794 nach einem Fluchtversuch in Haft, wurde jedoch 1796 nach einem Schlaganfall freigelassen und starb 1801 in der Dauphiné.

Eigenartig mutet die pythagoreische Zahlenmystik an, die in das System Dom Pernetty's eingedrungen ist (vielleicht spielen hier auch kabbalistische Einflüsse mit hinein).

Für Gott stand die «1», für die Materie «2», das Universum korrespondierte der Zahl «12», d. h. «1 + 2». *Zahlen* verwiesen symbolisch auf die Ideen. Natürlich fehlte auch die theosophische «Einheit in der Vielheit» nicht: 4 = die vier Ziffern 1+2+3+4 = ergeben als Ziffernsumme die heilige 10. Und 7 = dargestellt durch die sieben Ziffern 1+2+3+4+5+6+7 = ergibt die Ziffernsumme 28, die sich ihrerseits – durch Summierung der Stellenwerte 28 = 2+8 – wiederum als «10» darstellen läßt. So konnte man die ganze Wirklichkeit durch Zahlen repräsentieren, jeder Zahl entsprach ein Wort, jeder Zahlenreihe ein Satz. Das war für die «Illuminés d'Avignon» ein «Orakel»: Die Emanation eines göttlichen Geheimnisses.

Dom Pernetty war der Überzeugung, daß sich hinter der «magischen Mathematik» der Antike – von Homer bis zu Pythagoras und weiter bis zur Schule von Alexandrien – die verloren gegangene und wieder gefundene Ursprache verbarg. In der Zahl lag der hermetische Schlüssel zum wahren Wort.

Neben der christlichen Trinität hat Pernetty dem Marienkult als viertem Element einen Stellenwert eingeräumt, wie ihn ähnlich die mystischen Frauengestalten antiker Göttermythen (Diana, Hekate, Astarte, etc.) in den Mysterienkulten hatten: Die Jungfrau wird zum Symbol der chtonischen Mutter (Magna Mater).

Bei einer seiner Messen, wo geweihtes Brot und Wein gereicht wurden, die an das christliche Abendmahl erinnern, hatte Pernetty die Vision eines Engels, der von der baldigen Herabkunft Gottes sprach, der kommen würde, um seine Macht und Herrlichkeit zu zeigen und das Antlitz der Welt zu verändern. Einige Monate später brach die Französische Revolution aus.

In seinem *Mysterium coniunctionis,* XIV/2, 116 ff spricht

Jung[250] von der Christusgestalt als Symbol, bereits deutlich vorgebildet im Logos des Johannes-Evangeliums, die im Lauf von Jahrhunderten sich immer deutlicher herauskristallisiert; nicht nur für die Alchemisten in der Vorstellung Gottes als «senex et puer» (Greis und Kind), sondern auch im Übergang vom rachsüchtigen Jahwe des Alten Testaments zum Gott der Liebe des Neuen (letzteres als Archetypus der Königserneuerung in kirchlichen Kreisen).

«Was das moderne Bewußtsein anbelangt, so wandelte sich unter dem Einfluß des evangelisch orientierten Protestantismus das dogmatische Christusbild in die Gestalt des persönlichen Jesus Christus, der im liberalen Rationalismus, welcher alle «Mystik» perhorreszierte, allmählich zum ethischen Vorbild verblaßte. Der Wegfall des weiblichen Elements, nämlich des Kultes der Gottesmutter, im Protestantismus tat ein übriges, um die Spiritualität des dogmatischen Christusbildes von der Verbindung mit dem irdischen Menschen zu lösen und damit allmählich ins Unbewußte entgleiten zu lassen. Wenn so große und so bedeutende Bilder der Vergessenheit anheimfallen, so verschwinden sie damit nicht aus dem Bereich der Menschheit, noch büßen sie ihre psychische Macht ein. Wer im Mittelalter die Mystik der Alchemie besaß, blieb im Zusammenhang mit dem lebendigen Dogma, auch wenn er ein Protestant war. Hier liegt sogar wahrscheinlich der Grund, warum die Hochblüte der Alchemie gerade in das Ende des 16. und in das 17. Jahrhundert fiel; sie bildete für den Protestanten gewissermaßen ein letztes Mittel, um noch katholisch zu sein. Man hatte im opus alchymicum noch einen vollwertigen Wandlungsritus und ein konkretes Mysterium. Die Alchemie blühte aber nicht nur in protestantischen Ländern, sondern auch in katholischen, wobei sie noch im 18. Jahrhundert in Frankreich eine besondere Verbreitung fand, wie zahlreiche Handschriften und Werke, wie diejenigen Dom Pernettys (1716–1801) und N. Lenglet Dufresnoys (1674–1752 oder 1755) und das große Sammelwerk des J. J. Manget (1702) beweisen. Das ist insofern nicht erstaunlich, als in Frankreich sich damals das moderne antichristliche «Schisma» vorbereitete, welches zunächst in der Revolution, diesem relativ harmlosen Vorspiel der Scheußlichkeit von heutzutage, gipfeln sollte. Der Untergang der Alchemie in der Zeit der Aufklärung bedeutet für viele Europäer auch den *descensus ad inferos* aller dogmatischen Bilder, die bis dahin wenigstens noch in den anscheinenden Geheimnissen des chemischen Stoffes unmittelbar anwesend waren.

Wie beim Individuum der Zerfall der Bewußtseinsdominante einen Einbruch des Chaos zur Folge hat, so geschieht es auch mit den Massen (Bauernkrieg, Wiedertäufer, französische Revolution usw.) und, wie bei ersterem ein Kampf aller Elemente entbrennt, so entfesselt sich bei letzteren die urweltliche Mordlust und der Blutrausch. Das ist jenes Siechtum der Mutter . . . (als Sinnbild)

«Der Verlust der ewigen Bilder ist wahrlich keine Kleinigkeit für den einsichtigen Menschen. Da es aber unendlich viel mehr uneinsichtige Menschen gibt, nimmt anscheinend niemand davon Notiz, daß jene im Dogma ausgedrückte Wahrheit in nebelhafter Ferne verschwindet, und niemand scheint etwas zu vermissen. Der Einsichtige weiß und fühlt es, daß seine Seele bekümmert und beunruhigt ist ob des Verlusts einer Sache, welche die Lebensessenz seiner Ahnen war. Der Uneinsichtige vermißt nichts und entdeckt erst durch die Zeitung (und dann viel zu spät) beängstigende Symptome, die nun wirklich außen sind, und weil man sie zuvor bei sich selbst nicht wahrgenommen hat, wie man ja auch die Gegenwart des Symbols nicht bemerkt hat. Hätte man sie beachtet, so hätte sich, wie einst in der Antike um den Tod des großen Pan, eine Totenklage um den verlorenen Gott erhoben» (Die Moderne Entsprechung ist Zarathustras Ruf: «Gott ist tot» in Nietzsches *Also sprach Zarathustra*, Vorrede 3.)

Die hellsichtigen Worte Jungs beleuchten den epochalen Stellenwert dieser rosenkreuzerisch/alchemistischen «Eingeweihten» innerhalb des historischen Umfelds der «Aufklärung». Diese Okkultisten des 18. Jhds. stehen in einer dialektischen Beziehung zum Zeitgeist, sind die Vertreter verdrängter irrationaler Kräfte, die sie in ihren Lehren zu bündeln und kanalisieren versuchen. Es ist ein Rettungsversuch der inneren Bilder, wenn auch mit untauglichen Mitteln.

Auf einer gewissen Bewußtseinsebene (der vorbewußten nämlich, Umschlagplatz absinkender Tagesbewußtseinsinhalte und aufsteigender Tiefeninhalte) kann man sich ebenso mit einem Zuviel an Magie (oder Analogieketten) wie mit einem Überangebot an «reinen Ideen» (Kult der Vernunft) regelrecht vergiften, wenn man sich ihnen ausliefert statt sie zu beherrschen. Daß beides auf kollektiver Ebene in den Blutrausch führen kann, haben auf der einen Seite die Hexenverfolgungen (im Rahmen kollektiver Hysterien), auf der anderen z. B. die Französische Revolution gezeigt. In diesem Sinn kann die Engelsstimme, die Dom Pernetty hörte, auch als Stimme des kollektiven Unbewußten gedeutet werden, dessen Platz wegrationalisiert worden ist, und das nun verkündet, daß die Deiche bald brechen, die sein Hervortreten hindern.

SWEDENBORG UND DAS *NEUE JERUSALEM*

1689 als Sohn des lutherischen Bischofs Jesper Swedberg in Stockholm geboren, widmete sich Emmanuel Swedenborg[251] (so lautete der Name, nachdem die Familie in den Adelsstand erhoben wurde) zunächst der Naturwissenschaft, nicht der Philosophie. Nach seiner Studienzeit in Uppsala reiste er 1710 nach England und kam dort mit berühmten Gelehrten wie Newton, Halley und Flamsteed in Berührung. Unerhört aufgeschlossen, erwarb er eine wahrhaft universale Bildung und machte eine Reihe von Erfindungen auf technischem Gebiet. Dem jungen Assessor des Bergwerkskollegiums, dessen Bücher aufhorchen ließen, stand eine glänzende Laufbahn bevor. Ihr folgte er, bis zur Mitte seines Lebens.

Eine religiöse Berufung, die sich 1736 in visionären Erlebnissen erstmals Bahn brach, führte 1744 zu einer schweren Krise. Nach einer Begegnung mit Gott «in himmlischer Ekstase» wandte er sich überweltlichen Dingen zu. Nach der Offenbarungsvision vom April 1745, in der Gott ihm kundtat «Ich habe dich erwählt, den Menschen den geistigen Sinn der Heiligen Schrift auszulegen», zog er sich von aller Welt zurück und gab 1747 sogar sein Amt als Assessor ab.

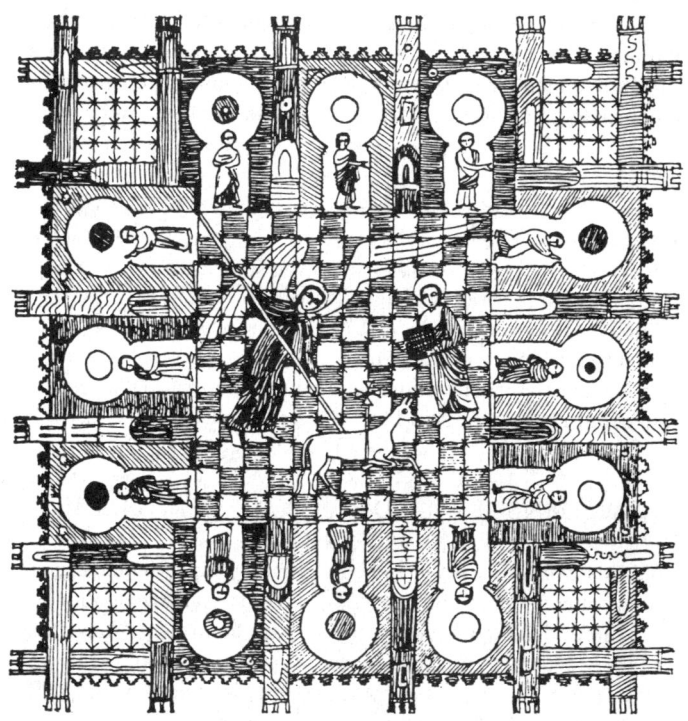

Das Himmlische Jerusalem nach einer Miniatur einer spanischen Handschrift aus dem 10. Jahrhundert.

Vor der religiösen Krise hat Swedenborg mit den *Grundlagen der Natur* 1734 eine mechanistische, und dem *Aufbau des animalischen Reiches* von 1741, dem *Reich des Animalischen* von 1744/45 organisch-vitalistische Publikationen vorgelegt, damals wissenschaftliche Standardwerke von europäischem Ruf. Swedenborg mußte zunächst den Weg der empirischen Forschung durchlaufen, um dann an ihre Grenzen zu stoßen, um für die «Botschaft von Oben» überhaupt erst empfänglich zu werden. Ein Zusammenhang zwischen naturwissenschaftlicher und visionärer Sehweite besteht bei ihm aber schon deshalb, weil bereits seinen frühen naturwissenschaftlichen Untersuchungen ein mystisches Menschenbild zugrundeliegt.

Darin ist er ganz das Kind seiner Zeit, denn ähnliche Tendenzen finden sich auch bei der deutschen und englischen Naturwissenschaft des 18. Jahrhunderts. Die Einflüsse von Böhme und Fludd sind nicht nur bei ihm und Pernetty spürbar, sie werden auch sehr deutlich in den spekulativen Arbeiten eines Newton. «Der Grundgedanke dieses mystischen Weltbildes ist, daß Gott, Mensch und Welt in einem bildhaften Verhältnis zueinander stehen. Dieser Gedanke wird noch bei Swedenborg in derselben Form ausgesprochen, in der er sich bei Böhme und seinem englischen Schülerkreis abzeichnet» (Ernst Benz)[252]: Als Spekulation über den Urmenschen, d. h. über Adam, in dem sich Gott selber abgebildet hat. Vorstellungen eines erneuten Mikrokosmos-Makrokosmos-Denkens werden hier spürbar.

Basis seines Systems ist die Lehre von den Entsprechungen als universales Prinzip, mit dessen Hilfe er die gesamte Welt und Überwelt erschauen kann. «Durch alle höheren und niederen Welten hat sich die göttliche Wahrheit herabgesenkt [...] Auf ihrer untersten Stufe aber repräsentiert sie sich den Menschen im Wort der Heiligen Schrift in einer ihrem Fassungsvermögen entsprechenden Form. Der Buchstabensinn des Wortes ist die Grundlage, Hülle und Stütze seines geistigen und himmlischen Sinnes, so wie die irdische Welt Behälter des höheren geistigen und himmlischen Lebens ist. Die buchstäbliche Gestalt ist der Leib des himmlischen Wortes, in dem es sich auf dieser Erde in einer Menschen zugänglichen Weise verhüllt.» (Ernst Benz).

Erstmals im *Aufbau der animalischen Welt* spürbar geworden, taucht die Lehre von den Entsprechungen (die sich wohl auch an Böhmes Signaturenlehre anlehnt) im *Hieroglyphischen Schlüssel zu den natürlichen und geistigen Geheimnissen auf dem Weg der Repräsentationen und Entsprechungen* von 1741 auf (ein 1784 in London gedrucktes Werk).

Swedenborgs gnostisch-neuplatonisches Denkgebäude ist ausführlich dargestellt in *Himmlische Geheimnisse, welche in der Heiligen Schrift enthalten und nun enthüllt sind* (16 Bände, zwischen 1747 und 1758). 1758 erscheint *Von dem Neuen Jerusalem und seiner himmlischen Lehre*. Swedenborg empfing seine Visionen im Zustand völliger Bewußtheit, betrachtete sich selber immer nur als Vermittler von Botschaften, die ihm zuteil wurden im Gespräch mit höheren Wesenheiten, und schrieb diese Einsichten nieder in zahlreichen, lateinisch publizierten Werken, die er selbst finanzierte.

Der geistige Einfluß, den er auf mystisch veranlagte Zeitgenossen hatte, war enorm, sei es, weil sie seinen Gedanken folgten (wie Oetinger, F. R. Salzmann, Zacharias Werner in Deutschland; Dom Pernetty, Martines de Pasqually in Frankreich; oder der französische Freimaurer Bénedict Chastanier, der in London zur Schlüsselfigur des «Swedenborgritus» der «Illuminated Theosophists» wurde (ursprünglich einer Zweiggesellschaft von Pernettys Illuminés d'Avignon). Oder sei es, weil sie, in einem gewissen Gegensatz zu ihm, sich mit seinem Konzept auseinandersetzen mußten, wie Immanuel Kant, der sich zunächst mit den *Arcana coelestia* näher befaßt hatte und ihn später in *Träume eines Geistersehers erläutert durch Träume der Metaphysik* (Königsberg 1766) heftig kritisierte. (Im übrigen war auch Kant von der berühmten Swedenborg-Vision des entsetzlichen Brandes von 1759 in Stockholm beeindruckt, den der Schwede, 500 km entfernt, in Göteborg sozusagen «life» miterlebte, dabei Freunden gewisse Einzelheiten mitteilte (die Namen von brennenden Straßen und Gebäuden), die später durch Berichte aus Stockholm bestätigt wurden).

Die Auseinandersetzung mit Swedenborg in dieser zunächst anonym veröffentlichten Schrift war äußerst wichtig für die Entwicklung von Kants Philosophie, befaßt er sich darin doch ausführlich mit den «Grenzen der Metaphysik» und erarbeitet ein eigenes Konzept.

Nach Paul Arnold hat kein anderer Mystiker einen nachhaltigeren und tieferen Einfluß auf die französische Literatur des 19. Jahrhunderts ausgeübt als «der Mystiker Swedenborg». Balzac, Baudelaire, Nerval, George Sand, sogar Strindberg verdanken ihm sehr viel, neben zahlreichen anderen.

In Swedenborgs Biographie spielt London eine wichtige Rolle. Hier verbrachte er die letzten Jahre seines Lebens und publizierte viele seiner Werke. Hier starb er am 29. März

1772. Hier begannen sich erstmals seine Anhänger zu organisieren: Chastenier schuf eine Abart des Pernetty-Ritus auf der Grundlage von Swedenborgs mystischem System, mit neun Graden; und 1782 setzt die Herausbildung kirchlicher Gemeinden auf der Grundlage von Swedenborgs Lehrgebäude ein.

1787 wurde offiziell die «Société Novi-Jérusalémite» zur «New Church», zur Kirche des Neuen Jerusalem, dank der anglikanischen Geistlichen John Clowes und Thomas Hartley. Bis ins 19. Jahrhundert bleiben der Swedenborg-Ritus, der von Chastenier begründeten maurerischen Geheimgesellschaft und die Sektenkirche nebeneinander bestehen. Beide wurden dann in die Vereinigten Staaten exportiert und lebten dort weiter. Während der maurerische Ritus in England aber recht bald erlosch und erst Ende des 19. Jahrhunderts aus den USA wieder rückimportiert wurde, konnten sich die Kirchengemeinden ständig weiterentwickeln und sowohl auf britischem Boden wie drüben in Amerika zu einer bescheidenen Blüte kommen.

Hutten findet es eigenartig, daß von Swedenborg zwar starke Wirkungen ausgingen (Gründungen von Gesellschaften zur Abschaffung der Sklaverei 1779 in Schweden, 1780 in England; und in den USA der «Liberia-Gesellschaft», womit Swedenborgs Lehren einen maßgeblichen Anteil an der Entstehung des Staates Liberia hatten); daß aber der Drang zur Bildung einer eigenen Religionsgemeinschaft relativ gering blieb. Die Gesamtzahl der Kirchenmitglieder wird heute in aller Welt auf nicht viel mehr als 30.000 geschätzt.

«Ein Grund dafür mag in der besonderen Art des Swedenborgschen Glaubensguts liegen. Es läßt sich nicht so popularisieren, daß es auch dem «einfachen Mann» leicht verständlich wäre.» Auch läßt es sich «im Kult nicht adäquat und sinnenfällig darstellen», weil es Swedenborg insbesondere um den «geistigen Sinn» biblischer Tatbestände ging. Zudem hatten die Anhänger gehofft, daß die offizielle Kirche sich Swedenborgs Visionen würde öffnen können. (Hutten 1962[8], 321)

Bemerkenswert scheint, *daß sich vom gnostisch-neuplatonischen «Denken»* (wir brauchen den Begriff im Swedenborg'schen Sinn) *über den schwedischen Seher und seine Zeitgenossen, die «Erleuchteten»,* (soweit sie es wirklich waren) *der Bogen spannt* bis zu einer heutigen Publikation: dem Bericht von Gitta Mallasz *Die Antwort der Engel.*[253] Hier und überall steht der Mensch in der Mitte.

Nach Swedenborg ist er der Kreuzungspunkt der von oben nach unten und von unten nach oben gerichteten Bewegungen. Er vereinigt in sich die Elemente aller Schöpfungsstufen. So ist er ein Zentrum der Kräfte und Tendenzen, die in der Schöpfung wirken». [...] «Gott ist nicht nur eine Idee oder ein gestaltloser verfließender Geist; seine Geistnatur ist leibhaft. Die Menschengestalt ist eine Repräsentation Gottes. Es eignet ihr daher eine besondere Würde. Sie bildet die Urform der Schöpfung. [...] so kehrt die Menschengestalt auf einer höheren Ebene und in größeren Dimensionen wieder. Die Geistwesen gruppieren sich in Gemeinschaften, die Menschengestalt tragen, und diese Gemeinschaften schließen sich wieder zusammen im «Großen Menschen», dem homo maximus, der sich aus den Geistern und Geistergemeinschaften als seinen Zellen und Gliedern zusammensetzt.»[254]

Der innere Auftrag des Menschen ist es, seinen Platz und Dienst im «Leib Gottes» zu finden, als Mittler zwischen Oben und Unten, als Brücke. Seine Ursünde ist die Verleugnung dieses Zusammenhangs, die rebellische Selbstbehauptung, die das eigene Leben für sich nimmt, ausschließlich für sich, statt für den Dienst.

Die Herausführung des Geistes aus dem irdischen Körper in die geistige Welt ist die Auferweckung, als andere Seite des Sterbens. Und das damit verbundene «Gericht» nichts anderes als die Selbstenthüllung des inneren Menschen; das, was im «inneren Gedächtnis», im «Buch des Lebens» steht. Der Mensch richtet sich selber, und der «Spruch des Gerichts» wird sein Wegweiser für die neue Entwicklung.

«Alles Vergängliche / ist nur ein Gleichnis», heißt es bei Goethe, der ein großer Verehrer Swedenborgs war.

MARTINES DE PASQUALLY: DIE AUSERWÄHLTEN COHENS UND IHRE NACHFOLGEGESELLSCHAFTEN

So wie Swedenborg gar nicht vorgehabt hatte, sich an die Spitze einer Bewegung oder Kirche zu stellen, seine Werke immer im Bewußtsein schrieb, *Christ* zu sein, genauso blieb Martines de Pasqually mit voller Absicht innerhalb der Freimaurerei, schuf sein System als maurerischen Ritus und wirkte im Rahmen bestehender Logen.

Gesichert ist das Geburtsdatum: – 1727 – und der Geburtsort Pasqually's: Grenoble. Dort erblickte er das Licht der Welt als Sohn des Spaniers Don Martinez de la Tour de la Case Pasqually und der Französin Suzanne Dumas de Rainau. Der junge Jacques de Livron Joachin wurde Stellmacher. Früh zeigte sich seine mystische Veranlagung, 1754 wurde er Mitglied einer Loge in Montpellier, in der er auch den Meistergrad erhielt, die weltliche Ausrichtung der damaligen Freimaurer genügte ihm jedoch nicht. Von 1755 bis 1760 reiste er durch ganz Frankreich, um möglichst viele Maurer für seine spekulativen Ideen zu gewinnen. 1762 ließ er sich endgültig in Bordeaux nieder.

Die Gründung seines Ordens der *Elus Coëns* nahm, ausgehend von zwei Logen (*Josué* in Foix und *La Perfection* in Bordeaux) zwischen 1760 und 1765 immer deutlicher Gestalt an, bis zur Verschmelzung der Mutterloge «La Française» mit der Perfektionsloge zu «La Française Elue Ecossaise». Pasquallys Konzept, der äußeren Organisation der Maurerei sein mystisches System aufzupfropfen, führte jedoch schon früh zu Abspaltungen, weil es sich nicht reibungslos durchführen ließ. Als 1766 von der Großloge die Hochgradsysteme allgemein verboten wurden, geriet auch er in Schwierigkeiten, die aber in gewissem Sinn nicht zum Tragen kamen, da 1767 die Freimaurerei in Frankreich aus politischen Gründen von der Regierung verboten wurde.

Diese völlig neue Situation wußte Pasqually für seinen Orden zu nutzen. Immer mehr dem allgemeinen Verbot unterliegende Freimaurer begannen sich für sein System zu interessieren. Er reorganisierte den Orden und schuf als oberste Behörde der Auserwählten Cohens, gewissermaßen als Ersatz für die Großloge, im März 1767 ein «Tribunal Souverain». Als «Grand Souverain» oder Geheimaufseher blieb er der höchste Ordensleiter.[255] 1767 heiratete Pasqually Marguerite Angélique de Colas und bekam 1768 einen Sohn, Jean Philippe Joachim Anselm, den er zu seinem Nachfolger bestimmte, der aber den Wirren der Revolution zum Opfer fiel. Auch der 1771 geborene zweite Sohn hat die Nachfolge nie angetreten.

Die Freundschaft mit Saint Martin, einem Bewunderer und Schüler, der aus demselben Regiment von Foix kam wie Marguerites Vater, sollte ab 1771 für die Reorganisation des Ordens wesentlich werden. Zwischen 1771 und 1772 schrieb er, als Sekretär Pasquallys, eine Reihe von Zeremoniellen nieder; und wahrscheinlich auch das vom Meister diktierte *Traité de la Réintegration*, die eigentliche Lehrschrift Pasquallys.

Laut Rijnbek hat es sieben Manuskripte gegeben, deren Geschichte er im einzelnen nachzeichnet (die meisten sind heute verloren). 1899 wurde das Werk in Paris publiziert. Amadou hat später eine achte Abschrift ausfindig gemacht und kommentiert veröffentlicht. Trotz gewisser sprachlicher Varianten und einiger Interpolationen stimmt der Inhalt mit der im Druck von 1899 vertretenen Lehre aber voll überein.

1772 ging Pasqually nach Santo Domingo, gründete mehrere Logen in der damals nach französischen Provinz Haiti und schickte 1773 endlich die fertiggestellten Instruktionen für alle Grade des Ordens an Willermoz nach Frankreich. Anfang 1774 vollendete er die Generalstatuten des Ordens. Dazu gehörte auch ein eigenes Ritual für die Einweihung von Frauen. Im September des Jahres starb er an einem Fieber in Port-au-Prince.

Bald nach seinem Tod fiel der Orden in Frankreich auseinander, seine Lehre aber ist ein wichtiges Ferment geblieben für die Geheimgesellschaften der folgenden Jahrhunderte, insbesondere, was die Traditionen phallischer Kulte, ekstatischer Riten und die Symbolik von Penis und Vagina anbelangt, wie

Frick in *Die Erleuchteten* festhält. «Die Quellen, aus denen Pasqually seine Lehre schöpfte, sind eindeutig. Wir finden gnostische, manichäische, katharische Elemente, ferner die Tradition der hermetischen und christlich-jüdischen Esoterik, wie sie durch die spanische Kabbala der christlich modifizierten Kabbala eines Knorr von Rosenroth und seines Sulzbacher Kreises bekannt geworden ist».[256]

Erst im Lauf der zeitlichen Entwicklung ist die äußere Organisation des Ordens aufgebaut worden. Ausgangspunkt war die Logenform der Freimaurer, die auch beim Weiheritual Pate gestanden haben, dem sich der Suchende nach längerem Noviziat unterzog.

Die «Chevaliers Elus Coëns (bzw. Cohens) de l'Univers», zu deutsch «Ritter der auserwählten Priester des Universums», leiten ihren Namen vom französisierten hebräischen «Cohanim» ab. Das Wort bedeutet in der Sprache des «Auserwählten Volkes»: Höchste Priesterklasse, um Gott im Tempel zu dienen.

Das martinezistische System bestand aus drei Klassen mit neun Graden und einer vierten mit Sondergrad, dem Réau-Croix, ein Begriff, der auch bei den späteren Martinisten zu finden ist. Die erste Klasse umfaßt die drei Grade der symbolischen oder gewöhnlichen Maurerei: Lehrling, Geselle und Meister. Nach einigen Autoren schließt ein Zwischengrad an, der zur zweiten Klasse (Classe du Poche) des Vorhofes überleitet; der Grand-Elu oder Groß-Auserwählte. Nun folgen die Auserwählten Priester-Lehrlinge, Priester-Gesellen und Priester-Meister. Die dritte Klasse der Tempelgrade (Degrés du Temple) kennt einen Großmeister der Auserwählten Coëns (Grand Maître Elu Coën) oder Großarchitekt (Grand Architecte); einen Chevalier oder Commandeur d'Orient, bzw. Grand-Elu de Zorobabel.

Das System war stark nach alttestamentarischen Ereignissen und Legenden ausgerichtet. Von der äußeren Form her entsprachen die Tempelgrade in ihrer Emblematik und Symbolik den Hochgraden der Freimaurerei. In die eigentliche Geheimlehre des Ordens führte angeblich der Groß-Auserwählte

Zorobabels ein (der Grad entspricht dem späteren Réau-Croix-Gesellen. Réau dürfte eine Verballhornung von «rouge» – für Rosenkreuzer – sein, die von Pasqually gewählt wurde. *Rot* ist die Farbe der Hochgrade). Basis der symbolischen Grade war die «blaue Maurerei» (die ihren Namen der dabei üblichen blauen Logenausstattung und den Bandfarben verdankt.)

Interessant ist das Weiheritual für den Réau-Croix, das jeweils an den Tagundnachtgleichen oder Sonnenwenden um Mitternacht, oder bei Neumond stattfand. Die Martinezisten glaubten an die Wirksamkeit von magischen Handlungen, um die Seele vom Einfluß des Bösen reinigen und negative Entitäten abhalten zu können.

Immer zu zweit, betraten die «Auserwählten Cohens», angetan mit schwarzen Gewändern und weißen, rotgesäumten Umhängen, blauen Halskrausen, grünen, von rechts nach links laufenden Brustbändern und roten Hüftbändern, einen dunklen, isolierten Raum, der zuvor dank magischer Beschwörungen den himmlischen Kräften geweiht worden war. Niemand durfte metallische Gegenstände auf sich tragen, nicht einmal eine Ansticknadel oder Schuhriemen.

Trachten und Rituale haben sich, in ihrer «endgültigen Form», erst nach und nach herausgebildet, Symbolelemente, etwa aus freimaurerischen Riten wurden übernommen (Verzicht auf metallische Gegenstände usw.)

Während den letzten sieben Tagen vor der Weihe war Fleisch- und Alkoholgenuß untersagt, die Kandidaten mußten sich zu strenger Keuschheit verpflichten. In den zwölf der Zeremonie vorangehenden Stunden durfte nur Wasser getrunken werden, die Prüflinge psalmodierten und beteten. Wen der Engel des neuen Grades für würdig erachtete, dem versprach er als Krönung nach dem Erleben des «mystischen Todes» die glückselige Schau des himmlischen Reiches in all seinen Hierarchien.

Dann überkam den Kandidaten ein Zittern, als sichtbares Zeichen für den Übergang in den «anderen Zustand». Er brach zusammen, verlor das Tagesbewußtsein. Zurückgekehrt vom «Todeserlebnis», besaß der Réau-Croix, der Rosenkreuzer, nach Überzeugung des Ordens dank der Rückverbindung zum Himmel, der *Réintegration,* übernatürliche Kräfte; war nun Seher und Thaumaturg.

Die Lehre Pasqually's handelt vom Niedergang des Geistes, vom Fall des Menschen in die Grobstofflichkeit, dem Mysterium des Bösen und der Entwicklung von Kosmos und Erde; auch von der Möglichkeit, ja der Aufgabe des Menschen, wie der verlorene Sohn zu Gott zurückzukehren. Nach ihm wurde der «androgyne Mensch», der Adam Kadmon, von Gott sogar eigens dazu geschaffen und berufen, die in die Materie gestürzten Engel zurückzuholen.

Aber betrogen von den bösen Wesenheiten, die über das Erdenreich herrschten, verlor der Mensch sein Lichtgewand und erlag der Verdunkelung durch die Materie. Aus den himmlischen Sphären stürzte er herab, um in Raum und Zeit zu tauchen. Sein Vergehen war, sich vom Kosmos gesondert zu haben. Es bestand in der Bewußtwerdung des eigenen Selbst durch einen Willensakt.

Als göttliche Emanationen gröberer Schwingung konnten nur mehr Engel den auf Erden verbannten Adam mit der Himmelsbotschaft erreichen und ihm die Rückkehr ins Paradies nach dem Tode, die Vergebung des Schöpfers zusichern. In Anlehnung an diese Überzeugung finden wir bei Pasqually zahlreiche Grade einer «direkt von den Engeln bewirkten Einweihung», die es, ähnlich der Jakobsleiter, Sprosse für Sprosse zu ersteigen galt, bis hin zur Spitze der «Réau-Croix», des Rosenkreuzes, von dessen höchstem Punkt aus dank des magischen Beschwörungsrituals alle Hierarchien des Universums mit einem Blick erfaßt werden konnten. Elemente dieses Rituals hat später J. B. Willermoz übernommen und mit der «Strikten Observanz» kombiniert, nebst Anleihen bei einigen anderen Systemen.

Obwohl der Orden der älteren Martinezisten sich nach dem Tod ihres Gründers praktisch aufgelöst hat, gingen davon doch wichtige Impulse aus, weitergetragen und umgeformt durch ähnlich gelagerte Persönlichkeiten, mit denen Pasqually in enger Beziehung gestanden hatte. Überhaupt ist zu betonen, daß die «Erleuchteten» der Zeit sich meistens untereinander gekannt haben und bestimmte Verflechtungen zwischen den verschiedensten Geheimgesellschaften bestehen, selbst wenn nicht direkt von Übernahme oder Nachfolgegesellschaft gesprochen werden kann. Pasqually z. B. hat Swedenborg gekannt und ist in seinem «Emanationssystem» möglicherweise von dem Skandinavier beeinflußt worden. Cagliostro wiederum hat sich im «Ägyptischen Ritus» weitgehend an die «Elus Coëns» angelehnt, usw.

Besonders wichtig für die Nachfolgegesellschaften der Martinezisten war das Wirken einiger persönlicher Schüler und Freunde Pasqually's, wobei sich, grob gesprochen, vor allem zwei Richtungen abzeichnen: der *«mystische Symbolismus»*, dem Dom Pernetty und Saint Martin – jeder auf seine Weise – anhängen; und die *«freimaurerische Linie»* von Jean Baptiste Willermoz, der zusammen mit seinem jüngeren Bruder Pierre Jacques das *Lyoner System* entwickelt hat. (Allerdings sollte man nicht vergessen, daß bei allen Schülern eine persönliche Entwicklung stattgefunden hat.

Saint Martin tut den Schritt von der Geheimgesellschaft zur individuellen Mystik, Willermoz geht vom schwärmerischen Okkultismus und einer geschichtsblinden Templerbegeisterung, die ihn Kreuzritter zu den Ahnherrn der Freimaurer zählen läßt, über zu einer seriösen historischen «Ahnenforschung», womit die Templerlegende (und damit die *Strikte Observanz* des Hundschen Systems, die sich darauf stützt) bald zu Grabe getragen wird. Jedenfalls ist Willermoz eine der interessantesten Gestalten der mystischen Maurerei im 18. Jahrhundert. 1730 als Sohn eines jüdischen Händlers geboren, trat er mit 20 Jahren in eine Lyoner Loge ein. Seine Neigung zu Kabbala und esoterischer Alchemie, geweckt vom jüngeren Bruder Pierre Jacques, einem anerkannten Wissenschaftler, ließ ihn mit 23 Jahren eine neue Loge gründen, «La Parfaite Amitié», die 1756 das reguläre Patent der Großloge erhielt.

1760 schlossen sich drei Lyoner Logen ähnlich okkultistischer Ausrichtung zur Provinzial-Mutterloge «Grande-Loge des Maîtres-Réguliers de Lyon» unter Führung von J. B. Willermoz zusammen, der 1762 deren Großmeister wurde. Obwohl die Pariser Großloge nur die symbolischen Grade der «blaue Maurerei» gestattete, entwickelten die Brüder Jean Baptiste und Pierre Jacques Willermoz gemeinsam ein Hochgradsystem, «L'Orient de la Métropole d'Ecosse», mit den fünf Graden: Lehrling, Geselle, Meister, Schottenmeister und Auserwählter Schottenmeister, sowie den beiden Rittergraden «Chevalier d'Orient» und «Grand Architecte», zu denen später ein weiterer hinzukam, der «Schottische Großmeister», «Ritter vom Degen» oder «vom Rosenkreuz».

Seit 1762 befand sich J. B. Willermoz, der die Geschichte der Freimaurer in Frankreich erforschen wollte, in Kontakt mit den Logen des Metzer Systems, das sich auf alchemistische, astrologische und magische Lehren abstützte, unter Verschmelzung von Tempelritterlegende und Alchemie. Das Metzer System stand den freimaurerischen Templern der Strikten Observanz in Deutschland nahe, unterhielt aber auch engere Beziehungen zu den «Illuminés d'Avignon» und ist in seiner Emblematik und seinen Riten noch stärker von der alchemistischen Mystik bestimmt als die deutschen Systeme.

Der Metzer Einfluß führte 1763 zu einer weiteren Umstrukturierung des Lyoner Systems, es wurde das Hochgradkapitel «Ritter vom Schwarzen Adler» geschaffen (Chevalier de l'Aigle Noir), in das die Meistermaurer der Lyoner Logen eintreten konnten. Es bestanden aber schon etwas vorher andere Hochgrad-Kapitel (z. B. in «La Sagesse». Die «Weisheitsloge» leitete ihre zwei Rittergrade direkt aus der Maurerlegende vom salomonischen Tempel ab, nicht von den Tempelrittern).

Die drei Geheimgrade des «Schwarzen Adlers» scheint J. B. Willermoz persönlich aus anderen Systemen und alchemistischen Lehrmeinungen entwickelt zu haben, gestützt auf die Symbolik des Pasqually'schen Réau-Croix, wie bereits angedeutet.

Ein neuer Abschnitt in der Geschichte der Lyoner Maurerei beginnt mit der Freundschaft, die sich zwischen Pasqually und den beiden Willermoz entwickelt. 1766 in Paris wurde eine enge Zusammenarbeit vereinbart. Bald nahm J. B. Willermoz eine führende Stellung bei den «Elus Coëns» ein und modifizierte selbständig einige Riten. Auch nach der Abreise Pasquallys nach Santo Domingo blieb der Kontakt zwischen beiden gewahrt, davon zeugt eine intensive Korrespondenz, die sich über einen Zeitraum von fünf Jahren erstreckt und erst mit dem Tode Pasqually's abbricht.

Die magischen Rituale, auf die Pasqually Wert legte, lehnten sich an die Praktiken der Gold- und Rosenkreuzer an.

Zwischen 1774 und 1776 gab es in Lyon zahlreiche Versuche, die Lehre der Elus Coëns klarer darzustellen und den Ordensbrüdern verständlicher zu machen. Es setzte sich dabei die Linie von Saint Martin und von Hauterive durch, der fundierte mystische Kenntnisse hatte. Die «Elus Coëns» verstanden sich als «Maçons spirituels», als «geistige Maurer». Willermoz seinerseits versuchte bald, seine Lyoner Brüder von der Überbetonung langatmiger Beschwörungsrituale etwas wegzubringen und den eigentlichen Maurern stärker anzunähern, ohne daß dies für ihn den Verzicht auf die esoterische Komponente bedeutet hätte.[257]

Die Kontakte, die er mit der «Strikten Observanz» in Deutschland knüpfte, schienen ihm hierfür das Richtige zu sein, vor allem, als es 1772 zum endgültigen Bruch mit der Pariser Großloge des «Grand Orient» kam. Im Dezember 1772 wurde der Beitritt der Lyoner Logen zum Hund'schen System der Strikten Observanz durch Willermoz vollzogen, nach einem sich über das ganze Jahr erstreckenden Briefwechsel mit Straßburg (der Loge «La Candeur») und Dresden (wo 1755, 1772 und 1776 Logen der «Strikten Observanz» gegründet worden waren). 1776 entstand unter der Leitung von Willermoz ein «schottisches Direktorium» der Strikten Observanz. 1778 verhalf er am Konvent von Lyon, dessen treibende Kraft er war, bei den französischen Abteilungen der Strikten Observanz dem martinistischen Gedankengut zum Durchbruch. Die Durchsetzung des *Rektifizierten Schottischen Systems,* das weitgehend er geschaffen hatte, geht zu einem großen Teil auf ihn zurück (bei den *Chevaliers bienfaisants de la Cité Sainte* – den «Wohltätigen Rittern der Heiligen Stadt», die man in gewisser Weise als Nachfolgegesellschaft der Martinezisten bezeichnen kann). Vier Jahre später, am Konvent von Wilhelmsbad, bei dem sich die Schottischen Maurer trafen, setzte Willermoz endgültig durch, daß man sich von der Strikten Observanz mit ihrer historisch unrichtigen Herleitung von den Templerrittern distanzierte und darauf verzichtete, den Templerorden wieder herstellen zu wollen. Im großen und ganzen wurde sein Lyoner System angenommen.

Willermoz ist den Weg vom mystischen Schwärmer, von falschen Spekulationen über die Tempelritter (die sich auch in gewissen Riten niedergeschlagen haben) zu einer größeren Nüchternheit gegangen. Nach seriösen historischen Nachforschungen über die angebliche Templernachfolge der Maurer kam er zum Ergebnis, daß es sich um einen überhaupt nicht fundierten Irrtum handelte und vertrat auf den Konventen von Lyon und Wilhelmsbad einen entsprechenden Standpunkt. Damit versetzte er der Strikten Observanz den Todesstoß.

In *Aufbruch zur Romantik,* 1968, hat Hans Graßl nachgewiesen, daß Louis Claude de Saint-Martin, die überragende Persönlichkeit unter den französischen Illuministen, europäische Vorromantik und deutsche Romantik sehr stark geprägt hat. Intellektueller und Mystiker zugleich, hatte der «unbekannte Philosoph» das geeignetste geistige Rüstzeug, um den verknöchernden Rationalismus der Aufklärung lockern zu können. Seine *Erreurs de la Vérité* von 1775 (die in Lyon erschienen und ihres pansophischen Bekenntnisses wegen auf dem Index landeten) wurden von dem Dichter und Freimaurer Matthias Claudius mit dem Titel *Von den Irrtümern und von der Wahrheit* ins Deutsche übersetzt (Breslau 1782). Grundlage dieses Werks war der gnostische Emanationsbegriff.

Auch die zweite wichtige Publikation, die 1782 in Lyon mit demselben Pseudonym «Philosophe inconnu» erschien, wie zuvor die erste, *Tableau Naturel des Rapports qui existent entre Dieu, l'homme et l'Univers,* und die dritte, *L'homme de désir. Par l'Auteur des Erreurs et de la Vérité,* die 1790 herausgebracht wurde, wahrscheinlich mit der Unterstützung von Willermoz, erregten erhebliches Aufsehen. Besonders auf den Orden der *Asiaten* (oder «Brüder Sankt Johannes des Evangelisten aus Asien in Europa», als dessen Gründer Hans Heinrich von Ecker und Eckhoffen gelten muß) hat Saint Martin Einfluß ausgeübt. Das von den Gold- und Rosenkreuzern herstammende System ist vom Neugnostizismus der französischen Illuministen geprägt, der zusätzlich aus kabbalistischen Quellen geschöpft hat. Von Wien ausgehend, verbreiteten sich die «Asiatischen Brüder» sehr rasch unter den Freimaurern in Österreich durch Vermittlung von Graf Zinzendorf, überleben aber kaum den Tod ihres Gründers. Interessant ist der Einfluß der sabbatianischen Kabbala, die über den jüdischen Mitbegründer Hischfeld hineinkommt, der zudem mit Pasqually und Saint Martin in persönlichem Kontakt gestanden haben dürfte. Hierbei scheint es sich um wechselnde Einflüsse gehandelt zu haben, eine Tatsache, die in der Geschichte der deutschen und französischen Theosophen und Okkultisten eine jahrhundertealte Tradition besitzt.»[258]

1743 in Amboise als Sohn katholischer, wenig begüterter Aristokraten geboren, tritt Saint Martin nach Abschluß des für ihn unbefriedigenden Studiums der Rechte 1765 in das französische Heer ein, erhält das Offizierspatent und wird Offizier im Regiment von Foix. Bald beschäftigt er sich mit Kunst und religiösen Problemen. Seine Neigung zum Mystizismus führt zur Bekanntschaft mit Pasqually[259] im Jahr 1768, in dessen Orden er kurz darauf eintritt. 1771 quittiert er sogar den Dienst, um Sekretär seines Meisters zu werden und schließt sich 1772 nach dessen Abreise Willermoz an. Sein Einfluß auf das Lyoner System und die Entwicklung der «Elus Coëns» zu den «Chevaliers Bienfaisants...» ist beträchtlich.

Der Straßburger Aufenthalt zwischen 1788 und 1791 bringt ihn in eine enge Beziehung zu Salzmann und dessen Kreis, einem Martinezisten und schwärmerischen Pietisten, der als «Erleuchteter» zur «Société des Supérieurs Inconnus» gehörte, dem «inneren Orden» der Straßburger Hochgradloge «La Candeur», wie Frick vermutet. Dieser Zirkel hatte sich die Aufgabe gestellt, Böhmes geistiges Erbe zu verwalten. Dort lernte Saint Martin den großen böhmischen Mystiker kennen und schätzen und begann mit der Übertragung von dessen

Werk in Französische. Das System der «Chevaliers bienfaisants de la Cité Sainte», eine von Salzmann, Türckheim und Willermoz entwickelte Form, die aus dem Martinezismus hervorgegangen ist, wurde ebenso von Saint Martin beeinflußt, wie das Lyoner System. Doch letzterer weigert sich, am Konvent von Wilhelmsbad teilzunehmen, ja er läßt sich sogar aus der Liste der Freimaurer streichen. Der Kontakt mit Böhmes Mystik führt bei ihm zu einer starken Verinnerlichung. Er lehnte auch ab, am Kongreß der Philaleten teilzunehmen, einem von Savalette begründetem, französischen Hochgradsystem, das sich an Swedenborg anlehnte, theosophisch orientiert war und sich mit kabbalistischen, magischen und alchemistischen Spekulationen abgab.

Saint-Martin hat die Lehre Pasquallys übernommen und weiterbehandelt. Demnach hat Gott eine rein geistige Welt emaniert, die «ewige Natur», von der Luzifer und seine Gefährten abfielen. Der Mensch, der dessen Stelle hätte einnehmen sollen, zunächst ein Geistwesen ohne Körper, verfiel dem Materiellen und erhielt einen grobstofflichen Leib, in dem nur noch der Keim des einst harmonischen Geistkörpers verblieben ist. Durch den Opfertod Christi ist dem Menschen die Möglichkeit geschenkt, diesen Keim erneut zum Leben zu erwecken.

Saint-Martins Naturphilosophie sieht die vergängliche Materie als Ausfluß des unvergänglichen göttlichen Logos in die «cause active et intelligente» außerhalb der Ewigkeit. Diese «causes» sind die eigentliche Natur, nicht die Materie.

Wie im Gnostizismus (und der gnostischen Kabbala) entstehen in diesem System in einem von oben nach unten verlaufenden Emanationsprozeß die materiellen Elemente «Feuer», «Wasser» und «Erde» in immer zunehmender Verdichtung und Entfernung. Auch Saint-Martin nimmt Abstand vom alchemistischen Prinzip der Quaternität. Er läßt die «Luft» als viertes der symbolischen Elemente direkt aus dem göttlichen Urfeuer emanieren, entsprechend der biblischen Lehre vom Sündenfall. In Anlehnung an Böhme und Pasqually weist er ihr eine Mittlerfunktion zwischen «Oben» und «Unten» (d. h. den übrigen Elementen) zu. Frick bringt ein bezeichnendes

Saint-Martin-Zitat, daß die Nähe des «unbekannten Philosophen» zu Paracelsus, Böhme, Welling und Pasqually erneut aufzeigt, bei denen allen *der Verkörperungsprozeß* der Trinität von Merkur (Quecksilber), Sulphur (Schwefel) und Sal (Salz) untersteht: «Vom Urquell des Lebens an bis auf den geringsten Keim der Materie (ist) alles eine ununterbrochene Progression, ein fortgehendes Ausstrahlen des Urlichts, eine Reihe von Potenzen, die aus der Einheit, als der Grundwurzel aller Zahlen fließen...»

Schon das Pseudonym weist auf die Verbindung zu den rosenkreuzerischen «Supérieurs Inconnus» um Salzmann hin, denen er wahrscheinlich angehörte. Die Statuten dieses Straßburger Kreises stimmen mit denen der Prager Gold- und Rosenkreuzer weitgehend überein, und auch mit den dreißig, die der Metzer Bruder Baron Tschoudy, der in engem Kontakt mit Petersburg stand, in seinem *L'Etoile flamboyante* von 1766 aufstellt. Diese und andere Verflechtungen weisen auf die enge Verknüpfung der zeitgenössischen Geheimgesellschaften verwandter Ausrichtung in ganz Europa hin. Durch Graf Hrabianka und Admiral Pleschjew konnte sich martinezistisch/martinistisches Gedankengut auch nach Rußland ausbreiten und besonders in Moskau Fuß fassen. Wegen seiner betont sozialen Einstellung geriet der russische Martinismus zwar bald in den Verdacht revolutionärer Umtriebe, doch konnte er sich in anderer Form vereinzelt noch bis zur Russischen Revolution halten.

In der geistigen Auseinandersetzung zwischen aufklärerisch-rationalistischem bayrischem Illuminatentum und deutschen Rosenkreuzern finden die Argumente Saint-Martins aus *Irrthümer und Wahrheit...*, mit denen er als Illuminist den Geist der Aufklärung angeprangert hatte, willkomene Anwendung, geißelt er doch die Ohnmacht des menschlichen Eigennutzes, der sich selber von seinen Wurzeln abschneidet. Baader und Schelling sind von Saint-Martin sehr beeindruckt gewesen. Besonders dort, wo der Pietismus stark verbreitet ist, kann sich der Martinismus gut verankern.

Saint-Martin selber stirbt im Oktober 1803 in Aulnay (oder Aunuy bei Paris). Ein Teil seiner Lehre wird von den «Chevaliers bienfaisants» und den «Supérieurs Inconnus» ins 19. Jahrhundert weitergetragen. Im Gegensatz zum eher gnostisch-pansophischen Pasqually hatte Saint-Martin, auf Böhme aufbauend, eine Art Christosophie mit pantheistischen Untertönen entwickelt, ein transzendierendes Christentum, mit dem sich auch katholische Denker wie der Mystiker Joseph de Maistre identifizieren und ihm eine eigene Linie geben konnten innerhalb ihres Werks.

Ein knappes Jahrhundert später folgt «Eliphas Lévi» (der Abbé Louis Constant) ihren Spuren. Für ihn bedeutet Christus die «höchste Magie». Der innere Christus, Sonnenimpuls des inneren Entwicklungswegs, ist oberstes Prinzip und größtes Ziel der Einweihung.

Der neue Mensch soll in uns durch Verchristung geboren werden, wie schon bei Saint-Martin, und später bei Steiner.

SPARTAKUS UND DER ILLUMINATENORDEN

1738, im Jahr der ersten Exkommunikationsbulle, wurde Friedrich der Große in der Nacht vom 14. auf den 15. August zu Braunschweig in die Freimaurerei eingeweiht. Damit erhielt der noch junge Orden in Deutschland eine straffe Führung und feste Unterstützung. Der stark von der aufklärerischen Philosophie Voltaires und vom Vernunftglauben geprägte Hohenzoller blieb der Freimaurerei gegenüber ein Leben lang positiv eingestellt, verabscheute aber, wie der ähnlich denkende Josef II. von Österreich, die mystisch-magisch und okkultistisch inspirierten Strömungen der Freimaurerei, die vielen Leuten den Kopf verdrehten. Durch ihn kam die Freimaurerei nach Berlin, er hielt im Schloß Charlottenburg selber Loge. Die weitere Entwicklung der Freimaurerei in Preußen wurde von ihm wiederholt beeinflußt. Er bewilligte die Gründung der Loge «Zu den drei Weltkugeln», die später mit seiner Erlaubnis zur «Großen National-Mutterloge» der preußischen Staaten wurde.

Erst sein Neffe und Nachfolger, Friedrich Wilhelm II., der unter den Einfluß von Wöllner und Bischoffswerder geriet,

Mercurius im Gefäß. Barchusen, *Elementa chemicae*, 1718. Das Gefäß muß rund sein, damit es den sphärischen Kosmos nachahme, es ist eine Art Gebärmutter, aus welchem der «wundersame Stein» geboren wird. Darum soll es auch Eiform haben. Zugleich ist es Wasser (aqua permanens, d. h. der «Mercurius» der Philosophen, aber auch dessen Gegenteil, nämlich Feuer). Das Gefäß ist also ein Symbol, eine mystische Idee, der chemische Prozeß eine Symbolhandlung seelischer Reinigung.

zeigte starke okkultistische Neigungen. Er ließ sich von den beiden in Charlottenburg in die «Mysterien» des Rosenkreuzertums einweihen. Wöllner, der ihn mit Geistererscheinungen täuschte, denen der Bauchredner Steinert die Stimme lieh, bekam einen so verhängnisvollen Einfluß über den Monarchen, daß ihn der Freimaurerhistoriker A. Marx mit Rasputin vergleicht. Unter Friedrich Wilhelm II. hatten Anhänger des bayrischen Illuminatenordens in Preußen ein schweres Leben, denn sie als «revolutionäre atheistische Sekte», als «gefräßige Wölfe» und «Seelenmörder» zu bezeichnen, scheute sich Minister Wöllner nicht, wie wir aus seinen Rundschreiben ersehen können. Obwohl sich dieser Chef des Departements der geistlichen Angelegenheiten in anderen Momenten wieder der Illuminaten in Bayern als Bundesgenossen bediente.

In den 70er Jahren des 18. Jahrhunderts entstand in Bayern der Illuminatenorden,[260] der sich zunächst einmal «Orden der

Perfektibilisten» nannte. «Durch Ausstrahlung von Wissen sollte der Kampf gegen die Feinde der Vernunft und der Menschheit zum Triumph geführt werden». Adam Weishaupt (1748–1830), seit 1772 Professor für Natur- und Kirchenrecht an der Universität von Ingolstadt, ist der Ordensstifter. Er wollte den geistigen Rationalismus im Sinn der Aufklärung verteidigen und gründete ursprünglich die Illuminaten als Gegengewicht zum Gold- und Rosenkreuzerorden, der ihm die besten Studenten von der Universität abwarb. «Der Gedanke, so hoffnungsvolle Jünglinge [. . .] auch überdies mit der gefährlichen Seuche, mit dem Hang zur Goldmacherei und ähnlichen Torheiten angesteckt zu sehen», war für ihn «quälend und unerträglich».

Zunächst gab es weder einen konkreten Ordensinhalt, noch spezifische Rituale neben den Statuten. Ein gewisser Ausbau erfolgte erst, als Weishaupt, der sich «Spartacus» nannte, Anleihen bei antiken Mysterienkulten und bei den Jesuiten machte, deren Orden er nicht gerade freundlich gegenüberstand, sie aber mit ihren eigenen Mitteln bekämpfen wollte. Er plädierte für die Errichtung einer bedeutenden wissenschaftlichen Bibliothek mit angegliederter Sammlung; die drei Ordensklassen Novize, Minerval und Erleuchteter Minerval mußten dem Ordensgeneral strengen Gehorsam geloben und ein genau abgegrenztes Pflichtenheft erfüllen. Die Novizen hatten unter Schweigepflicht über die Ordensziele zu meditieren und monatlich ein *Quibus licet* abzugeben, eine Art versiegelten Brief mit täglichen Eintragungen und Bespitzelungsdaten über ihre Bürgen. Auf der anderen Seite sollte auch der einführende Pate seinen Schützling genau beobachten und beschreiben. Dieses Bespitzelungssystem zog sich durch alle Ordensklassen und wurde von Weishaupt bewußt gefördert, weil dadurch der Orden die Möglichkeit bekam, ordensfreundliche und ordensfeindliche Persönlichkeiten zu erfassen, was für Zeiten, in denen den Illuminaten politisch Gefahr drohte, überlebenswichtig werden konnte.

Minervale wurden die Novizen durch rituelle Einweihung.

Als «Schule der Weisheit» verstand sich der Orden. Die Menschheit sollte «sehen» lernen, dank einem richtigen

Umgang mit «Wissen». Das zeigt sich schon an Weishaupts Einweihungsritual der Schüler «Minervas», in Begleitung zweier Paten, die ihm die Fragen zu stellen hatten, wurde der Novize zu nächtlicher Stunde in einen verdunkelten Raum geführt, in dem gerade nur drei kärgliche Öllämpchen brannten, und entdeckte dort einen Korb mit einem grünen Bändchen, an dem das Abzeichen der Minervale hing; eine Eule, die ein Buch mit den Initialen P. M. C. V. in den Klauen hält: Per Me Caeci Vident – Durch Mich Sehen Die Blinden). Sobald er gelobt hatte, den Schutz der verfolgten, bedrohten Weisheit immer und überall über jede andere Pflicht zu stellen, dem Orden treu zu sein und Geheimhaltung zu üben, erhielt er ein Erkennungszeichen: er hatte seine Augen mit der Hand zu schützen, als sei er vom Licht geblendet. Dann gingen die Lichter im Tempel an, und der Prüfling sah sich dem Bild Minervas vor dem Hintergrund einer großen Pyramide gegenüber. Vor dem Meister vom Stuhl hing ein großes Siegel, das eine fliegende Eule unter dem nächtlichen Sternenhimmel darstellte; darunter die Abkürzung Q. E. Q. N. (für *Quantum Est Quod Nescimus* – Es gibt so viel, was wir nicht wissen).

Nach Abschluß der Zeremonie wurde dem Neugeweihten sein Platz in der «Minervalkirche» zugewiesen, die «Arbeit» konnte beginnen (Interpretationen griechischer und lateinischer Texte, wissenschaftliche Kommentare zu zeitgenössischen Erfindungen und Entdeckungen, Diskussionen über politische, soziale und religiöse Probleme). Denn zusätzlich zum *Quibus licet* hatten die Minervale ein Tagebuch zu führen und wissenschaftliche Arbeiten zu machen, die im Zusammenhang mit der höheren Entwicklung der Menschheit standen. Sie bildeten eine Art gelehrter «Akademien».

Für den Grad des *Erleuchteten Minerval* bedurfte es keiner besonderen Zeremonien. Aus ihnen wurden die Leiter der «Minervalkirchen» gewählt.

Bei den Illuminaten bestand in dieser noch relativ form- und inhaltslosen Anfangszeit ein starkes Bedürfnis nach «mehr Ritual und mehr Lehre». Ursprünglich hatten Weishaupt und sein erster Hauptmitarbeiter Zwackh vorgehabt, in Anlehnung an das philosophische System Zarathustras einen

Orden des Feuers aufzubauen, doch dann entschlossen sie sich für eine freimaurerische Basis. Der Marquis von Constanzo erhielt schließlich von der Berliner Großloge Royal York das Patent für eine Münchner Loge «Theodor zum guten Rat», die sich dann für unabhängig erklärte und zum Illuminatenorden übertrat.

Constanzo führte den Freiherrn von Knigge ein, der als «Philo» bald eine zentrale Stellung einnahm. Ihm gelang es auch, im Streit zwischen Weishaupt und den «Areopagiten», den führenden Ordensmitgliedern der ersten Stunde, erfolgreich zu vermitteln. Knigge entwarf ein neues Ordenssystem mit drei weiteren Klassen, die ihrerseits wieder in mehrere Grade unterteilt waren.

Zur ersten, die bisherigen drei Grade umfassenden Klasse kam der *Illuminatus minor* hinzu, die zweite Klasse stellten die drei Grade der symbolischen Maurerei, angereichert durch zwei weitere: den *Illuminatus maior* oder Schottischen Novizen und den *Illuminatus dirigens* oder Schottischen Ritter. Die dritte Klasse sollte über vier Grade in die eigentlichen Mysterien einführen. Es wurden aber nur zwei Grade fertig: der *Priester* und der *Regent*.

Die Ausbildung der leitenden Minervale war Sache des Illuminatus minor, während der Illuminatus maior als Lehrmeister der Ordenswerber dafür zu sorgen hatte, daß die Werbung für den Orden, auf die man so großen Wert legte wie heute bei gewissen Sekten, in den richtigen Bahnen lief. An der Leitung der *Präfekturen* oder Unterabteilungen der *Direktion des unteren Gebäudes* beteiligt waren die Schottischen Ritter. Dem Priestergrad war die Verwaltung der wissenschaftlichen Akademie anvertraut.

Der *Illuminatus Maior* wurde unterwiesen in der Kunst der Menschenführung, Beobachtungs- und Urteilsfähigkeit sollten vor allem mit den Mitteln der Rhetorik geschult werden. Der grüne Schurz des *Illuminatus dirigens* stand ihm erst zu, sobald er erkannt hatte, daß es auf Erden keine Wahrheit gibt, die nicht bereits offenbart worden wäre, die Welt seit Jahrtausenden gleich geblieben ist, weil immer die Bösen sich den Bemühungen der Guten, Erleuchteten widersetzen. Aber man soll nicht Gleiches mit Gleichem vergelten, sondern im Tun aus der reinen Quelle des wahren Christentums schöpfen: aus der Mitmenschlichkeit, was die ständige Wandlung und Reinigung aller Herzen, aller Seelen erfordert.

Die stark ethisch ausgerichtete Lehre gipfelt in der Offenbarung des «Flammenden Sterns», die dem Grünen Sankt Andreas-Kreuz auf dem Schurz des Illuminatus dirigens äquivalent ist.

Der Kandidat der letzten Stufe wurde in einer Kutsche zum Ort der Weihe geführt. Mit dem Hut auf dem Kopf und gezücktem Degen hatte er lange vor der geschlossenen Tür zu warten. Schließlich öffneten sich die Türflügel, der Kandidat wurde mit verbundenen Augen in einen großen Saal geführt. Dann durfte er die Binde lösen und sah sich vor einem strahlenden, roten Licht, das ihn selber in einen Purpurglanz tauchte, dank eines geschickt arrangierten Beleuchtungseffekts von oben nach unten.

In der Raummitte lagen auf einem Tisch: Krone mit Edelsteinen, Szepter im Goldschrein, weißes Priestergewand auf Purpurkissen. Er hatte nun die freie Wahl zwischen Herrscherinsignien und Priesterwürde. Deutete er aber auf die Krone, so wurde er mit Vorwürfen bedacht. Nur wenn er das Priesterkleid wählte, kamen Beifallsbezeugungen, die Meister traten aus dem Dunkel zu ihm heraus, um ihn zu feiern und dreimal auf die Wangen zu küssen.

Knigge, der bis zum Zerwürfnis mit Weishaupt bei den Illuminaten wirkte, ein echter «Stürmer und Dränger», Pazifist und Gegner jeglicher Despotie, gilt als «einer der Schöpfer des modernen Freimaurerwesens». Seine Reform des Ordensplans führte den Illuminaten kurzfristig eine Reihe von sehr angesehenen Persönlichkeiten als neue Mitglieder zu, darunter die Herzöge Ferdinand von Braunschweig, Ernst von Gotha und Karl August sowie Goethe, Herder, den Verleger Bode, die Österreicher Graf Cobenzl, Josef von Sonnenfels, u. a. m.

Doch der selbstherrliche Charakter Weishaupts brachte dem Orden immer wieder interne und externe Schwierigkeiten. Eine besonders verhängnisvolle Rolle spielte die Feindschaft der Gold- und Rosenkreuzer, sie sind der mystischokkultistische Gegenpol der aufklärerischen Illuminaten. Speziell die Berliner Rosenkreuzer unter Wöllner, ferner die reaktionären Berater des 1777 in Bayern zur Herrschaft gekommenen Kurfürsten Karl Theodor erwiesen sich als gefährliche Feinde. 1783 erfolgt die Deklaration der Berliner Loge «Zu den drei Weltkugeln» gegen die Illuminaten, was auf den rosenkreuzerischen Einfluß Wöllners zurückzuführen war. In Bayern selbst war es der Rosenkreuzerzirkel um Karl Theodor Frank, der eine entscheidende Rolle bei der Illuminatenverfolgung in Bayern spielen sollte. Frank war der Beichtvater des Kurfürsten.

Die gegen alle Geheimgesellschaften gerichteten Edikte von 1784 und 1785 trafen Illuminaten und Freimaurer besonders scharf. Es wurde ihnen jegliche weitere Tätigkeit untersagt. Aber selbst die Einstellung aller Aktivitäten brachte dem Orden keine Ruhe, das Kesseltreiben, das gegen zahlreiche Mitglieder einsetzte, angestachelt durch Pater Frank, den Kanzler Freiherrn von Kreitmayr, den Rosenkreuzer Freiherr von Thöring, und andere Hofleute mehr, führte zu Verhaftungen. Beamte verloren ihre Posten, Geistliche wurden versetzt. Sogar Giftmorde und Weltherrschaftspläne wurden dem Orden angelastet. Der streitbare und schwierige, doch integre Weishaupt mußte Hals über Kopf fliehen, erhielt aber bei Herzog Ernst von Gotha, dem Freund und Ordensbruder, nach längerem Aufenthalt in Regensburg freundliche Aufnahme und Asyl. In einem Brief an den Herzog von Gotha hatte Karl Theodor von Bayern Weishaupt als «gefährlichen Verschwörer» dargestellt, «der unter dem Blendwerk der Wahrheits-Aufklärung und Sittenverbesserung die christliche Religion zu stürzen und einen völligen Unglauben dagegen einzuführen sich unterfing [. . .]» Der Herzog von Gotha antwortete mit einem geharnischten Protest.[261]

Die weiteren Jahre seines Lebens verbrachte Weishaupt u. a. damit, in seinen Schriften die Anschuldigungen der Feinde zu widerlegen.

Unseres Erachtens kann man beim gegenwärtigen Forschungsstand (und den stark von Vorurteilen geprägten Wertungen selbst wirklich gut informierter Forscher) kein definitives Urteil über die geistige Bedeutung der Weishaupt-Bewegung zu fällen. Der ausgezeichnet dokumentierte Alec Mellor, von der Weltsicht her ein Gegner, findet daß den Weishaupt'schen Illuminaten «das Ideal einer Welt ohne Könige und ohne Priester sowie ohne Privateigentum, letztlich ein anarchistisches Ideal» zugrunde liegt. Diese Feststellung verträgt sich durchaus mit Weishaupts Rückgriff auf die biblische Ethik.

Möglicherweise findet sich hier, im fremdartigen Gewand eines früheren Jahrhunderts (und in Europa), eine Art Vorläufergruppe der heutigen außereuropäischen Basisgruppen. Nur eben mit dem Unterschied, daß der soziale Kontext ein sehr anderer war; die «Theologie der Befreiung» wird vom einfachen Volk Lateinamerikas im vollen Bewußtsein großer, erduldeter Ungerechtigkeiten getragen, es kommt zu synkretistischen Verschmelzungen christlichen Gedankenguts mit verwandten Werten aus der eigenen religiösen Kultur. Träger der Illuminatenbewegung war hingegen der «in Sturm und Drang» geratene dritte Stand, der sich «in Freiheit, Gleichheit und Brüderlichkeit» gegenüber den Vertretern von Adel und Kirche durchsetzen wollte; der ein «Recht auf Geist und Bildung» auch für das einfache Volk vorsah. Klar, daß der enorme politische Zündstoff, der hier lag, dieser frühdemokratischen Gruppierung zum Verhängnis wurde. Absolutistische Regierungen fürchteten sie nicht anders, als heute die Theologie der Befreiung von Diktatoren gefürchtet wird. Man sieht in den Trägern nur die Staatsfeinde und Umstürzler, Idealismus und christliche Gesinnung sind höchstens verdächtig, wenn sie zu wörtlich genommen werden.

Möglicherweise kann das gegenseitige «Bespitzelungssystem», das im alten Illuminatenorden üblich war, sogar als eine Art Vorform gruppendynamischer Methoden angesehen werden. Um das mit Sicherheit feststellen oder ausschließen zu können, wären einige Abklärungen nötig, denn das Wissen um gruppendynamische Prozesse ist relativ jungen Datums. Indizien in Richtung «Gruppendynamik» könnten daher von den älteren Forschern kaum in einem solchen Sinn interpretiert worden sein.

Cagliostro unter die «Erleuchteten» zu reihen, dürfte kaum möglich sein, ohne den Zorn der Historiker auf sich zu ziehen. Schon deshalb ist es besser, ihn gesondert zu behandeln, obwohl er Kontakte zu den meisten «Eingeweihten» und hochgestellten Freimaurern seiner Zeit hatte.

Nähere Details aus seiner Biographie interessieren uns nicht, es gibt hier einige dunkle Punkte, wenn auch nicht nur bei ihm (sie ließen sich ebenso gut im Verhältnis zwischen Swedenborg und seiner Frau, oder Pasqually's zu seinen beiden Söhnen entdecken). Wir haben kein Recht, den Stab zu brechen über gewisse Verhaltensweisen Cagliostros oder seiner schönen, innerlich schwachen Lebensgefährtin und späteren Frau Lorenza Feliciani, deren abenteuerliches Leben ebenfalls recht tragisch verlief.

Guiseppe Balsamo, der sich Graf von Cagliostro nannte, für die einen ein skrupelloser Gauner und Hochstapler, für die andern ein «Heiliger», wurde 1743 in Palermo geboren und starb 1795 im päpstlichen Gefängnis San Leone, nachdem man ihn zum Tode wegen Ketzerei verurteilt, dann aber zu lebenslanger Haft begnadigt hatte.

Auf jeden Fall verfügte der hochbegabte Magier und Hellseher über außergewöhnliche okkulte Kräfte und therapeutische Fähigkeiten, trotz zahlreicher Betrügereien und Schwindelaffairen. Eine Anzahl von Heilungen «durch Worte, Kräuter und Steine», wie er an Lavater schrieb, sind tatsächlich belegt. Ein rosenkreuzerischer Impuls, eine selbstlose Liebe zu den Kranken, die er zu heilen bemüht war, spricht aus diesem widersprüchlichen Menschen und stimmt versöhnlich. Eugen Lennhoff sieht in ihm eine der brillantesten Hochstaplerpersönlichkeiten der Zeit. Dank der Leichtgläubigkeit seiner hocharistokratischen Zeitgenossen hatte der falsche Graf aber auch leichtes Spiel.

Um 1775 begründete er seine eigene Freimaurerei, den *ägyptischen Ritus,* der sich stark an den martinezistischen anlehnte. Laut Cagliostro stützte er sich auf eine Handschrift von George Coston aus London, der ein Schüler Pasquallys gewesen sein dürfte. Cagliostro hat also das System Pasquallys ein wenig «ägyptisiert».

Am meisten Erfolg war ihm in Frankreich beschieden, zum Unterschied von Rußland (er wurde von Katharina II. ausgewiesen) oder von England, wo ihn keiner ernst nahm. Er fand seinen größten Gönner in Kardinal Rohan, der ihm ein Haus in Paris einrichtete. Dank Rohan «fand sein ägyptischer Ritus einen so ausgezeichneten Nährboden, daß der Großadministrator des Grand Orient de France, Herzog von Luxemburg, die Würde eines Großmeister-Protektors annahm. In Lyon und später in Paris gründete Cagliostro «Adoptionsmutterlogen der hohen ägyptischen Freimaurerei». An der Spitze stand der Groß-Kophta, der manchmal als «unbekannter Oberer» bezeichnet wurde, sich aber zumeist in Cagliostro selbst verkörperte. Allen, die daran glaubten, wurde «Vollkommenheit durch physische und sittliche Wiedergeburt versprochen». Dazu war ein 40tägiges Fasten mit Meditationsübungen auf dem Lande erforderlich.

Interessant ist, daß Männer wie Frauen eingeweiht werden konnten – allerdings in getrennten Abteilungen.

Von anderen Geheimgesellschaften suchten vor allem die Philaleten den Kontakt zu Cagliostro, eine engere Bindung kam wegen seiner Forderungen jedoch nicht zustande: er verlangte, die Philaleten sollten ihr eigenes Archiv verbrennen. Die Swedenborgianer dagegen, an die er sich anschließen wollte, zeigten kein Interesse an Cagliostro.

In Schwierigkeiten geriet der «Graf» durch die «Halsbandaffaire», die ihm einen Gefängnisaufenthalt in der Bastille und die Ausweisung aus Frankreich einbrachte, abgesehen davon, daß sie ihn die Freundschaft Rohans kostete, trotz seiner Schuldlosigkeit in diesem konkreten Fall: Kardinal Rohan wollte der Königin ein wertvolles Collier schenken und beauftragte Madame de la Motte mit der Angelegenheit. Diese aber ließ Geld und Schmuckstück verschwinden und beschuldigte Cagliostro des Diebstahls. Auch der Nachweis seiner Unschuld brachte keine volle Rehabilitation. Er mußte das Land verlassen, hatte er sich doch zu viele Feinde gemacht. Als er in Rom Anhänger für seinen ägyptischen Ritus anwerben wollte, wurde er von der Inquisition festgenommen und ins Gefängnis geworfen. Was war geschehen?

Cagliostro pflegte immer magische Séancen zu halten, bei denen Rituale zur Beschwörung «der sieben reinen Geister» zelebriert wurden. Ein unschuldiges Mädchen, die «Taube» oder das «Täubchen», «Mündel» und «Augenstern» Cagliostros («pupila» eben), um in die andere Welt zu sehen, wurde an einen Tisch geführt, auf dem zwischen zwei Fackeln eine Glasflasche stand. Das Mädchen mußte in die Flasche starren, in der je nachdem Menschen, künftige Ereignisse oder Engel erscheinen sollten; oder es wurde hinter einen Vorhang gebracht, wo es die mystische Vereinigung mit dem Engel erlebte. Ähnliche Riten gab es in der ägyptischen Loge «Isis», einer ausschließlichen Frauenloge, deren Großmeisterin Lorenza Feliciani war, die Frau Cagliostros.

Bei einer ähnlichen Sitzung in Rom beschrieb das hypnotisierte Mädchen eine Momentaufnahme der noch gar nicht erfolgten Pariser Revolution; als sich die Menge gerade auf den Weg nach Versailles machte, um den König und seine Familie gefangen zu nehmen. Der Magier soll daraufhin gesagt haben, in Paris würde es bald zu einer Revolution kommen, die Monarchie würde gestürzt, die Bastille geschleift werden, die Freiheit über die Tyrannei den Sieg davontragen.

Diese vom Abt Luca Benedetti geschilderte Episode soll sich im Herbst 1789 in der römischen «Villa Malta» zugetragen haben, in der Gegenwart von Kardinälen, Damen des Hochadels und des Gesandten von Frankreich. Was Wunder, daß Cagliostro in den Kerkern der Inquisition landete, angeklagt des Irrglaubens und gefährlicher revolutionärer Umtriebe? Nur das falsche Geständnis, tatsächlich an einer Verschwörung beteiligt gewesen zu sein, rettete dem Schwindler den Kopf, weil das Todesurteil ausgesetzt wurde.

Ein gewisses Format, eine gewisse Größe kann man Cagliostro nicht absprechen. Es spielt keine Rolle, daß er sich nur in manchen Momenten dazu erheben konnte. Ein typischer Vertreter der Irrationalität seines Jahrhunderts, die man gerne verkennt und über die man noch öfter völlig hinwegsieht, fasziniert vom «Vernunftglauben», bleibt er allemal.

Irgendwie fühle ich mich erinnert an die Anfangsworte der berühmten *Smaragdtafel* des legendenumwobenen Hermes Trismegistos, der vielleicht nie gelebt hat: «Das Unten entspricht dem Oben, das Oben entspricht dem Unten, um das Wunderwerk der Einheit zu vollbringen».

Der Himmel ist auf Erden, die Erde im Himmel, der Geist verhält sich analóg zur Materie, und auch die Materie ist ein geistiges Prinzip. Die Wirklichkeit ist immer nur eine.

Der Ausspruch, den Cagliostro wirklich getan hat – um *etwas* kennen zu lernen, muß man zu diesem *Etwas* werden – geht in dieselbe Richtung. Um einen Hund zu kennen, muß man Hund werden; um einen Menschen zu kennen, muß man sich in ihn hineinleben, sich mit ihm identifizieren. Die Liebe kennt nur der Liebende. Und nur der Leidende den Schmerz; aus der Hülle treten, die Monade brechen, die uns einschließt und absondert; selber zu dem «Ding» werden, das man kennenlernen möchte. Das ist eine tiefe Erkenntnis, die zur «Erleuchtung» führen mag. Cagliostro hat vielleicht jemandem den inneren Weg zeigen können. Alles andere sind nur «Geschichten einer Chronik» und letztlich Äußerlichkeit, selbst der finstere Inquisitionsprozeß, der geheimnisumwitterte Tod, um den sich zahlreiche Legenden ranken. Von einer sei hier berichtet: Kaum hatte Napoleon italienischen Boden betreten, soll er sich auf die Suche nach Cagliostros letzter Ruhestätte gemacht haben, um seiner in Ehren zu gedenken. Doch alle Mühe war vergebens; viele Gräber öffneten die Soldaten auf der Suche nach dem «unbekannten Meister», ohne je seinen Leichnam zu finden. Er blieb verschwunden.

Kapitel 29

HELENA PETROWNA BLAVATSKY UND DIE THEOSOPHISCHE GESELLSCHAFT

Helena Petrowna Blavatsky war Russin, und wie viele Russen exaltiert und fanatisch; immer in Geld- und Gewissensnöten, immer körperlich angeschlagen und am Ende der Kräfte, aber stets bereit, sich Hals über Kopf in neue irdische und überirdische Abenteuer zu stürzen.

Sie war keine Schönheit, wirkte sogar ausgesprochen linkisch und maskulin; äußerlich ein großgewachsener, bulliger Gladiatorentyp, besaß sie ein beinahe krankhaft zartbesaitetes Gemüt, war so irrational und intuitiv wie eines der «Täubchen» Cagliostros.

Schon als Kind begann sie, «Stimmen» zu hören, die schattenhaften Umrisse ihrer Schutzgeister zu sehen; und so füllte sich die Welt um sie herum mit Gespenstern und Geistwesen, während ihre Familie den Manifestationen derartiger «Kräfte» mit durchaus einfühlbarem Entsetzen gegenüberstand.

Betrat sie ein Zimmer, so waren unerklärliche Klopfzeichen an der Decke oder in irgendeinem der Möbelstücke zu hören. Es genügte schon, wenn sie ein wenig Steppensand durch ihre Finger rieseln ließ, um eine Flut von Geschichten bei ihr auszulösen, die ihr zeigten, was in ferner Vergangenheit an den Orten geschehen war, von denen er kam. So konnte sie plötzlich die längst versunkene Unterwasserwelt eines weit zurückliegenden Erdzeitalters beschreiben oder eine bizarre Fauna von gigantischen Ausmaßen, die später unserer heutigen Tierwelt Platz gemacht hat. In der Aura ihrer Mitmenschen verstand sie zu lesen wie in einem Buch. Die Ausstrahlung eines alten Mannes verriet ihr, was er in seinen früheren Inkarnationen getan hatte. Und immer und überall spürte das Mädchen die schützende, Bestätigung gebende Gegenwart der sie führenden Wesenheiten.

Dabei handelte es sich, wie sie später selber erklärte, um zwei asketisch lebende Philosophen aus dem Lamakloster Galarin-Tscho, aus dem Grenzgebiet zwischen Tibet und China. Männer, denen Zeit und Alter allem Anschein nach nichts anhaben konnten, die sich zu einem esoterischen Buddhismus bekannten und mit der profanen Welt nur in Gedanken verkehrten. Sie hatten die Fähigkeit, den Astralleib aus dem physischen Körper austreten zu lassen, waren «MAGier» im ursprünglichen Sinn: Bodhisattvas. Einer nannte sich Morya, der andere Koot-Humi.

Alle tibetischen Lamas hielten sich schon seit Jahrhunderten an das Gesetz, das verlangt, die Gegensätze im Gleichgewicht zu halten: «Die Wahrheit muß geheim bleiben – die Wahrheit muß geoffenbart werden».

Morya und Koot-Humi hatten die Aufgabe übernommen, einen Boten in den Westen zu schicken, der die brahmanische Philosophie und mit ihr jene Geheimnisse über Mensch und Natur ins Abendland tragen sollte, deren Offenlegung jetzt erforderlich war. Auf eigene Verantwortung hatten sie sich für Helena Petrowna entschieden, teils, weil sie bereits in früheren Inkarnationen mit ihr Kontakt gepflegt hatten, teils weil ihre außergewöhnlichen medialen Fähigkeiten, die bei ihr schon als Kind durchgebrochen waren, es gestatteten, ihr Botschaften auf telepathischem Weg zu übermitteln.

Helena wurde 1831 während einer Choleraepidemie in der Nähe Odessas geboren. Bei ihrer Taufe soll das Gewand des Priesters an der Taufkerze Feuer gefangen und dem Geistlichen so schwere Brandwunden zugefügt haben, daß er den Verletzungen erlag. Helenas Mutter war die Schriftstellerin Helena Fedeeva, ihr Vater Oberst Peter Hahn. Mit achtzehn Jahren zwang ihr der Vater die Ehe mit dem um viele Jahre älteren General Blavatsky auf. Doch die «Anziehung der Geschlechter» wollte in diesem Fall nicht so recht spielen, wie sie selber befand: so verließ eines nachts die jungfräuliche Gattin das gemeinsame Haus und floh zu Pferd, auf der Suche nach Abenteuern.

Nach Ägypten zog es sie, schließlich nach Syrien, dann verschlug es sie nach Amerika, wo sie ein freies Leben unter den

Cowboys führte. Indien war die nächste Station, bis ihr Weg sie zurück nach Ägypten führte, wo sie magische Studien betrieb unter der Leitung Metamons, eines alten koptischen Priesters. Sie bekannte sich zur liberalen Partei, was damals als revolutionär galt, begeisterte sich für das Unabhängigkeitsideal der lateinamerikanischen Völker, schloß sich dem exilierten Garibaldi an und wurde im Kampf verwundet. Später lebte sie längere Zeit bei einem Indianerstamm, um ihre Kenntnisse in der Magie der Naturvölker zu vervollständigen. Sogar einem Treck von Siedlern schloß sie sich an, die nach Texas zogen. Nach zehn Jahren unsteten Nomadenlebens kehrte sie nach London zurück und begegnete dort Koot-Humi, der sie zu überreden vermochte, ihm nach Tibet zu folgen, wo Morya sie erwartete.

Die beiden «Meister» unterwiesen sie in der Weisheit der Brahmanen, lehrten sie die Grundlagen einer im Westen noch unbekannten Wissenschaft und erteilten ihr den Auftrag, sie an andere weiterzugeben. Dann sandten sie Helena nach Amerika, wo sie einen gewissen Oberst Olcott treffen sollte, um mit ihm gemeinsam die theosophische Gesellschaft zu gründen.

Im Jahr 1873 verließ Helena das Lamakloster, um sich einige Monate später nach New York einzuschiffen. Doch das Schiff, das Sprengstoff geladen hatte, explodierte auf hoher See. Die Rússin gehörte zu den wenigen Überlebenden der Katastrophe. Als sie sich 1874 einmal in einem öffentlichen Lokal in London eine Zigarette anzünden wollte, gab ihr jemand freundlicherweise Feuer. Der Herr entpuppte sich als der ehemalige Oberst Olcott, jetzt Journalist. So begann eine tiefe Freundschaft, die Jahre dauern sollte. Von den Regierungen angefeindet, von den Missionaren verschiedener Religionen verfolgt, von den traditionellen Okkultisten und «Theosophen» des Schwindels bezichtigt, etablierten sie sich 1878 im indischen Adyar und verlegten den Sitz der 1875 von ihnen begründeten Theosophischen Gesellschaft an diesen Ort. Koot-Humis und Moryas Lehren hat Helena Blavatsky in ihren beiden Werken *Isis entschleiert*[262] und *Die Geheimlehre*[263] niedergelegt.

Knorr von Rosenroths *Kabbala Denudata* zur Vorlage hat, enthält auch «eine überaus ungenaue Übersetzung» des *Sifra Di-Zeniutha*, dessen «feierlicher und hochtönender Stil» nach seiner Ansicht «das empfängliche Gemüt der Frau Blavatsky beeindruckt» hat. Scholem findet diesen «bibliographischen» Zusammenhang «zwischen den Grundschriften der modernen und der alten jüdischen Theosophie recht bemerkenswert».[264]

Diese gegenseitige Befruchtung verschiedener mystischer Systeme aus Ost und West, die uns im Werk von Blavatsky begegnet, ist aber keinesfalls negativ zu werten. Sie mußte – und muß auch weiterhin fortgetrieben werden; aus einer christuszentrierten Sicht wie bei Steiner, die der europäischen Mentalität besser gerecht wird. Für H. P. B. spielt das Christentum eine zu geringe, aus den historischen Zusammenhängen gerissene Rolle. Angesichts der Zeit, in der sie wirkte, und der Aufgabe, die ihr zufiel, war das aber nicht einmal so wichtig, da Steiner, der wertvolle Anregungen aus ihrem Werk empfing, den Weg der Synthese zwischen östlicher und christlicher Esoterik weiterging.

Nach Blavatskys Interpretation des *«Buches Dzyan»* jedenfalls ist die Schöpfung noch immer im Gange. Sie manifestiert sich als kosmische Evolution, deren Ursprung jenseits von Raum und Zeit liegt, denn im ewigen Jetzt des Ur-Kosmos sind geistig sehr fortgeschrittene Wesenheiten am Werk. Grundlage aller Religionen und Philosophien ist die eine, einzige, universale «göttliche Weisheit», die nur den Eingeweihten enthüllt wird. Deren Aufgabe ist es, sie den anderen Menschen nach und nach, mit großer Vorsicht weiterzugeben. Denn ein Zuviel an Wahrheit kann tödlich sein, alles Maßlose schadet. In der immerwährenden Gegenwart, vor und außerhalb alles Zeitlichen, macht das Universum eine zyklische Entwicklung durch (die Phasen heißen *kalpas),* Aktivität und Ruhepausen *(manvantara* und *pralaya)* wechseln einander ab, während aus den noch nicht zu Materie verdichteten Wärmekörpern die ersten Elemente kosmischer Substanz ausgefällt werden.

Die theosophische Lehre geht dem Auf und Ab wechselnder Geschicke in allen drei Naturreichen während der ganzen erdgeschichtlichen Entwicklung nach, sie läßt die Geschichte des Menschen von der Urzeit bis heute vor unseren Augen erstehen, gibt einen Ausblick auf die möglicherweise kommenden Evolutionsschritte.

Aber was die Menschen am meisten faszinierte von dem, was Helena Petrowna zu verkünden hatte, war, daß sie jedem eine Antwort bot auf die bange Frage: Was wird mit uns nach dem Tod? Sie verstand es, diese menschliche Urangst zu beschwichtigen.

Die *Geheimlehre* befaßt sich in allen Einzelheiten mit dem Leben zwischen Tod und «Wiedergeburt», behauptet aber auch nicht von vornherein, die Lehrmeinungen und Dogmen des christlichen, mosaischen und muslimischen Glaubens seien durch und durch falsch. Sie sieht in ihnen erstarrte Symbole einer höheren geistigen Wirklichkeit.

Der Mensch entwickelt sich nach dem Tod weiter. Die Bewußtwerdung aller seiner vergangenen Leben hat zur Folge, daß er zum unfehlbaren Richter seiner selbst wird. Um während des irdischen Daseins begangene moralische Vergehen zu «kompensieren», trifft die Seele im *Devachan,* einer bestimmten Zone in der «geistigen Welt», gewisse Entscheidungen und nimmt bestimmte Verpflichtungen auf sich, aus denen sich dann im nächsten Leben das persönliche Schicksal ergibt.

Dieses Gesetz des moralischen Ausgleichs heißt *Karma.* Es ist ein Gesetz von Ursache und Wirkung. Die Wirkung fällt, wie ein verzögerter Bumerang, im nächsten Leben auf den Verursacher zurück. Jedes Geschöpf hat ein Karma, ebenso wie Völker und Rassen. Evolution und Rückentwicklung, je nach dem Verhalten des einzelnen, wobei Schuld nicht vergeben wird, Flucht nicht möglich ist.

Letztes Ziel der Entwicklung ist die Lösung vom *Samsara,* vom ewig rollenden Rad der Wiedergeburten, zu denen man «verdammt» ist. Sind wir frei geworden, dann haben wir auch die Freiheit der Wahl, als Nothelfer der Menschen eine irdische Inkarnation aufzunehmen, oder, wie Gautama Buddha, glücklich ins «Nirwana» einzugehen; was nichts anderes heißt, als: «in die Fülle des Universalbewußtseins»; in die «göttliche Weisheit» (das hat aber nichts mit einem Verlöschen, einem «Ausradiertwerden» zu tun, wie manche Trivialinterpretationen des Buddhismus aus europäischer Sicht glauben machen).

Auf den Reklameplakaten der Theosophischen Gesellschaft in Adyar werden als wichtigste Ziele angegeben:

1 Die Kerngruppe einer «Universellen Bruderschaft» bilden, die ohne Ansehen von Rasse, Glauben, Geschlecht, Kaste oder Farbe alle Menschen verbindet.

2 Das vergleichende Studium der Religionen, philosophischen Systeme und Wissenschaften fördern.

3 Bisher unerklärte Naturgesetze und brachliegende menschliche Fähigkeiten erforschen.

Um die Jahrhundertwende und in den ersten Jahren des 20. Jahrhunderts wurde die Theosophische Gesellschaft von einer schweren, inneren Krise erschüttert, was zu Spaltungen und Zerwürfnissen führte, die damals in der Weltöffentlichkeit breitgetreten wurden. Nach Oberst Olcott übernahm Anni Besant die Präsidentschaft, eine initiierte Amerikanerin, die allerdings auf einer weniger hohen Stufe stand als Helena Petrowna Blavatsky und steif und fest überzeugt war, in der Person des jungen Inders Krishnamurti den zu erwartenden «Weltenlehrer», eine Wiederverkörperung von Krishna und Christus, entdeckt zu haben. Felsenfest davon überzeugt, brachte die Besant ihren schönen, aber schweigsamen «Propheten» nach Europa und später nach Amerika, konnte aber nicht verhindern, daß er plötzlich eigene Wege ging.

Zu den bedeutendsten Persönlichkeiten, die sich von der Theosophischen Gesellschaft abspalteten, gehörten in England G. R. S. Mead, der in London 1909 die *Quest Society* begründete; und im deutschen Sprachraum der Österreicher Rudolf Steiner, der die Anthroposophische Gesellschaft ins Leben gerufen hat.

Kapitel 30

DIE GEHEIMWISSENSCHAFT
DES 20. JAHRHUNDERTS

Für die offizielle Kirche gelten Anthroposophen als «schwarze Schafe»; eine friedliche, aber um so gefährlichere Minderheit. Zumindest die Schweizer Bischöfe scheinen das so zu sehen. Denn in Dornach, einer Vorortgemeinde von Basel, erhebt sich auf einem grünen Hügel Steiners mächtiger, Goethe geweihter «Schul-Tempel»: das Goetheanum.

Anthroposophie ist keine Religion, sondern eine Wissenschaft. Sie definiert sich selber als Geisteswissenschaft, ist aber, genau genommen, eine «Wissenschaft vom Menschen», auf den *Anthropos* ausgerichtet, während Blavatskys Theosophie als «Wissenschaft des Makro-Anthropos» zu gelten hat: ein «Wissen», das den Kosmos als «großen Menschen» deutet: Hier wird vom Kosmos auf den Menschen geschlossen; gesucht sind aber dieselben Gesetze, das Kausalitäts- und Finalitätsprinzip derselben Wirklichkeit.

Die Darstellung der kosmischen Evolution in Steiners *Geheimwissenschaft...* erinnert an Blavatsky's Kommentare des «*Buches Dzyan*», die sich ja nach den Lehren Koot-Humis und Moryas ausrichten. Was bei ihm aber wesentlich anders aussieht, ist die Darstellung der Menschheitsentwicklung, die aus zwei Perspektiven gesehen werden muß: Die Menschheit *vor,* und die Menschheit *nach* Jesus Christus (was sich selbst in der bei uns üblichen Zeitrechnung spiegelt). Nach Steiner steht die Evolution des neuzeitlichen Christentums unter dem Zeichen des Rosenkreuzes.

Der moralische Ausgleich, das Gesetz von Ursache und Wirkung – ausgedrückt im alttestamentarischen «Auge um Auge – Zahn um Zahn» zählt plötzlich nicht mehr, wenn die Liebe ins Spiel kommt. Es wird widerlegt, zunichte gemacht von der Liebe.

Der anthroposophische Christus ist im Grund genommen ein gnostischer Christus; die höchste Sonnenwesenheit, die sich zu einem bestimmten Augenblick der Entwicklung in Jesus von Nazareth inkarniert hat: Nämlich dann, als er, in den Jordan steigend, von Johannes dem Täufer das Sakrament der Taufe empfängt.

Die drei Jahre, die Jesus öffentlich lehrte, manifestierte sich der Logos in seiner Person. Das zum Mysterium gewordene Opfer am Golgatha, das den Kanon aller früheren Mysterien in historische Tatsachen umgesetzt hat, steht als Zeichen für die «Verchristung» der Erde: Christus geht damit in den ätherisch-astralen Plan der Erde ein. Alles Leben auf der Erde, in erster Linie der Mensch, wird auf diesem Weg bewußt gestärkt von der Christus-Kraft, die den «Himmel auf die Erde» holt und in den Seelen der Menschen erlebbar macht.

Die Menschen von heute sollen den Weg der «Verchristung» gehen. Und das bedeutet, lieben bis zum Tod. So wie «Er» geliebt hat.

Der 1861 im österreichisch-ungarischen Kraljevec geborene Rudolf Steiner[246] war kein Wunderkind. Er studierte Philosophie und Naturwissenschaften, Literatur und Mathematik und fuhr täglich zwischen Inzersdorf, wo sein Vater Stationsvorstand war, und dem Studienort Wien hin und her.

Auch Steiner hatte einen «guten Geist», der ihn den Weg der «Einweihung» führte; den «Dürrkräutler Felix», einen einfachen Kräutersammler, der ihm erstmals auf einer der Zugfahrten in die Hauptstadt begegnete, der aber «geistige Erfahrungen» hatte. An der Aura des jungen Studenten erkannte Felix, daß er mit ihm über seine Erlebnisse sprechen durfte. Es entwickelte sich eine Freundschaft zwischen den beiden.[247]

In seinen Büchern spricht Steiner, der Gründer der Anthroposophischen Gesellschaft, von diesen geheimnisvollen, wie vom Schicksal vorausgeplanten Begegnungen. Im praktischen Leben scheinbar unbedeutende Tatsachen, sind sie in Wahrheit die Meilensteine der inneren Evolution. Denn Anthroposophie ist die Wissenschaft von der seelischen Entwicklung des Menschen, die aus der Nacht eines immer noch triebgebundenen Ich hinauf ins Tageslicht der Erkenntnis führt.

Die Theosophen betrachten Christus als Meister und großen Eingeweihten, auf der gleichen Stufe wie Buddha, Lao Tse, Pythagoras oder Zarathustra. Er ist für sie die Leitfigur unseres Zeitalters, das ja auch seinen Namen trägt. Hinter dem Schleier seiner Gleichnisse verbirgt sich die christliche Lehre, das moralische Gebot, das Universalgesetz.

Für die Anthroposophen hingegen ist Christus eine Wesenheit von so hoher Entwicklungsstufe, daß sie über allen himmlischen Hierarchien steht. Ist der Vater das Gesetz, so verkörpert der Sohn seine direkte, vollkommenste Emanation. Daher kann die ganze Geschichte einerseits als *Vorbereitung* auf den historischen Christus, auf der anderen Seite als *Folge* seines Erscheinens interpretiert werden.

Die anthroposophische Lehre beruht auf diesem göttlichen Prinzip tiefster Liebe, verstanden als Opfer und Hingabe: das Kreuz als ein Todessymbol ist gleichzeitig ein Auferstehungsversprechen.

Mit der Veröffentlichung von Goethes naturwissenschaftlichen Schriften betraut, wurde Rudolf Steiner von Wien nach Weimar berufen, und hatte während der Zeit seines damaligen Aufenthalts in der berühmten Kulturstadt Gelegenheit, den esoterischen Weg Goethes innerlich nachzuvollziehen, von dessen erster Begegnung mit dem Rosenkreuz und der anschließenden maurerischen Erfahrung bis zur letzten, «erleuchteten» Suche in der Welt der Urkräfte.

Die trockene, ermüdende Archivarbeit in Weimar wurde reichlich aufgewogen durch die Entdeckung des «lebendigen», phantasiebeflügelten Denkens, das so sehr im Gegensatz steht zur Totenstarre der abstrakten logischen Schlüsse; sie kam als Begegnung mit dem eigenen Ich auf der Suche nach einer verantwortungsbewußten, überhaupt, einer *bewußten* Freiheit.

Ergebnis dieser Erfahrung war *Die Philosophie der Freiheit*[248] von 1894. Damit legte Steiner den ersten Grundstein zur anthroposophisch orientierten Geisteswissenschaft.

Es scheint kein Zufall, daß 20 km weiter fast zur selben Zeit der Philosoph Ernst Haeckel an den *Welträtseln...*[249] grübelte, auf die er eine endgültige, erschöpfende Antwort dank der Theorien des wissenschaftlichen Materialismus zu finden hoffte, während Nietzsche, der den Verfall Europas kritisch vorhergesehen und u. a. im *Willen zur Macht*[250] von der nötigen Umwertung aller Werte gesprochen hatte, in nur 40 km Entfernung seinem Kampf gegen den Wahnsinn unterlegen war, den düsteren Depressionen hilflos ausgeliefert; so ganz und gar das Gegenteil jenes innerlich freien «Übermenschen jenseits von Gut und Böse», den er propagiert hatte, um dem Kulturzerfall zu begegnen, und der so oft mißverstanden worden ist.

Steiner zufolge sind es zwei Kräfte, die sich der inneren Befreiung des Menschen entgegenstellen: Luzifer und Ahriman, gefallener Engel oder aufrührerischer Erzengel bei den Christen und Gnostikern der eine, böser Feind und ewiger Widersacher des Lichts der andre, der bei den Persern Angra-Mainyu hieß. «Man braucht ja nur zu bedenken, daß es das Bestreben der ahrimanischen Kräfte ist, die Erde zum völligen Erstarren zu bringen. Was die Menschheit braucht für das äußere Leben, das ist, daß in Zukunft die Gefahr der Erdenerstarrung, des Frostigwerdens, das zuerst in die moralische Welt eindringen würde, der Erde abgenommen werde. Das kann aber nur dadurch sein, daß die Menschen im Geiste noch und noch alles das sich vorstellen und auch immer innerlich empfindlich mit ihrem Willen dagegen rennen, was sonst äußerlich physische Wirklichkeit werden würde».[251]

Ist Ahriman der Geist der extremen Differenzierung, so steht Luzifer wiederum für die Generalisierung, das verallgemeinernde Denken, Sprache und Sprachfähigkeit überhaupt. Anliegen der alten Mysterien war es, von der luziferinischen Weisheit geoffenbarte Geisteserkenntnis in den Dienst der Menschen und ihrer hohen Aufgabe zu stellen, und nicht im Sinne Luzifers zu verwenden, der uns von unseren irdischen Pflichten abhalten wollte. Die ahrimanischen Bestrebungen dagegen wollten eine derart feste Bindung an die Erde, daß die Loslösung praktisch verunmöglicht würde, zumindest für große Zeiträume.

Luzifer ist der vornehmere Gegner, er gibt sich als solcher

zu erkennen, während Ahriman heimlich zur Hintertür hereinkommt und übersehen wird, er ist der unsichtbare Feind, der überall im Verborgenen lauert, hinter bürokratischen Maßnahmen und lächerlichem Papierkram, in den tausenderlei Dingen menschlicher Alltäglichkeit, in denen ein großes Ziel sich hoffnungslos verzetteln kann. Auch im Dünkel. In der Kälte, in der Herz- und Beziehungslosigkeit. So gelingt es ihm mit vielerlei Tricks, dem Geist das Bürgerrecht auf Erden streitig zu machen.

Das Zeitalter der Technologie, in dem wir noch leben, steht unter der verborgenen Herrschermacht Ahrimans. Jene zeitgenössische Wissenschaft, die den Geist im Namen des Intellekts zu Grabe trägt, holt sich ihre Inspirationen aus dem Kraftfeld Ahrimans. Seine Diener schufen das kaltschnäuzige Nutzdenken, das uns den Blick auf die Wunder, Bedürfnisse und Lebensrechte der Natur fast völlig verstellt hat, uns abgesondert hat von ihr in einer Art neuer «Vertreibung aus dem Paradies» auf irdischer Ebene (paradoxerweise mit dem Slogan des «Paradieses auf Erden», oder, sogar noch schlimmer, des «Schlaraffenlands auf Erden», zu dem eine ursprünglich humane Forderung bei den «Konsumisten» geführt hat, diesen Spätlingen einer bereits degenerierten epikureischen Haltung). Der stockdunkle, eingefleischte Materialismus, der heute den Platz des Göttlichen usurpiert in vielerlei Gestalt, trägt ahrimanischen Stempel. Eigentlich sind Luzifer und Ahriman keine personifizierten Wesenheiten, sondern feindliche Kräfte, die sich blind dem Liebesimpuls des kosmischen Christus, dem Logos oder lebendigen «Wort» entgegenstellen.

Von Weimar ging Steiner nach Berlin, wo es zu ersten Kontakten mit literarischen Kreisen und der theosophischen Gesellschaft kam. Von den Theosophen eingeladen, die in ihm eine verwandte Seele sahen, hielt er in der Gesellschaft eine Reihe von Vorträgen und schloß sich der Bewegung als unabhängiger Denker an, der im Gegensatz zu den anderen seinem christuszentrierten Ansatz treu blieb. Doch die deutschen Theosophen wählten ihn einstimmig zum Generalsekretär ihrer Sektion.

In den Jahren 1904/1905 schreibt er *Wie erlangt man Erkenntnisse der höheren Welten*[252]. Mit dem Blut der Seele habe ich dieses Buch geschrieben, wird der Autor später in seiner Autobiographie bekennen. Es enthält bereits die Grundlagen für eine «Erforschung des Ich» nach modernen anthroposophischen Kriterien. Er betrachtet das als echte Wissenschaft, liefert eine Theorie und ein Lehrgebäude, für das er zahlreiche einleuchtende Beispiele anführt. Die Beweiskette ist fundiert, bestechend untermauert.

Aber Steiner verlangt ganz andere Sinnesleistungen als die gewöhnlichen, damit man ihm folgen kann. Den fünf Körpersinnen entsprechen nach seiner Darstellung sieben geistige; ein anderer Gesichtssinn, ein anderes Gehör, eine feinere Wahrnehmungsfähigkeit, die der Mensch der Gegenwart nicht mehr besitzt, doch im Lauf seiner langen Entwicklungsgeschichte wiederfinden wird, ein Prozeß, der gerade in Gang gekommen sein dürfte.

Unser Auge kann «materiell» über einen gewissen Raum und die unmittelbare Gegenwart nicht hinaussehen; doch die innere Sehkraft – das «dritte Auge» – vermag in die Vergangenheit und die Zukunft zu sehen, ebenso wie das innere Ohr über den Klang der Worte hinaus deren immaterielle Schwingungen hören kann, die seelisch geistigen Akkorde, sozusagen, so daß die ihnen anvertraute oder in ihnen verborgene Botschaft von ihm wahrgenommen werden kann.

Mit dem neuen Jahrhundert etwa begann Steiner, der schon als Kind besondere Träume gehabt hatte, über die Gabe des «zweiten Gesichtes» zu sprechen; nicht bloß um mediale Fähigkeiten handelte es sich da (Steiner lehnt das wegen seiner Gefährlichkeit ab. Die damit verbundene Passivität würde ein «Medium» nur zum Spielball von ihm nicht beherrschter Kräfte machen); es war ein echtes Hellsehen. Jeden Menschen vermochte er in seinem Körper-«Kleid» wahrzunehmen, und darinnen die seelische «Substanz»; Mensch als «gegenwärtiges» – und doch zugleich auch «vergangenes» Wesen, dessen Aura ihm die früheren Inkarnationen offenbarte. Die Zeichen, die das Karma dort eingeprägt hatte, waren für ihn eine lesbare Schrift, die sich fügte zum sinnvollen Text.

Das erklärt auch die helle Begeisterung der deutschen Theosophen für den jugendlichen Meister, der da so souverän die ganze kosmische und planetarische Entwicklung der Erde anhand der zyklischen Geschehen *(kalpa)* von Bewegung und Ruhe *(manvantara* und *pralaya)* erklärte, wie sie schon in Blavatskys theosophischer Botschaft angedeutet sind.

Steiner aber begnügte sich nicht damit, wie Oberst Olcott und Annie Besant zu behaupten, daß die Erde bereits durch sechs verschiedene Inkarnationen hindurchgegangen sei. Seine meditativ geschulten, zu einem verläßlichen Forschungsinstrument gewordenen seherischen Fähigkeiten setzte er ein, um Schritt für Schritt in der Erdentwicklung zurückzugehen, von der Gegenwart aus in immer fernere Vergangenheitsperioden einzutauchen bis hin zum *pralaya,* dem Verschwinden des Planeten aus dem kosmischen Raum.

Die *Geheimwissenschaft*[253] . . ., weder eine heimliche noch eine verbotene, einfach nur eine «unbekannte», «geheime» Wissenschaft, weil sie in dieser Form völlig neu war und Verfahren benützte, die den Körpersinnen und den linearen Denkprozessen eines auf die äußere Welt fixierten Verstandes nicht zugänglich sind, ist von Steiner wie ein großes Epos der irdischen Evolution gestaltet, er schuf eine «Kosmogonie» unserer modernen Kultur.

Wir werden hier nur das Grundkonzept des Werkes skizzieren, es ist nicht nötig, den Inhalt wiederzugeben, da alle sich das Buch mühelos beschaffen können, um es selber zu lesen.

Steiner sieht die heutige Erde als vierte Stufe in einem Evolutionsprozeß – d. h., schon die vierte Materialisierung oder «Inkarnation» auf der stofflichen Ebene, deren Ursprung außerhalb von Raum und Zeit zu suchen ist.

Ein noch unsichtbarer Himmelskörper, der «alte Saturn» (der nicht verwechselt werden sollte mit dem Planeten Saturn) war nach Steiner der erste Ausdruck einer sich allmählich formenden «irdischen» Existenz; vor dem Seherauge tritt das in Erscheinung wie die sehr, sehr langsame Gestaltwerdung von zunächst einmal nichtstofflichen Wärmekörpern, die sich immer mehr verdichten, aus dem Chaos potentiellen Seins heraustreten, ähnlich wie ein Gedanke, der sich so lange konzentriert, bis er eine photographische Platte belichtet. Diese Wärmekörper des alten Saturn waren Vorformen der Mineralien in einem sozusagen «embryonalen» Entwicklungsstadium: der physische Leib der Lebewesen, und vor allem die Sinnesorgane begannen sich auf diese Weise allmählich selber herauszubilden.

Darauf folgte erneut eine Phase des *pralaya,* ein nicht zu ermessender Unterbruch, gleichzusetzen mit der völligen Zerstörung des unsichtbaren Planeten. Das anschließende *manvantara* bringt die zweite Geburt des Himmelskörpers, aus dem später die Erde wurde, in einem schneller ablaufenden Zyklus wiederholt sich dieselbe Entwicklung wie auf dem alten Saturn.

Diese zweite planetarische Etappe erhält in der *Geheimwissenschaft*[253] ... den Namen «alte Sonne».[254] Einmal abgesehen von der Verfestigung mineralischer Substanzen, die rudimentäre, noch halbflüssige Kristallvorstufen bilden, treten erstmals Ätherkräfte in Erscheinung, die später dem Pflanzenreich Leben spenden werden; auf der «alten Sonne» wachsen elementarische Urbilder des Pflanzlichen heran – ihre Lebensleiber, in Verbindung mit Mineralen.

Und plötzlich ist die «kosmische Bühne» wieder still und leer.

Eine neue Pause. Dann bildet sich das nächste Glied in der Evolutionskette der «Erde»: der alte «Mond» wird geboren. Wiederum laufen die bereits bekannten Zyklen der beiden früheren Himmelskörper in beschleunigter Form ab, um dann in den Werdeprozeß des astralen Prinzips, der Anima einzumünden. Der Astralleib entwickelt sich, durchdringt die mineralischen und ätherischen Substanzen, «beseelt» sie mit den ersten Triebregungen «animalischen Lebens».

Das Leben auf dem «alten Saturn» entspricht einer «Bewußtseinsebene», die der Stufe des Mineralreichs gleichzusetzen wäre, während der Zustand auf der «alten Sonne» am ehesten mit der Phase des traumlosen Tiefschlafs verglichen werden könnte. Was hingegen auf dem «alten Mond» an Leben in Erscheinung tritt, scheint einen leichten, von Traumbildern durchsetzten Schlaf zu kennen; das Dunkel des Unbewußten hellt sich auf, wird durchzogen von leuchtenden Formen und Farben.

Mineralien und stoffliche Körper erreichen inzwischen eine neue Entwicklungsstufe. Das Licht arbeitet an einer primitiven Urform des Sehorgans, die Klangwelt schafft sich einen leiblichen Sinn, der sie wahrnehmen soll, astrale Düfte stimulieren die Bildung des Geruchssinns, und der Tastsinn wird angeregt durch die Stofflichkeit des Planeten.

Eine wunderbare «Weisheit» wächst heran auf dem «alten Mond», von der alle animalischen Triebkräfte beherrscht und gesteuert werden. «Kosmos der Weisheit» nennt sich die damalige Phase, so wie die heutige der «Kosmos der Liebe» ist oder sein soll.

Dann wird auch der «alte Mond» von der «Klassentafel» der kosmischen «Lebensschule» gelöscht und verschwindet im *Pralaya*; bis sich aus dem Schlaf der «Schöpfungsnacht» – Folge der Evolution höchster geistiger Wesenheiten – wiederum erste Wärmekörper herausformen; ein Feuer, das nicht physisch «brennt», das seine Flammen speist aus der kosmischen Liebe. Während der folgenden Kondensationsperioden wiederholen sich die von früher bekannten zyklischen Abläufe in zeitlicher Raffung: «Saturn»-, «Sonnen»- und «Mond»-Phase der alten Erdenentwicklung, bis hin zur Entstehung der Wasserstoffwolke, die durch die Bewegung zum glühenden Feuerball wird.

Von diesem «Entwicklungsschritt» an ist die «Geheimwissenschaft» nichts «Geheimes» mehr. Auch die offizielle, profane Wissenschaft ist auf ähnliche Gedanken gekommen und hat entsprechende Thesen entwickelt. Aus der kugelförmigen Masse des Feuernebels trennt sich das, was später die Sonne wird, von der künftigen Erde und den anderen Planeten, die sich nun zu bilden beginnen. Erde und Mond sind weiterhin verbunden, bis die Erde ihn ausstößt, so daß die schädigenden Kräfte, die von ihm ausgehen, durch die größere Entfernung wieder eine wohltätige Wirkung entfalten können. Sonne und Mond regulieren Wachstum und Fruchtbarkeit von allem, was auf Erden den Lebenskräften und Trieben gehorcht. Allmählich kühlt der Planet ab, elementare Lebensformen treten auf, die ersten «beseelten Bilder» irdischen Lebens beginnen sich zu vermehren und zu sterben.

Die Geschichte des Lebens ist lang und abenteuerlich. Immer neue Tier- und Pflanzengruppen erscheinen auf der Bühne der Schöpfung, spielen ihren Akt und treten wieder ab. Erst ganz zuletzt betritt der Mensch die Szene, blieb er doch länger als alle anderen Geschöpfe «im Schoß der Götter, um heranzureifen», das heißt, nicht abgelöst von den evolutiven Kräften, die das Universum lenken.

Vielleicht haben die Bauleute der gotischen Kathedralen das alles intuitiv gespürt, als sie die äußeren Kranzgesimse von Chartres und Notre-Dame mit einer Reihe fliehender Tiere verzierten. Es war die astrale Tierhaftigkeit, die von einer Art lebendigem Magma abfiel, um den Menschen frei zu machen in seinem Menschsein. Auch mit den Marmorsplittern könnte man sie vergleichen, die unter dem Meißel des Künstlers wegspringen, der versucht, «die vollendete Figur, die im Stein schläft, daraus zu befreien», wie Plotin und später Michelangelo ziemlich übereinstimmend gesagt haben.

Im Tempel reinigt sich die Seele von der unterschwelligen, verborgenen Erinnerung an ihre Animalität, an die Larvenhüllen ihrer vergangenen Leben. Christus entkleidet sie aller Instinkte, um ihr die Möglichkeit zu geben, sich in ihm wiederzuerkennen, «Selbst» zu sein, eine «göttliche Substanz».

Parallel zur großartigen Evolution des Kosmos läuft die des Menschen als Mikrokosmos, die im Kleinen die große Entwicklung auf makrokosmischer Ebene widerspiegelt. Das ist auch die Auffassung der Anthroposophie.

Dem «alten Saturn» entspricht der physische Leib;
der «alten Sonne» der Ätherleib;
dem «alten Mond» der Astral- oder Seelenleib;
auf der gegenwärtigen Erde reift das «Ich» heran.

In den künftigen Erdzuständen – die nächste Inkarnation wird «Jupiter» sein, «Venus» und «Vulkanus» sollen folgen – wird der Mensch seine höheren Wesensglieder zur Entfaltung bringen; zuerst das geistige Selbst oder «Manas»; in der Venusphase wird sich der Lebensgeist oder «Budhi» manifestieren; und im letzten, dem vulkanischen Entwicklungsabschnitt, wird die menschliche Wesenheit, über das «Menschsein» bereits hinaus, den Geistmenschen oder «Atma» entwickeln.

Nach der großen Katastrophe, die das Ende der atlantischen Epoche einleitete, hat die Menschheit vier Evolutionsstadien oder Zyklen durchschritten: Die ur-indische, die ur-persische, die ägyptisch-chaldäische und die griechisch-lateinische.

Wir leben in der fünften nachatlantischen Periode, die zwischen dem 12. und 14. Jahrhundert begonnen hat und während der Renaissance zum ersten Mal deutlich mit ihrem Eigencharakter in Erscheinung getreten ist. Der Anfang der griechisch-römischen Phase dagegen muß etwa im achten vorchristlichen Jahrhundert gesucht werden.

Während des Übergangs vom ägyptisch-chaldäischen zum griechisch-römischen Entwickungsabschnitt haben sich «die menschliche Seelenverfassung, ja alle menschlichen Fähigkeiten [...] geändert». Das sogenannte «logische Denken» ist eine moderne Errungenschaft der «griechisch-römischen» Periode, vorher wurde synthetisch gedacht, nicht analytisch die Welt zu ergründen gesucht. Das alte Weltverständnis war ein von übernatürlichen Kräften genährtes «inneres Wissen».

Der Mensch nahm die Dinge in einer Art Dämmerbewußtsein wahr, das irgendwo zwischen Schlaf und Wachen liegt. Der verarbeitete äußere Reiz ließ dann in seiner Seele eine Gewißheit heraufsteigen, die in ihrer Intensität zu einem klaren Begriffsäquivalenten geführt haben mag.

Die Einweihung in die Mysterien war tatsächlich ein Weg zu diesem inneren Intuitionswissen, geleitete den Novizen von Bild zu Bild, von Station zu Station, wie das heute noch die kirchlichen Prozessionen tun, die eine esoterische und eine exoterische Interpretation erlauben; bis er schließlich vordrang zum Heiligtum der Wahrheit, zum Bewußtsein des inneren Menschen.

Während der griechisch-lateinischen Epoche verloren die Menschen zunehmend diese Fähigkeit zum Erwecken der inneren Bilder; der Astralleib hatte sich inzwischen viel stärker in der Leiblichkeit verankert, so stark, daß die alten Einweihungsriten für den Menschen zu einer körperlichen Gefahr wurden. All das blieb nicht ohne Wirkung auf den Gehalt der Mysterien, die mehr und mehr zum profanen Zeremoniell verkamen, bis nichts übrig blieb als kultische Götterverehrung, ein Zeichen religiöser Kulturtradition eben, während der Mensch, auf einer ganz anderen Linie, das individuelle Denken entwickelte, ein bewußtes, logisch untermauertes Nachsinnen über sich und die Dinge der Welt. Je mehr er sich von der traumbewußten Wahrnehmung der geistigen Welten entfernte, desto eher war er gezwungen, sich darüber Ersatzvorstellungen zu machen, mit der Hilfe seines Denkens und seines Gefühls.

Die ganze vierte Periode ist von dieser Art «Rationalität» geprägt. Wer außer der Vernunft mit Bewußtheit noch höhere Kräfte in sich zur Entfaltung bringen konnte, um in die geistigen Welten vorzustoßen, stieg auf zu den neuen Führungskräften der Menschheit, den neuen «Magiern» und Weisen, die im ersten nachchristlichen Jahrtausend unsere heutige, fünfte Epoche vorbereiteten. Dazu gehören die mittelalterlichen Mystiker und die Philosophen nicht weniger als die Katharer, die Fedeli d'Amore ...

Während also «die Pflege der Verstandeskräfte» mehr und mehr in den Vordergrund rückt, die «überlieferte Erkenntnis» stets deutlicher ihre Kraft über die Menschenseele verliert, entwickelt sich dafür «auch in dieser Zeit dasjenige, was ein immer stärkeres Einfließen der Erkenntnisse neuzeitlichen übersinnlichen Bewußtseins in die Menschenseelen genannt werden kann. Das verborgene Wissen fließt, wenn auch anfangs recht unmerklich, in die Vorstellungsweisen der Menschen dieses Zeitraums ein. Es ist nur selbstverständlich, daß sich, bis in die Gegenwart hinein, die Verstandeskräfte ablehnend verhalten gegen diese Erkenntnisse. Allein, was geschehen soll, wird geschehen, trotz aller zeitweiligen Ablehnung. Man kann das «verborgene Wissen», welches von dieser Seite die Menschheit ergreift und immer mehr ergreifen wird, nach einem Symbol die Erkenntnis vom «Gral» nennen. Wer dieses Symbol, wie es in Erzählung und Sage gegeben ist, seiner tieferen Bedeutung nach verstehen lernt, wird nämlich finden, daß es bedeutungsvoll das Wesen dessen versinnbildlicht, was oben die Erkenntnis der neuen Einweihung, mit dem Christus-Geheimnis in der Mitte, genannt worden ist. Die neuzeitlichen Eingeweihten können deshalb auch die «Eingeweihten des Grales» genannt werden».

Als Steiner 1906 nach Paris kam anläßlich des III. Jahreskongresses der Föderation Europäischer Sektionen der Theosophischen Gesellschaft, traf er dort zum ersten Mal mit Edouard Schuré zusammen, mit dem Marie von Sivers, die spätere Frau Steiners, seit Jahren in brieflichem Kontakt gestanden hatte, sind doch einige seiner Werke *(Die großen Eingeweihten; Die Kinder Luzifers)* von ihr ins Deutsche übersetzt worden.

Die Vorträge Steiners in Paris waren für Schuré ein Schlüsselerlebnis. So erfuhr er, der Jesus unter *Die großen Eingeweihten* gereiht hatte, noch eine ganz andere Dimension: die des «kosmischen Christus» ... Als er später das Vorwort schrieb zu den gesammelten Pariser Vorträgen Steiners, gab er darin auch seine persönlichen Eindrücke über den Vortragenden wieder: Wenn Steiner vor seinem Publikum stand und die geistigen Welten beschrieb, Bezug nahm auf Ereignisse und Phänomene, die dorthin gehören, tat er das mit größter Selbstverständlichkeit, in einfachen, klaren Worten, als sei es das Natürlichste von der Welt, konkrete Einzelheiten aus höheren Sphären mitzuteilen, verborgene Zusammenhänge so plastisch darzustellen, daß man das Gefühl bekam, einen Augenzeugen zu hören. Das war weiter kein Wunder, denn Steiner «sah» die Dinge ja wirklich, er hatte sie selber vor Augen und beschrieb sie so eindringlich, daß Ereignisse kosmischer Tragweite aus fernen Zeiträumen in den Vortragssaal geholt und dort Wirklichkeit wurden.

Was sich aber schon damals in diesen Vorträgen klar abzeichnete, war der Gegensatz zwischen Steiner und der Theosophie, in der die hinduistische Lehre eine überragende Stelle einnahm. Zwischen Steiners abendländischer Christuszentriertheit und der ganz nach dem östlichen Denken ausgerichteten Theosophie lagen Welten. Nach Schurés Dafürhalten war der damalige Vorwurf, Steiner habe den Hinduismus europäisiert, im Grunde unzutreffend. Denn in Wirklichkeit war seine Lehre christosophisch: Christus als der absolute Mittelpunkt. Der Rest der Theosophen aber orientierte sich nach Indien.

Das bedeutet, daß jetzt nicht nur die deutschen, sondern auch die französischen Mitglieder der Theosophischen Gesellschaft an einer Wegkreuzung standen: Sie hatten zwischen Steiner oder Blavatsky zu wählen, zwischen Christus (und der westlichen) oder Buddha (und der östlichen Esoterik).

Inzwischen setzte Steiner seine Lehrtätigkeit fort, untersuchte die großen geistigen Strömungen in der Geschichte Europas und gab ihnen neue Deutungen, folgte der Linie von Suso, Tauler, Meister Eckehart, Paracelsus, Böhme, bis zu Lessing, Goethe und Schiller, stellte sie in andere Zusammenhänge.

Die Reinkarnationslehre, wonach jede Seele aus dem Zustand der Verdichtung im physischen Leib hinüberwechselte in den Zustand des Sich-Ausdehnens in die himmlischen Sphären, war nicht aussschließlich Bestandteil der östlichen Weisheit. Noch lange bevor sie Gemeingut der Mittelmeerkulturen wurde, finden wir sie in der europäischen Vorgeschichte, besonders in der Sakraltradition der Kelten. Eine Untersuchung dieser Materie; die Erforschung der Erde und ihrer Elemente, die Verwandlung der Substanzen; das alles gehörte zur ureigensten esoterischen Überlieferung Europas. Und genau dort, wo der für den Westen so typische Wille einsetzt, die Kräfte der Materie kennenzulernen und zu benützen, finden wir die Nordischen Mysterien, bei denen die Anwesenheit und die Wirkungsweisen der Elementargeister in Feuer, Luft, Erde und Wasser enthüllt werden. Die Druiden, und vor ihnen schon andere, längst verschwundene Völker bis weit in die Steinzeit hinein, hatten Kultstätten mitten in der freien Natur – in Grotten, Hainen, unterirdischen Höhlen – um sich mit diesen Naturkräften in Beziehung zu setzen.

Zu erwähnen wäre die Meeresgrotte von Fingal in Irland; oder unterirdische Höhlen, die in späterer Zeit zu Krypten unter den gotischen Kathedralen umgestaltet wurden, wofür Chartres ein gutes Beispiel bietet; ferner die «heiligen Eichen» der Druiden; die Reste der «Stonehenge» in Großbritannien und von Saint Odile in den Vogesen, heilige Orte, an denen Sonnenmysterien stattgefunden haben. Auf umbrandeten, windumtosten Klippen, zu Füßen den rhythmischen Wellenschlag des Meers, lernte die westliche Seele, mitten in der Natur, auf das Leben und seine Zyklen zu hören, so wie sie sich ausdrückten in den Elementen; sie entdeckte die ätherischen Kräfte und erwarb sich ausreichende Kenntnisse, um sie nutzbringend anzuwenden; sie zu beherrschen.

Das Wissen der Druiden über den menschlichen Körper war äußerst fortgeschritten, ihr medizinisches Können hervorragend. So entwickelten sie in der verborgenen Stille ihrer Tempel aus gewachsenem Grün Heilkunst und Heilmittel, um den Leidenden Linderung zu bringen und Krankheiten zu heilen. Sie lernten, den Elementen zu gebieten.

Mit der Christianisierung Europas ging dieser uralte Weisheitsschatz verloren. Die letzten Wissenden, als Eingeweihte Träger dieses Kulturerbes, erkannten, daß sie auf verlorenem Posten standen und ihr Amt keine Zukunft mehr hatte. Hüter einer schwindenden Weisheit, mußten sie ohnmächtig mit ansehen, wie ihre Götter starben und vergingen. Der Große Pan war tot. Auch im Norden Europas.

Aufgepfropft auf die alte Unterlage der Mysterien, erwies sich das Christentum als lebenskräftiges Reis, das wuchs und gedieh; das zu Unrecht als «dunkel» verkannte Mittelalter trug in sich schon die beseelende Kraft des esoterischen Christentums. Auch die irischen Mönche, die zur Merowingerzeit einen Großteil Europas evangelisierten, waren christliche «Eingeweihte». Die von ihnen vermittelte Esoterik wurde zum wohlgehüteten Geheimnis von mehr oder weniger geheimen Schulen und Bruderschaften, findet sich bei Johannitern, Katharern, Templern und Rosenkreuzern.

Steiners Aussagen über die Rosenkreuzer scheinen mühelos der *Akasha Chronik* entnommen, dem «kosmischen Gedächtnis», in dem der Wissende lesen kann wie in einem Buch. Was er dabei sagt, kann zwar niemand anderer bestätigen, aber auch eine Widerlegung ist nicht möglich. An der Art, wie er von «Christian Rosenkreutz» spricht, wird jedoch immerhin einiges deutlich. Denn der analytische Teil von Steiners Offenbarung umfaßt das Mysterium der Rosenkreuzer; der Legende nach ein so ungeheures und absolutes Geheimnis, daß auf den Verrat die Todesstrafe stand, solange die exoterische Wissenschaft die zugrundeliegenden Gesetzmäßigkeiten der Evolution, der Materie und der Bewußtseinszustände nicht von selber entdeckte.

Obschon es nicht direkt ausgesprochen wird: Die Entwicklung von Erde und Mensch ist Teil des Mysteriums, sie gehört zu einer Botschaft der Rosenkreuzer, die nicht für die Zeitgenossen dieser Bruderschaft, sondern für unser materialistisches, ahrimanisch geprägtes 20. Jahrhundert bestimmt war.

Die «Verchristungsbotschaft», die Steiner bringt, zeigt in aller Deutlichkeit, daß eben nicht mehr das Gesetz des «Auge-um-Auge – Zahn-um-Zahn» gilt, sondern das der Christusnachfolge; wer Christus nachfolgt, unterstellt sich dem Gesetz der Liebe, das mechanische Gesetz des «Karma», das jeder Ursache gnadenlos die entsprechende Wirkung folgen läßt, ist aufgehoben für den, der Christus anruft und sich nicht mehr von ihm entfernt.

Wer heute auf einen «Feind» aus einer früheren Inkarnation trifft, kann sich instinktiv abgestoßen fühlen, eine starke Antipathie oder sogar Haß empfinden. Diese Gefühlswirkungen kommen aus dem «Seelenkeller», dem vollgestopften Unbewußten. Dort spielen die «Mechanismen» des Karma, wenn alles verdrängt und nichts verarbeitet wird. Christus sagt: «Liebe deinen Nächsten wie dich selbst». Gelingt es, kann ich dem verzeihen, der mir früher einmal Schmerz und Unrecht zugefügt hat, ja sogar ein Gefühl der Liebe entwickeln für ihn, dann tue ich einen großen Schritt vorwärts auf dem Weg zu Christus, weil das die Umwandlung einer seelischen Primitivreaktion in einen Verchristungsimpuls ist.

Der menschliche Wassertropfen, der ins Meer des *Nirwana* eingeht, löst sich nicht auf, wenn er Christus nachgefolgt ist, wenn ihn Christus befreit hat von der karmischen Kette, was uns möglich ist, wenn wir darum bitten. Befreites Bewußtsein, erreicht der Mensch die bewußte Wiedergeburt, um aus Liebe zu den Nicht-Befreiten, aus einer frei gewählten Opferhaltung heraus, nochmals in einem physischen Leib zu inkarnieren.

Steiners Intuitionen und Lehrmeinungen hatten sich von der Theosophie so stark fortentwickelt, daß es bald für ihn nicht mehr möglich war, eine Sektion der Theosophischen Gesellschaft zu leiten. Nach der Abspaltung von G. R. S. Mead wurde sich Annie Besant der Gefahr bewußt, daß Steiners «westliche», christuszentrierte Esoterik allzusehr im Gegensatz stehen könnte zur hinduistischen Botschaft der Theosophie. Doch existierte zunächst – aus dem Jahr 1907 – eine Übereinkunft zwischen den beiden, die vorsah, daß innerhalb des theosophischen Rahmens jeder seiner eigenen Methodik folgen sollte; womit Steiner ausdrücklich zugestanden wurde, den christlich-rosenkreuzerischen Weg zu gehen. Endgültig kritisch wurde die Situation aber erst, als die Besant meinte, im schönen jungen Inder Krishnamurti auf eine Reinkarnation des Maitreya Buddha als der wiedergekommene Christus gestoßen zu sein und 1911 innerhalb der Theosophischen Gesellschaft die Gründung des «Ordens der aufgehenden Sonne» (Order of the Rising Sun) durch G. Arundale zuließ, um den Ereignissen um Krishnamurti einen allgemeinverbindlichen Charakter zu verleihen. Später wurde daraus der internationale östliche Sternorden (Order of the Star in the East), eine hierarchisch gegliederte Einrichtung.

Steiner «antwortete» darauf mit einer Reihe von Vorträgen über die Evangelien und die Apokalypse, in denen er festhielt, daß unsere Zeit nicht die alte Weisheit wiederholen, sondern eine neue hervorbringen muß, die, anstatt sich rückwärts, der Vergangenheit zuzuwenden, vorwärts in die Zukunft schauen sollte, um als Prophezeiung zu wirken wie die *Apokalypse*.

Das geeignete Mittel, um diese neue Weisheit auszudrükken, konnte die Theosophie nicht bieten. Die Wege zur göttlichen Erkenntnis hatten sich im dichten Gestrüpp philosophischer Lehren verloren. Das Nietzsche-Wort «Gott ist tot» hallte nach im Bewußtsein einer krisengeschüttelten Generation. Es gab keine «Vorsehung» mehr, nur den technischen Fortschritt. Gottes Schöpfung geriet zur Welt der superklugen

Macher, zum handgestrickten Muster der Technokraten.

In dieser Krise, die Körper, Seele und Geist gleicherweise erfaßte, hatte die Methodik der Geisteswissenschaft von den naturwissenschaftlichen Kenntnissen und den materiellen Errungenschaften des Menschen auszugehen. An die Stelle der alten inneren oder göttlichen Erleuchtung mußte das Licht des menschlichen Verstandes treten. Also nicht mehr Theosophie, sondern Anthroposophie.

Am 28. Dezember 1912 wird von Steiner die Anthroposophische Gesellschaft gegründet. Am 7. März 1913 verlangt der General Council in Adyar die 1902 ausgestellte Stiftungsurkunde zurück und erklärt die selbständig gewordene deutsche Sektion mit Steiner an der Spitze für ausgeschlossen. Steiner selbst wird nicht einmal formell Mitglied der neuen Gesellschaft, sondern beschränkt sich auf beratende Aufgaben. Die Leitung liegt in Händen von Dr. Carl Unger, Michael Bauer und Marie von Sivers.

Die erste Generalversammlung der Anthroposophischen Gesellschaft fand einen Tag nach der letzten Sitzung der bisherigen Deutschen Sektion der Theosophischen Gesellschaft statt; nämlich am 3. Februar 1913.

Kapitel 31

GOETHEANUM UND
MICHAEL-MYSTERIUM

In die Schweiz übersiedelte Steiner, nachdem ihm an Dornacher Hügel ein großes Grundstück angeboten worden war. Männer und Frauen aus aller Herren Länder, verbunden durch gemeinsame Anschauungen, errichteten dort zusammen das erste Goetheanum und arbeiteten zum Teil selbst noch während des Krieges daran, obschon anderswo Deutsche und Franzosen in einander feindlichen Lagern kämpften. Freilich, die Militärdienstpflichtigen unter den zahlreichen russischen, west- und mitteleuropäischen Helfern mußten zurück in die Heimat, um einzurücken, und manche mögen in diesem wie ein Sturmwind über den Kontinent hereingebrochenen, sinnlosen Weltkrieg mit seinem blinden Haß und Nationalitätenfieber sich plötzlich in den gegnerischen Armeen gegenübergestanden haben, der eigenen Überzeugung, dem eigenen Glauben zum Hohn.

Auch in jener Zeit mußte man nicht unbedingt Anthroposoph sein, um das Christuswort «Liebe deinen Nächsten wie dich selbst» als oberstes menschliches Gebot hochzuhalten und damit in Konflikt zu kommen mit den damals im wahrsten Sinn des Wortes blutbefleckten «vaterländischen Pflichten». So erging es z. B. dem deutschen Generaloberst Helmuth von Moltke, der 1914 die schicksalhafte Marneschlacht verlor. Seine Frau war Anthroposophin und mit Steiner näher bekannt. Man weiß, daß Moltke das eine oder andere Mal aus Deutschland bei Steiner angerufen hat, aber darin eine «gefährliche Beeinflussung» zu sehen und Steiner «Vaterlandsverrat» vorzuwerfen, wie dies verschiedentlich gemacht wurde von seiten seiner Feinde, ist völlig absurd und nachweislich ohne jede Grundlage. Dieses an sich periphere Beispiel wird nur erwähnt, um zu zeigen, wie sehr damals Steiner, und überhaupt eine humanitäre Gesinnung, zum Feindbild sturer nationalistischer Kreise werden konnten. Das geht so weit, daß mächtige Militärpersonen monarchistischer Ausrichtung nach dem Krieg die Publikation der Moltke-Memoiren mit Steiners Vorwort hintertrieben haben und damit Steiners Hoffnung zunichte wurde, die Veröffentlichung könnte sich vorteilhaft auf die Friedensschlußbedingungen auswirken.[255]

1917 bringt Steiner in einem öffentlichen Vortrag in Basel den Wunsch vor, seinen Dornacher Bau «Goetheanum» zu nennen. Am liebsten würde er sogar die Anthroposophie in «Goetheanismus» umgetauft haben, um Goethes wissenschaftlichem Denken gebührende Ehre zu erweisen, der eine strikte Methodik mit Geist und Kunst, mit einer zutiefst schöpferischen Lebendigkeit zu verbinden gewußt hat, ohne in das abstrakte Geheimsprachen-Kauderwelsch zu verfallen, das im 20. Jahrhundert schon relativ früh zur alleinseligmachenden Wissenschaftssprache erhoben worden ist.

Ebenso leidenschaftlich, wie Steiner ein wissenschaftliches Denken vertritt, das sich von Ethik, Intuition und Inspiration nicht abkehrt (denn wahre Wissenschaft ist schöpferisch und demokratisch, nicht abstrakt-linear und technokratisch), macht er sich stark für den «Dreigliederungsgedanken des sozialen Organismus» und sieht in ihm für die Zukunft das einzig mögliche Konzept zur Rettung der Menschheit, sofern dieser Gedanke ganzheitlich umgesetzt wird; im Sinn eines «mehrheitlich vernetzten Denkens», wie man heute sagen würde, unter Einbezug aller Faktoren von Gesellschaft und Umwelt als unerhört komplexem System. Das heißt jetzt – ebenfalls ausgedrückt mit modernen Schlagworten – daß Steiner eine *ganzheitlich-ökologische* Umsetzung der menschlichen Grundrechte von *Freiheit, Gleichheit und Brüderlichkeit* auf allen Ebenen menschlichen Zusammenlebens verfochten hat zu einer Zeit, als ökologisches Denken unbekannt war und dieser Begriff noch nicht einmal existiert hat.

Die Kurzformel für Steiners Dreigliederungsidee lautet: *«Freiheit für das Geistesleben; Gleichheit im Rechtsleben; Brüderlichkeit für das Wirtschaftsleben».*

Selber aus sehr einfachen Verhältnissen stammend, stand er

den Bedürfnissen der Arbeiterklasse wach und innerlich engagiert gegenüber. Im Zusammenhang mit seiner Arbeiterbildungsarbeit war er 1901 mit Karl Liebknecht und Rosa Luxemburg gemeinsam aufgetreten. In seinem Buch über Rudolf Steiner zitiert Gerhard Wehr eine bezeichnende Passage aus dessen fragmentarischer Autobiographie *Lebensgang:* «Ich habe den Eindruck, wenn damals von seiten einer größeren Anzahl unbefangener Menschen die Arbeiterbewegung mit Interesse verfolgt und das Proletariat mit Verständnis behandelt worden wäre, so hätte sich diese Bewegung ganz anders entfaltet. Aber man überließ die Leute dem Leben innerhalb ihrer Klasse und lebte selbst innerhalb der seinigen. Es waren bloß theoretische Ansichten, die die eine Klasse der Menschen von der anderen hatte. [...] Aber alles Tauchen dieser weltbewegenden Fragen in eine geistige Sphäre fehlte».[256] Und Wehr fügt zu Recht hinzu: «Unnötig zu sagen, daß Rudolf Steiner in dem angedeuteten Sinne zu diesem Zeitpunkt selbst noch nicht viel unternehmen kann. Zwar lassen ihn die sozialistischen Parteioberen einige Jahre gewähren, zumal er bei dem bis zu 200 Zuhörern angewachsenen Schülerkreis beliebt ist. Aber für eigene sozialpolitische Initiativen, etwa in der Art der späteren Dreigliederungsbewegung, ist die Zeit noch nicht reif.»[257]

In der Aufsatzsammlung *Soziales Verständnis aus geisteswissenchaftlicher Sicht*[258] äußert sich Steiner mit unerhörter Klarheit und historischem Weitblick zu zentralen politischen und sozioökonomischen Fragen. Wie sehr er dabei recht hat, zeigen auf der einen Seite die politischen Ereignisse in Osteuropa an der Wende zu den Neunzigerjahren, auf der anderen die (aus der Not geborenen) Ansätze zu einem ganzheitlichen ökologischen Denken in Wirtschaft, Wissenschaft und Technik, das sich in verschiedenen Ländern abzuzeichnen beginnt.

Im Dornacher Vortrag vom 11. Oktober 1919 weist er hin auf den *Intellektualismus* der europäischen Kultur, der, wenn er ins Praktisch-Ökonomische hineingeht, nicht die richtige Stoßkraft hat. «Man wird an den Experimenten, die jetzt [...] gemacht werden, sehen, wie unmöglich es dem europäischen Intellektualismus ist, [...] in das wirtschaftliche Leben Ordnung hineinzubringen. Das, was der Leninismus ausbildet, ist ja reinster Intellektualismus. Das ist alles gedacht, da ist aus dem Denken heraus eine gesellschaftliche Ordnung konstruiert. Und es wird der Versuch gemacht, dieses aus dem Denken heraus gesponnene gesellschaftliche System aufzupfropfen auf die wirklichen Verhältnisse, die zwischen Menschen bestehen, und es wird sich mit der Zeit in einer fürchterlichen Weise zeigen, wie unmöglich es ist, das intellektualistisch Gedachte der menschlichen sozialen Struktur aufzupfropfen.»[259] Nun, es hat sich gezeigt. Steiners Worte waren prophetisch.

Leider haben die unmittelbar anschließenden Sätze immer noch Gültigkeit: «Diese Dinge wollen die heutigen Menschen noch nicht in aller Stärke einsehen. Es ist ja einmal in der europäischen Bevölkerung dieser furchtbare Zug der Schläfrigkeit, dieses Nichtmitkönnen des ganzen Menschen mit dem, was so nötig ist, daß es heute das soziale Leben Europas durchströmte.»

Steiner zeigt auf, daß die europäische Kultur in vieler Hinsicht eine trockene, nüchterne Gedankenkultur ist, was zum Teil darauf zurückgeht, daß der aus dem Osten kommende religiöse Impuls nur oberflächlich aufgenommen wurde. «Europa hat ja nichts anderes getan, als zuerst römische Rechtsbegriffe hineingestopft [...]»

Auch die Gründe für diesen Intellektualismus und diese Nüchternheit, und an anderer Stelle, für die jahrzehntelang nicht hinterfragte, als selbstverständlich angenommene «Wertfreiheit» der Wissenschaft (d. h., ihr Ausklammern des Religiösen und Emotionalen) werden von ihm genau untersucht und *historisch aufgeschlüsselt*. «Man findet es ganz selbstverständlich, daß die profanen Wissenschaften sich nicht erlauben, vom Geist und von der Seele etwas zu wissen. Gelehrte verkünden heute, daß die Wissenschaft frei sein müsse von dem, was Glaube ist, und sie denken, damit der vorurteilslosen Wissenschaft zu dienen. Sie denken, man sei befangen, wenn man auf dem Gebiet der Wissenschaft noch etwas von der Seele und von dem Geist zu sagen hat, denn darüber entscheide doch der subjektive Glaube – so meinen die Leute.

Woher rührt das aber in Wirklichkeit? [...] davon [...] daß die religiösen Bekenntnisse» alles Seelische und Geistige für sich in Anspruch nehmen, sozusagen ein Monopol darauf haben. Er findet es schlichtweg tragikomisch (davon könne man am meisten lernen), wenn die Objektivität der Wissenschaft von dieser Ausklammerung der «Dinge der Seele oder des Geistes» abhängig gemacht wird, man der Ansicht sei, durch den Einbezug von Ethos und Gefühlen würde die Exaktheit der Wissenschaft durchbrochen. Und zwar deshalb, weil es davon kommt, daß es Nicht-Priestern und Nicht-Theologen früher verboten war, über Geist und Seele zu sprechen. «Und diejenigen, die heute glauben, als wissenschaftliche Gelehrte die Wissenschaft rein erhalten zu müssen um ihrer Exaktheit willen, die wollen sie in Wahrheit rein erhalten, weil ihnen verboten worden ist durch die Dogmatik, über Seele und Geist zu denken. Es ist der Bodensatz, der Rückstand, das Residuum der alten kirchlichen Verbote, die uns heute als exakte wissenschaftliche Forderungen von den Lehrkanzeln verkündet werden.

Die Menschen wissen eben gar nicht, wie sich historisch dasjenige herausgebildet hat, was sie heute als eine selbstverständliche [...] Wahrheit verkünden. Und diesen Dingen gegenüber sollte eben nicht der Seelenschlaf geschlafen werden [...] ohne daß wir diesen Dingen gegenüber aufwachen, kommen wir keinen Schritt weiter [...] wenn wir uns irgendwelcher Illusion über die größte Lüge hingeben, die es eigentlich gibt, über die Wissenschaftslüge der Gegenwart.» Wir empfinden sie noch gar nicht, aber wir müssen es lernen. Das ist nicht emotionell, sondern ausschließlich theoretisch gemeint. «[...] ich fühle mich nur berufen, das Wort Wissenschaftslüge! auszusprechen, weil ich ebenso, wie ich dieses Wort ausspreche, und rückhaltlos von diesem Gesichtspunkte aus gegenwärtige Wissenschaft kritisiere, sie ebensosehr wieder verteidige; denn sie ist groß geworden durch alles dasjenige, was sie erreichen konnte dadurch, daß eine Zeitlang die Menschen bloß das Physisch-Leibliche durch die Wissenschaft untersucht haben und sich nicht besonders hingewandt haben zum Seelisch-Geistigen.

Aber das darf nur als ein Utilitätsprinzip angesehen werden und als ein pädagogisches Prinzip der Menschheitsentwicklung, nicht als irgend etwas Erkenntnistheoretisches.

So müßte auch heute die Notwendigkeit eingesehen werden, gerade die profane Wissenschaft wiederum zu durchdringen mit wirklichen Erkenntnissen des Seelischen und des Geistigen. Denn nur daraus wird die Kraft entspringen, die sozialen Probleme tief genug anzufassen.» Diese brisanten Worte haben auch heute nichts von ihrer Aktualität verloren. Doch scheint es, daß jetzt eher der Boden bereit ist für solche Einsichten. Lassen wir einmal außer Betracht, daß Steiners Wissenschaftskritik und Steiners «Dreigliederung des sozialen Organismus» harmonischer Teil einer kosmogonischen Gesamtschau der Entwicklung von Universum, Erde und Mensch sind (der einzigen *Kosmogonie* der Neuzeit, die es gibt, notabene).

Tun wir das, so läßt sich jedenfalls feststellen, daß sie – als Theorien für sich betrachtet – durchaus alleine angewandt werden können. Steiner hat das zum Teil auch selber praktiziert, allerdings nicht, ohne darauf hinzuweisen, daß er dies – im Hinblick auf die gesamteuropäische Situation – nur als das kleinere Übel ansieht.

Es läßt sich aus der Steiner'schen Kosmogonie – ohne großen Schaden für das herausgelöste Teilsystem – ein zusammenhängendes ‹ökologisches› Denkgebäude ziehen, in Verbindung mit einer Weltsicht, die gewisse Elemente der Vergangenheit kritisch in ihrem dialektischen Verhältnis zur Gegenwart ausleuchtet (paradoxes Hineinwirken der «Diachronie» in die «Synchronie»: z. B. das mittelalterliche Verbot der kirchlichen Dogmatiker, sich mit Geist und Seele zu befassen, das sich mit der (geist- und seelenfernen) «Wertfreiheit» der heutigen Wissenschaft in eine effektive Realität verwandelt hat, außerhalb ihres ursprünglichen Systems und in einem historischen Zusammenhang, der ihren ursprünglichen Sinn ins Gegenteil verkehrt und ihre Wurzeln verschleiert). Im Rahmen einer ökologisch sinnvollen Planung besitzen die von Steiner angeregte *biologisch dynamische Landwirtschaft;* seine *Pädagogik,* die in den Waldorf-Schulen eine reale Verwirklichung gefunden hat; und seine *ganzheitliche Medizin,* die in Zusammenarbeit mit der Ärztin Ita Wegmann entstanden ist (die sogenannte «anthroposophische Medizin»), einen äußerst positiven Stellenwert.

Im Juni 1924, etwa 10 Monate vor seinem Tode, gab Rudolf Steiner einen *Landwirtschaftlichen Kurs*[260] in Koberwitz bei Breslau, auf dem Gut des Grafen Keyserlingk. In acht Vorträgen wurde der Grundstein zur späteren biologisch-dynamischen Landwirtschaft gelegt. Die Verwirklichung der vermittelten Einsichten und Richtlinien wurde von den Mitgliedern des in Koberwitz gegründeten *Versuchsringes Anthroposophischer Landwirte* aufgenommen, Präparate hergestellt «und gemäß den Angaben bei der Dung- und Kompostbereitung beziehungsweise zur Pflege der Felder und Kulturpflanzen angewandt. Qualitätsverbesserungen am Gemüse, aber auch Schmackhaftigkeit und Sättigungswert des Futters gehörten zu den ersten positiven Beobachtungen. Hinzu kamen bald günstige Auswirkungen auf die Gesundheit der Haustiere. [...] Da [...] die Aufgaben einer Entwicklung des Bodenlebens, wie überhaupt einer bodenständigen Dauerfruchtbarkeit, sowie der Aufbau eines harmonisch gestalteten Betriebsorganismus in den Schwerpunkt der Zielsetzungen gestellt waren, man sich also mit allen Maßnahmen, die hierzu dienen konnten, in besonders intensiver Weise auseinandersetzen mußte, wurde die Biologisch-Dynamische Bewegung damals bald bekannt als Vorkämpferin für die Wertschätzung dieser Ziele und aller dieser fördernden Maßnahmen. Hierzu gehörte z. B. die Bodenbehandlung mit sorgfältig vorbereiteten organischen Düngern, die Wiesenpflege durch Komposte, die vielfältige Verwendung von Leguminosen auch auf schweren Böden als Haupt- und Zwischenfrucht, die Belegung der Böden durch Bodenbedeckung, durch Mulchen, durch Gründüngung, durch Kräutereinmischung in Gras und Kleeansaaten, die Stärkung der Haustiergesundheit durch Kräuter- und Laubheu-Beifütterung, die Gesundung der Landschaft durch Heckenbau und Förderung eines naturnahen Waldbaues und manches andere».

Ende der zwanziger Jahre schon gelang es der Biologisch-

Dynamischen Bewegung, auch außerhalb Deutschlands Fuß zu fassen. Sie gelangte in die Schweiz, nach Holland, Skandinavien, Frankreich und den Vereinigten Staaten. Selbst in Lateinamerika, Südafrika, Neuseeland und Australien gibt es bereits einige Betriebe. Durch die Praxis konnten viele der 1924 von Steiner gegebenen Ratschläge bestätigt werden.

Schon 1924 hatte Steiner vor der bereits spürbaren, aber für die Zukunft noch viel bedrohlicheren Verschlechterung der Böden (und damit der angebauten Gemüse und Feldfrüchte) gesprochen und dafür die Hauptschuld dem Kunstdünger gegeben. «Es weiß z. B. kein Mensch heute, daß alle die mineralischen Dungarten gerade diejenigen sind, die zu dieser Degenerierung, von der ich gesprochen habe, zu diesem Schlechterwerden der landwirtschaftlichen Produkte beitragen. Denn heute denkt eben jeder einfach; nun ja, zum Pflanzenwachstum gehört eine bestimmte Menge Stickstoff, und die Leute finden einfach ganz gleichgültig, auf welche Weise dieser Stickstoff bereitet wird, wo er herkommt. Das ist aber nicht gleichgültig, wo er herkommt [...]» Steiner unterscheidet dann zwischen «totem» und «lebendigem» Stickstoff. (Der Stickstoff der Luft, z. B. ist «tot», aber der «Stickstoff, der in der Erde ist, der mit dem Dung hineinkommen muß, der unter dem Einfluß des ganzen Himmels sich bilden muß, dieser Stickstoff muß ein lebendiger sein.»

Der Einfluß der kosmischen Rhythmen auf Leben und Wachstum der Erde (beim Menschen weniger deutlich, weil er sich emanzipiert hat, bei den Tieren schon stärker und bei den Pflanzen sehr ausgeprägt) findet seinen Niederschlag in *Aussaatkalendern,* die sich nach seinen Vorschlägen gerichtet haben und auf weitergehenden Untersuchungen beruhen. Für die Saat- und Erntezeiten werden nicht nur Mond- und Sonnenstände einbezogen, sondern auch die jeweiligen Stellungen der übrigen Planeten unseres Systems. Die Anlage der Felder soll die geologischen Gegebenheiten berücksichtigen. Jeder Bodentyp verlangt eine eigene Behandlung.

In den Waldorfschulen[261] hat der Grundgedanke von der «Dreigliederung des sozialen Organismus» bis zu einem gewissen Grad eine praktische Umsetzung erreicht durch ein Unterrichtsprogramm, mit dem die Erziehung zur geistigen Freiheit dank gleichmäßiger Persönlichkeitsentwicklung gefördert wird; neben der intellektuellen Seite eine harmonische Willens- und Gefühlsbildung, eine Entfaltung von Kreativität und Gemeinschaftssinn gewährleistet sein soll, wobei die natürlichen Entwicklungsphasen der Kinder (erstes, zweites, drittes Lebensjahrsiebent) als Leitlinien dienen; durch eine Lehrerschaft, von der die Schule gemeinsam mit den Eltern getragen wird. Die Lehrer beziehen nicht mehr Gehalt als sie zum Leben brauchen, die Eltern bezahlen das Schulgeld, das sie aus eigenen Kräften ohne Not erbringen können.

Homöopathische Mittel (im Sinne der Hahnemann'schen Medizin) werden von den Anthroposophen sowohl bei ärztlichen Behandlungen wie in der Landwirtschaft (zum «Impfen» des Düngers, bei Pflanzenkrankheiten, usw.) eingesetzt.[262]

Auch die *Eurythmie*[263], eine vor allem von Marie von Sivers auf Steiners Anregung entwickelte Bewegungskunst in Verbindung mit der Musik und dem Wort, kann therapeutisch eingesetzt werden, um den Energiefluß im physischen Körper zu harmonisieren.

Vom Gründer der anthroposophischen Gesellschaft existieren etwa 5 000 Vorträge. Das bislang publizierte Vortragswerk umfaßt mehr als 250 Bände. Steiners Werk weist ihn aus als Universalgelehrten (und in gewisser Weise auch als Universalkünstler); universal in einer Art, wie wir sie seit der Barockzeit praktisch nicht mehr finden. Man könnte sagen, sein Werk sei eine *«summa cosmogonica»* enzyklopädischen Wissens aus verschiedensten Gebieten (Philosophie, Religion, Wissenschaftstheorie, Geschichte, Okkultismus, Pädagogik, Psychologie und Soziologie, Landwirtschaft und Medizin, Rhetorik, Dichtkunst, Malerei und Architektur, Mechanik ...). Doch ist auch hier das Ganze mehr als die Summe der Einzelteile, entspricht einem komplexen, zusammenhängenden System, in dessen Mitte der Mensch steht, auf der Stufe seiner bisher höchsten Entwicklung – dem Ich – das in Freiheit, Gleichheit und Brüderlichkeit weiterzuentfalten seine

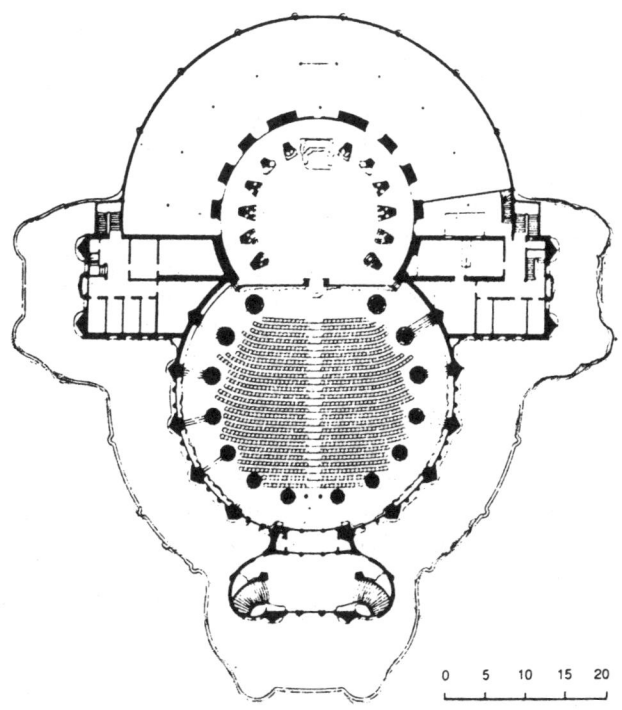

Grundriß des Ersten Goetheanums: Doppelkuppelkonstruktion mit zwei Seitenanbauten, die den Bau zur Kreuzform ausweiten. 1912.

höchste Aufgabe innerhalb des Gemeinwesens, des wirtschaftlichen Organismus ist; damit alle Menschen Brüder und Schwestern werden und sich der Kosmos der Liebe verwirklicht.

Steiner macht aber auch aufmerksam auf die große Gefahr, die immer und ständig von den Widersacherkräften droht, dem zur Erde ziehenden Ahriman, der uns zur kalten, materialistischen Intellektualität verlockt, und dem zu schwärmerischer Mystik verleitenden Luzifer. Er ruft uns auf, zwischen beiden das Gleichgewicht zu halten. «Die Menschen der Gegenwart haben es sehr notwendig, Christus mitten hineinzustellen zwischen Ahriman und Luzifer. Christuskraft muß

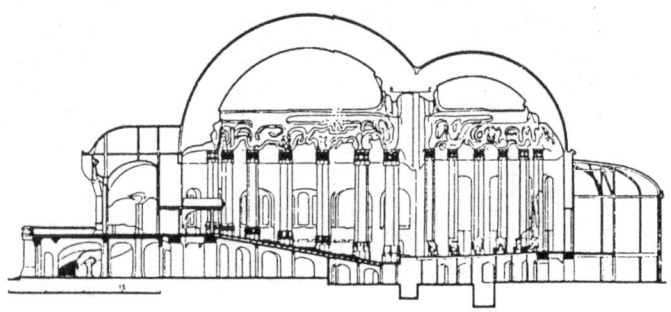

Längsschnitt des Ersten Goetheanums. Gesamtlänge des Sockelgeschosses: 80 m; des Saalgeschosses: 60 m. Gesamthöhe: 34 m. Die Innenschale der Saalkuppel war 26 m hoch, die höchste Säule 14 m. Der Raum faßte 900 Sitzplätze. Dornach 1912.

uns durchdringen.»[264] Das drückt Steiner auch aus in der von ihm geschnitzten, großen hölzernen Figurengruppe, die Christus zwischen Ahriman und Luzifer zeigt.

In der Christusfigur «manifestiert sich zugleich das, was Steiner als die Offenbarung Michaels[265] bezeichnet hat». Der Hinweis auf den Erzengel ist ein Appell, «der sich sowohl an den Erkenntniswillen wie an die Bereitschaft zu einem erkenntnisgetragenen Tun wendet».

1922 fällt das Erste Goetheanum in der Silvesternacht einer Feuersbrunst zum Opfer, ein Fall, der nie ganz aufgeklärt werden kann. Doch scheint der Brandstifter in den Flammen umgekommen zu sein, da man zwischen den geschwärzten Trümmern ein Skelett fand.

1924 begann Steiner mit dem Wiederaufbau, wählte aber diesmal Stahlbeton als Baumaterial, Symbol für den Menschen, der sich einer «Technik» bedient aus den inneren Kräften heraus.[266]

Immer wieder spricht Steiner von dem wesentlichen Auftrag Michaels in unserem Jahrhundert. Es gilt für uns, die ahrimanische Wissenschaft zu nutzen, ohne ihren Kräften zu verfallen. Bei dieser Aufgabe kann uns Michael helfen.

«Entscheidend muß dasjenige werden, was Menschenherzen mit dieser Michael-Angelegenheit der Welt im Lauf des zwanzigsten Jahrhunderts tun. Und im Laufe dieses zwanzigsten Jahrhunderts [...] wird die Menschheit entweder am Grabe aller Zivilisation stehen oder am Anfang desjenigen Zeitalters, wo in den Seelen der Menschen, die in ihrem Herzen Intelligenz mit Spiritualität verbinden, der Michael-Kampf zugunsten des Michael-Impulses ausgefochten wird.»[267]

Steiner starb am 30. März 1925, der von ihm gegebene Impuls wurde durch die Anthroposophische Gesellschaft weitergetragen.

Kapitel 32

DIE MAGISCHE MYRIAM-BRUDERSCHAFT

Wer war Giuliano Kremmerz? Der Name entspricht einem magischen Anagramm, nicht einmal einem Pseudonym. 1898 ist von ihm in Neapel *Il Mondo Secreto. Arriamento alla Scienza dei Magi* erschienen. Über ihn wissen wir nur, daß er 1930 gestorben ist, nachdem er längere Zeit in Amerika und in Südfrankreich gelebt hat. 1974 sind seine Werke in Rom unter dem Titel *La Scienza dei Magi* wieder aufgelegt worden. Der Mensch tritt hier ganz hinter seine Botschaft zurück. Aber die ist wesentlich.

«Arbeitet an euch, bis euer Inneres aufsteigen kann zu einem vergotteten, durch und durch reinen, veredelten Typus und ihr werdet euch selber und eure Mitmenschen heilen.»

Der dritte Band der Neuauflage seines Werks enthält den «Katechismus der Myriam-Bruderschaft» *(Catechismo della Fratellanza di Myriam)*. Was Kremmerz hier darstellt, hat Anklänge, die wir auch bei den Rosenkreuzern und bei Steiner finden: die «Vierheit» im Menschen z. B. Nach Kremmerz ist der Mensch eine Wesenheit, deren Glieder sich aus den vier symbolischen Grundelementen des Universums zusammensetzen. Er besitzt einen

SATURN-Leib   oder physischen Leib, der ißt und sich Äußeres einverleibt, sich erneuert und reproduziert;

einen MONDEN-Leib   oder Ätherleib, der seine Kraft aus dem physischen Körper bezieht, wie der Mond das Licht von der Sonne;

einen MERKUR-Leib   oder Seele; ihr entspricht der Verstandesmensch mit Flügelhaube und Flügelschuhen, in direktem Kontakt mit Jupiter, dem ‹höheren Ich›;

einen SONNEN-Leib oder Geist, das ist seine göttliche Individualität.

Diese vier Leiber sind so innig miteinander verbunden, daß jede Zelle, jedes Atom des materiellen Körpers in den anderen dreien mitenthalten ist. Wird ein Mensch von niederen, saturnischen Empfindungen dominiert, so verschließt sich ihm die Möglichkeit sonnenhaften Wahrnehmens. Ist im Gegenteil das Sonnenhafte zu stark betont, so leiden die Körperfunktionen des irdischen Leibes und werden behindert. Das ideale Gleichgewicht zwischen den vieren stellt der griechische Hermes dar, für den der «philosophische Merkur» ein Symbol ist.

Der Sonnenleib hat Anteil an der höchsten Stufe des Lebens, nicht nur im irdischen Bereich, auch im ganzen, unendlichen Kosmos. Im Menschen manifestiert er sich als Weisheit und Macht; ihm entspricht MAG, die theurgische, göttliche Kraft.

Schließen sich mehrere Personen zusammen mit der Absicht, ein bestimmtes Ziel zu erreichen oder ein Programm zu verwirklichen, so bilden sie eine «Willenskette». Davon gibt es eine große Zahl. Vom sozialen oder wirtschaftlichen Ziel bis zur Gefühls- oder Familienbindung ist darunter alles vertreten, was man sich nur vorstellen kann. Religionen bilden endlose Ketten auf magischer Grundlage. Die strenge Ritualisierung von Zeichen und Gesten, der sich eine ganze Gruppe von Menschen gleichzeitig unterwirft, löst Kraftströme aus, die auf jedes Glied der Kette wie ein Verstärker wirken.

Die Therapeuten der Antike bildeten eine «Seelenkette»; auch wenn jeder von ihnen einzeln in seiner Zelle saß, konnten sie auf diese Weise sogar Fernheilungen von Kranken vornehmen. Philo Alexandrinus hat ausführlich darüber berichtet.

Heute wissen wir, daß diese «therapeutische Kette» den tierischen oder menschlichen Magnetismus verstärkt hat, der in jedem von uns ist; ein natürlicher, den Erdkräften entströmender Magnetismus, ursprünglich ausgehend von der einen, einzigen Energie, die den Makrokosmos lenkt und beherrscht.

Entsprechende Übungen erlauben eine Vervielfachung des menschlichen Magnetismus, der sogar im Kosmos gespeichert werden kann wie in einem riesigen, unsichtbaren Akkumulator, um dem Heiler bei Bedarf zur Verfügung zu stehen.

Die natürliche Magie bedient sich dieses unendlichen Kraftreservoirs an magnetischer Energie. Deshalb kann man nicht eigentlich von «weißer» oder «Engelsmagie» im Gegensatz zu «schwarzer» oder «Teufelsmagie» sprechen. Rein oder unrein ist nur die Seele des Heilers oder Magnetiseurs, der sich dieser Kräfte bedienen kann.

Kremmerz, der uns zeitlich am nächsten stehende der «Meister», hat gelehrt, wie man diese im Unbewußten jedes Menschen ruhenden, latenten Energien entwickeln kann, um sie ausschließlich für die leidende Menschheit nutzbar zu machen.

So wie Steiner den Impuls der alten, verlorengegangenen nordischen Mysterien wie in einem Brennpunkt gesammelt und dem Stand der heutigen Zeit entsprechend weitergegeben hat, so finden wir bei Kremmerz eine Wiederbelebung der antiken mediterranen Weisheit, gehoben auf die heutige Stufe. Das Pendant zu Steiners Wiederentdeckung gälischer und druidischer Kulte ist bei Kremmerz die der hermetischen Macht ägyptischer Hierophanten, die mit Pythagoras nach Italien gekommen war.

Der in aller Welt wirkenden Anthroposophischen Gesellschaft, deren oberstes Ziel die Geisteswissenschaft ist, stellt Kremmerz die Tag für Tag wiederholte magische Handlung der «betenden Seelen» zur Seite, miteinander verbunden, um Kräfte frei zu machen und zu entwickeln, die der Fernheilung Kranker dienen.

Diese Heilerkette nennt sich *«Therapeutisch-Magische Myriam-Bruderschaft»* und besteht aus Frauen und Männern, die sich das freiwillige Ziel gesetzt haben, durch ein reines, gottgefälliges Leben die himmlischen Kräfte in sich zu entwickeln und sie gleichzeitig in den Dienst am Kranken zu stellen, damit die geistig weniger Fortgeschrittenen, die an verschiedenen Krankheiten leiden, gesunden können.

Kremmerz stellt die *Myriam-Bruderschaft* als einen Zusammenschluß menschlicher Willenskräfte dar, die zum Wohl der Menschheit wirken, eine Vereinigung auf wissenschaftlicher

Basis, deren Mitglieder auf diese Weise besser ihrer Aufgabe gerecht werden können, den Mitmenschen mit allen psychischen Kräften zu unterstützen, die sie willensmäßig in Bewegung zu setzen vermögen. Dieser Wille ist von jeglichem Egoismus gereinigt, getragen nur vom Bewußtsein, anderen Gutes zu tun. Erwartet wird weder Geld noch Ehre.

Myriam ist ein Seelenaspekt, ein Augenblick der Glückseligkeit, wenn die Menschenseele wieder rein und jungfräulich wird, um den Christus zu gebären, den göttlichen Geist, der unsere Erdensubstanz mit der seinen durchtränkt und erlöst.

Wer unsere Bruderschaft finden will, erklärt Kremmerz, muß bereits verstanden haben, daß die Welt des Kosmos dem Menschen nicht fremd ist und der Mensch eine Einheit bildet mit der Gesellschaft, der er angehört als winzige Körperzelle. Deshalb betrachtet er die Menschen auch nicht als fremde Einzelpersonen, von denen er getrennt ist auf ewig durch ihre Individualität, sondern als Blut von seinem Blute, Fleisch von seinem Fleisch, Denken von seinem Denken . . .

Das ist die Laienfrömmigkeit, der die Pythagoreer der Schule von Kroton nachgeeifert und nachgelebt haben; der ewige Impuls der namenlosen, selbstlosen Liebe. Wohin auch der Blick fällt, da ist Leiden, schreibt Kremmerz. Aber wer leidet? Die Materie. Der menschliche Geist, der göttlichen Ursprungs ist, fühlt Schmerz nur in Abhängigkeit von seiner stärkeren oder schwächeren Bindung an die Materie. Wenn der Geist die Materie zu ertragen hat, leidet er mit ihr; wenn er sie beherrscht, dann heilt er sie . . .

Jeder menschliche Körper strahlt eine Aura aus, die, vom Willen gelenkt, einen kranken Körper einhüllen kann, um dem Ungleichgewicht der Energien darin entgegenzuwirken, sie zu harmonisieren und ihm die Gesundheit zurückzugeben.

So ist also das Geheimnis der Therapeuten übertragen worden auf die moderne Myriam-Bruderschaft und ihre Seelenkette. Mit den seelischen Astralkräften lindern und heilen sie alle Krankheiten.

Wo sind sie zu finden?

Überall und nirgends wie die Rosenkreuzer. Eine Seelenkette, die aus dem Verborgenen wirkt.

Kapitel 33

FERN VON GOTT: DIE GROSSE APOSTASIE

Der Sprung in die unmittelbare Gegenwart konfrontiert uns mit den dramatischen Ereignissen, die man Tag für Tag in der Zeitung lesen kann: Chronik jetzt, nicht mehr Geschichte. Das geht die ganze Welt an, alle Völker der Erde.

Die modernen Medien erlauben uns nicht mehr, die Wirklichkeit abzuschieben und zu ignorieren, sie ist im wahrsten Sinn des Wortes weltumspannend, «global». Es gibt kein Plätzchen auf dieser Erde, das abgelegen genug wäre, um nicht Fernseh- oder Radiowellen empfangen zu können. Niemand kann sich mehr in seine eigene Welt verschanzen und ein Inseldasein führen. Niemand kann «ich» sagen, ohne dabei nicht auch «die anderen» einzubeziehen, deren Not eine stumme Anklage ist für einstmals begangenes, himmelschreiendes Unrecht.

Der Mensch hat seinen Fuß auf den Mond gesetzt und für diese Landung Tausende von Milliarden verpulvert, während die Völker der Dritten Welt ihr Recht auf Leben verlangen, eine menschenwürdige Existenz ohne Krankheit und Hungersnöte fordern.

In einer Zeit gefährlicher Widersprüche leben wir, hin- und hergerissen zwischen dem geistigen Prinzip, das uns immer schneller die Geheimnisse des Universums enthüllt und den niederen Instinkten, die Haß und Nekrophilie entfesseln, in einem namen- und gesichtslosen Krieg aller gegen alle, unheilvoller Vorbote der Apokalypse.

Wie Baudelaire gesagt hat, besitzt der Mensch Kräfte in seinem Inneren, in den Tiefen des Ich, deren Wirkung die Spuren der Erbsünde auslöscht. Sie könnten unsere irdische Wohnstätte in ein wahres Paradies verwandeln. Statt dessen aber horten wir gefährliche Sprengstoffe und spielen damit so verantwortungslos herum, daß wir Gefahr laufen, dem Leben auf der Erde den Garaus zu machen.

Unsere Zeit erinnert an die Lage in Atlantis knapp vor der großen Katastrophe, als im Menschen die sterbliche über die göttliche Natur die Überhand gewann. Nur sieht es so aus, als ob heute die Menschen auf einer bewußteren Stufe ihre Wahl treffen würden. Sollte die Erde zugrunde gehen im kosmischen Raum, so wäre das aufgrund des bewußten Selbstzerstörungstriebs ihrer ichbegabten Einwohner.

Sollte aber, im gegenteiligen Fall, die ganze Erdenmenschheit sozial und politisch eines Sinnes werden, so nur deshalb, weil sie endlich, als Ganzes, die Einweihung auf Menschheitsstufe empfangen hätte, nach schweren Prüfungen in Form von Kriegen, ökologischen Katastrophen, rassischen Zerwürfnissen, sprachlichen und kulturbedingten Mißverständnissen, wirtschaftlichen Ungerechtigkeiten, sozialen Unruhen, religiösem Fanatismus. All dies wäre den Proben vergleichbar, die der Neophyt durchmachen müßte, der in die antiken Mysterienkulte aufgenommen werden wollte.

Nach Steiner besteht das Wesentliche des Christus-Mysteriums darin, daß die Christus-Kraft, die wirklich in Jesus von Nazareth als Mensch lebte, die beiden Arten möglicher antiker Einweihung – die des Hinuntersteigens in den physischen Leib und den Ätherleib (wie sie von den Essäern praktiziert wurde) und die des sich Ausgießens in den Makrokosmos (der Weg des Mithras-Mysteriums) in ihrer irdischen Inkarnation tatsächlich erlebt hat, als reales, historisches Leben, und sie damit für die anderen Menschen nachvollziehbar gemacht hat in gewissem Sinn: Christus hat den Menschen vorgelebt, wie man mit den Gefahren des eigenen Inneren fertig werden kann in der Versuchungsgeschichte.

In Gethsemane wird erlebt, wie «der von der Seele verlassene Leib seine eigenen Angstzustände» zeigt, «wie die Seele sich weitet in der Welt, und wie der Leib verlassen wird». «Und alles was dann folgt, soll in der Tat schildern das Hinausdringen in den Makrokosmos; die ‹Kreuzigung›, und was mit der ‹Grablegung› dargestellt ist, und alles, was sich sonst in den Mysterien vollzogen hat».

Die Darstellung dieser beiden Aspekte sind für Steiner die wesentlichen Pfeiler des Matthäus-Evangeliums. Nun lebt diese Christuskraft in der ganzen Menschheit, wer Christus nachlebt, kann beides als Individualität mit seinem eigenen Leben nachvollziehen, ohne die äußere Notwendigkeit von «Mysterien». Ihre Weisheit ist durch den historischen Christus für die Menschheit allgemein erreichbar geworden.

Allerdings befinden wir uns jetzt in einem Wettlauf mit der Zeit. Es wäre nicht nötig, daß die Menschheit durch unsägliches Leiden auf den Weg kommt, den Christus gewiesen hat. Es würde genügen, *an der entscheidenden Wegkreuzung die richtige Wahl zu treffen.* Sonst führt der Weg zur Kreuzigung der ganzen Menschheit auf ein kollektives Golgatha. Es wäre wirklich nicht nötig. Muß es einen Karfreitag der gesamten Menschheit geben?

Auf der ganzen Welt ist ein Verfall der alten Wertvorstellungen, ein Zusammenbrechen überkommener Institutionen und Traditionen im Gange, die «Dritte Welt» fordert ihr Recht auf menschenwürdiges Überleben, ihr Anrecht auf Arbeit, Wissen, Gesundheit, auf ein wenig Glück und Lebensfreude. Wie ein Sturmwind geht dieses Erwachen über die Völker der Erde, zwischen der westlichen Zivilisation und den anderen Kulturen findet ein Ausgleich statt, ein Informationsfluß, ein Austausch von Gütern, der regulierend wirkt, aber auch Ungerechtigkeiten, die in Jahrhunderten gewachsen sind, schlagartig aufzeigt, die Probleme bewußt macht.

In diesem chaotischen Durcheinander aus herzlicher Anteilnahme am Unglück, das Menschen auf der anderen Seite des Erdballs betroffen hat (die spontanen Spenden für Erdbebenopfer zeigen das deutlich), aus Rassenhaß und Habgier, Betroffenheit, Angst und nekrophilen Instinkten, in dieser brodelnden Suppe widerstreitender Gefühle und Bewegungen wächst das Neue heran; ein Mensch, der die Stärke hätte, mit seinem gefestigten, durch die Christuskraft befruchteten Ich die Widersachermächte und ihre Weisheit zum Guten zu nutzen.

Bücherwissen kann zum zündenden Funken werden in den richtigen Händen, die damit neue Wege ausleuchten. Oder es verkommt zur starren, toten Konservenweisheit, die niemandem nützt (das wäre Ahrimans Wirkung). Beides ist heute möglich. Aber wir nähern uns dem Punkt, bei dem auch die Umkehr ein kollektives Golgatha nicht mehr verhindern kann, weil zu viele «Ich» sich eine Art Plastikhaut übergestülpt haben, die den «osmotischen Austausch» mit der Mitwelt nicht mehr ermöglicht, sie blind macht gegenüber den Warnungen von außen. (Auch dieses Sich-Abschnüren ist ein ahrimanischer Zug. Er hat nicht unwesentlich zur gegenwärtigen *Gottferne* beigetragen. Unglücklicherweise verwechseln das viele Menschen mit ihrem Emanzipationsstreben von starr gewordenen kirchlichen Institutionen.)

Die gefährliche, von der Apokalypse verkündete Apostasie ist schon mitten unter uns. Nicht die Atheisten tragen Schuld an ihr, die sich enttäuscht abgewandt haben, weil für sie der Gott in den Kirchen aus Stein eben bloß ein toter Gott ist, und sie Christus noch nicht erkennen. Schuld ist der Riß, der durch die Kirchen selber geht, sie aufspaltet in eine «Kirche des Herzens» und eine «Kirche aus Stein», schuld sind jene Priester, die bloß mit dem Kopf für die Kirche des Herzens streiten, und sie damit nicht weniger verraten als andere, die aus reinem Machtgelüste auf seiten der Machthaber und der Wohlhabenden stehen, schuld sind die falschen Jesusbilder und Jesushalluzinationen, die durch ahrimanische und luziferische Impulse in die Institutionen hineingekommen sind. Denn Jesus ist weder der Schutzpatron der Börsenspekulanten und Konzerninhaber, noch ein Prophet des Klassenhasses, oder gar Terrorist. In den Herzen aller Menschen lebt die Christuskraft, wenn sie bereit sind, sich ihr zu öffnen.

Sicher ist es heute schwieriger als früher, die brüderlich-schwesterliche Botschaft im Sinn des wahren Christus-Mysteriums aus den Evangelien aufzunehmen und weiterzutragen. Sie selber im Herzen zu spüren, zu leben, und in Tat umzusetzen. Es ist deshalb so schwer, weil heute die Umwertung aller Werte stattfindet, und es vielen nicht leichtfällt, von selber zu Christus zu finden, ihn von selber zu sich zu bitten, nachdem er jahrhundertelang von einer Priesterminderheit manipuliert, verwaltet und monopolisiert worden ist.

Der Atheismus ist so gefährlich, weil er blind macht gegenüber all den Kräften, die tatsächlich in uns wirken, er richtet sich gegen ein falsches Gott- und Teufelsbild und trifft nicht den Kern der Angelegenheit. Es tritt eine Lauheit, eine Entfremdung gegenüber allem Religiösen ein, und damit geht das Wissen um die gefährlichen, irrationalen Energien, die in der Menschenseele wirken, schlicht und einfach verloren. Damit büßen wir nur allzu leicht die Fähigkeit ein, diese Kräfte, die wie ein reißender Strom, eine Sintflut sein können, zu kanalisieren und in die richtigen Bahnen zu lenken. Denn an sich sind sie weder «bös» noch «gut». Sie können zu beidem gelenkt werden, je nachdem, an welchen Ort sie kommen; an den «richtigen» oder an den «falschen». Seit Christus auf Erden wirkt, ist das Richtige möglich für die Menschheit als Ganzes. Aber wir sind noch immer nicht tief genug *christianisiert*. Wir stehen erst am Anfang der «Durchchristung».

Am größten wird die Gefahr stets in Umbruchzeiten, daß ein Prozeß sich zum schlechteren, statt zum Besseren wendet. Die außerordentliche Bedrohung und Gefährdung, der sich die Erdenmenschheit heute gegenübersieht, vor den Entscheid der *Umkehr* gestellt wie der verlorene Sohn des Evangeliums, hat schon Hermes Trismegistos vorausgesehen. Im *Aesculap (XIII, 25-26)* findet sich folgende Stelle: «[...] Du weinst, oh Aesculap! Aber es gibt noch traurigere Dinge. Die Apostasie ist das schlimmste aller Übel [...] Man wird dem Licht die Finsternis vorziehen, niemand wird mehr zum Himmel emporblicken. Der Gläubige wird für verrückt, der Dumme für weise, der gedankenlos Vorpreschende für tapfer, der Böse für den edelsten Menschen gehalten werden. Ist denn die Seele, mit all dem was zu ihr gehört, sterblich? Kann sie erhoffen, die Unsterblichkeit zu erringen? Alles was ich Dir sage und noch sagen werde, wird die Menschen zum Lachen reizen und für Unsinn gehalten werden. Glaub mir, selbst für den, der einst der Vernunft Altäre errichtet, wird es die Todesstrafe geben. Man wird neue Gesetze erlassen, ein neues Recht sprechen. Kein Wort mehr, das des Himmels würdig wäre, keine religiöse Überzeugung mehr, kein heiliger Glaube. Bejammernswert ist die Trennung von Gott und Mensch! Es bleiben nur die an die Materie gebundenen, unter die elende Menschheit gemischten Engel. Die halten den Menschen fest, stiften ihn an zu verbrecherischen Handlungen, zu Krieg und Verrat, zu allem, was der Seele in ihrer innersten Natur zuwider ist.

Die Erde wird ihr Gleichgewicht verlieren, die Jahreszeiten ihren Rhythmus, das Meer wird ohne Fische bleiben, kein Schiff wird es mehr befahren können, der harmonische Lauf der Gestirne wird beeinträchtigt sein. Jede von Gott inspirierte Stimme wird zum Schweigen verdammt, die Früchte der Erde werden verderben, sie selber wird unfruchtbar sein. Selbst die Luft wird drückend werden wie das Blei. So wird das Greisenalter der Erde aussehen: Gottlosigkeit und Chaos, die Verwirrung aller Regeln, die Verirrung des Guten. Wenn dies alles sich erfüllt haben wird, oh Aesculap, dann wird der Herr und Vater, der höchste Gott, dem die Einheit der Welt untersteht, diese Übel mit seinem Willen und seinem göttlichen Erbarmen zum Guten wenden; um dem Irrtum und der allgemeinen Verderbnis ein Ende zu bereiten, wird er die Welt durch Wasser oder Feuer oder Kriege und Epidemien vernichten, um ihr dann die ursprüngliche Schönheit wiederzugeben. [...]»

Nach der großen Katastrophe, wenn die Radioaktivität wieder abgesunken sein wird auf ein erträgliches Maß, werden die letzten Überlebenden der heutigen Menschheit aus den dunklen Schlupfwinkeln unter der Erde hervorkommen, und sie werden die Sonne sehen und auf die Knie fallen, Dank und Gebet im Herzen.

Alles das ist schon irgendwann geweissagt und niedergeschrieben worden, innerhalb alter Mysterienkulte, verschlüsselt in der Bibel, den Evangelien, der Apokalypse.

Esoterik wird es immer geben, solange Menschen wie Dante bereit sind, den inneren Weg zu gehen von der «tiefsten Schuld» zum «höchsten Heil».

Das verborgene Wissen, das sich befruchten läßt vom profanen, es sich einverleibt und es verbessert, ist die sicherste Botschaft der Hoffnung in der Zeit der Verzweiflung. So wie das Hermeswort, das Alter und Tod der Erde vorwegnimmt in der Zeit ihrer Jugend, schon den tröstlichen Gedanken der Auferstehung mit einfließen läßt und verheißt.

Was auch immer der Mensch für eine Entscheidung trifft auf dem Kreuzweg (viel Zeit bleibt ihm nicht mehr); er wird weiterbestehen, selbst wenn die Erde nicht mehr bewohnbar sein sollte und für ihn eine andere Inkarnationsmöglichkeit gesucht werden müßte. (Oder wird er selber auswandern können in die Weite des Alls, auf der Suche nach einer neuen Heimat?)

Der Mensch ist sterblich und unsterblich, menschlich und göttlich, irdische und himmlische Substanz, Bürger der Welt und Bürger des Alls. *Mensch, erkenne dich selbst! Dann wirst du die andern erkennen, und letztlich auch Gott!*

NACHWORT

Wir sind am Ende des Buches, soweit ein solches Buch zu Ende gehen kann. Daß sich die Mysterien unserem Zugriff entziehen, die Geheimnisse nicht enthüllt sind, mag offenbar geworden sein. Wir stehen vor Trümmern alter Weisheit – in einer neuen Zeit mit anderen Zwängen und anderen Geheimnissen. Sie offenbaren sich nur dem Finder. Wer sich krampfhaft bemüht, bringt sich in Gefahr.

Es kann nicht genug davor gewarnt werden, «Esoterik» als Ersatz für die verschwundenen religiösen Inhalte unseres täglichen Lebens zu «konsumieren»: Esoterik als Rausch, als sehnsuchtstillende Droge, als Reise auf den Trampelpfaden eines exotischen Seelentourismus. Das alles ist nichts. Es bringt das größte Gut in Gefahr, das der Mensch heute hat: Sein sich in Jahrtausenden langsam formendes «Ich». Und dieses Ich soll erhalten bleiben, soll sich dem neuen Geheimnis stellen, neue religiöse Inhalte wahrnehmen – *die endlich wirklich verstandenen, alten Inhalte des Christentums,* die früh verraten, nicht wirklich verinnerlicht, dem Machtmißbrauch geopfert, teilweise verfälscht und fehlgedeutet wurden. Auch eine «geoffenbarte Wahrheit» bleibt Mysterium; historisch enthüllt sie sich nur schrittweise und erscheint immer anders.

Der Weg, die Wahrheit und das Leben: Ist das nicht Geheimnis genug? Es begreift in sich alle anderen Geheimnisse. Wer Gene zerschneidet und Atome zertrümmert, findet es nicht. Er bleibt an der Oberfläche, genau wie der «falsche» Alchemist, der Gold machen will und vergißt, daß Geist und Seele ganz werden sollen.

Angelika Theile-Becker

ANMERKUNGEN

KAPITEL 1

[1] Serge Hutin, *Hommes et civilisations fantastiques,* Paris 1970.

[2] *Enciclopedia della Scienza e della Tecnica.*

[3] A. A. Macdonell, *A Vedic Reader for Students,* Oxford 1917.

[4] 11. Tafel des *Gilgamesch-Epos.* Deutsche Ausgaben: Hartmut Schmökel, Berlin, Köln, Mainz 1966. 5. Ed. 1985. Albert Schott – Wolfram von Soden. Stuttgart 1958.

[5] *Popol Vuh, Das Buch des Rates. Mythos und Geschichte der Maya.* Aus dem Quiché übertragen und erläutert von Wolfgang Cordan, Köln 1982. Beide Zitate auf Seite 36.

[6] *Bibel, Buch Genesis:* 5, 7; 5, 11; 7, 21; 7, 23.

[7] *Timaios,* in: Platon, *Spätdialoge,* Band II der sechsbändigen Artemis-Ausgabe, Zürich und Stuttgart, 1969. Der Antlantis-Kurzbericht des Kritias im *Timaios*-Dialog bringt folgende Erklärung für die Unvollständigkeit von Solons Erzählung: «Wenn er die Geschichte [...] fertig ausgearbeitet und sich nicht veranlaßt gefühlt hätte, sie wegen der Unruhen und anderer Übelstände, die er bei seiner Rückkehr hier vorfand, zu vernachlässigen, dann wäre nach meiner Meinung weder Hesiod noch Homer noch sonst ein Dichter berühmter gewesen als er.» (197/98).

[8] *Kritias,* in op. cit., Band II: Atlantis-Bericht, 316–330. Beide Male wird der Bericht Kritias in den Mund gelegt, dessen Großvater gleichen Namens ihm direkt von Solon mitgeteilt erhalten hatte. Der Kritias der Dialoge war noch ein Knabe, als ihm sein Großvater den Solon-Bericht erzählte.

[9] *Quetzalcóatl* ist der toltekische Name für «Grüne Federschlange». Das entsprechende Maya-Wort lautet *Cucumatz.* Bei den Maya von Yucatán heißt derselbe Gott *Kukulkán. Quetzalcóatl* war auch der Titel des toltekischen Priesterkönigs. Im historisch-mythologischen Teil des *Popol-Vuh* tritt der historische Quetzalcóatl, der um das Jahr 1000 den Zug der Tolteken von Tula nach Yucatán und Guatemala führte, unter dem Namen *Nacxit* auf. *Quetzalcóatl* als Gott hat verschiedene Funktionen und kann dementsprechend auch unter verschiedenen Namen in Erscheinung treten. Als Regenspender und Donnerer heißt er *Tohil* bei den Maya.

KAPITEL 2

[10] G. Kremmerz, *La Scienza dei Magi,* Rom 1974 (Nachdruck), vol. I, 23. Das Griechische *Magheia,* wovon sich *Magia, Magie* ableitet, steht in sprachgeschichtlichem Zusammenhang mit dem avestischen *Mag, Megh, Magh.*

Sowohl im Avestischen wie im Mittelpersischen (dem Pehlevi der Sassaniden) bedeutet das Wort «Weiser», «vollkommener Priester».

[11] J. Marquès-Rivière, *Histoire des doctrines ésoteriques*, Paris 1940.

[12] Esoterisch gesehen mag der Schleier für die Unüberwindlichkeit der «astralen Schwelle» gestanden haben. Die astrale Welt legte sich wie ein Schleier zwischen Mensch und geistige Welten höherer Sphären, wie eine subtile Wasserschicht teils verhüllende Wolke (oder Schleier), teils klarer Spiegel, der – wenn auch gebrochen – den Blick in die oberen Regionen freigab (für den, der ihn zu ertragen vermochte).

[13] J. Marquès-Rivière, op. cit.

[14] Hermes Trismegistos, *Corpus Hermeticum*. Nach der französischen Fassung von A. J. Festugiére/A. D. Nock zitiert: *Hermès Trismègiste*, I–IV, Paris 1945–54.

KAPITEL 3

[15] Plutarch, *De Iside et Osiride*

[16] ibid.

[17] G. Kremmerz, op. cit., 1. Band, 184 ff.

KAPITEL 5

[18] Andrew Thomas, *Les secrets de l'Atlantide*, Laffont, Paris 1969

[19] Platon, *Timaios,* op. cit., 196, 199

[20] Platon, *Timaios,* op. cit., 310, 312

[21] Platon, *Timaios,* op. cit., 202, 203

[22] Platon, *Kritias,* op. cit., 327

[23] Platon, *Kritias,* op. cit., 329

[24] Platon, *Kritias,* op. cit., 329

[25] Platon, *Kritias,* op. cit., 330

[26] Andrew Thomas, op. cit

[27] Andrew Thomas, op. cit

[28] Rudolf Steiner, *Aus der Akasha Chronik* (1904–1908), zit. aus: Taschenbuch, Dornach, 1983[5], 44 u. ff.

KAPITEL 6

[29] Der älteste und wichtigste Veda, der *Rig-Veda*, ist eine Sammlung von 1028 Götterhymnen, die bis ins zweite vorchristliche Jahrtausend reichen. Hinzu kommen der *Sàma-Veda*, der *Yajur-Veda* und der *Atharva-Veda*. Die Sprache der Veden, die später das kanonische Schrifttum des Brahmanismus darstellt, ist eine der beiden altindischen Sprachformen, die literarisch erhalten sind. Die andere ist das Sanskrit. Eine deutsche Auswahl vedischer Texte fin-

det sich u. a. in: *Älteste indische Dichtung und Prosa*, Ed. Klaus Mylius, VMA-Verlag, Wiesbaden. In deutscher Sprache existiert noch: Julius Grill, *Hundert Lieder des Atharva-Veda*, Stuttgart 1889. Sonst muß man für die Veden auf englische Übersetzungen zurückgreifen: Ralph T. H. Griffith, *The Hymns of the Rigveda*, 4 Bände, Benares 1890-92. Maurice Bloomfield, *Hymns of the Atharvaveda*, Oxford 1891.

[30] *Agni* ist wurzelverwandt mit dem lateinischen *ignis*, Feuer.

[31] *Rigveda* X, 121, 1–10, in Griffith, op. cit., Bd. IV., 355 f. Hiranyagharba, ‹Goldkeim›, ist in der spätvedischen Theologie Indiens ein Begriff für den Urgott und Weltschöpfer.

[32] Hartmut Schmökel, op. cit., zit. nach der Ed. von 1972², 96 ff. Bei A. Schott – W. von Soden, op. cit., auf 86, ff. In der Übersetzung von Schmökel lautet die Stelle:

«Ich goß ein Trankopfer aus auf dem Gipfel des Berges.
Sieben und abermals sieben Räucherschalen stellte ich hin
und füllte sie mit Süßrohr, Zedernholz und Myrte.
Die Götter rochen den Duft,
Die Götter rochen den süßen Duft,
Die Götter scharten sich wie Fliegen um das Opfer.»

[33] Fritz Wolf, *Avesta*, Straßburg 1910.

[34] Die Sprachverwandtschaft des ebenfalls indogermanischen Avestischen mit dem Englischen, Lateinischen und Deutschen zeigt sich auch in der Wurzelverwandtschaft von *maiynu* mit lateinisch *mens*, englisch *mind*, deutsch *meinen*.

[35] Wurzelverwandt sind auch die lateinischen Wörter: *anima* (Seele, Hauch, Geist) und *animal* (Tier), mit dem griechischen *anemos* (Wind).
Das lateinische *astrum* (Gestirn) kommt vom griechischen *astron* (Stern, Gestirn). Begriffe wie *Astralkörper, Astralfluid* sind davon abgeleitet.

KAPITEL 7

[36]) Nach Eliphas Levi, *Geschichte der Magie*, I, 82/83, Basel 1973 (Nachdruck der deutschen Ed. von 1926, München, Planegg, ist das angeblich im Tarot fortlebende *«Buch Toth»* ein Alphabet gewesen, «in welchem alle Buchstaben Ideen, alle Ideen Zahlen und vollkommene Zeichen waren». Der vollkommenste Schlüssel dazu sei möglicherweise «die Abschrift einer Isis-Tafel aus dem Besitz des Kardinals [...] Bembo», die im Werk Athanasius Kirchers über Ägypten verzeichnet ist. Der Jesuit vermutete, «daß sie den hieroglyphischen Schlüssel der heiligen Alphabete enthält.»

[37] *Fragmente des Manethon*, Ed. Müller, FH 6 II, 511. Siehe unter dem Stichwort «Manethon» in Pauly-Wissowa.

[38] Aus der Leidener Sammlung, *Ägypt. Sammlung des Niederländischen Reichsmuseums der Altertümer in Leiden*, Ed. Holwerda, Boeser u. a. I-XIV. Leiden 1905–32.

[39] *Das Totenbuch der Ägypter*, eingeleitet, übersetzt und erläutert von E. Hornung, Zürich, München 1979 (Artemis). Thematisch behandelt wird das Totengericht insbesondere in den Sprüchen: 1, 6, 15, 18, 30 B, 5, 40, 27, 125, 137 A, B. 30, 147, 29.

[40] *Ein Denkmal memphitischer Theologie,* Sethe, Dramat. Texte, 1 Abhandl. d. Preuß. Akad. d. Wissensch., 1939, nr. 23.

[41] *Diodorus Siculus,* Loeb Classical Library (griechischer Urtext mit englischer Uebersetzung und Anmerkungen); *Diodors von Sizilien historische Bibliothek.* Griechische Prosaiker in neuen Übersetzungen, Osiander, Schwab, Stuttgart 1827.

KAPITEL 8

[42] Siehe 39).

[43] Die geflügelte Himmelsgöttin Nut, Schützerin der Toten, verschmilzt mit einer Baumgottheit, von der die Toten erquickt werden (der Göttin der Sykomoren) zur synkretistischen Einheit. Begünstigt wurde diese Entwicklung durch die Beziehungen Nuts, der Königin des Sternenhimmels, zur ebenfalls geflügelten Göttin Hathor. Siehe Rusch, A.: «*Die Entwicklung der Himmelsgöttin Nut zu einer Totengottheit*», in Mitt. d. Vorderasiat. – Ägyptolog. Gesellschaft, 1922, 27. Jhg., 1. Siehe auch unsere Abb. 37.

[44] Ernest Renan, *Marc Aurèle,* 579.

[45] Alfred Schütze, *Mythras Mysterium und Urchristentum,* Stuttgart 1937; zit. nach Ed. 1960, 144/145.

[46] ebenda, 17. Wolf Dietrich Berner, *Initiationsriten und Mysterienreligionen, im Gnostizismus und im antiken Judentum,* Diss., Göttingen 1972, 47
Speziell bei Justin, *Apologie,* 66; Tertullian, *De Praescriptione Haereticorum,* 40.

[47] A. Schütze, ibid., 174.

KAPITEL 9

[48] *Popol Vuh, Das Buch des Rates,* Mythos und Geschichte der Maya, aus dem Quiché übertragen und erläutert von W. Cordan, 29.
Leonhard Schultze Jena, *Popol Vuh, Das Heilige Buch der Quiché-Maya,* Stuttgart und Berlin, 1944, 4 ff.

[49] Wolfgang Cordan, ibid., 141.

[50] *Chilám Balám, El libro de los libros,* México 1948; in deutscher Sprache: Taschenbuch bei Knaur, P. Arnold, *Das Totenbuch der Maya,* o. J. Übersetzung aus dem Franz. *Le livre des morts Maya,* Paris 1978.

[51] Wolfgang Cordan, ibid., 30.

[52] Wolfgang Cordan, ibid., 31.

[53] Wolfgang Cordan, ibid., 32.

[54] Wolfgang Cordan, ibid., 33.

[55] Wolfgang Cordan, ibid., 34–37.

[56] Wolfgang Cordan, ibid., 102.

[57] Wolfgang Cordan, ibid., 103.

[58] Wolfgang Cordan, ibid., 105.

KAPITEL 10

[59] Clemens Alexandrinus, *Protrepticus und Paedagogus,* hrsg. v. O. Stählin, Leipzig 1936², II, 21, 2 (GCS).

[60] Hippolyt, *Refutatio* V, 8, 40. Siehe Berner, op. cit., 20, 248.

[61] Homer, *Hymne an Demeter;* Pindar, *Threnoi,* Fr. 10. «Selig, wer jenes geschaut hat und so unter die Erde geht. Er kennt das Ende des Lebens, er kennt auch den Anfang.»

[62] Rudolf Steiner, *Mysteriengestaltungen,* Dornach 1923, 3.

KAPITEL 11

[63] Pythagoras lebte von 570 bis 496 v. Chr., Buddha von 560 bis 480 v. Chr.

[64] Von Herakleides von Pontos haben sich nur wenige Fragmente erhalten. Dieser «eifrigste Pythagoreer aller Platoniker» lebte um 360 v. Chr. Er wußte, daß die Erde sich um ihre eigene Achse dreht. Seine astronomischen und physikalischen Lehren haben einen bedeutenden Einfluß ausgeübt, auch auf Persönlichkeiten wie den Physiker Straton, den Arzt Asklepios. Siehe Fritz Wehrle, Heft VII, *Die Schule des Aristoteles: Herakleides von Pontos,* 1953. Siehe auch Daebritz (über Herakleides Pontikos) in *Pauly-Wissowa.*

[65] *Platons Dialog Gorgias,* übersetzt und erläutert von Otto Apelt, Leipzig 1914, Ed. Meiner. Das Werk besteht aus drei Hauptteilen, im zweiten werden die Pythagoreer erwähnt, im dritten u. a. Gleichnisse des Pythagoras angeführt. Der Dialog *Gorgias* gehört zu den mittleren platonischen Schriften und entstand etwa um 392 v. Chr.

[66] Jamblichos, *Vita Pyth.,* p. 237/38. Jamblichos, ein Schüler des Porphyrios, lebte zur Zeit Konstantins des Großen. Dieser neuplatonische Polygraph verfaßte ein zehnbändiges Werk über die Pythagoreer, von dem nur die Pythagoras-Biographie auf uns gekommen ist. Er hat noch aus der verlorengegangenen Pyhtagoras-Vita des Apollonius von Tyana schöpfen können. Jamblichos gilt als wenig seriös im Vergleich zu Porphyrios. Siehe Walter Burkert, Herausgabe, Übersetzung und Kommentar von: *Die Pythagoras-Viten des Jamblichos und Porphyrios,* in: Eine altertumswissenschaftliche Reihe, ed. O. Gigon, F. Heinimann, O. Luschnat.
Grundlegend ist P. Boyancés Arbeit «Sur la vie pythagorienne» (in der Revue des études grecques Nr. 52, 36), wo er den Beweis erbringt, daß der ganze Bericht von Jamblichos und von Porphyrios (Por., *Vita Pyth.* 96–100) über das Leben der Pythagoreer aus Aristoxenos übernommen wurde, der sich auf die Zeugnisse ihm persönlich bekannter Pythagoreer um 370 v. Chr. berufen hatte. Die hier angeführte Anekdote findet sich ebenfalls bei Diogenes Laertios, dessen Quelle zweifelsohne Aristoxenos gewesen ist. Von Diogenes Laertios sind Fragmente über Pythagoras erhalten geblieben. In deutscher Sprache existiert: Diogenes Laertios, *Leben und Meinungen der Philosophen,* übersetzt von Otto Apelt, Leipzig 1921; Jamblichos, *Vom pythagoreischen Leben,* Text und Übersetzung von M. von Albrecht (Titel: *Pythagoras, Legende, Lehre, Lebensbeschreibung*), Artemis Verlag, Zürich 1963. Von der *Vita pyth.* des Porphyrios ist noch erwähnenswert die lateinische Ausgabe:

Vita Pythagorae in *Opuscula selecta,* ed. Nauck, Leipzig 1886.

[67] Plutarch, *De Iside et Osiride,* 80, gibt eine Mischung aus sechzehn verschiedenen Stoffen an: Honig, Wein, Rosinen, Zypresse, Terebinthenharz, Myrrhe, Rosenholz, Sesel (ein Doldenblütler), Mastix (Pistacia lentiscus, Mastixbaum), Judenpech (ein schwarzer Balsam), große und kleine Wacholderbeeren, Zitronengras (Andropogon Schoenantus, in der Antike oft als Juncus odoratus bezeichnet), Gartenampfer, Kardamomen und Kalamus.

In der Antike variieren, je nach Autor, die angegebenen Rezepte. Siehe Reutter de Rosemont, *Historie de la pharmacie à travers les ages,* I, 27, 28, 94, 95, Paris 1931. Siehe auch: Galenus, *De Antidotibus* (II, 2), Dioskorides (*Materia medica,* I, 24), Victor Loret, *Le Kyphi ou le parfum sacré des anciens Egyptiens,* 1885; Berendes, *Die Pharmacie bei den alten Kulturvölkern,* Halle 1891.

[68] Von der Spätantike bis zur Neuzeit wurden die Goldenen Verse sehr geschätzt, sie sind in zahlreichen Manuskripten, Drucken und Übersetzungen auf uns gekommen. Erwähnt sei hier nur die lateinische Ed. von K. E. Günter, *Carmen aureum,* 1816; eine deutsche Version von Wilhelm Binder (1810 bis 1880) im Band *Antike Lyrik* (Hrsg. Carl Fischer) München 1964, 398. Gute Kommentare finden sich in: B. L. van der Waerden, *Die Pythagoreer,* 6. Kapitel, 148 ff. (zusammen mit einer vorzüglichen Übersetzung von H. Schmitz, Zürich, die wir hier übernehmen. Waerdens Buch ist jedem zu empfehlen, der sich gründlich und zuverlässig über die Pythagoreer informieren will). G. Méautis, *Le livre de la sagesse pythagoricienne* (Übersetzung und Kommentar), Paris 1938; P. C. van der Horst, *Les vers d'or pythagoriciens* (krit. Ed. mit Kommentar), Leiden 1932.

KAPITEL 12

[69] Plinius d. Ä., Nat. hist. V, 17, 4 (I, p. 210, 21 ff.).
«Gens sola et in toto orbe praeter ceteras mira, sine ulla femina, omni venere abdicata sine pecuna, socia palmarum.»

[70] Philo von Alexandrien, *Quod omnis probus liber sit.* Nur die zweite Hälfte dieses Werks ist überliefert. Philo spricht darin zu seinem sonst unbekannten Schüler Theodot, um ihn von der Wahrheit des stoischen Lehrsatzes zu überzeugen. Jeder Tor sei ein Sklave, jeder Weise ein Freier. Unter den Gruppen von Weisen, die genannt werden, befinden sich auch die Essener, in einer breit angelegten Schilderung innerer Gemeinschaft. Ein zweiter Bericht von ihm über die Essener teilweise (der zweite Teil davon) in der *Vita contemplativa.*
Im Pauly Wissowa (Stichwort «Essäer») wird nachgewiesen, daß Philo der Hauptgewährsmann für Josephus Flavius gewesen sein muß. Beide Autoren sind laut Pauly Wissowa als Quelle über die Essäer mit Vorsicht zu betrachten, da sie die Verhältnisse nicht aus eigener Anschauung gekannt hätten. Nach der Auswertung der Schriftrollen von Qumran und einer Reihe anderer Forschungen erscheint Philo (der tatsächlich in den Orden eingeweiht gewesen sein dürfte) wieder als vertrauenswürdigerer Gewährsmann. Siehe Hugh. J. Schonfield, *Die Essener,* Südgellersen 1985 und Dr. Edward Bordeaux Szekely, *Die Schriften der Essener,* drei Bände. Eine krit. Ausgabe der Werke Philos in lateinischer Sprache ist erschienen in Leipzig, 1828–1830 (M. L. E. Richter, 8 Bände).

Mod. krit. Ausgabe, griech.: L. Cohn, P. Wendland, S. Richter. 7 Bände. Index: Leipzig, Berlin, 1896–1930.
Deutsch: *Die Werke Philos von Alexandrien in deutscher Übersetzung,* hrsg. von I. Cohn, Breslau 1909. 6 Bände. Philo lebte zur Zeit Caligulas.
Jüngste Übersetzung: *Philo, with an English Translation by F. H. Colson and G. H. Whitaker* (LCL), London-Cambridge-Massachusetts, 1962 ff.
Wir zitieren die philonischen Quellen als:
pr., vit. con. und *ap.* (Apologia)
Über die Anzahl der essenischen Adepten: *pr.* 1. 72–74.

[71] Von Iosephus Flavius existieren zwei Schriften über die Essener, im *Jüdischen Krieg (De bell.* II, 119–161, Ed. Niese) und in der *Jüdischen Archäologie . . .* ein Kurzbericht (*ant.* XVIII, 11.18-22). Gelegentliche Hinweise begegnen uns in: *De bell.* I, 78. II 113. 567. III.11. V.145. Und in *ant.* XIII 171–173. 298.311. XV.371.372 f. 378. XVII.346;
Das Lob der Essener in *ant.* XV 371. vergleicht die Essener mit den Pythagoreern.

Erste kritische Ausgabe von B. Niese: *Flavii Josephi opera edidit et apparatu instruxit Benedictus Niese.* 6 Bände, 1888–1895.
Die alten deutschen Übersetzungen sind ungenügend: Neuausgabe: Flavius Josephus: *De Bello Judaico, der jüdische Krieg,* zweisprachige Ausgabe der sieben Bücher, hrsg. v. O. Michel und O. Bauernfeld, Darmstadt 1959.
Josephus: With an English translation by R. Marcus, vol. VII–IX: *Jewish Antiquities.* Books XII–XX. Cambridge-Massachusetts-London 1961–1965.
Gut ist auch die alte wissenschaftliche Übersetzung ins Französische, von Th. Reinach, Paris 1900. Seit 1980 gibt es den *Jüdischen Krieg* und die *Jüdische Archäologie* in einer Goldmann-Taschenbuchausgabe.

[72] Philo, *pr.* 1, 76; *ap.* 4; *pr.* 1, 85.86.

[73] Philo, *pr.* 1, 85.86.

[74] Josephus Flavius, *De bell.* II, 128.

[75] Josephus Flavius, *De bell.* II, 129.
Nach Angabe W. D. Berners, op. cit. (Diss.), stimmen die Angaben von Josephus Flavius im wesentlichen überein mit den *Qumran-Texten,* wenn auch nicht mit Präzision (p. 174, 176).

[76] Philo, *Pr.* 1, 79; *ap.* 4; *ant.* XVIII, 21 von Josephus Flavius.

[77] Philo, *pr.* 1, 83, 84; Josephus Flavius, *De bell.* II, 139–142.
Nach Berner, op. cit. (Diss.), 200 u. ff., stimmen – wenn man die Qumran-Texte zum Vergleich heranzieht – «Eid» und «Bund Gottes» als Synonyme zu betrachten. Aufnahme in die Gemeinschaft bedeutet auch Aufnahme in den erneuerten Bund mit Gott. Inhaltliche Forderungen des Eintrittsseides nach Josephus und Grundpflichten der Essener (nach *1 QS I, 1–11*) stimmen überein. Siehe: *Die Texte aus Qumran,* hebräisch und deutsch, mit masoretischer Punktuation, Übersetzung, Einführung und Anmerkungen, hrsg. v. E. Lohse, Darmstadt 1964.

[78] Philo, *ap.* 14–17, Josephus Flavius, *De bell.* II 120, 121.

[79] Philo, *pr.* 175; Josephus Flavius, *ant.* XVIII, 17.

[80] Rudolf Steiner, *Das Matthäus-Evangelium,* zwölf Vorträge, gehalten in Bern vom 1.–12. September 1910. Dornach 1925[1], p. 116 u. ff. Im *Matthäus-Evangelium* I, 1–17, werden die 42 Generationen von Abraham bis Jesus aufgezählt. Zwischen Ostern und Auffahrt liegen übrigens genau 42 Tage.

[81] Über die Träume der Therapeuten; bei *Philo, ap.* 26.

410

[82] Jamblichos, *Über die Geheimlehren*, Leipzig 1922, übersetzt von Th. Hopfner, nach dem Text der griech. krit. Ausgabe von G. Parthey, Berlin 1857. Nachdruck: Schwarzenburg 1978. Zitat: 120/121, IV 2.

[83] Über die Heilung von Kranken durch die Therapeuten, siehe Philo, *ap.* 11, 7, über die Essener.

Solche unkörperlichen Begegnungen und Gespräche zwischen räumlich weit voneinander entfernten Brüdern werden in der Bibel angedeutet mit dem Zusatz «bei der Nacht». Jesus begegnet Nikodemus «bei der Nacht», d. h., es findet keine körperliche, sondern eine seelisch-geistige Begegnung zwischen beiden statt.

[84] *Lukas-Evangelium*, 3, 23–38; hier werden die 77 Ahnen Jesu von Joseph bis Adam, der sich von Gott herleitet, aufgezählt. Die gegebene Deutung findet sich bei Rudolf Steiner, *Das Lukas-Evangelium*, Zehn Vorträge, Basel 15.-24. September 1909.

KAPITEL 13

[85] *Deuterojesaja*, 40, 15.

[86] *Psalmen* 90, 4.

[87] *2. Chronik* 6, 1.

[88] *Ex.*, 20, 3.

[89] G. Scholem hat 1923 eine kommentierte deutsche Übersetzung des *Buches Bahir* veröffentlicht. Siehe seinen Artikel in der Encyclopedia Judaica, vol. VIII, Sp. 969–979. In diesem Werk finden sich bedeutende Reste gnostischer Äonenspekulationen von jüdischer Seite, die auf eine viel ältere Zeit zurückgehen. Nach Scholem ist eine der Quellen des *Buches Bahir* die verlorene Schrift *Rasa Rabba* («Das große Mysterium»), von der sich aber größere Zitate auch in den Schriften jüdischer Mystiker in Süddeutschland bis ins 13. Jhd. finden (dort als *sefer ha-gadol* bezeichnet). Auch das *Buch Jezira*, das zumindest sprachlich der Merkaba-Mystik nahesteht, und auf das sich die Kabbalisten später häufig berufen, enthält gnostisches Gedankengut. Das schmale Büchlein stammt aus der Zeit zwischen dem dritten und sechsten nachchristlichen Jahrhundert. G. Scholem, *Die jüdische Mystik* (op. cit.), 80, 81.

[90] *Mischna* kommt von der Wurzel *snb*, den «überlieferten Stoff lernen». Ursprünglich bezog sich der Begriff auf das ganze mündliche Gesetz. Dazu gehörte auch die Interpretation der Heiligen Schrift (*Midrasch*) und der nicht im geschriebenen Gesetz enthaltenen mündlichen Vorschriften (*Halacha*). Daß die Gelehrten dazu oft volkstümliche Legenden heranzogen, um die Schriften auszuschmücken oder den Sinn gewisser Regeln bildhaft zu erläutern, ist verständlich: die *Haggada*, die neben dem einfachen Wortsinn auch eine symbolische Bedeutung hat und später zu mystisch-theosophischen Spekulationen führt. *Midrasch*, *Halacha* und *Haggada* werden zu wesentlichen Elementen der *Kabbala*. Gerade daß die *Halacha* von den Mystikern als eine Art Sakrament betrachtet wurde, und man ihr damit symbolische Bedeutung zuschrieb, sollte für die *Kabbala* von entscheidender Bedeutung werden. Siehe G. Scholem, *Die jüdische Mystik in ihren Hauptströmungen*, Zürich 1957 (*Major trends in jewish mysticism*, 1937), 1. Kapitel, insb. p. 30 u. ff. (Neudruck Frankfurt 1967).

Die im 2. Jhd. von Juda ha-Nasi kodifizierte *Mischna*, in die angeblich bis auf Moses zurückgehende, mündlich überlieferte Gesetze eingeflossen sind, neben aus Schrifttexten abgeleiteten Vorschriften oder daraus gezogenen logischen Folgerungen, nimmt auch die hauptsächlichsten Lehren der Tannaiten auf. Das waren die Gesetzeslehrer bis etwa 200 n. Chr. Heute besteht sie aus 63 Traktaten, die sich auf 525 Kapitel verteilen und das Leben der jüdischen Gemeinde regeln. Eine gute Zusammenfassung über Inhalt und Entstehung findet man unter dem entsprechenden Stichwort im dtv-Lexikon *Die Bibel und ihre Welt*, Band 4, 983 u. ff., Hrsg. G. Cornfeld u. G. D. Botterweck, Februar 1972 (Bergisch Gladbach 1969).

[91] *Ezechiel*, 10; insb. 10,8-17. Eine neue Interpretation der Merkaba Ezechiels bindet sich auch im *Sohar. Zur Merkaba-Mystik* im allgemeinen, die eine Art Einweihung erfordert, siehe bes. Scholem op. cit., 2. Kapitel, Merkaba-Mystik und jüdische Gnosis. Die älteste jüdische Mystik überhaupt ist die Thronwagen-Mystik, sie taucht schon im *Buch Henoch* auf (3.–5. Jhd. n. Chr.), einem typischen Literaturdenkmal früher jüdischer Esoterik. Hier finden sich die gleichen Merkmale wie in der späten Merkaba-Mystik; eine Verbindung der Apokalyptik mit Theosophie und Kosmogonie. Wichtig sind die *Hechalothtraktate*, nach Scholem noch vor dem *dritten Henochbuch* anzusetzen. In den älteren *Kleinen Hechaloth* wird von einem «Aufstieg» in die Merkaba gesprochen, während die *Großen Hechaloth* vom «Abstieg» reden!

[92] Unter dem Namen *Thora* (d. h. hebräisch «Gesetz») faßt man die fünf *Mosesbücher* zusammen: *Genesis, Exodus, Leviticus, Numeri* und *Deuteronomium*. Vieles darin entstammt eindeutig nachmosaischer Zeit. Heute ist man der Ansicht, daß sich die ‹Mosesbücher› aus vier bis fünf verschiedenen Quellen zusammensetzen. Siehe z. B. M. Noth *Überlieferungsgeschichte des Dentateuch*, 1960⁴. Siehe auch Steuernagel 1912, A. Weiser 1957, O. Eißfeld 1964³; 1961². Die Literatur zum Thema ist unerschöpflich.

[93] In der jüdischen Mystik ist die *mündliche Überlieferung* nicht bloß das, was von Generation zur Generation vom Meister zum Schüler nur in Gesprächen weitergegeben wird. Mit «mündlicher Überlieferung» umschreibt man auch das, was man selber durch die innere Schau erfährt. Einen diesbezüglichen Hinweis gab Prof. Weinreb in einem seiner Vorträge über die jüdische Mystik (November 1983, Bern). Vielleicht könnte man also von einer «esoterischen» und einer «exoterischen» Bedeutung dieses Begriffes sprechen. Ähnlich wie Weinreb äußert sich Scholem, op. cit. p. 22, 23, 24. «Der Sinn für Tradition ist im Judentum stets besonders tief ausgeprägt gewesen, und sogar die Mystiker, die doch in Wirklichkeit zweifellos diese Tradition durchbrachen, haben ihn bewahrt und gelangten dadurch dazu, ihre Theorien vom Ineinanderfallen der wahren Intuition und der wahren Tradition aufzustellen. Diese Theorie hat auch eine so paradoxe Erscheinung wie die lurianische Kabbala, das einflußreichste und auch schwierigste System der späteren Kabbala, möglich gemacht» (p. 23).

[94] In deutscher Sprache liegt als Taschenbuch vor: *Der Sohar, Das Heilige Buch der Kabbala*, nach dem Urtext ausgewählt, übertragen und herausgegeben von Ernst Müller. Auf der Grundlage der Wiener Ausgabe von 1932. Diederichs Gelbe Reihe, Düsseldorf, Köln 1982. Eine komplette Übersetzung des *Sohar* existiert nur in englischer Sprache. (*The Sohar*, translated by Harry Sperling and Maurice Simon, 5. vol, London 1931–1934). Dank der Forschungen Gershom Scholems und seines Schülers M. C. Cadari über die Besonderheiten des Aramäischen, in dem der *Sohar* geschrieben ist, steht heute prak-

tisch fest, daß der Autor des «echten Sohar» Moses de Leon gewesen sein muß. «Eine genaue Untersuchung der hebräischen Schriften Moses de Leons und ihres Verhältnisses zum *Midrasch ha-ne'lam* und den verschiedenen Teilen des *Sohar* hat mich nun davon überzeugt, daß wir es hier in der Tat mit einer einzigen Persönlichkeit zu tun haben, deren Produktivität wir alle diese Schriften verdanken» (G. Scholem, op. cit., Kapitel V, 211.) Nach Scholem ist das Aramäische des *Sohar* eine künstliche Literatursprache, die aus dem Geist des Hebräischen lebt und die Sprache des 2. Jahrhunderts, die Schimon ben Jochai gesprochen haben mag, bloß nachzuahmen sucht. Scholem fiel es leicht, dem Autor des *Sohar* die Benützung ungenannter mittelalterlicher Quellen nachzuweisen, die es erlauben, den *Sohar* gegen Ende des 13. Jhds. zu datieren (G. Scholem, op. cit., p. 117 u. ff.). Nach Scholem ist (ibid. 199) der älteste Teil der Schriften des *Sohar*, in dem Schimon ben Jochai zunächst noch kaum erwähnt wird, der *Midrasch ha-ne'lam* zu den ersten Abschnitten der *Thora (Sidras)* und zum *Buch Ruth*. Der Hauptteil, der sich um die Figur Schimon ben Jochais und seiner Schüler rankt, bildet zusammen mit dem älteren laut Scholem den «echten Sohar», während aufgrund seiner Untersuchungen die *Ra'ja Mehemna* und die *Tikkunim*, die in sehr schlechtem Aramäisch geschrieben sind, als Nachahmung betrachtet werden müssen (ibid., 185). Siehe auch Gershom Scholem, *Hat Moses de Leon den Sohar verfaßt?* (hebräisch: *Madda'e ha Jahaduth*, vol. 1(1926), p. 16–29, Menachem Z. Cadari, The *Grammar of the Aramic of the Zohar* (hebräisch).

⁹⁵ *Das Buch Bahir*, ins Deutsche übersetzt und kommentiert von G. Scholem. Leipzig 1923.
Das Scholem-Zitat stammt aus dem zitierten Werk über Die jüdische Mystik (p. 192).

⁹⁶ Nach Scholem ist der letzte bedeutende Kabbalist der verstorbene Oberrabbiner von Palästina A. J. Kook, *'oroth ha kodesch*, Jerusalem 1938 (3 Bände, aus dem Nachlaß).

⁹⁷ Im 12. Jhd. der deutsche Chassidismus mit Samuel Chassid aus Speyer, seinem Sohn Juda, der Chassid aus Worms, und dessen Schüler und Verwandten Eleasar ben Juda: Judas Werk ist der *Sefer Chassidim*, das «Buch der Frommen»; neben die Merkaba-Mystik tritt im Chassidismus auch eine Gebetsmystik. Um 1200 finden sich in Frankreich und Spanien gesonderte Kabbalistengruppen. Besondere Bedeutung erlangte Abraham Abulafia mit seiner «prophetischen Kabbala». Doch ist von ihm so gut wie nichts in andere Sprachen übersetzt worden, da seine Werke auch für Uneingeweihte eine praktische Einführung in die Meditationstechnik der Mystiker gewesen wären; Isaac Luria (1534–1572) und Moses ben Jakob Cordovero (1522–1570), aus Sared, sind auch beide Vertreter der neueren Kabbala, obschon gegensätzlicher Art. Danach verdient die mystische Häresie des Sabbatai Zwi aus dem 17. Jhd. hier genannt zu werden, die beim *Tikkun* der lurianischen Kabbala ansetzt, der Wiederherstellung der ursprünglichen Harmonie durch das irdische Medium eines mystisch gedeuteten Judentums. Siehe G. Scholem, op. cit., die entsprechenden Kapitel. In Polen blühte – neben dem Sabbatismus – eine bedeutende chassidische Strömung. Die ethische Kabbala der genannten Richtung ist die letzte Ausprägung jüdischer Mystik. Der wesentliche Unterschied zu früher liegt nicht in der Aussage an sich, sondern in der Spontaneität des Gefühls, der Betonung des Psychologischen (siehe etwa die Schriften Rabbi Bärs von Meseritz). Die echten Chassidim sind mystische Moralisten, die das einfache Volk an ihren Erfahrungen teilhaben lassen.

[98] *Der Sohar*, zit. Ed. 1982, p. 40.

[99] Neben der Vorschriftensammlung, die unter dem Namen *Mischna* bekannt geworden und von Rabbi Juda veranlaßt worden ist, haben sich wenige andere Sammlungen teilweise erhalten. Vollständig ist die *Tossefta*, in deren Mischnajot man auch von der Mischna abweichende Gelehrtenmeinungen findet, und die ergänzend herangezogen wird *(tosoefet* heißt «Zusatz»), um schwierige Mischna-Stellen zu erklären. Im *Talmud* sind noch Reste anderer Sammlungen enthalten. (Unter *Talmud* versteht man die gelehrten Diskussionen und praktischen Handhabungen des jüdischen Gesetzes in den Akademien Palästinas und Babylons, die während den Jahrhunderten nach Vollendung der *Mischna* in zwei großen Sammelwerken aufgezeichnet worden sind: babylonischer und palästinensischer Talmud).

[100] Für die Verflechtung von Tradition und Neuerung in der Kabbala ist typisch, daß wesentlich ältere Mystiker und Gelehrte als Gewährsmänner oder Autoren vorgeschoben werden und man sie zu literarischen Protagonisten der mystischen Gespräche macht, das ist ganz und gar nicht mit einer Täuschungsabsicht verbunden. Es mag die Überzeugung da sein, durch eigene innere Schau die Lehren jenes Gewährsmanns aufgenommen zu haben. Eng damit in Zusammenhang steht die jüdische Konzeption der ‹mündlichen Überlieferung›; siehe Fußnoten 93 und 94. Daß man Schimon ben Jochai lange Zeit für den wirklichen Autor des *Sohar* gehalten hat, wonach der Text bis zum Moment der Aufzeichnung mündlich überliefert worden wäre, macht aus Moses de Leon – der sich im Grunde mit dem Vorschieben Schimons an eine literarische Tradition hält – noch lange keinen Schwindler. Dazu ausführlich G. Scholem in op. cit., 5. Kapitel, *Der Sohar. Das Buch und seine Verfasser*, 171–223.

[101] *Sohar* I, 223 b; II, 34 b; III, 135 b und 292 b. Siehe Scholem, op. cit., p. 261, p. 437, Fußnote 118. Über das ‹Böse› der dämonischen Hierarchien ibid., Fußnote 123.

[102] *Sohar* I 186 b; III, 7 a. Laut Scholem ist die Seelenwanderung kein ursprünglich kabbalistischer Gedanke, sondern könnte, da sie erstmals im südfranzösischen Buch *Bahir* auftaucht, von den Katharern übernommen worden sein (Scholem, op. cit. über die jüd. Mystik, p. 274/75). Nach jüdischer Auffassung ist der Gilgul auch nicht die Regel, sondern betrifft nur die läuterungsbedürftigen Seelen.

[103] *Sohar* I 83 a–b. In der deutschen Fassung, op. cit., p. 130–132.

[104] *Sohar*, Aus II 42 a–43 a. Die deutschen Zitate aus op. cit. p. 66 und p. 67. Über die zehn Sefiroth und die zehn Engelsstufen wird auch in diesem Teil des *Sohar* gesprochen.

[105] *Sohar*, Ed. zit. 1982, p. 74–75 (aus III 288 a–b).

[106] Siehe Fußnote 101. Es war mir nicht möglich, zu überprüfen, ob man in diesem Fall tatsächlich einen ähnlichen Gedankengang annehmen kann, wie bei Steiner, der z. B. in seiner *Akasha-Chronik* jedenfalls von früheren Inkarnationen der Erde spricht (TB Dornach 1975, p. 109–164). Die kabbalistische ‹Vier-Welten-Lehre›, die insb. von und ab Cordovero in der *Kabbala* entwickelt wurde, hat damit jedenfalls nichts zu tun. Über die Entwicklung dieser Lehre, siehe Scholem in «Tabriz», vol. II, p.415–442; vol. III, p. 33–86. Bei Cordovero findet sie sich insb. in *Pardess rimmonim*, Kap. 16: *Aziluth* (Welt der Emanation; die Welt Gottes); *Beri'a* (Welt der Schöpfung, des Thrones, der Merkaba und der höchsten Engel); *Jezira* (Welt der Formen, Hauptsitz der Engel); *Asija* (Welt des «Herstellens» als geistiges Urbild der materiellen

Welt). Gott tritt in jeder dieser Welten in Erscheinung, in immer dichteren Verhüllungen (Scholem, op. cit. zur jüd. Mystik, p. 298/99).

[107] Der höchste Engel vor Gottes Thron ist in der jüdischen Thronmystik *Metatron*, ein Name, der ursprünglich gebildet wurde, um *Jahoel* als mystischen Ausdruck zu ersetzen. Die Etymologie ist unklar und hat wohl nichts mit griech. *Metathronios* zu tun. In der klassischen Merkaba-Mystik findet sich keine Gleichsetzung Metatrons mit der Erscheinung der Glorie auf dem Gottesthron, er ist einfach der höchste Engel. Mit Beginn des zweiten nachchristlichen Jahrhunderts wird der Patriarch Henoch mit dem Engel Jahoel und auf diesem Weg auch mit Metatron identifiziert. In den Apokalypsen und der älteren Thronmystik lautet der Name noch Jahoel. Die Liste der «siebzig Namen des Metatron» (7. bis 11. Jhd. n. Chr.) führt als ersten Namen immer Jahoel an. Im *Talmud* selber ist er nur dreimal erwähnt. Metatron belehrt die zur Merkaba gelangenden Mystiker. Zu den wichtigsten Dingen, die im Henoch-Buch durch ihn dem Rabbi Ismael mitgeteilt werden, gehört die Beschreibung des «kosmischen Schleiers» vor dem Thron, der die Glorie Gottes von den Engelscharen trennt. Eine Parallele dazu findet sich in dem gnostischen Werk *Pistis Sophia*, das in koptischer Sprache erhalten ist. In deutscher Sprache existiert eine Übersetzung; *Das Evangelium der Pistis Sophia*, Valentinus aus dem 2. Jahrhundert n. Chr. zugeschrieben, Hermanes T. Verlag. C. M. Siegert, Bad Teinach - Zavelstein 1987. Das wirklich interessante Werk enthält viele wichtge Einsichten, ist aber, in den Reuegesängen der Pistis Sophia, von einem Haß geprägt, der zu denken gibt. Der Christus der Liebe, es fließt noch ein fremdes Element mit ein, vor dem gewarnt sei.

[108] Siehe Amerkung 103. Die deutsche Ed. des *Sohar* weist in einer Fußnote (p. 31) auf die Analogie von Steiners drei Seelengliedern (Empfindungs-, Verstandes- oder Gemüts- und Bewußtseinsseele) zu den Seelenstufen des Sohar hin. Übersetzt wird aus dem Hebräischen: Triebseele, Geistseele, Seelenodem.

KAPITEL 14

[109] Es ist sehr fraglich, ob die Kirchenväter mit dieser Annahme recht haben. Die Überlieferung über Simon ist zu spärlich, um nachzuprüfen, ob die «gnostische Ketzerei» tatsächlich bei ihm beginnt. Jedenfalls weist seine Lehre einige Züge auf, die den späteren Gnostikern fehlen, z. B. wenn er, wie sonst nur noch sein Nachfolger Menander, sich gleichzeitig als Gott ausgibt. Nur bei diesen beiden ist der Sektengründer zugleich der vom Himmel herabgestiegene Erlöser. Hier finden wir einen ins griechische Selbstbewußtsein gekleideten Gnostizismus, was als Haltung für Griechenland und Rom nicht untypisch ist. Man denke an den Kaiserkult der Römer.
Siehe Seite 40 in: *Die Gnosis* (hrsg. v. C. Andresen), I, *Zeugnisse der Kirchenväter*, eingel., übers. u. erläut. v. W. Foerster, unter Mitwirkung v. E. Haenchen und M. Krause, Zürich 1969. In II, Zürich 1971, finden sich *die koptischen und mandäischen Quellen* (eingel., übers. u. erl. v. M. Krause u. K. Rudolph, mit Registern vers. u. hrsg. v. W. Foerster).

[110] Siehe Mircea Eliade, *Geschichte der religiösen Ideen*, II, 315 u. ff., Freiburg, Basel, Wien 1979 (Herder).

[111] Auf diese Quellen gestützt, unterteilt auch Foerster in *Die Gnosis*, I, Einleitung, die Gnostiker in: 1) *magisch-volkstümliche Gnostiker* (wie Simon

Magus), die z. T. noch vor dem zweiten nachchristlichen Jahrhundert anzusetzen sind; 2) *spekulative Gnostiker* (dazu gehören die Autoren spekulativer Gedankengebäude wie Basilides, Karpokrates, Markion, Valentinus); und 3) *mythologische Gnostiker* (wie Mandäer, Ophiten, Barbelo-Gnostiker), die stark der orientalischen Tradition verpflichtet sind, oft dem Christentum nahestehen und zahlreiche phantastische Elemente von vielleicht allegorischer Bedeutung in ihre Schriften haben einfließen lassen. Die spekulative Gnostik ist oft neuplatonisch orientiert, von hellenistischem und christlichem Gedankengut durchdrungen.

Ein altes, matriarchalisches Kultursubstrat äußert sich dagegen in der Gestalt der *Barbelo*, hebräisch Barbhe Eloha «in der Vier ist Gott». In die Barbelo-Gnosis fließen sexualmagische Riten ein, das geopferte Sperma soll die in der Welt gefangene göttliche Kraft befreien. Zu diesem Thema äußert sich ausführlich K. R. H. Frick, *Licht und Finsternis (Die Erleuchteten II/1)*, Graz 1975, 112 ff. (Gnosis und Neognosis, 80–200). «Die Sperma-Gnosis ist mit Sicherheit der Ausgangspunkt für alle mittelalterlichen und neuzeitlichen Geheimgesellschaften, soweit sie sexualmagische Kulte in ihre Lehren aufgenommen haben. Ebenfalls müssen in diesem Rahmen die am Rande der spirituellen Gnosis anzusiedelnden sogenannten Satanisten und ihre Lehren behandelt werden, die profanisiert im Mittelalter das Hexenwesen inspirierten und zur geistigen Basis der berühmten «Schwarzen Messen» im 19. und 20. Jhd. werden sollten (ibid. 113). Zudem muß zwischen extremen Dualisten und gemäßigteren Einstellungen unterschieden werden, wo der Dualismus beschränktere Geltung hat. Dieser Gegensatz setzt sich fort bei den mittelalterlichen Dualisten und Monarchianern. Siehe Fußnote 134, 136. Wie man sieht, ist die Vielfalt gnostischer Systeme ungeheuer. Trotz aller Unterschiede, trotz hier betonter Askese, dort betontem Libertinismus, zeigen sich doch vier Grundmotive, die sich praktisch bei sämtlichen Gnostikern finden. Foerster hat sie (in *Gnosis I*) zusammenzufassen versucht: 1) der unüberbrückbare Gegensatz zwischen dieser Welt und dem für uns gedanklich nicht faßbaren Gott; 2) die Gefangenschaft des gnostischen Selbst in der Welt; Seele und Geist sind in der Gewalt des Archonten und können sich nicht alleine befreien; 3) aus der Welt des Lichts ergeht ein «Ruf» an die Seele, um sie aus dem Dunkel zu erlösen. 4) Am Weltende kehrt das Göttliche im Menschen in seine Urheimat zurück.

Die Quellen der Kirchenväter über die Gnostiker haben nicht direkt zu tun mit dem verborgenen Weiterwirken alten gnostischen Denkens im Unter- und Hintergrund der Geschichte, das sich wie ein versteckter roter Faden von der Antike bis heute durchzieht.

[112] Nach W. Foerster, *Die Gnosis I*, 60, kann Markion nur bedingt unter die Gnostiker gereiht werden, weil bei ihm die grundlegende Vorstellung des ‹göttlichen Rufes› fehlt.

[113] *Apostelgeschichte*, 8, 9–11.

[114] Irenaeus, *adv. haer.* I, 23, 2–4:2 «Der Samaritaner Simon, von dem alle Häretiker herkommen, hat die Grundgedanken folgender Häresie. Eine Helena, die er in Tyrus, einer phönizischen Stadt, als Dirne losgekauft hatte, führte er mit sich herum und sagte, dies sei sein erster ‹Gedanke›, die Mutter von allem, durch die er im Anfang die Gedanken faßte, Engel und Erzengel zu machen. Diese Ennoia, die aus ihm hervorsprang, sei, im Wissen darum, was ihr Vater wollte, nach unten herabgestiegen und habe Engel und Mächte geboren, von denen nach ihm auch diese Welt gemacht sei. [. . .]»

416

Das gleiche Bild des ‹Hervorspringens› findet sich auch beim Valentinianismus (Ir. 2, 2) und der Barbelognosis (Ir 29, 4).

[115] Irenaeus, *Fünf Bücher gegen die Häresien.* Übers. v. E. Klebba, 2. Bde., Buch IV–V; in *Bibliothek d. Kirchenväter*, Band 1 u. 2, München 1912. Siehe auch W. Schulz, *Dokumente d. Gnosis*, Jena 1910, R. Haardt, *Die Gnosis, Wesen und Zeugnisse*, Salzburg 1967 (gute Bibliographie).

[116] Während der Blütezeit der gnostischen Systeme bemüht sich das Christentum um Universalität, verbindet sich einerseits mit der Heilsgeschichte Israels, assimiliert andererseits die griechische Philosophie. Die Theologie des Logos, das Mysterium seiner Inkarnation öffnet der Spekulation Perspektiven, die dem Alten Testament verschlossen waren. Die Risiken dieser Neuerung werden in verschiedenen Häresien sichtbar, zu denen auch der *Doketismus* gehört, der im Gnostizismus recht verbreitet ist. Der Doketismus ist eine dramatische Veranschaulichung des Widerstandes gegen die Idee der Inkarnation des Logos. Die gnostischen *Doketen* (von griech. dokeo, ‹scheinen›, ‹erscheinen›, leugneten, daß der Erlöser die Erniedrigung der Inkarnation und des Leidens am Kreuz auf sich genommen habe. Leiden und Tod habe jemand anders erduldet (der Mensch Jesus oder Simon von Zyrene, je nach gnostischem System). Christus selbst habe nur einen Scheinleib angenommen, (Mircea Eliade, *op. cit.*, 2, 346). Bei den *Valentinianern* inkarniert Christus zwar auf Erden und nimmt Tod und Leiden auf sich, doch wird er nicht mit einem *materiellen,* sondern nur mit einem *psychischen* Leib ausgestattet, «aber mit unendlicher Kunst so zubereitet, daß er sichtbar, betastbar und leidensfähig ist» *Die Gnosis,* 1 184, Irenaeus über Ptolemäus). Nach den älteren christlichen Gnostikern (Karpokrates, Markion) ist Christus erst bei der Jordantaufe auf Jesus heruntergestiegen (ein Gedanke, den Rudolf Steiner übernimmt), hat ihn vor der Kreuzigung aber wieder verlassen.
Der schärfste Doketismus spricht aus dem System des Basilides: Jesus habe die Juden verlacht, die nicht bemerkt hätten, daß an seiner Stelle Simon von Zyrene gekreuzigt worden sei.

[117] Hippolytos (um 160 – nach 235), *Philosophumena, «Widerlegung aller Häresien* (5. bis 10. Buch), mit Zusammenfassungen über die Lehren der Simonianer, Valentinianer, Ophiten, Sethianer und Periaten. Übersetzung von Konrad v. Preysing in *Bibliothek der Kirchenväter* (Hrsg. O. Bardenhewer, K. Weymann, J. Zellinger), Band 40. München 1922.

[118] Basilides nach Hyppolit, in Foerster, *(Die Gnosis, I,* 84–99. Clemens Alexandrinus, *Strom. IV, Par 83,* 1, stellt fest, daß auch dem Jesus von Basilides ein ‹Sündigen› zugeschrieben wird (wenn nicht im Leben des Martyriums, so in einem früheren. Im basilianischen System ist der Reinkarnationsgedanke lebendig).
Nach Hyppolitos ist Jesus als «Erstling der Artenscheidung» bei Basilides ein Urbild und muß damit nicht sündelos sein.
Hierher gehört noch die Gestalt des «erlösten Erlösers». Er stammt aus der Lichtwelt und steigt hinunter, um die einst aus derselben Welt auf die Erde gestürzten Lichtfunken zurückzuholen. Das heißt, er ist wesensgleich mit ihnen und bedarf durch das Herabsteigen selbst der Erlösung. Da er das Urbild ist, erlöst er sich mit *(Die Gnosis I,* 26). Siehe auch Eliade, *op. cit. II. 323.*

[119] *Die Gnosis* I, 167. Zu nennen sind hier strenggenommen die beiden Sephirot *Chochma* (Weisheit, Sophia) und *Bina* (Intelligenz; «das was zwischen den Dingen scheidet»; die mythische Mutter, der Achamoth entsprechend). In der

lurianischen Kabbala werden daraus «Abba» und «Imma», «Vater» und «Mutter» im Erlösungsprozeß des «Tikkun», der wie ein neuer gnostischer Mythos anmutet. Der «Tikkun» ist die Restitution der durch den «Bruch der Gefäße» (eine Art «Sündenfall») verschütteten göttlichen Lichter an ihren ursprünglichen Ort. (Isaac Luria aus Safed lebte von 1534–1572). Der Sündenfall Adams hat freilich den *Tikkun* beinahe wieder zunichte gemacht.

[120] *Die Gnosis, I,* 198 u. ff.

[121] *Die Gnosis,* I, 31; 17; 14, 15 (Valentin nach Clemens A., Strom 13. Par. 89, 2).

[122] *Die Gnosis, I,* 144 *(Hippolyt. Ref. VI,* 29,2–36,4).

[123] Die Gnosis, I, 274. Weiteres zur Zahlenmystik im Valentinismus: ibid., 33; 250.

[124] *Die Gnosis, I,* 52, Irenaeus, *adv. haer.* I, 25, 1–6

[125] ibid.

[126] K. R. H. Frich, *op. cit.* (II/1, 154). Um 374 schloß sich Augustinus im Alter von 20 Jahren den Manichäern an. In den *Confessiones* berichtet er über seine Loslösung vom Manichäertum, etwa 12–15 Jahre nach seiner Bekehrung zum Christentum.

KAPITEL 15

[127] Der *Dialog mit dem Juden Tryphon* gehört zu den Büchern des Märtyrers Justin, die Eusebius aufgefunden und der Nachwelt bewahrt hat. Siehe Eusebius, *Historia Ecclesiastica,* 4, 18, 1. (Über Eusebius: *Handbuch der Kirchengeschichte* I (Hrsg. Hedin), Herder Verlag.

[128] Je nach gnostischem System variiert das Verständnis dieser Erlösung: Jesus als weiser Mensch, auf den eine göttliche Kraft heruntergestiegen ist, was ihm erlaubt, den «unbekannten Vater» zu verkünden (bei Karpokrates und Kerinth; die «göttliche Kraft» habe ihn aber vor der Kreuzigung wieder verlassen). Jesus, der «alles rettet, was er anzieht» (bei Valentinus); Jesus als Urbild. Bei den *Ophiten* und *Ophianern,* wo das Bild der Schlange mit dem Logos gleichgesetzt wird, trägt «Jesus» die Erwachten hinauf, wie er sie auch heruntergebracht hat. «Erwacht» ist aber, wer sich selbst erkannt hat und dadurch freier geworden ist. Hier wird die «Erkenntnis» zur Antwort des Menschen auf den «Ruf», *Die Gnosis I,* Einleitung.

KAPITEL 16

[129] Eugen von Roll, *Die Katharer,* Stuttgart 1979, 87.

[130] zit. nach Roll. op. cit., 105.

KAPITEL 17

[131] Jean Guiraud, *Histoire de l'Inquisition au Moyen Age,* Paris 1935–38.

[132] Joachim von Floris, Werke: *Concordia novis et veteris Testamenti,* Venetiis

1519; *Liber introductorius in Apocalypsin, Expositio in Apocalypsin, Psalterium decem chordarum,* Venetiis 1527. *Tractatus super quatuor evangelia,* ed. E. Buonaiuti, 1930; *De vita sancti Benedicti et de officio divino secundum ejus doctrinam.* Ed. C. Baraut, *Analecta Sacra Tarraconensia,* 24 (1951), p. 10–90. Hierzu sei nur angegeben: E. Benz, *Creator Spiritus, Die Geistlehre des Joachim von Fiore,* Eranos-Jahrbuch XXV (1956), p. 285–355. und B. Hirsch-Reich, *Eine Bibliographie über Joachim von Fiore und dessen Nachwirkung,* 1957 (Rech. Th. A. M.).

J. von Floris steht der Symbolik der biblischen Propheten nahe. Was die *Fedeli d'Amore* betrifft, die im XIX. Kapitel abgehandelt werden, so lassen wir den Begriff unübersetzt, da er doppeldeutig ist, als «Getreue Amors» und als «Getreue der Liebe» gedeutet werden kann *und wohl beides meint.* Es kommt jedoch noch ein dritter Sinn dazu: Jacques de Baisieux, ein anderer Fedele, interpretiert das lateinische A-mor in seinem Gedicht *C'est des fiez d'Amours:*» ‹A› für sich genommen bedeutet/ ‹ohne› und ‹mor› bedeutet Tod; / fügen wir's zusammen, bekommen wir ‹ohne Tod›. Zit. nach R. Ricolfi, *Studi sui «Fedeli d'Amore»* I, 63. Siehe auch Eliade, *Geschichte der religiösen Ideen* III/1, 106.

[133] Claude Fleury, *Histoire Ecclésiastique,* Paris Montalant, 1742, tome I – XXXVI. Ab XXI. Band: Jean Claude Fabre, *Histoire Ecclésiastique, pour servir de continuation à celle de l'abbé Fleury.* Siehe Band XV: «Les pauvres de Lion sont plus connus sous le nom de Vaudois» (464, 465). «Valdenses, sive pauperes de Lugduno». Siehe Döllinger, *Geschichte der gnostisch-manichäischen Sekten,* Dokumente (aus: *Collectio occitania, T. VII,* fol. 192 seq), 6. Die Waldenser bilden heute eine Kirche und zählen rund 40 000 Anhänger in der ganzen Welt. Ihr Zentrum liegt in den Kottischen Alpen, in Pellice, westlich von Turin. Während des Albigenser-Krieges hatten auch die Waldenser sehr zu leiden. Mehrere Gruppen flüchteten sich in die Bergtäler des Piemont. Während der Reformation nahmen die Waldenser Kontakt auf mit Luther, Zwingli und Calvin und wurden auf der Synode von Cianforan 1532 zu einer evangelischen Kirche. 1655 und 1686 hatten sie unter entsetzlichen Verfolgungen zu leiden, die Schweiz setzte sich aber sehr für sie ein. Erst 1848 erhielten sie, mit der *Lettera Parenti,* die Gleichberechtigung zuerkannt, was sie aus ihrer Ghettosituation erlöste. Luther lobte ihren frühen Sinn für die Reformation, Zwingli ihren persönlichen Mut. In *Das Buch der Ketzer* (Die Waldenser, 208–235) hebt W. Nigg hervor, daß Waldus im Menschenalter vor Franz von Assisi dessen Programm der apostolischen Erneuerung vorweggenommen habe. Der Kirchenhistoriker A. Hauck nennt es einen puren Zufall, daß Waldus anstatt zu einem Heiligen zu einem Ketzer wurde (*Kirchengeschichte Deutschlands,* 1903, Band IV, 862). Die Waldenser sind die ersten, die als Laien mit Laien über die Bibel in der Volkssprache diskutierten, und die waldensische Bibelübersetzung ins Französische (Ed. in Neuenburg) wurde für die französischen Protestanten ebenso bedeutungsvoll wie die Luther-Bibel für die deutschen.

[134] Bei den dualistischen Katharern (Albigenser in Italien, Albigenser in Südfrankreich) stehen einander von Ewigkeit an zwei Grundwesen entgegen: Der gute Gott des Lichtes [...] und der Gott der Finsternis [...] (Döllinger, ibid., 132. Für die Monarchianer (Concoreggier und Bagnoleser in Italien; ihre Glaubensgenossen in Nordfrankreich) ist der Schöpfer des Universums nur ein einziger, guter Gott und darum die ganze Schöpfung gut; erst der Sturz der Engel und die Verführung des Menschen durch Satan bringt das Böse in

419

die Welt (Döllinger, 157 u. ff.) und damit den Dualismus. Wesentliche Überzeugungen (Doketismus, Emanationslehre usw.) sind aber beiden gemeinsam. Zwischen den extremen Formen, die dem freien Willen keinen Raum lassen, gibt es eine breite Palette gemäßigter Bekenntnisse beider Richtungen, in denen er Platz zur Entfaltung hat und der Mensch sich weiterentwickeln kann. Siehe von Roll, *op. cit., Dualismus,* 65–77.

[135] Mircea Eliade, *Geschichte der religiösen Ideen* (op. cit.) II, 329.

[136] Siehe z. B. Ignaz v. Döllinger, *Geschichte der gnostisch-manichäischen Sekten,* München 1890, 34 u. ff. *(Beiträge zur Sektengeschichte des Mittelalters, 1. Teil).* Neudruck Darmstadt 1961. (Wissenschaftl. Buchgemeinschaft). Siehe ebenfalls 119 u. ff., über den historisch belegten Kontakt zwischen slawischen, italienischen und französischen «Katharern» und dem Streit zwischen «dualistischer» und «monarchianischer» Ausrichtung. Die Bogumilen waren gemäßigte Dualisten. Der radikale Dualismus scheint von den Paulicianern zu kommen, einer manichäischen Sekte aus Kleinasien.

[137] Zur Frage der katharischen Emanationslehre, siehe Döllinger, I, 134.

[138] Dazu paßt die Stelle bei Döllinger I, 151, der Katharer Tetricus habe in einem seiner Werke erwähnt, wenn in der *Apokalypse* und dem Hymnus bei Daniel alle Geschöpfe das Lob Gottes aussprächen, so sei dies auch von den Tieren und Pflanzen zu verstehen. Nach Döllinger ist das nur vereinbar mit dem katharischen Glaubenssatz von der Schöpfung des ‹bösen Gottes› (zu der ja Pflanzen und Tiere gehören), wenn damit die Lehre verbunden wurde, daß «auch in Tieren und Pflanzen ein höheres, dem Pleroma entstammendes Leben gefangen gehalten werde». Solche Hinweise scheinen von Rolls (und Steiners) Ansicht zu bestätigen, daß die Katharer im Grunde wußten, zur Überwindung der Zwei gehöre ein Drittes, es aber noch nicht richtig ausdrücken konnten (gemeint ist der «göttliche Anhauch», das Pneuma der Gnostiker). E. v. Roll, op. cit., 88.
Das Zitat Wilhelmine von Montgiscards habe ich bei Döllinger nicht verifizieren können.

[139] Döllinger I, 157; für die Katharer, die an die Schöpfung des «bösen Gottes» glauben, ist unsere Erde die Hölle.

[140] Döllinger I, 150 u. ff.: *Ezech. 34, 16* «Ich will das Verlorene suchen und das Verirrte wiederbringen» bezieht sich auf die in der Welt verlorenen Engelseelen, die Christus suchen geht. Die verlorenen Schafe sind die gestürzten Lichtfunken, sind Israel. Sie reinigen sich durch Seelenwanderung (ibid., 153).

[141] Döllinger, I, 182; Dokumente in Döllinger: 153, 175, 207, 217.

[142] Döllinger, I, 118: 151 u. a. a. O.

[143] Döllinger I, 69; u. a. a. O.

[144] Döllinger I, 182/83. Der Schwur war für sie etwas an und für sich Sündhaftes, wie der Ehebruch; z. U. von den Waldensern, die das Verbot des Schwörens erst von Christus herleiteten.

[145] Die Dichter des Stilnovismo, des «dolce Stilnuovo», sind die «Fedeli d'Amore». Zum Stilnovismo, siehe H. Friedrich, *Epochen der italienischen Lyrik,* Frankfurt/M., 1964, 49–83. Zum Petrarkismus, siehe ibid., 311–314.

[146] Döllinger I, zu Consolamentum und Endura: 204–228. Döllinger vertritt, gestützt auf die Inquisitionsakten, tatsächlich die Ansicht, daß die «Endura» ein freiwilliges sich Verhungernlassen gewesen sei. Allerdings hält er fest, erst in späterer Zeit hätte sich dieser tödliche Brauch bei den Katharern durchgesetzt, als man habe feststellen müssen, daß mit dem Consolamentum verse-

hene Gläubige allzu häufig das strenge Leben der Vollkommenen nicht ertragen hätten und abtrünnig geworden seien. Außerdem zählt er Fälle auf, in denen auch in späterer Zeit nach dem Consolamentum auf die Endura verzichtet worden sei. Zudem gesteht er ein, es seien wesentlich mehr Katharer nach Jahren entsetzlicher Kerkerhaft umgekommen, als durch den Scheiterhaufen oder die Endura (ibid., 226). Bisweilen sei die Endura als Selbstmord aus Angst vor den Inquisitionsrichtern gewählt worden. «Doch wird dieses Motiv nur in zwei oder drei Fällen in den Akten der beiden Gerichtshöfe von Carcassone und Toulouse erwähnt» (ibid., 225). Die Interpretation der Endura als Selbstmord übernimmt auch Eliade, *Geschichte der religiösen Ideen*, III/1, 179.

Frick, *Die Erleuchteten* II/1 (*Licht und Finsternis*, 1, 186/86) vertritt die These des psychogenen Todes und will Endura in diesem Sinn als autosuggestive Beendigung des Lebens, unterstützt durch Nahrungsentzug, verstanden haben. Seine Feststellung, wesentlich mehr Menschen seien durch Endura umgekommen als durch den Scheiterhaufen, folgt zwar dem Döllinger-Text (op. cit. 226), läßt aber die wichtige Ergänzung der Fußnote außer acht (ibid., 226, 2). Sicherlich trifft die These vom psychogenen Tod auf eine gewisse Anzahl von Fällen zu. Man bedenke jedoch, daß die Zahl der Eingeweihten, die das Consolamentum empfangen hatten, immer gering war, daß die große Masse der Gläubigen aber die *Convenenza* genügte, das Versprechen, die Geisttaufe am Sterbebett zu empfangen. Von letzteren verlangte niemand ein asketisches Leben. Für die einen wird das Consolamentum Einweihung in ein Mysterium, Wiedergeburt auf einer höheren Ebene bei Lebzeiten durch Vereinigung mit dem Heiligen Geist (und dem Menschengeist, der von der Seele durch den Sündenfall getrennt war); für die anderen ist das Consolamentum ein «Sterbesakrament», das diese Wiedergeburt auf höherer Ebene eben erst durch die Trennung der Seele vom unreinen Körper ermöglicht.

Die Quellen, in denen «Endura» als Selbstmord erscheint, sind recht zahlreich. Es steht außer Frage, daß tatsächlich nicht wenige Selbstmorde dieser Art stattgefunden haben. Doch darf man wohl davon ausgehen, daß es sich in derartigen Fällen um übereifrige Fanatiker gehandelt hat, von denen die eigentliche Essenz des Katharer-Mysteriums mißverstanden worden ist. Solche Leute gibt es innerhalb jeder Glaubensrichtung. Bei anderen Personen werden Angst und Verzweiflung zum ritualisierten Suizid geführt haben, wie das schon Döllinger andeutet.

Den grundsätzlichen Selbstmord-Charakter der Endura lehnen verschiedene Autoren strikte ab, mit ähnlichen oder nicht weitergreifenden Argumenten wie die in diesem Buch vertretenen. Siehe: Eugen Roll, op. cit., 230 u. ff. Rudolf Steiner, Exkurs in das Gebiet des *Markusevangeliums*, 96 u. ff., GA Nr. 124; Otto Rahn, *Kreuzzug gegen den Gral*, Freiburg i. B. 1939. M. M. Davy, «La mystique monastique occidentale» in *Encyclopédie des mystiques*, 4 Bände, ed. M. M. Davy, Paris 1972, zit. nach Ed. 1977, Band 2, 159–165; sie verweist darauf, daß die Katharer Mystiker waren und in ihrer Askese nicht weltfeindlicher als je irgendein Mystiker orthodoxer oder heterodoxer Prägung. «Die katharische Mystik beruht auf der Suche nach Einheit. Diese Einheit wächst im verinnerlichten Wesen, vollzieht sich stufenweise. Die vollkommenste ist die dritte und letzte Stufe; das Consolamentum.» Auch die Zurückweisung der Ehe – und damit der Zweiheit – sei ein Versuch, sich der Einheit wieder zu nähern. Siehe dazu insbesondere die wissenschaftlichen Arbeiten von René Nelli, *Spiritualité de l'hérésie: le Catharisme*, Toulouse

1953; *Ecritures cathares*, Paris 1968; *Le Phénomène cathare*, Paris 1968. Siehe auch: H. C. Puech et Vaillant, *Le Traité contre les Bogomiles des Cosmas le Prètre*, Paris 1945; A. Dondaine, *Le Liber de duobus principiis*, Rom 1959 (u. a.); P. Bru, *La Spiritualité de l'hérésie – le Catharisme*, Paris 1953; C. Thouzellier, *Catharisme et Valdeisme en Languedoc*.

[147] Guillaume de Puylaurens, *Chronique sur la guerre des Albigeois, traduite du latin en français* par Ch. Lagarde, Béziers, Delpech 1864.

[148] Siehe Döllinger, I, 206–208.

[149] In der zit. *Chronik* von Puylaurens.

[150] Döllinger I, Dokumente, 34 (lateinischer Text).

KAPITEL 18

[151] Inzwischen weiß man auch, daß in der Kanzlei Philipp des Schönen päpstliche Bullen, Papstbriefe, Geständnisse von Templern, Einvernahmeprotokolle usw. gefälscht bzw. umdatiert worden sind. Andere Unterlagen waren oder sind noch verschwunden. Erst Schottmüller hat hier Ordnung in das Quellenmaterial zum Prozeß gebracht und dieses einer wissenschaftlich sorgfältigen Kritik unterzogen. Konrad Schottmüller, *Der Untergang des Templerordens, mit urkundlichen und kritischen Beiträgen*, zwei Bände, Berlin 1887, Reprint Wiesbaden – New York 1970, ist ein Standardwerk, an dem niemand vorbeikommt, der sich über die historischen Zusammenhänge und Hintergründe objektiv informieren will. Der erste Band ist gegliedert in einen darstellenden und einen kritischen Teil; der zweite enthält die Edition zahlreicher lateinischer Dokumente. Mysterien finden wir nicht darin, aber Fakten. Schottmüller weist Fälschungen und Rückdatierungen mit Akribie nach.

[152] Siehe «*Die Autonomie des Templerordens*» von Hans Prutz in: *Sitzungsberichte der philosophisch-philologischen und der historischen Klasse der K.B Akademie der Wissenschaften*, Jahrgang 1905, Heft I, 7–54, München. Von der Regel sind eine lateinische und eine französische Fassung erhalten. Welche davon die ältere ist, wird von Prutz anders interpretiert, als von Gustav Schnürer, der *Die ursprüngliche Templerregel; Kritisch untersucht und herausgegeben* hat (Stud. u. Darst. aus dem Gebiet der Geschichte. Im Auftr. d. Görresgesellsch. hrsg. v. H. Grauert, III. Band, Heft 1 u. 2 Freiburg i. B., 1903). Prutz meint, die französische sei älter. Wir zit. aber aus: Prutz, *Die geistlichen Ritterorden*, Berlin 1908, 24.

[153] Laut Prutz ist der Prolog zur Templerregel die einzige Quelle für die Anwesenheit Bernhard v. Clairvaux' auf dem Konzil von Troyes. Ihm selber habe jedoch ein Brief Bernhards an den Kardinal Matthäus von Albani vorgelegen, in dem er sich aus Gesundheitsgründen entschuldigte: Migne Patrol og. *lat.* 182, S. 123, Ep. 23. Prutz hält den Prolog zur Regel nicht für zuverlässig. In der *Kirchengeschichte* Fleury's, Band XV, livre soixante doucième wird aber auf die Anwesenheit Bernard de Clairvaux' am Konzil hingewiesen, wie ich feststellen konnte. Auch der Bericht über die Anfangszeit des Ordens stimmt überein mit dem genannten Prolog. Doch entzieht sich meiner Kenntnis, welche Quellen Fleury benutzt hat; der ein sehr verläßlicher Historiker ist. Nach Fleury, ibid., beauftragte Bernhard seinen Mitbruder Jean de Saint

Michel, die Regel auszuarbeiten. Die erhaltenen Handschriften sind jüngeren Datums und stammen aus dem Ende des 13. bzw. dem Anfang des 14. Jhds.

[154] publiziert in Migne, 226 ff. *De laudae* . . . ist nach dem Konzil von Troyes entstanden. Wir zitieren nach Prutz, *Die geistlichen Ritterorden*, 25/26.

[155] Zu den Ordensprovinzen, Schottmüller I, 58. 59. Diese entsprechen nämlich nicht den politischen Provinzen gleichen Namens. In eine Reihe von Publikationen haben sich diesbezügliche Fehler eingeschlichen, besonders dann, wenn unüberprüfte Daten aus Münter und Wilke übernommen worden sind. Dasselbe trifft zu für die stets übertrieben dargestellten Reichtümer des Ordens. (Schottmüller, 57.) Die Berechnung der Templereinkünfte wird erschwert durch ihr Wirtschaften mit Naturallieferungen. Zur Finanzfrage ausführlich: Schottmüller 62 u. ff.

[156] Jedenfalls scheinen die Templer laut Prutz eine gewisse Sympathie für die Katharer gehabt zu haben, sie waren ja auch dem südfranzösischen Adel, der die Albigenser schützte, mehrheitlich durch Freundschaft verbunden. Zwar pflegten sie mit den Feinden der Häretiker ebenso freundschaftlich zu verkehren. Auf der anderen Seite nutzte der Orden seine Vorrechte aus, um Gebannten kirchliches Begräbnis zu gewähren, in geschlossenen Kirchen Messen lesen zu lassen und Leuten vor der Inquisition Schutz zu gewähren, die auf seinem Gebiet lebten, ohne ihm anzugehören. Den Templern wurde sogar vorgeworfen, im Albigenserkrieg die Sache der Kirche nicht ernergisch genug zu vertreten (siehe Prutz 1908, Reprint Berlin 1958, 364, 365).

[157] Radulf de Praellis, wie der latinisierte Namen lautet, gibt z. B. auf bloßes Hörensagen ein Gutachten ab über gewisse «geheime Gebräuche». Siehe Schottmüller I, 338.

[158] Schottmüller I, 48.

[159] zit. nach Schottmüller I, 147.

[160] Die Templer-Frage ist behandelt im XIX. Band, Fleury, op. cit.

[161] Schottmüller I, 335, 336.

[162] Schottmüller I, 741: diese Aussage gemacht hat der schon einmal zitierte Praellis. Er bezieht sich dabei auf den Präzeptor von Laon. Schottmüller ist überzeugt davon, daß aus dieser Aussage keine weiteren Schlüsse gezogen werden dürfen als der, daß (wie allgemein bekannt) niemand ohne Wissen und Erlaubnis des Großmeisters eine Abschrift der Regeln vornehmen durfte. Dennoch sind insgeheim immer wieder Abschriften gemacht worden.

Laut Schottmüller ist zu unterscheiden zwischen der eigentlichen Ordensregel (die geheim bleiben sollte) und den auch Ordensfremden zugänglichen Statuten (der Gesetzgebung des Ordens), die im Lauf der Zeit stark erweitert worden sind. Nicht alle vorhandenen Exemplare der letzteren seien aber richtig ergänzt worden. Das habe z. T. zu unrichtigen Interpretationen und Verwechslungen von Regel und Statuten durch spätere Forscher geführt. Schottmüller, I, 738 u. ff. Schottmüller hat das lateinisch gehaltene Originalexemplar der Statuten aus der römischen «Biblioteca Corsini» einsehen können.

KAPITEL 19

[163] «Una giovanne donna di Tolosa
belle'e gentil, d'onesta leggiadria,

tant'è diritta e somigliante cosa
ne' suoi dolci occhi, de la donna mia . . .»
Zitiert aus L. Valli, *Il linguaggio segreto di Dante e dei »fedeli d'amore»*. Zum
Stilnovismo, siehe auch H. Friedrich, *Epochen der ital. Lyrik*, 1964.
[164] «De la mia donna vo' cantar con voi,
madonna da Vinegia,
però ch'ella si fregia
d'ogni adorna bellezza che vo' avete . . .»
Auch das Alfani-Zitat ist dem Buch Vallis entnommen.
[165] «Di novo gli ochi miei per accidente
una donna piacente
miraron perché mia donna somiglia».
Ventura Monaci, zitiert nach L. Valli, siehe oben.
[166] Petrarca, *Canzionere*: «Spirito gentil, che quelle membra reggi, /Dentro a
le qua', peregrinando alberga/Un signor valoroso, accorto e saggio . . .»

KAPITEL 20

[167] P.Carton, *La Science Occulte et les Sciences Occultes*. Le François, Paris
1935.
[168] Oswald Wirth, *Le Tarot des Imagiers du Moyen Age*, Paris 1966.
[169] Papus, *Le Tarot des Bohemiens, le plus ancien livre du monde*, 1889.
(deutsche Übersetzung von A. Klein, *Tarot der Zigeuner*, 1. Ed. 1979), 3. Ed.
1985; p. 8 über den Magier, p. 93 über die Päpstin.
[170] Papus, op. cit., p. 101, p. 107 (Herrscher), p. 109 (Liebender).
[171] G. Kremmerz, *La Scienza dei Magi*, Vol. II: Tarocchi dal punto di vista
filosofico. Ed. Mediterranée, Roma, 1975.
Die Erstausgabe erschien Ende des 19. Jhds. in Sizilien.
[172] Papus, op. cit., p. 124.
[173] Papus, ibid., p. 125.
[174] Papus, ibid., p. 129.
[175] Papus, ibid., p 133/134.
[176] Papus, ibid., p. 137/138.
[179] Papus, ibid., p. 139.
[190] Papus, ibid., p. 155.
[181] Papus, ibid., p. 159.
[182] Papus, ibid., p. 158.

KAPITEL 21

[183] In dem Kapitel, das Serge Hutin der rosenkreuzerischen Mystik innerhalb
der von Marie Madeleine Davy herausgegebenen *Encyclopédie des mystiques*
widmet (Band II, Paris 1977 (1972[1]), p. 433, findet sich ebenfalls ein Hinweis
auf Descartes' mögliche Beziehung zu den Rosenkreuzern in seiner Jugend-
zeit. Es gibt merkwürdige Berührungspunkte zwischen Descartes' drei Träumen in der Nacht vom 11. auf den 12. 11. 1619 und den Dokumenten der

deutschen Rosenkreuzer. Siehe auch: «Descartes, initié rosicrucien». Dieser Artikel Hutins ist abgedruckt in der Zeitschrift Rose-croix, 1967.

[184] Valentin Andreae, *Fama fraternitatis,* geschrieben 1605, veröffentlicht 1614. Neuauflage: *Fama Fraternitatis, Confessio Fraternitatis, Chymische Hochzeit des Christian Rosenkreutz,* herausgegeben und eingeleitet von Robert von Dülmen, Stuttgart 1973, Calwer Verlag.

[185] Valentin Andreae, *Confessio Fraternitatis Rosae Crucis,* Kassel 1615.

[186] Rudolf Steiner, *Die Theosophie des Rosenkreuzers,* München 1907.

[187] Gustave Naudé, *Instruction à la France sur la Vérité de l'histoire des Trésors de la Roze-Croix,* Julliot 1623.

[188] Hargrave Jennings, *Die Rosenkreuzer,* Berlin 1912 (Neudruck Schwarzenburg 1979).

[189] Edouard Schuré, *Die großen Eingeweihten,* aus dem Französischen übersetzt von Marie Steiner, mit einem Vorwort von Rudolf Steiner, erste deutsche Auflage 1911; 1916[2]; 1979[16] im Scherz-Verlag (für den Otto Wilhelm Barth Verlag).

[190] Sédir, *Les Rose-Croix,* Amitiés Spirituelles, Paris 1964.

[191] In Frances A. Yates, deutsche Übersetzung von *The Rosicrucian Enlightment* 1972: *Aufklärung im Zeichen des Rosenkreuzes,* Stuttgart 1975, Klett Verlag, finden sich ausführliche bibliographische Angaben zu den frühen Drucken der Rosenkreuzermanifeste. 245–267.

[192] Michael Maier, 1568–1620 schrieb: *Lusus serius* (1617), *Atlanta fugens* (1618), *De fraternitate Rosae Crucis* (1618), *Septimana Philosophica* (1620). Maier und Fludd waren eng befreundet. Maier, der als deutscher Rosenkreuzer gilt, versuchte in England Interesse für die Bewegung zu erwecken.

[193] Robert Fludd, 1574–1637. Der englische Arzt und Naturphilosoph brachte paracelsisches Gedankengut und die Philosophie des Nikolaus Cusanus nach England. Den Rosenkreuzern widmete er mehrere Schriften *(Apologia compendiaria,* 1616; *Tractatus Apologeticus integritatem Societatis de Rosae Cruce defendens,* 1617; 1782 ins Deutsche übersetzt). Seine Hauptwerke sind: *Historia macro- et microcosmi; Philosophia mosaica; Clavis philosophiae et alchymiae,* alles zwischen 1617 und 1633.

[194] Elias Ashmole, 1617–1692, einer der größten englischen Gelehrten des 17. Jhds., gilt als Rosenkreuzer und ältester spekulativer Freimaurer. Er war Offizier, Alchimist, Botaniker, Historiker in Oxford, Astrolog, Rechtsanwalt, Mediziner und schrieb zahlreiche bedeutende Werke. Ein Museum in Oxford (mit einer bedeutenden freimaurerischen Ausstellung) trägt seinen Namen.

[195] Unter dem Pseudonym «Frizius» schrieb Fludd das Werk *Summum bonum,* in dem er zugesteht, der Gesellschaft der Rosenkreuzer selber nicht angehört zu haben. Frankfurt 1629.

KAPITEL 22

[196] N. Flamel, *Le livre des figures hiéroglyphiques,* Paris 1612.

[197] Flamel, zitiert nach K. Seligmann, *Das Weltreich der Magie,* Stuttgart. 1958, p. 148 *(Englische Originalausgabe: The history of Magic,* 1949).

[198] Helvetius, zitiert nach K. Seligmann, ibid., p. 144/145.

[199] C. A. Burland, *Le savoir caché des Alchemistes,* Paris 1967.

[200] Über Zosimos von Panopolis, siehe C. G. Jung, «Die Visionen des Zosimos» (Vortrag in Ascona, 1937, veröffentlicht im Eranos Jahrbuch 1937, Rhein-Verlag, Zürich 1938). 2. Kapitel in Band XIII der *Gesammelten Werke,* der *Studien über alchemistische Vorstellungen* bringt.

[201] zit. nach K. Seligmann, op. cit., 102/103.

[202] Giuliano Kremmerz, op. cit., Band II, p. 327/328.

[203] Roger Bacon, *Speculum Alchimiae.* Arché, Mailand 1975. Das Werk steht im *Opus Minus,* das in den 1859 von J. S. Brewer edierten Texten der *Opera inedita* enthalten ist, zusammen mit dem *Opus tertium.* Siehe auch R. Carton, *L'expérience mystique de l'Illumination intérieure chez Roger Bacon;* und derselbe, *L'expérience physique chez Roger Bacon,* beide 1924.

Albertus Magnus, *Compositum de compositis,* Arché, Mailand 1975. In der philosophischen Reihe der Gesamtausgaben von: Lyon 1651 (Ed. Jammy, 21 Bände). Neudruck A. Borgnet, 38 Bände, Paris 1890–99. *Opera Omnia,* Krit. Ausgabe (Editio Colensis) des Albertus Magnus-Instituts (B. Geyer +/H. Ostlener, Hrsg.);
Opera Omnia Alberti Magni 40 Bände, 1951 u. ff. Bibliographie: M. M. Laurent/M. J. Congar, O. P. «Essai de bibliographie albertienne», Revue Thomiste, XIV (1916), 422–68 F. J. Catania (The Modern Schoolman, 1959), Roland Houde, «A Bibliography of Albert the Great: Some Addenda (ibid., XXXIX, 1961, 61–63)».

Raimundus Lullius, *Clavicula,* Arché, Mailand 1975. Ausgabe des Gesamtwerks (unvollständig): *Beati Raimundi Lulli Opera Omnia,* I–X, Salzinger (Mainz 1721–1740). *Raimundi Lulli Opera Latina,* krit. Ed. unter der Leitung von Fr. Stegmüller, Palma de Mallorca ab 1959. Bibliographie: P. Blanco Soto, *Estudios de Bibliografía Luliana.*
Siehe auch: Luanco, Raimundo Lulio considerado como alquimista, 1870.
E. W. Platzak, *Raimund Lull. Sein Leben, seine Werke, die Grundlagen seines Denkens.*

KAPITEL 23

[204] Kurt Seligman, *Das Weltreich der Magie,* 1946[1] New York, 1958 in deutscher Übersetzung von H. Kissling, Stuttgart, zitiert die Legende ebenso wie Eliphas Levi in seiner *Geschichte der Magie* (deutsch 1926[1], Nachdruck Basel 1982). Seligmann 1958, 238).

[205] Thrithemius, *Steganographia hoc est, ars per occultam scripturam animi sui voluntatem absentibus operandi certa praefixa est sua clavis, seu vera introductio ab ipso authora concinnata nunc publici juris facta.* Francofurt. Beckerus 1606.
Weitere Ausgaben: Frankfurt 1608, Mainz 1676, Nürnberg 1721 (mit einem Schlüssel von W. H. Hedel).
Französische Version der *Steganographia* . . .:
Méthode pour écrire occultement à son amy. Pont à Mousson 1620. Die hier zitierten Ausgaben befinden sich alle in der Wiener Nationalbibliothek.
Geschrieben wurde die *Steganographia* schon 1500.
Serge Hutin («La mystique rosicrucienne» in op. cit. Ed. M. Davy, 428, siehe unsere Anmerkung *Nr. 183* zu Kapitel XXI.) sieht in den Werken einer Reihe großer Persönlichkeiten des 16. Jhds. eine deutliche, mystisch-rosenkreuzeri-

sche Färbung und nennt dabei insbesondere Trithemius, Agrippa von Nettesheim, Paracelsus. Frances A. Yates, op. cit. unter Anmerkung *Nr. 191*, unterstreicht den bedeutenden Einfluß, den die Genannten auf alle späteren Rosenkreuzer-Schriften gehabt haben. Sie stützt sich dabei auf Naudé (op. cit. in unserer Anmerkung *(187)* zum XXI. Kapitel), p. 8. und zitiert folgende Werke, die im Sinn der Rosenkreuzer wären: John Dee, *Monas hieroglyphica*, Antwerpen 1564 Ed. Silvius; Thrithemius, *Steganographia*, Francesco Giorgi, *Harmonia mundi*, Venedig 1525; Pontus de Thyard, *Musique* (nach Yates ist wahrscheinlich *Le discours de la musique*, Lyon 1555 gemeint); Giordano Bruno, *De umbris idearum*, Paris 1582; die *Dialektik* Ramon Lulls; die Kommentare des Paracelsus zur «Magie» (vergessen wir nicht, daß er darunter nicht «Zauberei», sondern «natürliches Wissen von den irdischen und himmlischen Dingen» verstand. Siehe: Theophrastus von Hohenheim, genannt Paracelsus, *Schriften*, ausgewählt und herausgegeben von Hans Kayser, Leipzig 1924, Insel Verlag, Reihe «Der Dom. Bücher deutscher Mystik». Faksimileausgabe 1980, Stichwort «Magie»); F. de Foix de Candale, *Le Pimandre de Mercure Trismegiste*, Bordeaux 1579. «Der Franzose Naudé ist imstande, die Philosophie der Rosenkreuzer mit der französischen Hermetischen Tradition zu verbinden, indem er François de Candales Hermetica zitiert und Thyard als Beispiel der musikalischen Philosophie anführt.

Die Autoren, die Naudé nennt, sind alle im umfassendsten Sinn Repräsentanten der Hermetischen Tradition der Renaissance, und er betrachtet die neuen Entwicklungen, die die Bruderschaft vom Rosenkreuz verspricht, als ein Fortschreiten in dieser Richtung» (Yates, op. cit., 118/119). Besonders interessant scheint ihr, daß Naudé auch zwei Mathematiker des mittelalterlichen Oxford, John Hentisbury und Richard Swinehead von der Mathematikerschule Mertons, als den Rosenkreuzern kongenial betrachtet. Neubearbeitet und wiederaufgelegt, haben sie die mathematischen Studien des 17. Jhds. wesentlich beeinflußt. «Naudé zeigt hier möglicherweise einiges spezielles und geheimes Wissen der mathematischen Studien der Rosenkreuzer, die sie in ihren «irreleitenden und nutzlosen» Publikationen nicht anführen» (ibid.). Wie sie feststellt, «schließt er im Ton der Mißbilligung der Bruderschaft [...], einer Meinung mit den Jesuiten, was ihre Gefährlichkeit betreffe». Naudé erwähnt nach ihrem Zeugnis auch Libavius' Kritik an den Rosenkreuzern als zutreffend. (Libavius war ein Paracelsist der «chemischen Linie», der die mystischen Anschauungen Hohenheims ablehnte und die Rosenkreuzmanifeste heftig kritisierte. Er erkennt die Theorien von Makrokosmos und Mikrokosmos nicht an, wie sie von der Renaissancetradition vermittelt (Agrippa, Trithemius) und von den Rosenkreuzern weitergegeben wurden. Er greift auch die *Monas* Dees an, wegen ihrer Parallelen mit der *Chymischen Hochzeit*...) Yates unterstreicht das fundierte Wissen Naudés über die Rosenkreuzer und erklärt seine Kritik als reine Vorsichtsmaßnahme und Angsthaltung, denn zur Zeit von Naudés Publikation wurden die Rosenkreuzer verfolgt, es herrschte in Frankreich eine wahre Rosenkreuzerhysterie; ein Autor, der sie erwähnte, mußte sich vorsehen. Mutiger gewesen sei er in seiner *Apologie pour les grands hommes soupçonnés de Magie*, Paris 1625. Nach ihm gibt es drei gute Arten von Magie: göttliche Magie, Theurgie (religiöse Magie), natürliche Magie (Naturwissenschaft); die vierte, böse, «Goetia» oder Zauberei (schwarze Magie also) sei von keinem der großen Männer praktiziert worden, die er anführt: Zarathustra, Orpheus, Pythagoras, Sokrates, Plotin, Porphyr, Iamblichus, Lullius, Agrippa, Pico della Mirandola; d. h., er erwähnt die Neuplatoniker und die von ihnen ausgehende Renaissancetradition., «vor allem Agrippa, der ja der wesentliche Repräsentant der Renaissancemagie war» (Yates, ebenda, 120). «Er mahnt dringend, man solle nicht leichtfertig Verfolgungen wegen Zauberei in die Wege leiten, damit nicht gute Menschen unversehens mit bösen Magiern verwechselt würden.» Die Apologie erwähnt die Rosenkreuzer nicht, da er aber zwei Jahre vorher alle Schriftsteller, die er hier verteidigt, als den Rosenkreuzern kongenial angeführt hatte, ist es für Yates völlig klar, daß die Rosenkreuzer von Naudé mitgemeint werden, die damals noch verfolgt wurden.

Yates' Theorie über die eigentlichen Gründe von Naudés heftiger Kritik an den Rosenkreuzern ist sehr bedenkenswert. Das hieße, daß Naudé sich eigentlich im klaren war über die großen geistigen Strömungen, die von den Eingeweihten der Antike über Neuplatonismus und hermetische Renaissancetradition bis zur «rosenkreuzerischen Aufklärung» führen, aber auch wußte, wie gefährlich einem solche Einsichten zu seiner Zeit werden konnten.

[206] zitiert nach der deutschen Fassung von K. Seligmann, op. cit., p. 239.

[207] Trithemius, *Polygraphia libri sex* (accesit Clavis operes), Oppenheim, Joannes Haselbergius de A., 1518. Andere Editionen: Frankfurt 1550, Köln 1564, 1571, 1613. Französische Version: *Polygraphie et universelle escriture cabalistique, traduite par Gabriel de Collange, Paris 1561.* Sämtliche hier zitierte Ausgaben von Trithemius befinden sich auch in den Wiener Nationalbibliothek, ebenso wie: Trithemius, *Liber octo questionum ad Maximianum Caesarem.* Oppenheim, Joh. Haselbergensis, 1515. Deutsche Übersetzung: Ingolstadt, Weyssenhorn 1555. Gesamtausgabe: Trithemius, Johannes: *Opera omnia pia et spiritualia,* Mainz 1605. Seligmann erwähnt noch: *Clavis generalis triplex in libros Steganographicos,* Darmstadt, 1621.

[208] zitiert aus der Wiener Ausgabe der *Magischen Werke* von 1982, *Die geheime Philosophie,* p. 8. Der Brief ist datiert: Würzburg, 8. April 1510. Seligmann zitiert die Stelle auf p. 239 in einer etwas anderen Version, seine Bibliographie führt *Magische Werke,* 5 Bände, in der 3. Auflage von 1916 auf (ohne genauere Angaben).
Die Wiener Ausgabe von 1982 ist ein Neudruck der *Magischen Werke* von Agrippa von Nettesheim, Berlin 1921–29. Es handelt sich um die Bücher der *Geheimen Philosophie.*
Lateinische Ausgabe: Henricus Cornelius Agrippa ab Nettesheim, *Henrici Cornelii Agrippae ab Nettesheim opera.* In duos tomos [...] Lugduni, per Berlingos fratres. Ohne Jahresangabe.

[209] Agrippa von Nettesheim, *De occulta philosophia libri tres,* Köln 1533.

[210] Giambattista della Porta, *Della celeste fisonomia,* Padua, 1616.

[211] Die *Konklusionen* sind publiziert in den *Opera,* Basel 1557.
Neuausgabe in Ed. Garin, *Filosofi italiani del Quattrocento,* 1942. «Die Quellen von Picos ausgeklügeltem und geistreichen Stil und der darin entwickelten schroffen Rhetorik sind meines Wissens noch nicht genau erforscht. Seine Überzeugungskraft als Mystagoge verdankte er zweifellos weniger der kritischen Manier der Scholastiker, die er angeblich in den *Conclusiones* imitierte, als vielmehr dem parabolischen Eifer und der Dunkelheit, die er bei den spätantiken Platonikern und frühen Kirchenvätern gefunden hatte» (Edgar Wind, zit., aus deutscher Übersetzung von *Pagan Mysteries in the Renaissance* (1958[1] London), 1984[2], p. 20 (1981[1]), mit dem Titel *Heidnische Mysterien in der Renaissance* bei Suhrkamp, Frankfurt.

[212] Die *Apologia* figuriert in den *Opera,* p. 125– p. 150.

213 Siehe *Heptaplus* in der oben zitierten Ed. Garin. «Nach Pico stand die Kabbala zum geschriebenen Gesetz des Alten Testaments im gleichen Verhältnis wie die orphischen Geheimnisse zu den heidnischen Mythen. Der biblische Text war die Schale, die Kabbala der Kern». Wind, op. cit., p. 30. Nach letzterem Autor läßt sich Picos Behauptung, die späten neuplatonischen Spekulationen, auf die er sich stützt, enthielten Spuren einer antiken Mysterienreligion, älter als Homer und Hesiod, weder beweisen noch widerlegen (ibid., 28–37).

214 Siehe *De ente et uno* in der oben zitierten Ed. Garin.

215 So lautet der Titel der deutschen Übersetzung aus dem Latein Agrippa von Nettesheim, Augsburg, Johann Herold, 1540. Die französische Übersetzung (von 1801) aus Paris nennt sich: *De l'excellence et de la suprématie de la femme* und ist mit Kommentaren versehen. Beide Übersetzungen befinden sich, zusammen mit der *Oratio in funere Margaritae Austriacae et Burgundorum principis* (Antwerpen 1531) in der Nationalbibliothek in Wien.

216 Agrippa von Nettesheim, *De incertitudine et vanitate scientiarum declamatio invectiva*... (Ausgaben: 1531, 1534, 1537, 1584, 1598, 1714); Deutsche Übersetzung: *Die Eitelkeit und Unsicherheit der Wissenschaften und die Verteidigungsschrift.* Hrsg. v. Fritz Mauthner, Band I, München 1913. Die hier aufgeführten Werke und Ausgaben Agrippas befinden sich ebenfalls in der Nationalbibliothek Wien.

217 zit. nach K. Seligmann, op. cit., p. 244.

218 ebenda, p. 249. Nach Seligmann hat Paracelsus die Werke Galens verbrannt, nach der *Chronica* Sebastian Brandts (1565), aus der Kayser (zit. Ed. von Paracelsus, *Schriften*, 1924) einige Stellen anführt, soll er den *Kanon* Avicennas in der Universität von Basel verbrannt haben. Ed. Kayser, p. 30/31.

219 Franz Strunz, *Theophrastus Paracelsus*, Leipzig 1903, p. 121–124, zitiert einen deutschen Brief über Hohenheim, den er bei Michael Neander gefunden hat *(Orbis Terrae Partium Succinta Explicatio*... Michaele Neandro... Lipsiae Anno 1586, Bl. 59–62 b. Der Autor verbrachte eine Zeit bei Paracelsus in Basel und wurde persönlich Zeuge dieser Heilung. «Da ich nun etliche Zeit bei ihm gewest, ist eine Frau zu ihm kommen, sich beklaget, ihr lieber Mann sei sehr schwach, sie besorge sich, er werde die Nacht nicht überleben, hat er ihm sein Wasser bringen heißen, und drauf, da ers besehen, gesagt, Euer Mann wird Morgen das Frühstück mit euch essen und frisch werden [...] Was es aber war, das er ihr gegeben, weiß ich nicht, es war ein weiß Pulver, das sollte sie ihm im warmen Weine geben, und darauf schwitzen lassen». Jedenfalls ging es dem Kranken anderntags tatsächlich wieder gut, und Paracelsus wollte von der nicht begüterten Frau kein Honorar annehmen. In Ed. Kayser, op. cit., p. 28/29.

220 *Schriften.* Theophrastus von Hohenheim, genannt Paracelsus, Ed. Kayser, p. 68. «Es ist klar, daß der Individualität der Krankheit sich die Individualität der heilenden Medizin anpassen muß. An diese Auffassung knüpft später die Homöopathie ihre Lehren; manche Paracelsische Aussprüche, z. B. «je weniger Leibs, je höher die Arznei in ihren Tugenden ist»: Band 1, p. 305, hat Hahnemann direkt übernommen, allerdings ohne jemals die Quellen zu nennen». Kayser verweist auch auf E. H. Schulz, *Die homöopathische Medizin des Th. Paracelsus*, Berlin 1831.

221 Siehe z. B. die lat. Version in der Basler Ausgabe von 1532: Hermes Trismegistos, *Pymander.* Sie befindet sich in der Wiener Nationalbibliothek.

222 Ed. Kayser, *Abschnitt VII, Makro- u. Mikrokosmos.*

[223] Ed. Kayser, *Abschnitt IV, Vom Menschen* (p. 235; a. a. O.).

[224] ibid. p. 233

[225] Ed. Kayser, *Wörterbuch und Index*, Stichwort «Astrologie», p. 440/41.

[226] Ed. Kayser, *Einführung*, p. 86.

[227] Kurt Seligmann, *op. cit., p. 252.*

KAPITEL 24

[228] zitiert unter dem Stichwort «Adamson, Henry», bei: Eugen Lennhoff/
Oskar Posner, *Internationales Freimaurerlexikon,* Unveränderter Nachdruck
der Ausgabe 1932, Amalthea Verlag Wien – München, 1952.

[229] Die *Alten Pflichten* sind im *Einleitenden Teil* des oben zitierten Lexikons
vollständig abgedruckt (in deutscher Übersetzung); p. 13–21.

[230] Papst Clemens XII (1652–1740) erließ am 7. 3. 1738 die Bulle *«In eminenti
apostolatus specula»,* eine «Verurteilung der Gesellschaft oder der Konventikel, gemeiniglich Freimaurer genannt, unter der Strafe der Exkommunikation,
in die man ipso facto verfällt und von der die Lossprechung, ausgenommen
im Todesfall, dem Papste vorbehalten ist». Von dieser Bulle datiert der offizielle Kampf der katholischen Kirche gegen das Freimaurertum. Zit. nach
dem Freimaurerlexikon, Stichwort «Clemens XII». Im Vorwort zur 2. Auflage seines Buches *Logen, Rituale, Hochgrade,* Juni 1985, weist Alec Mellor
darauf hin, daß seit der ersten Edition von 1967 ein bedeutendes Ereignis ein-
getreten ist: 1983 hat die Katholische Kirche den alten *Codex juris canonici*
(das Gesetzbuch der Kath. Kirche) von 1917 ersetzt durch einen neuen, in
dem die Exkommunikation gestrichen ist und sogar das Wort Freimaurerei
nicht mehr aufscheint. Mellors Werk wurde aus dem Französischen übersetzt.
Der Originaltitel lautet: *La Francmaçonnerie á l'heure du choix.*

[231] Der *Discours* ist vollständig in Allec Mellor, op. cit., p. 245–252 veröffentlicht. Zu Ramsay, siehe dort; und im Freimaurerlexikon, op. cit., unter dem
Stichwort «Ramsay», wo der Discours auszugsweise zitiert wird.

[232] *Freimaurerlexikon,* op. cit., Stichwort «Jesuiten».

[233] Karl R. H. Frick, *Die Erleuchteten.* Über Ramsay, siehe p. 179–196. Auch
Frick druckt eine Übersetzung des *Discours* ab. Zu Lantoines *Histoire de la
Franc-Maçonnerie Ecossaise en France,* aus der das Zitat stammt: p. 196–98.
Lantoine gilt als bester Kenner des Schottischen Ritus. Er war selber Freimau-
rer.
Die Devise «Ordo ab Chao» gehört zu einem doppelköpfigen Adler, der das
Emblem des Schottischen Ritus ist.

[234] *Freimaurerlexikon,* op. cit., Stichworte «Illuminaten», «Jesuiten», «Weishaupt».

[235] Ibid., Stichworte «Les Neuf Sœurs», «Voltaire».

KAPITEL 25

[236] zit. nach. Heinrich Agrippa von Nettesheim, *Die magischen Werke,* 1988³,
p. 19 ff. Der Text ist identisch mit der Wiener Ausgabe von 1982.

[237] Karl R. H. Frick, Die Erleuchteten, op. cit. p. 167–173.
[238] Johann Wolfang von Goethe, *Aus meinem Leben Dichtung und Wahrheit*, VIII. Buch, zweiter Teil. Laut Frick, op. cit. p. 428 ff. kam Goethe durch den Paracelsisten Dr. J. F. Metz (1724–1782) zur Lektüre alchimistischer Bücher.
[239] Gerhard Wehr, *Jakob Böhme in Selbstzeugnissen und Bilddokumenten*. Rowohlts Monographienband 179. Reinbek bei Hamburg. Rowohlt 1971. Die *Christosophia (Der Weg zu Christo)* ist das einzige Werk Böhmes, das zu seinen Lebzeiten gedruckt wird: 1623/24, in der Görlitzer Presse Johann Rhambas. Es erschien anonym, auf Veranlassung des Gönners und Schülers Johann Sigismund von Schweinichen. Siehe Gerhard Wehr, Jakob Böhme – *Der Geisterseher und Seelenführer*, Freiburg im Breisgau 1979, Aurum Verlag. Reihe Fermenta Cognitionis Nr. 4. Die zuverlässigste Böhme-Gesamtausgabe ist nach wie vor die von 1730. Sie wurde 1955–1961 von Will Erich Peuckert in Stuttgart neu herausgegeben. *(Sämtliche Schriften* in elf Bänden, begonnen von August Faust.) Wehr 1979 enthält eine sehr nützliche Böhme-Bibliographie.
[240] *Herrn Georgii von Wellings Opus mago-Cabbalisticum et theosophicum, darinnen der Ursprung, Natur, Eigenschaften und Gebrauch des Salzes, Schwefels und Mercurii, in dreyen Theilen beschrieben, und nebst sehr vielen sonderbaren mathematischen, theosophischen, magischen und mystischen Materialien, auch die Erzeugung der Metallen und Mineralien, aus dem Grunde der Natur erwiesen wird; samt dem Haupt-Schlüssel des ganzen Werks, und vielen curieusen mago-cabbalistischen Figuren. Deme noch beygefüget: Ein Tractätlein von der Göttlichen Weisheit; und ein besonderer Anhang etlicher sehr rar- und kostbarer chymischer Piecen. Dritte Auflage. Frankfurt und Leipzig, in der Fleischerischen Buchhandlung. 1784.* Das ist die dritte Auflage, unveränderter Nachdruck der von 1735 und von 1760. Die erste erschien 1719, 1735 kam posthum die wohl vom Autor selbst noch überarbeitete zweite Fassung heraus, mit seinem Vorwort von 1721.
[241] *Freimaurerlexikon* op. cit., Stichworte «Goethe», «Loge Amalia».

KAPITEL 28

[242] *Freimaurerlexikon* op. cit., Stichworte: «Illuminaten», «Illuminés d'Avignon».
[243] Gerhard Wehr 1979 *op. cit.*, p. 12. Gerhard Wehr mahnt zu Recht, daß man sich nicht unbedarft in die Abhängigkeit östlicher Gurus begeben soll, es gäbe eine reich ausgebildete, abendländische christliche Tradition der Seelenführung, nicht nur im Raum der Ostkirche, sondern auch im Protestantismus mit seiner vielfältigen Mystik. In diesem Zusammenhang fällt der Name Böhmes.
[244] Die *Christosophia. Ein christlicher Einweihungsweg* ist in der Böhme-Studienausgabe des Aurum Verlags erschienen. Freiburg 1975, in dritter Auflage 1979. Siehe auch Note 239.
[245] Karl R. H. Frick, *Die Erleuchteten* op. cit., p. 124–128. Zu dem ebenfalls

hier erwähnten Joachim von Floris möchten wir folgende Werke angeben: Primärliteratur: Joachim von Floris, *Concordia novi et veteris Testamenti,* Venetiis 1519; *Liber introductorius in Apocalypsis, Expositio in Apocalypsin, Psalterium decem cordarum,* Venetiis 1527; *Tractatus super quatuor evangelia,* ed. E. Buonaiuti, 1930; *De vita sancti Benedicti et de officio divino secundum eius doctrinam,* ed. C. Baraut, *Analecta sacra Tarraconensia,* 24(1951), pp. 10–90.

Sekundärliteratur in deutscher Sprache: E. Benz, *Creator Spiritus, Die Geistlehre des Joachim von Fiore,* Eranos-Jahrbuch XXV pp. 285–355.

H. Grundmann, *Neue Forschungen über Joachim von Floris,* Marburg 1950.

Ch. Huck, *Joachim von Floris und die joachitische Literatur,* B.T.A.M. 4(1938), Nr. 1083.

W. Kamlach, *Apokalypse und Geschichtstheologie. Die mittelalterliche Auslegung der Apokalypse von Joachim von Fiore,* Hist. Studien 285, Berlin 1935.

Bibliographie: B. Hirsch-Reich, *Eine Bibliographie über Joachim von Fiore und dessen Nachwirkung,* in: Rech. Th.A.M.XXIV(1957), pp. 27–44.

[246] In K. Seligmann, *Das Weltreich der Magie.* op. cit., 377/79, wird Cagliostro kurz behandelt. In deutscher Sprache gibt es über Cagliostro: Raymond Silva, *Die Geheimnisse des Cagliostro,* Genf 1975 (Übersetzung aus dem Französischen). Nardini zitiert: P. Carpi, *Cagliostro il Taumaturgo,* MEB, Turin 1973.

[247] Wir übernehmen die Schreibung des Freimaurerlexikons op. cit.: Dom Pernetty. Frick bringt die französische Schreibung: Pernéty. Er trat mit 16 Jahren in den Benediktinerorden St. Maur ein, kam in die Abtei von Saint Allire in Clermont und wurde später nach Saint Germain berufen.

[248] Ein Jahr zuvor erschien: *Journal historique d'un voyage fait aux Iles Maluines en 1763 al 1764 et de deux voyages au détroit de Magellan avec une révolution sur les Patagons.* Berlin, Etienne de Bourdeaux. Beide Ausgaben befinden sich in der Wiener Nationalbibliothek.

[249] *K. R. H. Frick, op. cit., 500–516.* Die mystisch-maurerischen Gesellschaften des französischen 18. Jahrhunderts werden ausgezeichnet und ausführlich behandelt in: René le Forestier (1868–1951), *La franc-maçonnerie templière et occultiste aux XVIIIe et XIXe siècles,* 1970 herausgegeben von Antoine Faivre.

[250] Im Unterkapitel 7, «Die Beziehung des Königssymbols zum Bewußtsein», Kap. IV «Rex und Regina», zit. nach dem Halbband 14/2, 1968, Gesamtausgabe Ed. Rascher, Zürich, ursprünglich herausgegeben als *Psychologische Abhandlungen XI* von C. G. Jung.

[251] Werke von Swedenborg: *Himmlische Geheimnisse, welche in der Heiligen Schrift enthalten und nun enthüllt sind* (16 Bände). 1747/58. – *Kurze Darstellung der Lehre der Neuen Kirche – Von den Erdkörpern in unserem Sonnensystem.* 1758 – *Vom Jüngsten Gericht und von der Zerstörung Babyloniens.* 1758 – *Von dem Himmel und seinen Wunderdingen und von der Hölle.* 1758 – *Von dem Neuen Jerusalem und seiner himmlischen Lehre.* 1758 – *Die vier Hauptlehren der Neuen Kirche – Die Göttliche Liebe und Weisheit.* 1763 – *Die enthüllte Offenbarung,* 1766 – *Die Wonnen der Weisheit, betreffend die eheliche Liebe.* 1768 – *Der Verkehr zwischen Seele und Leib.* 1769 – *Die wahre christliche Religion.* 1771 – *Die Offenbarung, erklärt nach dem geistigen Sinn* (4 Bände). 1785/90. Über Swedenborg ist besonders zu empfehlen: Ernst Benz, *Emmanuel Swedenborg, Naturforscher und Seher,* München 1948, Ed. Hermann Rinn. Ferner das von uns auch herangezogene Grundlagenwerk zum Sektenwesen der Gegenwart von Kurt Hutten, *Seher, Grübler,*

Enthusiasten · Sekten und religiöse Sondergemeinschaften der Gegenwart,
Quell Verlag der Evangelischen Gesellschaft, Stuttgart 1950[1], bei uns zitiert
nach der 8. überarbeiteten Auflage von 1962. In diesem Werk findet sich auch
eine gute Darstellung der «Christengemeinschaft» aus der Sicht eines fundierten protestantischen Theologen, einer innerhalb der evangelischen Kirche ver-
bliebenen Bewegung, die sich stark auf die anthroposophische Lehre Steiners
und den ihm nahestehenden protestantischen Pfarrer Friedrich Rittelmeyer
(1861–1925) beruft.

[252] Benz op. cit. *Emmanuel Swedenborg,* 1948. I, p. 152–153. Die Arbeit von
Benz ist grundlegend für das Verständnis Swedenborgs und enthält auch eine
ausgezeichnete Biographie. Das zweite Zitat weiter unten stammt aus: Benz,
ebda., 392. Die Bibliographie von Benz ist gut. Eine Kurzübersicht über Swedenborg (die sich weitgehend auf Benz stützt) findet sich in Frick, op. cit.,
Die Erleuchteten, p. 584–601, sie bietet eine ausgezeichnete Zusammenfassung.

[253] Gitta Mallasz, *Die Antwort der Engel,* ein Dokument aus Ungarn, aufgezeichnet von Gitta Mallasz, Deutsche Fassung und Herausgabe von Lela
Fischli, mit freundlicher Hilfe von Gitta Mallasz. Zürich 1981, Daimon Verlag. Das Buch versteht sich als Dokument, nicht als Dichtung oder Journalis-
mus und läßt sich nicht mit einer Etikette versehen. Am ehesten würde noch
passen: Echte christliche Mystik am Boden der abendländischen Kulturtradition, gesehen mit den neuen Augen des skeptischen modernen Suchers, der
plötzlich einen lebendigen Schatz entdeckt und Schritt für Schritt weitergeht
auf einem neuen Weg, der inneren Wahrheit entgegen, ohne sie für andere als
allseligmachend zu verkünden. Denn auch die innere Wahrheit wird nur
«historisch», Schritt für Schritt, nach dem jeweiligen «Stand» auf dem «Weg»
enthüllt. Einem Weg, der die Rückverbindung mit der Liebe von Oben ist.
Auf Seite 209 finden wir: «Aus vielen Menschen DER MENSCH:/ Das ist
das neue Wunder,/ das ist das Neue Brot, das allen Hunger stillt,/ denn ein
jeder wird davon erhalten». Das ist so (wenn ich jetzt zu interpretieren versu-
che), als ob der «Kosmische Mensch» *von unten* wieder *(wieder?)* mit dem
Kosmischen Menschen von oben verbunden werden soll. Im christlichen
Bereich haben wir die Vorstellung vom einzelnen als Teil des «Leibes Chri-
sti».
Auf Seite 210 steht: «Die Schöpfung ist *eins:* in ihr ist keine Entfernung./
Auch wenn die Schwingung einer Kraft ganz fein ist,/ ist sie dennoch Kraft./
Ebenso wie jene ferne Kraft auf euch wirkt,/ DER MENSCH IST KÖR-
PER DES HIMMELS/ UND GRÖSSER ALS ALLE HIMMELSKÖR-
PER/ ER IST NICHT TEIL, SONDERN GANZHEIT.
Die Art, wie «alles mit allem» verbunden ist, hat im Bericht von Gitta Mallasz
allerdings eine sehr spezifische Form: Der Mensch als (dienende) «Mitte» der
Schöpfung soll durch bewußte Rück-Verbindung die Brücke wieder herstel-
len zwischen den drei inzwischen vollendeten Stufen der Schöpfung, «Mine-
ral», «Pflanze» und «Tier» und den vier jenseits des Abgrundes liegenden. Die
gezeichnete Figur sieht etwa so aus:
«Mensch» bedeutet dabei aber nicht einfach «Mensch», sondern den MEN-
SCHEN, der werden soll als Ganzheit. Der Mensch soll erst Brücke werden,
er ist es noch nicht.

[254] *Flück, op. cit.,* p. 592/93.

[255] *Flück, op. cit.,* p. 519. Das Kapitel folgt weitgehend den Ausführungen
Flücks.

[256] *Flück, ebd.,* p. 528.

[257] Einen ausführlicheren Überblick über die Brüder Willermoz und ihre außerordentlich wichtige Verflechtung mit den verschiedenen französischen Geheimgesellschaften des 18. Jahrhunderts findet man in *Flück, op. cit.,* p. 540–574. Hier werden u. a. die Chevaliers Bienfaisants de la Cité Sainte behandelt, eine der Nachfolgegesellschaften des Martinezismus. Eine andere, die Philaleten, auf die wir uns hier nicht weiter beziehen, ist bei *Flück, ebd.,* p. 574–584 abgehandelt. Siehe aus das *Freimaurerlexikon, op. cit.,* unter den Stichworten «Willermoz», «Wilhelmsbad» (Konvent von), «Rektifiziertes Schottisches Ritual».

[258] *Flück, op. cit.,* p. 499. Zu den «Asiaten» (Brüder Sankt Johannes des Evangelisten aus Asien in Europa») siehe Flück, p. 454–499. Wir gehen auf den Orden nicht ein.

[259] Über die Beziehungen zwischen Saint Martin und dem Martinezismus, siehe *Flück, op. cit.,* «Saint Martin und die (älteren) Martinisten», p. 601–608. Siehe auch ebda., p. 520, 522–523, 526, 528. Saint Martins erstes Buch, *Des erreurs et de la Vérité,* 1775, das er mit dem Pseudonym «Der unbekannte Philosoph» gezeichnet hat, wurde 1782 von Matthias Claudius ins Deutsche übersetzt, mit dem Titel *Irrtümer und Wahrheit.* Reprint 1980 im Aurum Verlag. Weitere Werke Saint Martins in deutscher Übersetzung und wichtige Sekundärliteratur, siehe G. Wehr, *Saint-Martin.* Reihe Fermenta Cognitionis Nr. 9, Aurum, Freiburg i. Br. 1980, p. 107–109.

[260] Zum Illuminatenorden, siehe *Freimaurerlexikon* op. cit., Stichworte «Illuminaten», «Knigge», «Weishaupt»; «Zimmermann» und «Hoffmann» (die beiden letzteren waren Denunzianten des Ordens.)

[261] Freimaurerlexikon op. cit., Stichwort «Weishaupt», in Kolumne 1680. In der Nationalbibliothek von Wien befinden sich: *Das verbesserte System der Illuminaten mit all seinen Graden und Einrichtungen.* Herausgegeben von Adam Weishaupt. Neue und vermehrte Auflage. Frankfurt, Grattenauer 1788. Weishaupt Adam, (pseud.) Spartacus und Knigge, Adolf Franz Friedrich Ludwig Freiherr von, (pseud.) Philo, *Die neuesten Arbeiten in dem Illuminatenorden, jetzt zum ersten Mal gedruckt und herausgegeben* o.o. 1794. Weishaupt, Adam, *Die Leuchte des Diogenes oder Prüfung unserer heutigen Moralität und Aufklärung.* Regensburg, Montag und Weiß, 1804. Leopold Engel, der Begründer des modernen Illuminatenordens, der mit dem alten nichts zu tun hat, war als Historiker auf die Geheimgesellschaften des 18. Jahrhunderts spezialisiert. Er schrieb *Die Geschichte der Illuminatenorden,* Berlin 1906.

KAPITEL 29

[262] H. P. Blavatsky, *Isis entschleiert,* Ein Meisterschlüssel zu den alten und modernen Mysterien, Wissenschaft und Theologie. Erster Band: Wissenschaft, Zweiter Band: Theologie, Leipzig, ohne Jahr. In deutscher Übersetzung. Engl. Erstausgabe 1877.

[263] H. P. Blavatsky, *Die Geheimlehre,* drei Bände, Leipzig, ohne Jahr. I. Kosmogenesis. II. Anthropogenesis. III. Esoterik. Übersetzt von R. Froebe.

[264] Bei G. Scholem, *Die jüdische Mystik in ihren Hauptströmungen* (op.cit.),

p. 430, Anmerkung 2 zu Kapitel VI, findet sich folgender Hinweis: «Meiner Meinung nach kann kein Zweifel darüber bestehen, daß die berühmten Stanzen aus dem geheimnisvollen *Buch Dzyan,* auf denen das *magnum opus* der Frau Blavatsky, *Die Geheimlehre,* beruht, sowohl dem Titel als dem Inhalt nach einigermaßen den anspruchsvollen Seiten der *Sifar di-Zeniutha* genannten *Sohar*-Schrift verpflichtet sind. Der erste, der diese Theorie, wenn auch ohne weiteren Beweis, aufgestellt hat, war A. L. Bosman, ein jüdischer Theosoph, in seinem Buch *The Mysteries of the Quabalah* (1916), p. 31. Dies scheint mir in der Tat die wahre Ethymologie des bisher ungeklärten Titels zu sein. Mme. Blavatsky hat starke Anleihen bei einer englischen Übersetzung von Sohar-Stücken gemacht, die ihrerseits nicht aus dem Urtext, sondern aus Knorr von Rosenroths lateinischer Übersetzung in seiner *Kabbala Denudata* (1677–1684) stammen. Diese englische Quelle enthält auch eine sehr ungenaue Übersetzung des *Sifra di-Zeniutha.* [. . .]. In der Tat spielt sie selbst auf eine solche Verbindung zwischen diesen beiden Büchern in den ersten Zeilen ihrer *Entschleierten Isis* an, wo sie zwar das *Buch Dzyan* noch nicht beim Namen nennt, aber durch die von ihr gebrauchte Transkription des aramäischen *Sohar*-Titels deutlich zeigt, woran sie dachte. Sie sagt: «Irgendwo in der weiten Welt existiert ein altes Buch [. . .] es ist das einzige Originalexemplar, das jetzt noch existiert. Das älteste hebräische Dokument über die Geheimlehre, das *Siphra Dzeniuta,* ist aus ihr kompiliert. Das Buch *Dzyan* stellt also nichts weiter vor, als eine okkultistische Hypostasierung des Titels der *Sohar*-Schrift! Dieser bibliographische Zusammenhang zwischen den Grundschriften der modernen und der alten jüdischen Theosophie ist recht bemerkenswert.»

KAPITEL 30

[246] Steiner hatte allerdings schon als Kind besondere Träume hellsichtigen Charakters. Nur wurde davon nicht Aufhebens gemacht.

[247] Davon berichtet Gerhard Wehr in seiner Steiner-Biographie *Rudolf Steiner, Wirklichkeit, Erkenntnis und Kulturimpuls,* Aurum Verlag, Freiburg im Breisgau, 1982, p. 48 ss.

[248] R. Steiner, *Die Philosophie der Freiheit,* Berlin 1894. (Bibl. Nr. 4). In der Gesamtausgabe (GA) ist das Buch 1978 in 14. Auflage erschienen. Die Taschenbuchausgabe hatte 1967 die erste, 1981 die dritte Auflage. Seit 1961 erscheint in Dornach eine Bibliographie: *Rudolf Steiner, Das literarische und künstlerische Werk. Eine bibliographische Übersicht,* in den Anmerkungen kurz Bibl. genannt.

[249] Ernst Haeckel, *Die Welträtsel. Gemeinverständliche Studien über monistische Philosophie,* 1899.

[250] Das Fragment *Der Wille zur Macht. Versuch einer Umwertung aller Werte* blieb unveröffentlicht und findet sich erst in den Gesamtausgaben. Z. B. Karl Schlechta, 1956, drei Bände. *Jenseits von Gut und Böse, Vorspiel zu einer Philosophie der Zukunft* erschien 1886.

[251] Rudolf Steiner, *Soziales Verständnis aus geisteswissenschaftlicher Erkenntnis,* 15. Vortrag, vom 15. November 1919, p. 266–281 (Bibl. Nr. 191, GA Dornach 1972[1], 1983[2] behandelt hier besonders ausführlich die Bedeutung Luzifers und Ahrimans für den Menschen. Unser Zitat, ibid., p. 276.

²⁵² *Wie erlangt man Erkenntnisse der höheren Welten,* Berlin 1904/5, Bibl. Nr. 10, GA Dornach 1961, Taschenbuch 1961¹, 1984⁷.

²⁵³ Die Geheimwissenschaft im Umriß, 1910.

²⁵⁴ Zur «Saturn»-Entwicklung der Erde, siehe R. Steiner, *Aus der Akasha-Chronik* (1904/8 in der Zeitschrift «Lucifer-Gnosis», Nr. 14–35, erstmals erschienen); «Das Leben des Saturn», p. 125–p. 132. Über die «alte Sonne», siehe «Das Leben der Sonne», p. 133–141. Die «Monden»-Phase der Erde, siehe «Das Leben auf dem Monde», p. 152–164.

²⁵⁵ Darüber berichtet Wehr in seiner *Steiner-Biographie. op. cit.,* p. 275.

²⁵⁶ *ebda., p. 152.* Steinerzitat *Lebensgang,* p. 379 f.

²⁵⁷ Steinerbiographie von Wehr, p. 152.

²⁵⁸ *Soziales Verständnis aus geisteswissenschaftlicher Erkenntnis,* 15. Vortrag, vom 15. November 1919, p. 266–282. (In Bibl. Nr. 191, GA Dornach 1972¹, 1983²): Kommentare zu Luzifer und Ahrimans Bedeutung für die Menschheitsentwicklung. Im Vortrag vom 11. Oktober 1919: Kommentare zum Intellektualismus der europäischen Kultur. Zit. nach der Ed. von 1983, GA.

²⁵⁹ Ed. cit., p. 22/23.

²⁶⁰ R. Steiner, *Geisteswissenschaftliche Grundlagen zum Gedeihen der Landwirtschaft.* Landwirtschaftlicher Kurs, Koberwitz bei Breslau, 1924. Erste Ed. Dornach 1929. Taschenbuch, Dornach 1975. An Aussaatkalendern erwähnen wir z. B. die Maria Thuns als empfehlenswert.

²⁶¹ In den deutschen Waldorfschulen (in der Schweiz spricht man von «Steinerschulen») wird die Steinersche Pädagogik angewandt. Die Gründung der Waldorfschulen geht auf die Initiative und Geldspende Emil Molts zurück. Die erste Schule entsteht in Stuttgart, Molt versteht sie als Anhängsel der Waldorf Astoria Fabrik, deren Arbeiter nach Steiners Vorträgen für ihre Kinder eine solche Schule wünschten. Steiners Pädagogik ist dargestellt z. B. in: R. Steiner, *Die pädagogische Praxis vom Gesichtspunkt der geisteswissenschaftlichen Menschenkenntnis,* Dornach 1956².

²⁶² Zur anthroposophischen Medizin, siehe: *Rudolf Steiner und Ita Wegmann, Grundlegendes für eine Erweiterung der Heilkunst nach geisteswissenschaftlichen Erkenntnissen.* Bibl. Nr. 27. Dornach 1953³. Zu Hahnemann, siehe z. B.: Martin Gumpert, *Hahnemann, Die abenteuerlichen Schicksale eines ärztlichen Rebellen,* 1949¹. 2. Auflage Freiburg im Breisgau, Aurum Verlag, 1989. Die anthroposophische Medizin verwendet zwar ebenfalls homöopathische *Potenzen* (Potenz bedeutet hier «Verdünnung» eines Wirkungsstoffes durch rhythmisches Schütteln, in einem genau festgelegten Verhältnis zwischen Trägersubstanz (Wasser oder Alkohol) und Stoff (in jedem einzelnen Krankheitsfall sorgfältig bestimmt nach dem Prinzip, daß Ähnliches mit Ähnlichem geheilt wird in der rechten Verdünnung). Sie ist aber eine Weiterentwicklung der klassischen Form, integriert in ein anderes System. R. Tischner, *Geschichte der Homöopathie,* Teil 1 und 2, Leipzig 1932, 1934. Otto Leeser, *Lehrbuch der Homöopathie,* zwei Bände, Stuttgart, Hippokratesverlag.

²⁶³ Zur Eurythmie, siehe: R. Steiner, *Eurythmie als sichtbare Sprache,* Dornach 1955². *Eurythmie als sichtbarer Gesang,* Dornach 1956².

²⁶⁴ *Weltsylvester und Neujahrsgedanken,* Vortrag vom 25. 12. 1919, p. 40.

²⁶⁵ Vortragszyklus Steiners *Die Sendung Michaels.* 12 Vorträge, 1919.

²⁶⁶ Siehe z. B. *Rudolf Steiner und seine Architektur* von Mike Schuyt/Joost Elffers/Peter Ferger. Köln 1980, Dumont Taschenbücher.

²⁶⁷ Vortrag vom 19. Juli 1924, in *Karma,* Band VI, p. 58 f.

436

BIBLIOGRAPHISCHE NOTIZEN

EINFÜHRUNGEN UND BIBLIOGRAPHIEN

Die Bibliographie darf relativ kurz gehalten werden, da wir auf die ausführlichen bibliographischen Anmerkungen zu den verschiedenen Kapiteln verweisen können. Abgesehen davon, beschränkt sich der bibliographische Abschnitt in erster Linie auf einen (unserer Ansicht nach wichtigen) Kurzkommentar zu den gängigsten Einführungswerken, über deren Benützbarkeit nicht immer die richtigen Vorstellungen herrschen. Vor allem gibt es *das Einführungswerk* nicht, in dem alle Gebiete, die unter den Begriffen von *Geheimlehren/Mysterienkulten, Esoterik, Okkultismus, Magie, Mystik, Häresie* und ähnliches mehr abgehandelt werden, in zusammenfassender Weise beschrieben und genau voneinander abgegrenzt würden. Dies hier nachzuholen, kann unsere Aufgabe nicht sein, doch muß darauf hingewiesen werden, daß ständig Werke herauskommen, die Teilgebiete für das Ganze ausgeben und je nach weltanschaulicher Einstellung stillschweigende Abgrenzungen treffen, die nicht für jedermann relevant sind. Was dem einen *Häresie* ist, bedeutet für den anderen *Mystik,* während der dritte lieber von *Parapsychologie* sprechen möchte, und so fort.

Tatsache ist jedenfalls, daß wir Einführungen eher allgemeinen Charakters unter all diesen Teilbegriffen finden können. Wir beschränken uns, wie gesagt, auf die Feststellung und unterlassen es auch, diese Begriffe voneinander abzugrenzen, stellen es aber jedem Leser anheim, sich bei Hans Biedermann, *Handlexikon der magischen Künste von der Spätantike bis zum 19. Jhd.,* Graz 1968, oder bei Bächtold-Stäubli, *Handwörterbuch des deutschen Aberglaubens,* 1927–42 (9 Bände, Register) diesbezüglich zu informieren. Als eine der umfassendsten, seriösesten Einführungen auf dem Gebiet der

Mystik hat die von Marie Madeleine Davy herausgegebene *Encyclopédie des mystiques* zu gelten, die in vier Bänden, mit den Beiträgen bedeutender Fachleute auf den verschiedenen Teilgebieten, die mystischen Strömungen bei den europäischen und den außereuropäischen Völkern so abhandelt, daß die wesentlichsten Punkte klar und verständlich herausgearbeitet werden. Paris 1972, 1977², Ed. Seghers. Leider gibt es keine deutsche Übersetzung. In diesem Werk ist der Begriff «Mystik» in einem sehr weiten Sinn verstanden und nimmt auch Persönlichkeiten, die von anderen eher als «Magier», «Häretiker» oder «Okkultisten» bezeichnet würden, in das Buch auf; eine Haltung die mir richtig erscheint, ist doch den Mystikern aller Bekenntnisse und aller Religionen eines gemeinsam; ihre Zwiesprache mit Gott.

Mircea Eliade, *Geschichte der religiösen Ideen,* drei Bände, ein Band mit Quellentexten. I: Von der Steinzeit bis zu den Mysterien von Eleusis. II: Von Gautama Buddha bis zu den Anfängen des Christentums. III/1: Von Mohammed bis zum Beginn der Neuzeit. Freiburg im Breisgau, 1979–1983, Herder Verlag. Ein sehr ausführliches Werk, das alle, selbst die entfernt mit dem Begriff des Religiösen in Beziehung stehenden Strömungen religionsgeschichtlich und kulturhistorisch aufschlüsselt. Der Quellenband liefert wertvolle Textbeispiele, und die außerordentlich umfangreiche Bibliographie zählt wirklich praktisch lückenlos die Grundlagenliteratur auf den behandelten Gebieten auf. Wer die Bibliographien der beiden hier zitierten Werke konsultiert, ist bestens beraten.

Das beste deutschsprachige Grundlagenwerk zur Kulturgeschichte der Geheimgesellschaften ist K. R. H. Frick, *Die Erleuchteten,* Graz 1973. Der erste Band behandelt «gnostisch-theosophische und alchemistisch-rosenkreuzerische Geheimgesellschaften bis zum Ende des 18. Jhds.» Die in späteren Jahren herausgekommenen zwei weiteren Halbbände, *Licht und Finsternis I* und *Licht und Finsternis II* behandeln dasselbe Thema bis in die Gegenwart. Von Frick liegen auch zwei Bände *Satan und die Satanisten* vor. Der zweite Band erschien 1985.

438

Das umfangreiche Werk von Carl Kiesewetter, *Geschichte des Occultismus. 2.* Teil: *Die Geheimwissenschaften,* Leipzig 1895 (Neudruck Schwarzenburg 1977), ergänzt durch *Geschichte des neueren Occultismus,* 1891/95 (Neudruck Schwarzenburg 1977) gilt immer noch als deutschsprachiges Standardwerk. Um richtig damit umzugehen, braucht man aber vorgängig gute Kenntnisse auf dem Gebiet und muß neuere Werke eingesehen haben, denn diese Arbeiten sind nicht fehlerfrei. Es gibt auch unklare Textstellen, sehr persönliche Meinungen, die nicht immer klar als solche zu erkennen sind, usw.

Ein sehr empfehlenswertes kleines Büchlein ist Manfred Kybers *Einführung in das Gesamtgebiet des Okkultismus* (1923[1], Neudruck 1985[1], 1987[2], Ed. Symbolon), leicht zu lesen, einfach und mit sehr wertvollen Gedanken zu verschiedenen Themen. Er sagt z. B. u. a., daß der Rationalismus nötig war, «um die falsch sehenden Augen einer korrupten Mystik auszuheilen», denn die weitgehend noch «hellsichtigen» Menschen des Altertums und auch des Mittelalters, in ständigem Verkehr mit dem Übersinnlichen, sahen vieles «verzerrt». (Man denke an den Hexenglauben.) Unsere heutigen Augen, «gesundet, vielleicht allzu robust gesundet», müssen «jene feinere Wahrnehmungsfähigkeit wieder erwerben, um schleierlos nunmehr Gesundes, Reales, nicht Krankes, Verzerrtes zu schauen. Auch das ist Evolution und nicht von heute auf morgen zu erzielen». Behandelt werden auch Spiritismus, Hypnose, Hexenwesen, Träume und Hellsehen, von einem vernünftigen Standort aus.

Mächte des Schicksals. Enzyklopädie anthropologischer Wissenschaften, *okkulter Lehren und magischer Künste.* Wien 1953. Alt, Ammer, Ariolo, Bärner et al. Das über tausend Seiten starke Buch, dessen zahlreiche Mitarbeiter verschiedene Artikel von sehr unterschiedlicher Qualität zu einem Sammelsurium verschiedenster Themen verfaßt haben, enthält einwandfreie wissenschaftliche Arbeiten (z. B. Dr. Etta Becker-Donner über afrikanische Masken und Geheimbünde) neben sehr zweifelhaften Artikeln, doch ist es nicht uninteressant und recht anregend. Äußerst geschmacklos sind die Illustrationen. Die Bibliographie bietet, bei der Breite der abgehandelten Themen, manche Anregung.

Miers, Horst, *Lexikon des Geheimwissens,* Freiburg im Breisgau 1970, Hermann Bauer Verlag. Das Buch ist nicht über alle Zweifel erhaben, aber eine äußerst nützliche «Pioniertat» und als Nachschlagewerk sehr brauchbar.

Fanny Moser, *Das große Buch des Okkultismus* (München 1935[1]), Faksimileausgabe Olten 1974, Walter Verlag, mit einem Vorwort von Prof. H. Bender. Klassisches parapsychologisches Werk, das sich mit okkultistischen Phänomenen wissenschaftlich auseinandersetzt, auf sehr subtile Weise. Dr. Moser war Psychologin.

Mythen der Welt (Ed. A. Eliot, mit Beiträgen von J. Campbell, D. I. Lauf). Luzern und Frankfurt 1976. Stofflich interessanter Band mit hervorragend zusammengestelltem Bildmaterial von der Thematik her (E. Bührer). Leider hat das Buch aber nur einen «modernen», gar nicht gefälligen Umbruch, nach dem Motto: möglichst viele kleine Abbildungen auf eine Seite. Das Buch ist gut zu lesen, schlecht zum Anschauen, dank seiner Fülle eine wahre Fundgrube, aber kaum ein Genuß.

Eine gut lesbare, populäre Darstellung der magischen Praktiken und Vorstellungen von Mesopotamien bis ins ausgehende 18. Jahrhundert bietet *Das Weltreich der Magie* von Kurt Seligmann, Stuttgart 1958. Das reich und gut illustrierte Werk mit dem bezeichnenden Untertitel *5000 Jahre Geheime Kunst* ist eine Übersetzung der amerikanischen Originalausgabe *The History of Magic,* New York 1948. Es vermittelt einen brauchbaren Überblick. Zur Einführung Seligmanns, siehe unsere Bemerkungen unter Seligmann im Bildnachweis.

Thorndike, Lynn. *A History of Magic and Experimental Science,* New York, Columbia University Press 1923–1958, 8 Bände.

Wir geben dieses englische Werk an, da es sich nach wie vor um eines der besten wissenschaftlichen Standardwerke der Geheimwissenschaften bis zum 17. Jhd. handelt.

An Bibliographien geben wir hier nur den 1960 in Hildesheim (bei G. Olms) nachgedruckten J. G. Th. Grässe an: *Bibliotheca Magica et Pneumatica oder wissenschaftlich geordnete Bibliographie der wichtigsten in das Gebiet des Zauber-, Wunder-, Geister- und sonstigen Aberglaubens vorzüglich älterer Zeit einschlagenden Werke, Leipzig 1843.*

Da wir in den Anmerkungen zu den einzelnen Kapiteln sehr ausführliche Literaturangaben gemacht haben, raten wir dem Leser, auf der Suche nach weiterführender Lektüre sich dort schadlos zu halten. Er wird fündig werden. Übrigens bedeutet die alphabetische Reihenfolge der hier genannten Werke keine Wertung.

Über eine Einführung weit hinaus gehen die wissenschaftlichen Grundlagenwerke G. F. Hartlaubs und W. E. Peuckerts, von denen einige hier vermerkt seien: Hartlaub, G. F. *Das Unerklärliche. Studien zum magischen Weltbild.* Stuttgart, 1951. Der Schwerpunkt der Forschungen Hartlaubs liegt in den Beziehungen zwischen Mystik (beziehungsweise esoterischer Alchimie) und bildender Kunst. Siehe z. B. *Giorgiones Geheimnis: Ein kunstgeschichtlicher Beitrag zur Mystik der Renaissance,* München 1925. *«Signa Hermetis». Zwei alchemistische Bilderhandschriften* (Ztschr. des dt. Vereins für Kunstwissenschaft, 4), 1937. *«Antike Wahrsagungsmotive in Bildern Tizians»* (Pantheon 11), 1941, *«Alchemisten und Rosenkreuzer»* (Der Kunstspiegel), 1947, *«Giottos zweites Hauptwerk in Padua (Salone)»* (Zeitschrift für Kunstwissenschaft 4, 1/2), Berlin 1950, *«Die Kunst und das magische Weltbild»* (Ottheinrich-Gedenkschrift), Heidelberg 1956. *Der Stein der Weisen,* 1959. (Hartlaubs Ansicht, daß die Renaissance-Akademien eine gewisse Ähnlichkeit haben könnten mit den Konventikeln der Rosenkreuzer wird von Edgar Wind, *Heidnische Mysterien in der Renaissance,* Frankfurt a. M. 1981, zurückgewiesen. Dieses wichtige Werk ist eine Übersetzung der englischen Originalausgabe *Pagan Mysteries in the Renaissance,* London 1958, 1968.) Von Will Erich Peuckert interessieren hier besonders: *Die Pansophie,* Berlin 1956^2 und *Die Rosenkreuzer,* Jena 1928, mit reichen bibliographischen Angaben. Frick (der sich in seinen *Erleuchteten* häufig auf Peuckert bezieht) nennt den 1969 verstorbenen «einen der letzten deutschen Mystiker unserer Zeit» (Frick 1973, 35).

BILDNACHWEIS
UND ÄLTERE LITERATUR ZU AUSGEWÄHLTEN BILDTHEMEN *

* **Alchimistische Schriften:** *De Alchemia*, Nürnberg 1541. Die Sammlung enthält unter anderem die *Smaragdtafel* des Hermes Trismegistos und einen Kommentar dazu von Hortulanus auf lateinisch. *Ars chemica, quod sit licita exercentibus, probationes doctissimorum iurisconsultorum.* Straßburg 1566. Der *Tractatus aureus* und die *Tabula Smaragdina* des Hermes sind ebenfalls darin aufgenommen. *Artes auriferae quam chemiam vocant . . .* Zwei Bände. Basel 1593. Darin befindet sich die *Practica Mariae Prophetisae in artem alchimicam,* abgesehen von anderen Werken. In der zweibändigen Ausgabe der *Bibliotheca chemica curiosa seu rerum ad alchemiam pertinentium thesaurus instructissimus,* herausgegeben von Johannes Jacobus Mangetus, Genf 1702, ist neben Texten von Hermes Trismegistus, Geber und Lullius auch das *Mutus liber* des Altus abgedruckt, sowie Seniors *De chymia,* aus denen wir Abbildungen bringen. Im *Museum Hermeticum reformatum et amplificatum,* Frankfurt 1678, figurieren unter anderem Hermes, Madathanus, Nikolaus Flamel und Philaletes, sowie Maiers *Tripus Aureus,* dem die Abb. S. 259 entstammt. *Theatrum chemicum, praecipuos selectorum auctorum tractatus . . .* continens. Bände I–III Ursel 1602; Bände IV Straßburg 1613; V 1622; VI 1661. Hier finden sich speziell verschiedene Werke des von Jung sehr ausführlich untersuchten Dorneus und Dees *Monas hieroglyphica.*
* **Alchimistische Symbole und Themen** springen ins Auge bei unseren Abb. S. 113, 242, 259, 307, 315, 320, 343.
Barchusen, Johann Conrad, *Elementa chemicae,* 1718. Abb. S. 343.
Codices, altamerikanische: Abb. S. 84, 87. *Codex Borgia* – Abb. S. 84, *Codex Fejérvary-Meyer* – Abb. S. 87, *Codex Vaticanus B* – Abb. S. 90. Cumont, Franz, *Textes et monuments figurés relatifs aux mysteres de Mithra.* Zwei Bände, Brüssel 1896/99. Abb. S. 77, 90.
De suma et universalis medicinae sapientiae veterum philosophorum, Paris, 18. Jahrhundert (?). Abb. S. 315.
Eleazar, Abraham (Abraham le Juif), *Uraltes Chymisches Werk,* 1760. Abb. S. 320.
Erman, Adolph, *A Handbook of Egyptian Religion,* London, 1907. Abb. S. 70.

---

* Über den Bildnachweis hinausgehende bibliographische Hinweise zur *Thematik der Bilder,* die nicht direkt in Zusammenhang stehen mit dem Buchtext, sind mit Sternchen ausgezeichnet.

443

Fludd, Robert: *Tomus Secundus De Supernaturali, Naturali, Praenaturali et Contranaturali Microcosmi historia, in Tractatus tres distributa.* Oppenheim, Johann Theodore de Bry. 1619. Abb. S. 113, 133.

Fludd, Robert: *Tomi Secundi Tractatus Primi Sectio Secunda, De technica Flud, Robert, Philosophia sacra et vere Christiana Seu Meteorologia Cosmica.* Frankfurt, Officina Bryana, 1626. Abb. S. 12.

King, C. W. *The Gnostics and their Remains,* London 1887. Abb. S. 139.

Kircher, Athanasius: *Latium,* 1671. Abb. S. 82. *Oedipus Aegyptiacus,* drei Bände, Rom 1652/54. Abb. S. 123.

Magnus, Albertus: *Philosophia naturalis,* 1560. Abb. S. 242.

Maier, Michael: *Scrutinium chymicum,* 1687. Abb. S. 307.

Nardini, Bruno, *Misteri e dottrine segrete,* 1988³. Abb. S. 28. 43, 68, 99, 156, 171, 197.

Nettesheim, Agrippa von, *De occulta philosophia* (1510¹, 1533²). Abb. S. 271–275.

Reichenauer Lektionar, 10. Jahrhundert, Der Kletterer am Weltenbaum als Initiale. Umschlagbild in Farbe.

Schweighart, Theophilus, *Speculum Sophicum Rhodo-Stauroticum,* 1618: Abb. S. 240.

Teppichbilder der Freimaurer: Abb. S. 297, 302.

* **Vignetten und Kleinbilder nach orientalischen Rollsiegelbildern, Tonplatten und Stelen.** Abb. S. 52, 55. Siehe dazu: Budge, E. A. und King. L. W. *Annals of the Kings of Assyria,* 1902. Fossey, Charles. *La Magie Syrienne,* Gressman, Hugo, *Altorientalische Texte und Bilder zum Alten Testament,* 1909, Hilprecht, H. (Herausgeber), *Reports of the Babylonian Expedition: Cuneiform Texts,* 1893–1914. Jastrow, M. *Die Religionen Babyloniens und Assyriens,* 1905–12. Jensen, P. *Die Kosmologie der Babylonier,* 1890. Derselbe, *Texte zur assyrisch-babylonischen Religion,* 1915. Jeremias, A. *Das Alter der babylonischen Astronomie,* 1908. (Siehe auch: Derselbe, *Handbuch der altorientalischen Geisteskultur.*), King, L. W., *Babylonian Religion and Mythology,* 1899, *The Seven Tablets of Creation,* 1902. Kugler, F. X. *Sternkunde und Sterndienst in Babylon,* 1907–1913, Langdon, St., *Sumerian and Babylonian Psalms,* 1909, *Tammuz and Ishtar,* 1914. Thompson, R. Campbell, *The Reports of the Magicians and Astrologers of Nineveh and Babylon,* 1900, Thureau-Dangin, F., *Les Inscriptions de Sumer et Akkad,* 1905, *Die sumerischen und akkadischen Königsinschriften,* 1907. Virrolleaud, Ch., *L'Astronomie Chaldéenne,* 1903–1908. Weidner, E. F., *Alter und Bedeutung der babylonischen Astronomie und Astrallehre,* 1914, *Handbuch der babylonischen Astronomie,* 1915.

* **Vignetten und Kleinbilder nach steinzeitlichen Höhlen- und Felszeichnungen.** Abb. S. 17, 32, 33. Siehe dazu: Åberg, N., *Studier öfver den yngre stenålderen i Norden och Västeuropa,* 1921. Blanckenhorn, M., *Die Steinzeit Palästina-Syriens und Nordafrikas. Das Land der Bibel,* Leipzig 1921, Bosch Gimpera, P., *La arqueología preromana hispánica,* 1920. Derselbe, «*Ensayo de una reconstrucción de la etnología prehistórica de la península ibérica.*» Bol. Bibl. Menéndez y Pelayo, 1922.

Breuil, H., «*Les peintures rupestres de la péninsule ibérique. XI. Les rochers peints de Minateda.*» L'Anthropologie XXX, 1920. Breuil, H und Cartailhac, E., «*Les peintures et gravures murales des cavernes pyrénéennes.*» L'Anthropologie XIX, 1908. Dieselben, *La caverne d'Altamira a Santillane,* 1906. Breuil, H. und Obermaier, H., «*Les premiers travaux de l'Institut de paléon-*

444

tologie humaine.» L'Anthropologie XXIII, 1912. Breuil, H. und Cabré, J., *«Les peintures rupestres du bassin inférieur de l'Ebre.»* L'Anthropologie XX, 1909. Burkitt, M. C., *Prehistory,* Cambridge 1921. Evans, A., *The Palace of Minos,* London 1921. Fimmen, D., *Die kretisch-mykenische Kultur,* Leipzig 1921. Geer, G., *«Geochronologie der letzten 12 000 Jahre.»* Geol. Rundschau III, 1912, Gobert., E. *«Introduction à la paléthnologie Tunisienne.»* Cahiers d'arch. Tunis, 1914. Hall, H. R., *The ancient history of Near East,* London 1913. Macalister, R.A.S., *A Textbook of European Archaeology, 1. Band,* Cambridge 1921. Derselbe, *Ireland in Preceltic Times,* 1921. Obermaier, H., *Der Mensch aller Zeiten,* I, Berlin 1912. Derselbe, *«Das Paläolithikum und Epipaläolithikum Spaniens.»* Anthropos XIV/XV, 1919/20. Derselbe, *«Paläolithikum und steinzeitliche Felskunst in Spanien.»* Präh. Zeitschr. XIII/XIV, 1921. *Der Mensch der Vorzeit,* 1922. Schuchardt, Carl, *«Stonehenge».* Präh. Zeitschr. II. 1910. Derselbe, *«Westeuropa als alter Kulturkreis.»* Sitzber. preuß. Akad. d. Wiss. XXXVII. 1913.
Wedemayer, Inge von, *Der Pfad der Meditation im Spiegel einer universalen Kunst,* 1977. Abb. S. 175, 182, 325, 357 und farbige Umschlagillustration.

Tarotkarten (Abb. 214–237): Tarot de Marseille. Nachdruck mit freundlicher Genehmigung des Ets. J.-M. SIMON-FRANCE-CARTES, Paris.

Grundriß und Längsschnitt des Ersten Goetheanums (Abb. S. 389, 390) mit freundlicher Genehmigung der Rudolf Steiner Nachlaßverwaltung, Dornach.

GOLDMANN

Schutzgeister und Engel
Trost aus dem Jenseits

Warum Engel fliegen können   12117

Lichtvolle Wege
zu deinem Engel   11201

Niemand stirbt für alle Zeit   11729

Botschaften der Hoffnung   12131

Goldmann · Der Taschenbuch-Verlag

GOLDMANN

Vom magischen Umgang mit Geld

Bete und werde reich   11881

Die dynamischen Gesetze
des Reichtums   11879

Der Geist in der Münze   11820

Kreativ Reichtum schaffen   12190

Goldmann · Der Taschenbuch-Verlag

Der Mythos vom Heiligen Gral birgt sehr viel tiefes esoterisches Wissen in sich, das bis heute noch kaum entschlüsselt worden ist. In diesem Buch wird nicht nur die historische Dimension des Gralsmythos beleuchtet, sondern vor allem auch die Bedeutung des Grals als Symbol der Initation.

Aus dem Inhalt

Der keltische Gral / Der Kelch Christi / Der Stein der Weisen / Die Gralsfamilie / Das öde Land und der verwundete König / Gralsrittertum heute

John Matthews

Der Gral

196 Seiten, kartoniert
ISBN 3-591-08326-7

AURUM VERLAG · BRAUNSCHWEIG